사회복지 정책론

나남
nanam

나남신서 368

사회복지 정책론

송근원 · 김태성 공저

나남
nanam

Social Welfare Policy

by
Song, Kuen-Won
Kim, Tae-Sung

nanam

발 간 사

사회복지학이 우리나라에 소개된 지도 벌써 30년의 세월이 흘렀다. 서구의 경험을 통해 볼 때 산업화가 초래한 여러 가지 사회문제는 주로 사회복지학적 관점에서 비로소 그 해결의 실마리를 찾을 수 있었다. 산업화가 고도화되고 이에 따른 사회문제가 심각해진 서구사회에서는 이러한 필요에 부응하여 사회복지학 전반에 걸쳐서 다양한 연구작업이 진행되어 왔고 각 연구분야별로 다양한 연구결과물들이 출간되어 왔다.

이에 비해 우리나라에서는 산업화의 시작은 상대적으로 늦었으나, 최근 그 영향력이 두드러지게 나타나고 있어 이의 해결을 위한 노력의 필요성이 증대되고 있다. 또한 사회복지학의 역사도 일천하여 사회복지와 관련한 연구작업이 충분하지 못하며 연구작업물의 간행도 활발하지 못했다. 따라서 사회복지에 대한 체계적인 연구와 이들 연구업적의 출판은 시급한 과제로 등장하고 있다.

이와 같은 시점에서 총 10권으로 예정되어 있는 사회복지연구총서의 발간작업은 우선적으로 사회복지학의 연구대상이 되는 사회문제와 사회복지 일반에 대한 과학적 지식의 정리와 축적을 가능하게 할 것으로 생각된다. 물론 그동안 단편적으로 사회복지에 관한 연구물이 단행본으로 출간된 바가 없었던 것은 아니지만 본 총서 시리즈에서와 같은 체계적인 연구작업은 일찍이 없었다. 사회복지학은 물론이고 행정학, 사회학과 같은 인접 학문분야의 20여 명의 전문가가 참가하는 이번 연구총서 작업은 사회복지학의 이론정립과 발전에 하나의 전환점을 마련할 것으로 기대된다.

사회복지연구총서는 사회복지학을 전공하는 전공 학생은 물론이고 현장에서 사회복지 실천에 종사하고 있는 많은 사회복지 실무자, 사회복지 전문요원, 나아가 일반 국민들에게 사회복지에 관한 다양한 이론과 지식들을 소개할 수 있을 것으로 본다.

이번 사회복지연구총서 발간사업을 흔쾌히 지원해 주신 럭키금성복지재단에 심심한 감사의 인사를 드리며, 연구총서 제6호 《사회복지 정책론》을 집필하신 저자들에게도 고마움을 전한다.

1995년 1월

서울대학교 사회복지연구소 소장　김 상 균

머 리 말

오늘날 대부분의 대학의 사회복지학과(사회사업학과)에서 개설되는 사회복지정책에 관한 과목은 교과과정상 필수과목으로 되어 있어 모든 사회복지학과 학생들은 관심분야에 상관없이 이수해야 한다. 그런데 '사회복지정책'의 연구영역이 매우 광범위하기 때문에 각 대학의 사회복지정책 과목에서 가르치는 내용도 매우 다양하여 결과적으로 서로 다른 사회복지학과 출신자들 사이의 사회복지정책에 대한 이해가 크게 다른 경향을 보인다.

이 책을 쓰게 된 가장 중요한 동기는 사회복지정책을 공부하는 사람들 사이에 공통적으로 필요한 지식을 제공하는 데 있다. 사회복지정책을 연구하는 사람들에게 공통적으로 필요한 것은 이른바 정책의 3P(Process, Product, 그리고 Performance)에 대한 이해이다. 즉 사회복지정책이 어떻게 형성되고, 그것의 내용은 무엇이고, 그리고 정책의 효과가 어떠한가를 분석하는 것이다. 지금까지 국내에서 사회복지정책에 관한 연구는 대부분 사회복지제도, 사회복지정책 유형, 사회복지정책의 역사적 발전과정과 동인, 그리고 사회복지정책에 대한 철학적 혹은 이념적 배경 등에 초점을 맞춘 반면, 정책의 3P에 대한 체계적이고 종합적인 연구는 상대적으로 소홀히 해왔다.

이 책은 3P 가운데서도 정책과정과 정책내용의 분석에 초점을 맞춘다. 사회복지정책 과정에 대한 이해가 중요한 것은 사회복지정책은 다른 정책보다 특히 사회적 가치와 밀접한 관계를 갖고 있고, 따라서 사회복지정책은 속성상 민주주의 사회에서 사회구성원들의 가치가 정치적으로 반영되는 과정에서 결정되는 경향이 높기 때문이다. 우리는 현실에서 많은 수의 이상적이고 합리적(?)인 사회복지정책이 채택되지 않는 것을 보아왔다. 왜 그러한가? 이 책은 이러한 질문에 답을 주려고 시도한다.

정책내용의 분석도 중요하다. 어떠한 사회복지정책도 사회구성원 모두를 만족시키지 못한다. 따라서 정책내용의 분석을 통하여 정책의 어떤 내용이 어떤 사람들에게 무슨 이유로 유리 혹은 불리한가를 판단하는 능력이 필요하다. 즉 사회복지정책의 급여가 어떤 사람들에게 얼마만큼 어떤 이유로 어떠한 방법을 통하여 제공되는 것이 바람직한가를 규명할 능력이 필요한 것이다. 특히 이러한 지식은 사회복지정책을 현장에서 집행하는 사회복지사들에게 현실적으로 중요할 수 있다.

이 책은 크게 3부로 나누어진다. 먼저 제 1장에서 사회복지정책의 개념과 영역에 관하여 정리한 후, 제 1부에서는 송근원 교수가 정책과정에 관하여 논의한다. 제 2장은 사회복지정책 문제의 형성과정, 제 3장은 정책 아젠다의 형성과정, 제 4장은 정책대안의 형성과정, 제 5장은 정책의 결정과정, 제 6장은 정책의 집행과정, 제 7장은 정책의 평가과정이 논의된다.

제 2부는 김태성 교수가 사회복지정책 내용분석의 기준이 되는 정책의 목표인 사회적 가치에 관하여 논의한다. 제 8장은 정책목표에 대한 일반적인 논의, 제 9장은 평등, 제 10장은 효율, 제 11장은 욕구, 제 12장은 자유에 대하여 각각 논의한다.

제 3부는 김태성 교수가 제 2부에서의 가치에 대한 분석을 바탕으로 사회복지정책의 내용분석을 다룬다. 제 13장은 급여의 대상, 제 14장은 재원, 제 15장은 사회복지전달체계, 제 16장은 급여형태가 각각 논의된다.

끝으로 이 책이 나오기까지 많은 도움을 준 서울대 사회복지연구소의 정원오, 김기덕, 손병돈 연구원들과 홍백의 조교, 그리고 나남출판사의 직원들에게 감사드린다.

1995년 1월

송 근 원 · 김 태 성

나남신서 368

사회복지정책론

차례

제 3장 사회복지정책 아젠다의 형성

제 4장 사회복지정책 대안의 형성

제 5장 사회복지정책의 결정

제 6장 사회복지정책의 집행

제 7장 사회복지정책의 평가

제2부 정책목표 : 가치

제8장 정책목표

제9장 평 등

제10장 효 율

제11장 욕구 : 사회적 적절성

제12장 자 유

제 3부 정책 내용 분석

표 · 그림 차례

〈표 차례〉

〈그림 차례〉

제 1 장

사회복지정책의 개념과 영역(분야)

사회복지정책이란 무엇인가? 사회복지정책의 대상영역은 어디까지인가? 이 두 가지 질문은 사회복지정책을 논의할 때 제일 먼저 부딪치는 질문들이다.

1. 사회복지정책이란 무엇인가

사회복지정책은 '사회복지'와 '정책'이라는 두 용어의 합성어이다. 따라서 사회복지정책의 개념은 사회복지란 무엇인가와, 정책이란 무엇인가라는 두 가지 하위 질문들의 해답에 따라 결정되는 것이다. 이 가운데 특히 사회복지란 무엇인가라는 질문이 중요하기 때문에 사회복지의 개념을 보다 자세히 논의할 필요가 있다. 물론 정책이란 무엇인가라는 질문에 대한 대답도 중요하며, 정책 개념의 다양한 관점에 대한 이해 또한 중요하다(Jones, 1977 ; 전남진, 1987). 그러나 이 글에서는 일단 정책을 '특정한 목적을 이루기 위해 필요한 행동들에 관한 원칙'(Titmuss, 1979), 지침(*guide*), 일정한 계획(*standing plan*)(Kahn, 1979), 혹은 조직화된 노력(Burns, 1961) 등으로 정의하고 정책의 개념에 관한 논의는 줄이고자 한다. 왜냐하면 사회복지정책의 개념정의와 관련된 대부분의 쟁점들은 '정책'의 본질과 개념정의보다는 '사회복지'의 개념정의에서 비롯되는 것이기 때문에, '정책'의 개념을 둘러싼 더 이상의 논의전개가 실질적으로 사회복지정책의 개념에 관한 논의전개에 도움을 주지 못하며 오히려 혼란을 초래할 수 있다. 따라서 사회복지정책은 '사회복지의 목표를 이루기 위하여 필요한 행동들에 관한 원칙' 등으로 일단 정의를 내릴 수 있는데 이때 중요한 것은 '사회복지'가 무엇이냐이다.

일반적으로 사회과학에서 사용되는 많은 용어들은 대다수의 사람들이 합의할 수 있는, 즉 보편적으로 통용되는 정의를 내리기 어렵기 때문에 사람들마다 서로 다른 정의를 내리는 경향이 있다. 사회과학용어들 가운데에서도 특히 사회복지라는 용어는 더 많은 개념의 혼란이 존재하고, 이는 결과적으로 사회복지의 개념이 사람들 사이에서 큰 차이를 보이는 원인이 된다.[1)]

이러한 현실을 고려하여 볼 때, 사회복지의 개념을 보다 명확히 규명할 필요성이 존재한다. 그러나, 이 글에서는 기존의 사회복지에 관한 다양한 정의들을 정리, 소개한다거나 또는 어떤 새롭고도 명확한(?) 정의를 특별히 내리는 대신에 사회복지를 개념화하는 데 사용되는 여러 요소(*ingredients*)들을 둘러싼 쟁점들에 관하여 중점적으로 논의하고자 한다.[2)]

매우 광범위한 의미에서 사회복지를 '사람들의 욕구(*need*)를 해결하는

---

1) 이것은 아마도 사회복지라는 용어가 다른 사회과학의 용어들에 비하여 비교적 최근에 등장하였고, 사회복지는 그 속성상 경제학, 사회학, 정치학 등 사회과학의 여러 분야들을 바탕으로 응용된 학제간적(*inter-discipline*)인 성격을 많이 가지고 있기 때문일 것이다.

2) 사회복지 혹은 사회복지정책의 개념들에 관한 다양한 논의들에 관해서는 김상균(1988), 전남진(1987), Gil(1992), Titmuss(1979), Kahn(1979) 등을 참조. 이 글에서 특정한 나름대로의 사회복지에 대한 정의를 내리지 않는 이유는 또 하나의 정의를 첨가하는 것이 혼란만 불러일으킬 것이라는 것과 아울러 사회복지와 같은 용어에 어떤 일정한 정의를 명확히(?) 내리는 것이 불필요하다는 저자의 판단 때문이다.

것'으로 일단 간주한다면 사회복지의 개념화에는 다음과 같은 일곱 가지 측면에서의 쟁점들이 존재할 수 있다. (1) 배타적(개별적) 대(對) 비배타적(집합적) (2) 직접적 대 간접적 (3) 시장 내 대 시장 외 (4) 공식적 대 비공식적 (5) 영리추구 대 비영리추구 (6) 일방적 대 쌍방적 (7) 소비적 대 생산적.

1) 배타적(개별적) 대 비배타적(집합적)

사회복지정책을 다른 여타의 정책과 구별할 때 제일 먼저 사용되는 기준은 사회복지정책은 개별적인 욕구를 해결하며 이러한 해결은 또한 배타적(*exclusive*)으로 이루어진다는 점이다. 모든 정책들은 기본적으로 그 목표를 사람들의 욕구를 해결하고자 하는 데에 둔다. 예를 들어 국방정책은 국민들의 안전(*security*)에 대한 욕구를 해결하고자 하는 것에 목표를 두고 있고, 환경정책은 국민들이 가지고 있는 쾌적한 환경에 대한 욕구를 해결하고자 한다. 그런데 사회복지정책이 이러한 두 가지 정책과 다른 점이 있다면, 사회복지정책은 특정한 사람들의 욕구를 해결하고자 하는 반면에 다른 두 정책은 불특정한 대다수 혹은 모든 국민들의 욕구를 해결하고자 하는 데 있다. 즉 사회복지정책에는 특정한 정책의 수급자들이 존재하며, 이들 수급자들 사이에서도 사회복지재화나 서비스의 양과 질에 차이가 있으므로 배타적인 것이다. 반면에 다른 두 정책이 제공하는 서비스는 정책의 수급자들 사이에 특별한 구분이 없다. 예를 들어 국민연금의 경우 특정한 사람들 사이에 수급자격 혹은 수급액의 차이가 존재하는 반면, 국방서비스의 경우에는 특정한 사람들 사이에 수급자격 혹은 수급액의 차이는 존재하지 않는다.

물론 배타적 또는 비배타적(*non-exclusive*)이라는 것이 사회복지정책을 완벽하게 다른 여타의 정책과 구별짓는 절대적인 기준은 아니며 특히 사회복지정책의 종류에 따라 이러한 배타성의 정도 또한 상이하다. 예를 들어 모든 국민에게 의료서비스를 제공하는 영국의 NHS 같은 정책은 어느 정도 비배타적인 성격을 가지고 있어, 특정한 수급자라는 배타적인 자격의 구분은 없고 단지 질병의 발생정도에 따른 개별적인 서비스의 양에 차이가 있을 뿐이다. 즉 이러한 정책에서 제공되는 서비스의 경우에는 국방서비스와 같이 공공재적 성격을 많이 포함하고 있는 것이다.

2) 직접적 대 간접적

사회복지정책은 사람들의 욕구를 직접적(*direct*)으로 해결하고자 하는 경향이 있다. 예를 들면 소득이 낮은 사람에게는 직접적으로 현금을 제공하고, 병이 난 사람에게는 직접 치료 및 의료서비스를 제공해 준다. 직접적이냐 혹은 간접적이냐 하는 기준은 사회복지정책을 경제정책과 구분하는 데 특히 중요할 수 있다. 일반적으로 대부분의 경제정책은 사회복지정책이 추구하는 목표와 밀접한 관계를 가지고 있다. 정부의 경제정책, 예를 들어 재정, 금융정책 혹은 기타 경제성장정책들에 의해서도 저소득계층의 소득이 향상될 수 있다. 그러나 경제정책이 사회복지정책과 근본적으로 구별되는 점은 이러한 소득상승에 대한 욕구를 간접적(*indirect*)으로 해결한다는 것이다. 즉 복지정책이 특정한 사람에게 현금을 제공함으로써 직접적으로 소득을 향상시키는 것과는 달리, 조세나 금융정책의 경우에는 이러한 정책들의 시행에 의하여 실업률이 떨어지게 되더라도 단지 저소득계층의 소득이 올라갈 가능성만을 높이기 때문에 특정한 사람의 소득이 올라갈지의 여부는 불확실하다.

직접적이냐, 간접적이냐의 개념에서도 정도의 차이가 존재한다. 경제정책 가운데에서도 노동시장정책이나 조세정책은 사회복지정책과 같이 직접적인 욕구해결의 성격이 강하다. 즉 조세정책 가운데 저소득층에 대한 조세감면정책이나 조세제도를 통한 소득보장급여는 저소득층의 소득향상에 직접적인 영향을 주며, 노동시장정책도 저소득층을 대상으로 직접적으로 일자리를 제공한다든지 혹은 취업에 필요한 훈련을 시키거나 훈련수당을 직접 급여함으로써 사회복지정책과 유사한 성격을 가지고 있다. 따라서 오늘날 많은 사람들이 조세정책이나 노동시장정책을 사회복지정책에 포함시키는 경향이 있다(Titmuss, 1969 ; Rehn, 1985).

3) 시장적 대 비시장적

자본주의 사회에서 개개인들이 점유하는 경제적 위치(*economic status*)는 일차적으로 시장(*market*) 내에서 결정되고 이차적으로는 시장기제 밖에서 결정된다. 따라서 전자를 일차적 분배(*primary distribution*)라 하고 후자를 이차적 분배 혹은 재분배(*secondary distribution or redistribution*)라고 한다. 많은 사람들이 사회복지정책을 다른 여타의 정책 특히 경제정책과 구분할 때 사회복지정책은 주로 이차분배에 관여하는 정책으로 간주하고, 시장 내에서의 분배는 경제정책을 비롯한 다른 여타 정책에 의하여 결정되는 것으로 간주한다.

그러나 이러한 시장적 혹은 비시장(*non-market*)적 개념은 사회복지정책을 구분하는 기준으로서는 다소 모호하다. 사회복지정책 가운데에는 사람들이 시장에 참여하기 이전에 개입하여 시장에서의 소득을 높이고자 하는 정책들이 있다. 이른바 '기회평등의 정책'에 속하는 많은 사회복지정책들이 여기에 해당한다. 저소득계층 아동들에 대한 교육, 의료서비스 정책을 이러한 예로 들 수 있다. 즉 이러한 정책들은 비록 간접적이긴 하지만, 시장에서의 일차적 분배 그 자체를 목표로 하고 있는 것이다. 또한 시장적이냐 비시장적이냐의 개념은 전형적인 사회복지정책들 내에서도 논란이 있을 수 있다. 예를 들면, 사회보험정책의 경우 기여와 급여를 결정하는 데 있어 수급자들 사이에 존재하는 시장에서의 위치 차이를 고려하기 때문에 어느 정도 시장적이라 할 수 있고, 반면에 보편적 프로그램이나 공적 부조는 개별 수급자들 사이에서 존재할 수 있는 시장에서의 차이를 인정하지 않기 때문에 비시장적이라 할 수 있다. 따라서 정확히 구분해 본다면, 경제정책은 사람들의 현재시장에서의 소득분배에 직접적으로 영향을 주는 정책이고, 특정의 사회복지정책들은 과거의 시장에서의 위치에 미래의 시장에서의 위치에 관련된 정책이라 할 수 있다. 이러한 구분에 의한다면 현재의 시장에서의 분배에 직접적으로 영향을 주는 노동시장정책은 경제정책에 속하게 되어 앞의 기준에 의한 분류와는 상이하게 된다.

4) 공식적 대 비공식적

많은 논자들이 사회복지를 사람들의 욕구를 공식적(*formal*)으로 조직화한 기구나 제도에 의하여 해결하는 것으로 정의한다(Wilensky and Lebeaux, 1962). 따라서 가족, 친척, 이웃 등 비공식적(*informal*)으로 사람들의 욕구가 해결될 경우 이는 사회복지가 아닌 것으로 여기는 경향이 있다.

그러나 현실적으로 사람들의 욕구 중 상당 부분이 비공식적으로 해결되고 있으며 특히 이러한 경향은 공식적인 사회복지가 발전되지 않은 국가들에서 가족간 이전의 형태(*inter-family transfer*)로 더욱 두드러지게 나타난다. 특히 이러한 비공식적인 사회복지는 국가의 조세정책과 밀접한 관계를 가지고 있기 때문에[3] 단지 비공식적이라는 기준만으로 사회복지정책에서 제외시키는 것은 무리가 따를 수 있다. 따라서 많은 사람들은 사회복지정책을 논의할 때 비공식적인 사회복지도 포함시키는 경향이 있다(예를 들면 Rose, 1986 ; Lampman, 1984 ; Kamerman and Kahn, 1989).

5) 영리적 대 비영리적

전통적인 사회복지의 정의는 또한 비영리성을 강조한다. 따라서 사회복지는 대부분 정부를 비롯한 비영리 공공부문과 비영리 민간부문의 사회복지기관에 의하여 이루어지는 것으로 간주하는 추세가 강했다. 그러나 사람들의 욕구는 영리추구를 주된 목적으로 하는 조직이나 기구에 의해서도 해결될 수 있다. 대표적인 예가 기업복지(*occupational welfare*)이다. 이는 영리를 추구하는 기업에서 피고용자의 욕구를 해결하는 것이다. 또한 오늘날 몇몇 나라에서는 국가의 국민연금의 일부를 영리를 추구하는 사보험회사(*private insurance firm*)에 맡겨 운영하기도 한다. 영리적 사회복지가 가장 크게 나타나는 국가는 미국인데, 전통적으로 비영리 사회복지기관에

---

3) 이러한 비공식적인 욕구의 해결은 상당부분 조세감면의 혜택을 받고 있기 때문에 이것은 어떻게 보면 국가에 의한 사회복지제도의 일형태라고 볼 수 있다.

서 일을 해왔던 사회사업가들 가운데 상당수는 영리를 목적으로 의사나 변호사처럼 개인사무소를 개업하고 있다.[4]

또한 정부의 사회복지지출 가운데 상당 부분은 영리 사회복지기관에 할당되고 있다. 예를 들어 현재 미국에서 전국적인 조직체로 운영되고 있는 영리추구 노인양로원(*nursing home*)들의 수입원 중 약 2/3가 정부지출이 차지하고 있다는 연구결과가 있다(Gilbert, 1984).

따라서 전통적인 사회복지 정의에서 중요성을 지녔던 영리적(*profitable*)이냐 비영리적(*non-profitable*)이냐의 기준은 오늘날의 복지다원주의(*welfare pluralism*) 추세에서는 점차 그 의미를 상실해 가고 있다(Johnson, 1987).

6) 일방적 대 쌍방적 이전

사회복지의 정의를 내릴 때 자주 사용되는 또 하나의 개념은 일방적 이전(*unilateral transfer*)이다. 일방적 이전이란 재화나 서비스의 제공자가 그 재화나 서비스의 수급자로부터 특정한 물질적 혹은 비물질적 대가를 받지 않고 주는 것을 말한다. 반면에 시장에서의 교환은 쌍방적(*bilateral*)이며 특정한 이득을 받으면 반드시 그것에 대한 대가를 지불해야 하는 이전관계이다. 그러나 사회복지정책이라고 해서 모두 일방적 이전의 성격을 갖고 있는 것은 아니며 또한 정책에 따라 일방적 이전의 성격은 다소 상이하다. 예를 들면 교육서비스와 같이 인적 자본에 대한 투자의 성격을 가지고 있는 사회복지정책은 이러한 일방적 이전의 성격이 약하다. 왜냐하면 교육서비스는 받은 사람이 나중에 성장해서 세금을 내게 되고 이러한 세금을 재원으로 하여 그 당시 학생들을 대상으로 교육서비스가 제공된다면 이는 일방적 이전이 아닌 것이다. 따라서 이 경우에, 정확히 표현한다면 이전에 교육서비스를 받은 사람들 중 후세대의 교육서비스를 부담할 만큼

4) 사회사업 석사학위 취득자(M. S. W)의 개업비율은 전체 학위취득자의 20%에 이르고 있다.

충분한 소득을 얻지 못한 사람만이 순수한 일방적 이전을 받은 사람이 되는 것이다.

한편 사회에 기여할 가능성이 전혀 없는 노인들을 대상으로 공적 부조를 통하여 소득보장을 해주는 것은 비교적 일방적 이전에 가깝다. 그러나 이 경우에도 이 노인들이 과거에 사회에 기여한 대가로서 급여를 제공하는 것으로 간주한다면 일방적 이전이 아니다. 이러한 두 가지 예에서 보듯이 일방적 이전의 정의에는 시간개념이 상당히 중요하다. 즉 어떤 특정한 시간대를 기준으로 하여(통상 1년) 특별한 대가 없이 재화나 서비스가 공급될 때 이를 일방적 이전으로 간주하는 것이다. 이러한 의미에서 본다면 위의 두 경우는 일방적 이전이라 할 수 있다.

이상은 암묵적으로 물질적인 보상의 측면만 살펴보았는데, 비물질적인 측면까지 고려한다면 순수한 일방적 이전은 크게 감소한다. 예를 들어 제공자가 수급자에게 무엇인가를 제공하는 대가로서 수급자의 충성, 고마움 등과 같은 비물질적 보상을 받을 수도 있는 것이다. 대표적인 역사적 사례가 비스마르크 사회입법이다. 비스마르크는 노동자에게 사회복지 프로그램을 제공한 대가로 그들의 '충성'을 받은 것이다. 광범위하게 본다면 사회복지정책은 수급자로부터 사회적, 정치적 안정을 사는 대가로 제공되는 것이라고 볼 수도 있다.

한편 사회보험은 일방적 이전으로 간주할 수 있을까? 기본적인 성격으로 볼 때 사회보험은 가입자가 보험료를 납부한 대가로 급여하는 것이기 때문에 일견 쌍방적 이전의 성격이 존재한다. 그러나 사회보험은 사보험과는 달리 보험수리원칙에서 상당히 벗어나 있어 대개의 경우 보험수리계산에 의한 것보다는 보험료보다 받는 급여액이 크기 때문에 일방적 이전의 성격이 나타난다.

7) 소비적 대 생산적

대부분의 경우 정부의 특정한 시간대 내의 일방적 이전지출 가운데 많은 부분이 생산(*production*)활동을 촉진시키기 위한 목적으로 사용자(생산자)에게 돌아간다. 대표적인 예로서 오늘날 많은 국가들에서 민간의 생산자들을 위하여 생산활동에 필요한 막대한 연구개발비(*research and development*, R&D)를 보조하는 것을 들 수 있다. 일반적으로 이러한 생산에의 욕구해결을 목적으로 하는 일방적 이전을 사회복지분야에 포함시키지는 않으며, 사회복지는 사람들의 소비(*consumption*)에의 욕구를 직접적으로 해결하는 일방적 이전만 포함하는 것으로 간주된다.

그러나 이러한 구분도 다소 애매모호할 수 있다. 예를 들면 기술부족 등으로 취업이 어려운 사람들을 취업시키는 대가로 사용자에게 국가에서 일정한 보조를 해 주는 사용자 보조프로그램(*employer subsidy*)의 경우, 이것은 한편으로는 생산활동의 촉진이 될 수 있는 반면 다른 한편으로는 저소득층의 소비에의 욕구를 해결할 수도 있기 때문이다. 또한 유사한 성격을 갖고 있는 임금보조 프로그램(*wage rate subsidy*)의 경우에도 저소득층의 임금을 직접적으로 높일 수 있기 때문에 소비욕구의 해결이라고 볼 수도 있지만, 다른 한편으로는 이러한 임금보조 때문에 사용자는 통상임금보다 싼 가격에 근로자를 고용할 수 있고, 이는 해당 기업의 경쟁성을 높일 수 있어 생산활동 촉진의 성격을 갖는다. 즉 이 경우 모두 소비적 욕구인지 혹은 생산적 요구인지의 구분이 쉽지 않은 것이다.

지금까지 사회복지 혹은 사회복지정책을 개념화하는 것과 관련된 일곱 가지 측면의 쟁점들을 차례로 논의하였다. 사회복지정책에 대한 정의가 논자들마다 상이한 것은 바로 이러한 측면에서 관점들의 차이에 기인한다. 예를 들면 사회복지정책을 다소 넓게 정의하고자 하는 사람들은 시장에서 결정되는 일차분배, 비공식적으로 이루어지는 욕구해결, 영리추구의 일환으로 제공되는 복지 등을 모두 포함시키는 반면에 사회복지정책을 비교적 좁게 보는 사람들은 시장기제 밖에서 이루어지는 이차적 분배, 공식적 혹은 비영리적으로 제공되는 복지만을 포함시키는 경향이 있다.

2. 사회복지정책의 분야(영역)

위에서는 사회복지정책을 개념화하는 데 제기될 수 있는 쟁점들을 논의하였다. 그렇다면 사회복지정책은 어떠한 분야에서 제기되는 어떠한 욕구를 해결하고자 하는 것일까? 이 질문에 대한 해답은 해결해야 할 기본적 요구가 무엇인가에 달려 있다. 인간답게(?) 살 수 있는 데 필요한 기본적 욕구 가운데 제일 먼저 해결해야 할 욕구는 육체적 생존에의 욕구이다. 따라서 음식을 비롯하여 육체적 생존에 필요한 기본적 재화를 구입할 수 있는 소득보장, 질병이 발생하였을 때 치료해 줄 수 있는 의료서비스, 거주해야 할 주택 등은 육체적 생존에 가장 필수적인 것들이라고 할 수 있다.

인간다운 생활은 위와 같은 물질적 측면의 욕구만으로 해결되는 것은 아니다. 사람에게는 비물질적인 측면의 욕구 또한 중요한데 이를 위해서는 사회통합을 위한 교육과 아동, 노인, 장애인 등 사회적 약자들의 특별한 비물질적인 욕구에의 해결을 위한 개별 사회적 서비스(*personal social services*)가 필요하다.[5)]

이러한 맥락에서 많은 사람들은 사회복지정책의 주요 분야를 소득보장(*income maintenance*), 건강, 교육, 주택 그리고 개별사회적 서비스 등 다섯 가지로 구성된 것으로 본다(Townsend et al., 1970). 한편 사회복지정책의 개념을 보다 넓게 생각하는 사람들은 경제정책의 영역이라 할 수 있는 조세정책(Titmuss, 1969)이나, 노동시장정책(고용정책)(Kahn, 1979 ; Hill, 1980)을 사회복지정책의 영역에 포함시키기도 한다. 그 이유는 조세정책의 경우 비록 소득보장정책과 같이 직접적인 급여를 통하여 소득을

---

5) 특히 교육은 다른 분야에 비해서 개인의 욕구뿐만 아니라 사회의 욕구도 상당부분 반영한다고 할 수 있다. 즉 사회구성원들의 인적 자본을 향상시킴으로써 국력의 증진을 이룰 수 있는 것이다. 많은 나라들에서 일찍부터 전국민들을 대상으로 공공의무교육을 실시한 것도 바로 사회적 욕구를 반영한 것이다라고 볼 수 있다.

보장시키지는 않더라도 간접적으로 소득의 재분배에 크게 기여하기 때문에 실질적으로는 소득보장의 기능을 하기 때문이다. 또한 노동시장정책의 경우에도 이들 정책들이 저소득계층이 시장에서 얻는 일차소득을 높이는데 크게 기여하기 때문에 전체적인 소득보장이라는 차원에서 본다면 이차소득과 관련된 소득보장정책과 더불어 필요한 것이다. 즉 노동시장정책과 소득보장정책은 밀접한 관계를 갖고 있기 때문에 소득보장정책이 성공하기 위해서는 노동시장정책의 성공이 필수적인 것이다.

이상의 논의를 정리하여 본다면, 사회복지정책은 소득보장, 건강, 교육, 주택 그리고 개별적 사회서비스의 5대 영역으로 구성되어 있다고 볼 수 있으며, 다소 영역을 확대한다면 이 5대 영역에 조세정책과 노동시장정책을 포함한 7대 영역으로 구성할 수 있을 것이다.

제 1 부
정책 과정

사회복지에 관한 요구나 문제가 정책꾼들에 의하여 논의됨으로써 사회복지에 관한 정책아젠다가 형성되고 정책대안들이 제시되며, 이러한 여러 대안들 가운데 하나가 선택됨으로써 정책결정이 이루어지면, 그것은 사회복지정책 프로그램으로 성립하며, 그 정책 프로그램은 집행기관에 의해 시행되고 평가된다.

이와 같이 하나의 사회복지정책 프로그램이 형성되고 집행되는 과정은 복잡한 여러 개의 과정을 거치게 된다. 그런데 이러한 과정들은 그 과정에의 주요 참여자, 그 과정에서 주로 다루어지는 것, 그리고 그 과정에서 나타나는 성격이라는 점에서 서로 다른 특징을 띤다.

따라서 제 1부에서는 사회복지정책 과정을 각 과정에서 나타나는 특징에 따라 정책문제의 형성과정, 정책아젠다의 형성과정, 정책대안의 형성과정, 정책의 결정과정, 정책의 집행과정, 정책의 평가과정이라는 여섯개 과정으로 나누어 설명한다.

곧, 2장의 사회복지정책 문제의 형성과정에서는 문제, 요구, 이슈 등 정책문제와 관련된 개념들을 설명하고 사회복지정책 문제를 이슈화시키는데 필요한 전략 따위를 논의하며, 3장의 사회복지정책 아젠다 형성과정에서는 아젠다의 개념 및 특징, 아젠다 형성에 관한 이론모형 및 아젠다 형성에 영향을 미치는 요인들을 설명한다. 사회복지정책 대안의 형성과정을 설명하는 4장에서는 정책대안 형성과정의 의미와 성격, 대안이 형성되는 과정, 대안형성기법 및 문제점 등을 그 내용으로 하며, 사회복지정책의 결정과정을 설명하는 5장에서는 정책결정의 의미와 성격, 정책결정에 관한 이론모형, 정책결정에 영향을 미치는 요인들을 제시하고 있다. 6장의 사회복지정책의 집행과정에서는 정책집행의 의미와 성격, 정책집행에 관한 이론모형 및 사회복지정책의 집행에 영향을 주는 요인들을 논의하고 있고, 7장에서는 정책평가의 의미와 성격, 평가자, 평가 기준, 평가 절차 및 평가에 영향을 미치는 요인들을 논의함으로써 사회복지정책 평가의 실무에 도움이 될 수 있는 지식을 제공하려 한다.

제 2 장

사회복지정책 문제의 형성

1. 사회복지정책 과정에서 정책문제와 관련된 개념들

사회복지문제는 사회복지정책을 형성하게끔 하는 가장 중요한 동인(動因)이자 사회복지정책의 주 원료이다. 왜냐하면 사회복지문제의 해결을 위하여 채택된 해결방안이 사회복지정책인 까닭이다. 결국 정책학적 관점에서 볼 때 사회복지문제는 사회복지정책의 형성을 촉발시키는 원동력이자 원료인 셈이다.

그렇다면 사회복지문제란 무엇이고 그것이 어떠한 과정을 밟아 정부의 사회복지정책으로 탈바꿈하는 것일까? 여기에서는 우선 사회복지정책 과정에서의 정책문제와 관련된 개념들에 관하여 알아보고, 그 다음에 그것이 정책으로 발전되는 과정을 살펴보려 한다.

1) 문제의 개념 및 특성

사회복지정책에서 재료로 쓰이는 문제의 성립에 대하여는 학자들 사이에 여러 가지 견해가 있다. 문제란 어떤 객관적인 조건이 성립될 때 문제로서 존재한다고 보는 학자들도 있고, 사람들에 의하여 문제라고 인식되었을 때 비로소 문제가 성립된다고 보는 학자들도 있다.

필자는 사람들의 주관적인 인식이 있어야만 문제가 성립된다는 관점이 사회복지정책의 실제에 훨씬 유용하다고 본다. 따라서 이러한 주관주의적 관점에서 문제를 규정하는 경우, 문제가 가지는 특성을 살펴보면 다음과 같다.

첫째, 문제란 어떤 상황이나 조건을 사람들이 '해결되어야 한다고 인식할 때' 문제로 등장한다. 따라서 사람들이 그것을 해결되어야 한다고 생각하지 아니하는 경우 적어도, 이러한 관점에서는, 그것은 문제가 아니다.

둘째, 그렇기 때문에 문제는 사람에 따라서 다르게 나타난다. 곧, 어떤 사람에게는 문제이지만 어떤 사람에게는 문제가 안 될 수도 있다. 각각의 개인에게 주어지는 똑같은 조건이나 상황이 사람에 따라서 문제로 성립할 수도 있고 그렇지 않을 수도 있다. 그것을 A라는 사람이 문제로 인식하면 그것은 어디까지나 A에게 문제로 성립하는 것이지, 비록 B나 C가 그것이 문제가 아니라고 주장한다 해서 A에게 문제가 아닌 것은 아닌 것이다. 물론 이 경우 B나 C에게는 그것이 문제가 아니다. 이런 경우의 문제는 개인의 문제이다.

셋째, 한편 사회가 어떠한 조건이나 상황을 해결해야 할 문제로 인식하면 그것은 그 사회의 문제가 된다. 이를 사회문제라 한다. 곧, 사회문제란 '사회를 구성하는 많은 사람들이 그것을 해결해야 할 문제라고 인식할 때' 성립한다. 이런 점에서 사회문제는 사회적으로 만들어지는 것(*socially constructed*)으로 규정되는 것이다.[1)]

---

1) 존스는 문제가 미치는 영향의 범위를 기준으로 하여 개인의 문제와 사회문제를 구별짓고 있으나, 현대 사회문제의 특성상으로 보아 문제가 미치는 영향의 범위만을 기준으로 삼아 개인문제와 사회문제로 나누는 것은 사회문제의 범위를 너무 축소시키며 개인적 책임 사상에 너무 치우친 감이 있다. 필자는 현대 사회문제의 특징으로서 ① 문제의 양적 증대, ② 질적 복합성, ③ 클라이언트의 확대, ④ 문제의 원인 불명확성, ⑤ 문제의 개인적 해결불가능성 등 다섯 가지를 들고 있는데, 이들이 사회문제와 개인문제의 구별 기준으로 사용될 수 있다고 본다. 곧, 사적인 개인문제와 사회문제의 구별 기준은 문제가 미치는 영향의 범위뿐만

넷째, 따라서 사회문제는 사회에 따라 다르다. 곧, 어떤 사회에서는 사회문제로 규정되지만, 다른 어떤 사회에서는 전혀 사회문제가 아닐 수 있다. 보기를 들면, 알콜중독 문제는 현재의 미국 사회에서는 커다란 사회문제로 인식되지만, 한국에서는 사회문제로 인식되지는 않는다. 이런 점에서 볼 때, 문제란 시공간에 따라 문제가 될 수도, 안 될 수도 있다. 곧, 사회문제란 시공간에 따라 다르게 나타난다.

다섯째, 문제란 사람들의 불충족된 욕구와 밀접히 관련된다. 그러나 문제로 인식했던 인간의 욕구가 일단 충족되는 경우, 그 문제는 해결되었다고 할 수 있지만, 잠재해 있던 또 다른 욕구를 새로운 문제로 인식하기 때문에 문제는 항상 존재하기 마련이다. 사회문제 역시 이와 같다. 곧, 사회문제란 어느 사회에서나 항상 존재한다. 문제가 없는 사회란 없는 것이다.

여섯째, 문제란 본질적으로 그 문제로 인하여 고통을 받고 있는 사람이 스스로 해결하지 못하기 때문에 문제로 성립한다. 만약 그 문제를 스스로 해결할 수 있다면 그것은 더 이상 문제가 아니다. 곧, 문제란 다른 사람 또는 사회의 도움을 받아야 해결할 수 있다는 점에 문제의 본질이 있으며, 여기에 이타주의의 근거가 있는 것이다.

사회복지문제 역시 지금까지 이야기한 문제의 특성을 띠고 있다. 그러나 정책학에서 이야기하는 문제란 정책상의 대책이 요구되는 문제로 인식할 때 성립한다. 그렇다면 사회복지문제는 언제 성립하는 것일까? 물론 사회복지정책상 해결해야 할 문제로 인식될 때 성립한다. 그렇다면 어떠한 과정을 밟아 사회복지문제가 성립하는가를 살펴보자.

아니라 문제의 원인, 개인적 해결가능성, 문제의 인지 범위 등 여러 기준에 의해야 할 것이다. 이들에 관한 자세한 논의는 Jones(1984 : 38~42) 및 송근원(1978 : 251) 참조.

2) 문제, 요구, 의제, 정책의 개념

(1) 문 제

사회복지문제는 인간으로서의 기본적인 생활을 누리지 못하여 고통을 받고 있는 사람들이 그러한 상황이나 조건을 해결해야 할 문제로 인식할 때 비로소 문제로 성립한다.

(2) 요 구

이때 이러한 사회복지문제의 해결을 정부에 대하여 요청하는 구체적인 행동을 정치학적인 의미에서 요구(*demand*)라 한다. 보기를 들면, 무의무탁한 노인들의 비참한 생활을 문제로 인식한 사람들이 그 문제를 공공의 차원에서 해결해 달라고 캠페인을 벌인다든가, 정부 관계부서에 사회복지 제도나 정책상의 결함을 시정해 달라고 청원을 한다든가 하는 경우, 그 문제는 하나의 사회복지 요구로 전환된다.

(3) 의 제

정치체제에 어떤 사회복지문제의 해결에 관한 요구가 성공적으로 투입되면 그것은 정책꾼(*policy actor*)들의 관심을 받으면서 그 해결 방법들이 논의된다. 이때 정책꾼들의 논의가 이루어지는 문제나 요구를 의제(議題)라 하며, 의제들의 모음을 아젠다라 한다. 바꾸어 말한다면, 의제란 아젠다를 구성하는 문제나 요구로 이루어진 각각의 항목들을 일컫는다. 이때 정책의제로서 논의하는 과정, 좀더 자세히 말하면 정책의제로 채택되는 과정을 포함하여 아젠다 짜임과정이라 부른다.

(4) 정 책

문제나 요구가 일단 정책의제로 성립하면 정책꾼들에 의하여 그 해결이 논의되고 여러 가지 해결방안 가운데 하나를 선택하게 되는데, 이때의 해결방안들을 정책대안이라 부르고, 선택된 대안을 정책이라 부른다. 이때 정책대안의 선택과정을 정책결정과정이라 부른다.

〈그림 2-1〉 문제의 정책으로의 발전과정

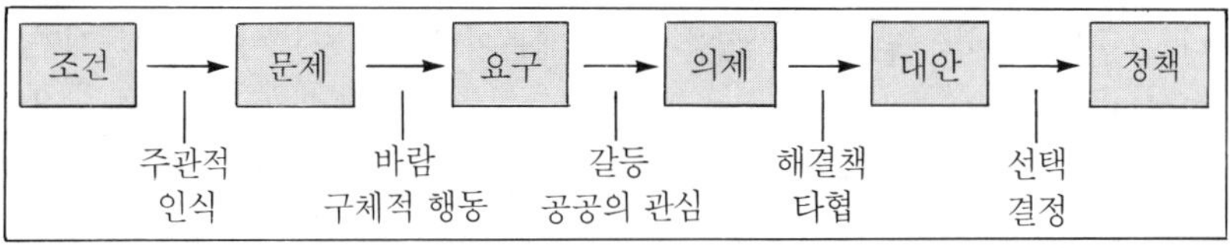

사회복지문제나 요구가 정치체제의 의제로 채택되어 정책으로 결정되어 가는 과정을 간단히 요약하면 〈그림 2-1〉과 같다.

2. 사회복지정책 문제의 이슈화

그러나 사회복지문제나 요구가 정책으로 발전하는 과정이 그렇게 순탄하지만은 않다. 곧, 모든 사회복지 요구가 자연스럽게 다 정책으로 발전하는 것은 아니다. 왜냐하면 사회복지문제나 요구가 일단 정책의제로 채택되어야 하고, 그것이 정책꾼들에 의하여 일단 논의되어야 하며, 그 과정 속에서 해결대안이 탐색되어야 하고, 그 가운데 하나가 정책으로 선택되어야 하는데, 이러한 과정 속에서 사회세력들 사이의 역동적인 움직임이 이루어지는 까닭이다.

예컨대, 사회복지문제나 요구 가운데 어떤 것은 정치체제의 정책아젠다 위에 오르지만 어떤 것은 정책아젠다의 지위를 획득하지 못하고 밀려나거나 억압되는 경우도 있으며, 정책아젠다 지위를 획득하는 데 성공하였다고 하더라도 정책꾼들에 의하여 논의되지 않고 계속 무시되는 경우도 있다. 이때 정책아젠다에 수록되지 못하는 이슈를 '억압된 이슈'(*depressed issue*) 또는 '없이슈'(*non-issue*)라 부르며(Frey, 1971), 정책아젠다에 오르기는 하였으나 논의되지 않는 이슈를 '가짜의제'(*pseudo agenda items*)라 부른다(Cobb and Elder, 1983 : 87).

따라서 사회복지문제나 요구가 정책아젠다 위에 오르도록 하기 위해서는 정치적 논점으로 부각시킬 필요가 있다. 이때 정치적 논점으로 부각된 문제나 요구를 이슈라 부른다. 사회복지문제나 요구가 정치적 논점으로 부각되는 경우 쉽게 정책아젠다 위에 오를 수 있는 까닭은 이슈화한 문제나 요구는 일반 국민들의 관심을 끌기 때문이다. 따라서 사회복지문제가 억압되어 정책아젠다 위에 오르지 못하거나, 정책아젠다 위에 오른다 하더라도 가짜의제가 되는 것을 막기 위해서는 국민들의 관심이 계속 집중되도록 이슈화시킬 필요가 있다.

특히 사회복지문제나 이슈는 정치적으로나 경제적으로 힘이 약한 사람들의 문제이기 때문에 정책아젠다 위에 오르지 못하고 무시되기가 쉽다. 따라서 사회복지정책 아젠다의 형성과정이란 한마디로 말해서 사회복지문제나 요구의 이슈화 과정이라고 할 수 있다. 곧, 사회복지문제나 요구가 이슈로 전환되어 쟁점으로 등장하는 경우, 일반 국민들이 이에 관심을 쏟게 되고, 결국 그 문제는 정책꾼들에 의하여 공공정책상의 논점으로 논의된다.

여기에서는 이슈와 없이슈에 관하여 좀더 자세히 알아보고 이슈화전략으로 넘어가려 한다.

1) 이슈의 개념과 크기

(1) 이슈의 개념

넓은 의미에서 이슈란 어떤 문제(*problem*)나 요구(*demand*)가 '공공의 관심'을 끌어 '공공정책상의 논점'으로 제시되는 경우를 의미한다. 곧, 어떤 문제가 이슈로 성립하려면, 첫째, 공공의 관심을 끌어야 하고, 둘째, 공공정책상의 논점으로 제시되어야 한다. 곧, 어떤 문제나 요구에 대하여 해결을 원하는 행위가 일어났다 하더라도 공공의 관심을 끌지 못하거나 공공정책상의 논점으로 등장하지 못하는 경우 그것은 이슈라 할 수 없다.

예컨대, 아무개 장관의 스캔들은 공공의 관심을 끌지 모르나, 공공정책상의 논점으로 제시되지 않는 한 이슈는 아니다. 그러나, 만약 이 문제를 개인적 문제로 생각하여 대통령이 아무개 장관을 해직시키지 않을 경우, 그를 해직시켜야 한다는 여론이 형성되고, 공직과 사생활의 관계 정립에 관한 정책상의 논점이 제시된다면, 이 문제는 공직자의 윤리에 관한 이슈로 바뀌게 된다.

이때 공공정책상의 논점으로 제시되는 문제나 요구를 정책문제라 하는데, 정책문제는 일반적으로 공공의 관심을 쉽게 동원할 수 있기 때문에 대부분 이슈로 등장하는 것이 보통이다. 그러나, 정책문제가 공공의 관심권 밖에서 비공개적으로 논의되기 때문에 이슈화하지 않는 경우도 있다. 보기를 들면, 정부에서 비밀리에 신무기를 구입하는 문제는 정부아젠다 위에 이미 올라 있으며 일부 정책꾼들에게는 공공정책상의 논점으로 제시되었지만 공공의 관심을 끌지 않는 까닭에 이슈라 볼 수 없다.

이와 같은 넓은 의미의 이슈 개념은 공공의 관심 및 공공정책상의 논의라는 두 가지 요건만 갖추면, 이슈라 보기 때문에 규범적 이슈나 가치이슈도 이슈의 개념 속에 포함하여 다룰 수 있다는 장점이 있지만, 이슈갈등을 뚜렷이 부각시켜 주지 못한다는 단점이 있다.

한편, 좁은 의미에서의 이슈란 어떤 문제나 요구가 공공의 관심을 끌어 공공정책상의 논점으로 제시되어 '이해갈등'이 나타나는 경우, 특히 정책결정자의 관심을 끌어 정책꾼들에 의하여 논의되고 여기에 관련된 사람들간의 이해관계가 노정되는 경우를 뜻한다. 곧, 엄격한 의미에서 이슈란 문제나 요구가 공중의 관심을 집중시키며, 정책꾼들에 의하여 논의되고, 여기에 관련된 사람들 사이의 이해관계가 노정된다는 점에 있다.[2)]

이런 점에서 보았을 때, 이슈란 상반된 이해 당사자들이 서로 유리한 위치에 서기 위해 명분을 내세우고 합리화시키기 위한 싸움 과정에서 나타나는 '문제에 대한 개념 규정들간의 갈등'(*conflict among problem definitions*)으로 파악할 수 있다(Jones, 1984 : 39).

---

2) 콥과 엘더(Cobb and Elder, 1983 : 42~43, 82)는 바로 이러한 점에서 이슈의 본질이 이해갈등에 있다고 하며, 스파이로(Spiro, 1962 : 577)는 '의견의 불일치'(*disagreement*)로부터 이슈 해결을 위한 '정치'(*politics*)가 나타난다고 한다. 마찬가지 관점에서, 존스(Jones, 1984 : 40)는 문제해결에 대한 대책에 관하여 아무런 반론이 없으면 그 공공문제는 이슈로 발전하지 않는다고 주장한다. 곧, 이슈의 본질은 논쟁(*controversy*)에 있다는 것이다.

그러나 이러한 정의는 이슈의 범위를 너무 한정함으로써 이슈의 규범적인 측면을 무시하는 경향이 있다. 곧, 이슈의 개념을 구성하는 필수 요인으로서의 '이해갈등'은 이해 다툼이 해결되어 나가는 정책과정에서의 본질적인 요소임에는 틀림없으나, 이슈 구조상의 다른 한 부분, 곧 명분이나 가치 전제 따위의 규범적 요소를 간과하기 쉽다는 단점이 있다.

(2) 이슈의 크기

정책문제로 제기되는 이슈는 어떠한 이슈든 그 크기를 가진다. 일반적으로 볼 때, 이슈의 크기가 크면 클수록 정책아젠다 위에 오르기가 쉽다. 이런 점에서 볼 때 이슈화 과정이란 이슈의 크기를 증대시키는 과정이라 할 수 있다.

이슈의 크기는 여러 가지 측면에서 관찰할 수 있다. 곧, 이슈에 관여하는 사람이나 집단의 수, 이슈를 둘러싼 이해당사자들의 관여 정도, 그 이슈에 대한 일반 국민들의 인식 정도를 파악함으로써 이슈의 크기를 측정할 수 있다.[3] 일반적으로 이슈의 크기는 일반 국민들이 그 이슈를 어느 정도로 인식하는가에 의하여 측정하는 것이 보통이다.

2) 없이슈와 잠재적 이슈

(1) 없이슈

어떤 문제나 요구가 공공의 관심을 끌긴 하지만, 정치체제나 정책꾼들에 의하여 통제되어 공공정책상의 논점으로 제시되지 못하고 무시되는 경우, 그것은 억압된 이슈 또는 없이슈라 부른다. 보기를 들면, 제 5공화국

3) 콥과 엘더(Cobb and Elder, 1983 : 43~44)는 이슈갈등에 관련된 사람들의 수나 집단들의 수에 의해 측정된 이슈의 크기를 이슈의 범위(*scope*)라 부르고, 갈등당사자들이 이슈에 관여하는 정도에 의해 측정된 이슈의 크기를 이슈의 강도(*intensity*)라 부르며, 일반 국민들의 이슈에 대한 인식의 정도를 이슈의 가시성(*visibility*)이라 부른다.

시대의 통일 이슈나 노동 이슈가 없이슈의 좋은 본보기이다. 없이슈의 경우, 이슈갈등이 잠재화하면서 계속 억압되는 까닭에 언젠가는 체제가 허용하는 범위를 넘어선 요구표명 행위를 통하여 분출된다.

(2) 잠재적 이슈

또한, 한때는 공공의 관심을 끌어 정책꾼들에 의하여 논의되었으나, 공공의 관심권 밖으로 나가거나, 공공정책상의 논의가 이루어지지 않는 경우 그 문제나 요구는 더 이상 이슈가 아니다. 이런 경우 굳이 이슈란 이름을 붙인다면 잠재적 이슈라 할 수 있다.

대부분의 사회문제는 잠재적 이슈의 성격을 띤다. 왜냐하면, 대부분의 사회문제는 한때 공공의 관심을 끌고 논의되어 온 이슈였으나, 아젠다 공간의 제한성으로 인하여, 또는 다른 새로운 이슈의 부상에 의하여 공공 또는 정책꾼들의 관심권 밖으로 밀려났기 때문이다.

그렇지만, 없이슈나 잠재적 이슈는 일정한 시기가 지나 다시 공공이나 정책꾼의 관심을 끌 경우 이슈로 재등장한다.

(3) 없이슈의 존재에 관한 논쟁

민주주의 정치체제 속에서 없이슈가 존재하느냐의 여부에 관하여 다원론과 엘리트론의 대립적인 시각이 존재한다. 이를 간단히 살펴보면 다음과 같다.

달(Dahl, 1961) 등의 다원론자들은 민주주의 정치체제, 특히 미국의 정치체제에서는 없이슈란 존재할 수 없다고 본다. 달에 의하면, 미국의 정치체제는 입법부, 행정부, 사법부로 삼권이 분리되어 있고, 연방정부, 주정부, 지방정부라는 세 개의 정부를 가지고 있는 까닭에 정부아젠다에의 접근점(*access point*)이 많다는 점, 사회가 다원화한 이익집단들로 구성되어 있고 이슈화시키는 데 필요한 권력자원이 이들에게 널리 분산되어 있다는 점, 그리고 이들 사이에는 정치적 견제와 경쟁이 이루어지는 까닭에 어느 한 계층이나 집단이 계속해서 권력을 독점할 수 없다는 점 등의 이유 때문에, 없이슈란 있을 수 없다고 본다. 곧, 누구든지 어떤 문제를 이슈화시키고자 원한다면 언제든지 이슈화시킬 수 있다고 본다.

반면에 엘리트론자들은 사회집단들이 권력자원을 '가진 자'(*haves*)와 '가지지 못한 자'(*have-nots*)로 나누며, 공공정책에는 '가진 자'만의 견해가 반영되고 '가지지 못한 자'의 문제는 억압되기 때문에 없이슈로 남는다고 주장한다. 곧, 정부의 아젠다는 '가진 자'들에게 안전한 이슈로만 구성되고, 그들에게 해가 되는 이슈는 받아들이지 않는 까닭에 억압되어 버리고 만다는 것이다. 이것이 없이슈가 존재하는 이유이다.[4)]

3) 이슈화 과정

(1) 이슈화 과정의 의미와 성격

이슈화 과정이란 문제나 요구가 이슈화하여 일반 국민들의 관심을 끌거나, 정책꾼들의 관심을 끌게 되는 과정이다. 일반 국민의 관심을 끎으로써 공공에 의하여 그 문제나 이슈가 논의될 때 그 이슈는 공공아젠다의 의제로 등장하며, 정부의 정책꾼들이 그 해결방법에 심각한 관심을 기울이고 논의할 때 정부아젠다의 의제가 성립한다.

이러한 이슈화 과정은 사회복지정책 과정에서 매우 중요한 의미를 지닌다. 왜냐하면, 사회복지문제나 요구는 사회적 약자들의 문제인 까닭에 이슈화시키지 않는 경우 정부아젠다 위에 오르기 어렵다. 따라서 대부분의 사회복지문제는 이슈화 과정을 밟아 정부아젠다 위에 오르는 것이 보통이다.

한편, 이슈화 과정은 문제나 이슈를 사회의 정치적 쟁점으로 등장시키

---

4) 설령 가지지 못한 자'들의 이슈가 정부아젠다 위에 올라간다 하더라도 그것은 논의되지 않은 채 가짜의제(*pseudo agenda*)로 남거나, 정부에서 논의된다 하더라도 '가진 자 에게 유리하게 재정의됨으로써 변질되어 버리기 쉬우며, 변질되지 않고 정책결정이 이루어진다 해도 정책집행을 연기시키거나 집행과정에서 흐지부지될 가능성이 높다고 본다. 이런 점에서 없이슈(*non-issue*)의 개념은 없결정(*non-decision*) 및 없집행(*non-implementation*)의 개념으로 확대시킬 수 있다.

〈그림 2-2〉 문제의 이슈화 과정

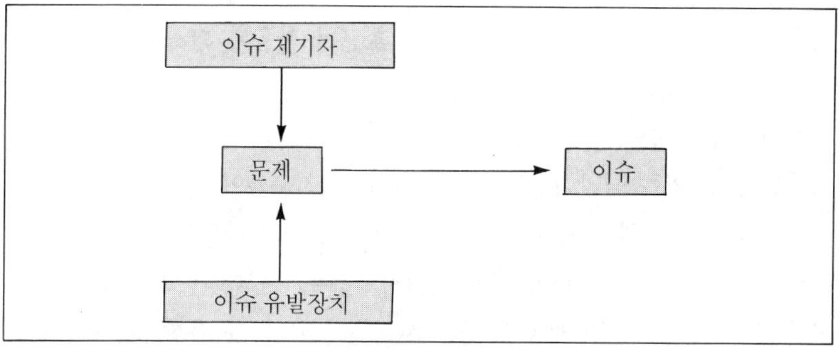

는 것이기 때문에 이해당사자들의 이슈갈등이 나타나는 과정이라고도 할 수 있다. 사회복지문제의 경우에도 이슈화 과정 속에서 이해관계자들 사이의 이슈갈등을 찾아볼 수 있다. 예컨대, 장애인협회에서 일정 규모 이상의 건물이나 주차장에 장애인 전용 주차장 설치를 의무화하는 문제를 이슈화시키는 경우, 설치비용을 부담해야 하는 건물주나 주차장 소유주들과 이 문제를 관철시키려는 장애인협회 사이에는 갈등이 나타나게 된다.

이런 이슈화 과정은 문제가 이슈화하면서 그 문제와 직접적으로 관련되지 않은 사람들에게까지 그 문제를 인식시켜 주는 기능을 한다. 곧, 직접적인 이해당사자뿐만 아니라, 언론이나 일반 국민까지도 그 이슈에 관심을 가지게 되고 의견을 표명하게 된다.

(2) 이슈 제기자와 이슈 유발장치

어떤 문제나 요구가 이슈화할 때 중요한 역할을 담당하는 사람으로서는 이슈 제기자(*issue initiator*)가 있고, 사건으로서는 이슈 유발장치(*triggering mechanism*)가 있다. 곧, 이슈 제기자의 이슈화 노력에 의하여 또는 이슈 유발장치에 의하여 문제는 이슈화한다.

이때 이슈 제기자란 어떤 문제를 해결하기 위하여 그 문제를 제기하고 국민들에게 널리 인식시키려고 하는 사람을 의미하며, 이슈 유발장치란 문제가 이슈로 전환되는 과정에 도움을 주는 예기치 못한 사건들을 말한다(Cobb and Elder, 1983 : 84~85 ; Gerston, 1983 : 2장 참조). 문제가 이슈화하는 과정에서 이슈 제기자와 이슈 유발장치의 관계는 〈그림 2-2〉와 같다. 곧, 문제로부터 이슈로의 전환은 이슈 제기자의 의도적인 노력이나 이슈 유발장치에 의하여, 또는 이들 상호간의 작용에 의하여 이루어진다(Cobb and Elder, 1983 : 85 참조).

사회복지문제를 이슈화시키고자 하는 이슈 제기자는 그 문제로 인하여 고통을 받고 있는 클라이언트이거나 사회복지전문가인 경우가 많다. 일반적으로 볼 때, 사회복지문제로 고통을 받고 있는 사람들은 사회적 약자인 까닭에 이슈 제기자로서 활동하지 못하는 경우가 많다. 따라서 이들의 욕구를 진단하고 도움을 제공해 주는 사회복지전문가가 사회복지문제의 이슈 제기자로서 활약하여야 한다. 곧, 정부나 국민을 상대로 하여 사회복지문제를 인식시키고 공공정책상의 논점으로 끌어갈 수 있도록 도와주는 것은 사회복지전문가가 담당하여야 할 중요한 역할 가운데 하나이다.[5)]

이슈 유발장치는 정치적 과정 속에서 일상적인 문제를 국민들에게 널리 인식시켜 국민적 반응을 끌어내는 데 작용한다(Gerston, 1983 : 24). 곧, 이슈 유발장치는 환경 속에 방치되어 있는 문제를 정치적으로 인식시켜 주며, 공공정책의 형성에 대한 압력을 촉진시켜 주는 촉매역할을 한다. 따라서, 이슈 유발장치는 새로운 문제를 정의 내리고, 뒤따르는 반응으로서의 정책대안 형성에 영향을 미친다.

(3) 이슈화 과정에의 참여자

이슈 제기자 이외에도 이슈화 과정에는 여러 사람들이 참여한다. 이들은 이슈를 제기한 이슈 제기자 말고도 이슈 갈등에 직접적으로 관여하는 이해당사자들이라 할 수 있는 이슈다투는이들 및 구경꾼이라 할 수 있는 관련공중으로 나눌 수 있으며, 관련공중은 그들의 이슈에 대한 관심의 정

---

5) 이전의 전통적인 사회복지 실천방법에서와 같이 클라이언트만을 상대로 하는 케이스워크나 그룹워크도 중요하지만, 현대사회에서는 사회복지전문가가 정부나 여론을 상대로 하여 사회복지문제를 제기하고 사회복지정책에 클라이언트의 견해를 반영시키는 사회행동(*social action*)이나 정책활동도 매우 중요한 사회복지 실천방법이다.

도 및 행태에 따라 동일시집단, 관심집단, 관심공중, 그리고 일반공중으로 나눌 수 있다(Cobb and Elder, 1983 : 102~111). 이들을 간단히 살펴보면 다음과 같다.

① 이슈다투는이들(*contending parties*)

이슈갈등에 끼어들어 직접 논쟁에 참여하는 사람들이나 집단들을 말한다. 이들의 크기는 이슈다투는이들의 수, 조직화 기술, 의사전달의 강도 및 폭, 그들이 동원할 수 있는 또는 동원하고자 하는 자원의 양 따위에 의하여 측정할 수 있다. 따라서 이 변수는 그 이슈가 어떻게 규정되는가에 따라 직접적으로 영향을 받는 사람들의 수를 나타내기도 하며, 이슈논쟁 양 진영의 상대적인 세력을 파악하는 데 사용할 수도 있다. 그러나 더욱 중요한 것은 이들이 이슈의 가시성 및 이슈확장에 작용하는 주요 결정인자라는 점이다.

② 관련 공중(*relevant public*)

싸움판에서의 구경꾼들 각각에게 그 싸움이 주는 의미가 다른 것처럼, 이슈갈등 상황에서 제기된 이슈가 그 이슈와 직접적인 관련이 없는 사람들에게 주는 의미도 각각 다르다. 곧, 어떤 하나의 주어진 이슈에 대해 받아들이는 정도, 곧 그 이슈에 대하여 관심을 쏟는 정도는 사람에 따라 다 다르다. 또한 여러 가지 이슈들 가운데 어떤 이슈가 더 중요한 것인지에 대한 판단도 사람에 따라 다 다르다(Gergen, 1968 : 183~184). 따라서, 이슈에 대한 사람들의 관심 및 참여 정도에 따라 관련공중을 다음과 같이 네 가지 집단으로 나눌 수 있다(Cobb and Elder, 1983 : 104~108). 이들을 그림으로 나타내면 〈그림 2-3〉과 같다.

가) 동일시집단(*identification group*) : 논쟁당사자들이 제기한 이슈에 걸려 있는 이익과 자기 자신의 이익을 동일시하는 집단으로서 이슈갈등에 가장 민감하게 반응하는 집단이다. 곧, 이슈가 확장될 때 이슈의 갈등 상황 속에 적극적으로 개입하는 첫번째 집단이다. 예컨대, 피켓을 들고 데모에 나서거나, 의사결정자들에게 진정서를 쓰거나, 그 이슈를 지지하는 입후보자에게 선거자금을 제공하는 집단을 말한다(Cobb and Elder, 1983 : 111). 이들은 이슈에 관하여 비교적 세부적인 부분까지 잘 알고 있으며,

〈그림 2-3〉 이슈화 과정에의 참여자들 분류

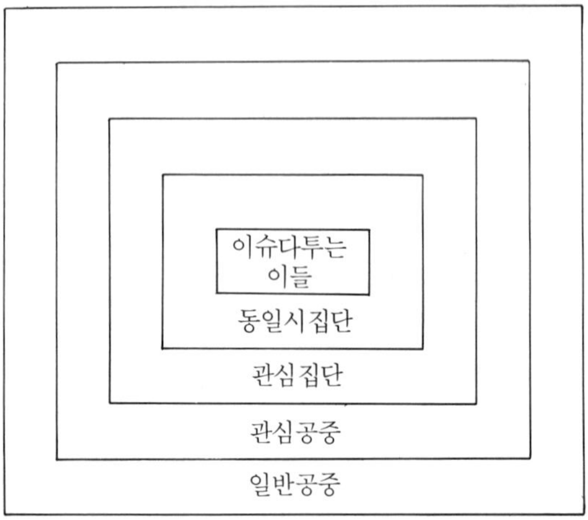

이 집단 구성원들 사이의 연대감은 다른 집단에 비해서 비교적 안정적이며 지속적이다.

나) 관심집단(*attention group*) : 이슈 갈등에 즉각적으로 개입하진 않으나 어떤 특정 이슈에 관하여 관심을 가지고 있는 사람들로 구성되며, 이슈가 그들의 관심권 속에 부상되면 쉽게 동원가능한 집단이다. 이들은 대부분의 이슈에 관하여는 별 흥미를 느끼지 않지만, 어떤 특정 이슈에 대해서는 동일시집단과 마찬가지로 이슈화하기 이전부터, 적어도 일반 공중보다는 일찍이 그 이슈의 논쟁에 관하여 알고 있고 계속 관심을 가지는 집단이다. 동일시집단이 이슈 갈등에 참여하는 이유는 이슈다투는이들과 같은 집단에 속해 있다고 생각하는 집단 소속감 때문인 데 반하여, 관심집단이 이슈갈등에 참여하는 까닭은 갈등상황과 관련된 이슈에 대한 관심 때문인 경우가 많다.

다) 관심공중(*attentive public*) : 이슈에 대해 일반적으로 알고 있고 관심을 가지고 있는 집단을 말한다. 동질적이진 않지만 비교적 그 구성에서 안정적이며, 교육수준이 높고, 소득수준이 높은 인구층으로 구성된다. 여론의 지도자들은 대개 이 계층으로부터 나온다. 이들은 또한 비활동적이고 별로 관심을 가지지 않은 사람들에게 이슈를 전파하는 역할을 담당한

다. 이 계층의 크기는 일정하지 않으나 대체적으로 전 국민의 10%를 넘지 않는 것이 보통이다(Rosenau, 1968 : 2~5 및 22~48).

라) 일반공중(*general public*) : 이슈에 관하여 잘 모르고, 별 관심도 없으며, 별로 적극적이지도 않은 인구층을 말한다. 이들을 이슈에 끌어들이려면 이슈 자체가 고도로 일반화되어야 하는데, 이들이 이슈에 관여한다 해도 그 관심은 일시적이며 반응도 비조직적인 경우가 많다. 또한 이러한 경우에도 대부분이 이슈에 대해 잘 알지 못하거나 반응을 보이지 않는 경우도 많다.

이슈다투는이들에 의해 제기된 이슈가 동일시집단에서 관심집단, 관심공중, 일반공중으로 확산되어 나가면 나갈수록 그 이슈는 공공아젠다 지위를 획득하게 되고, 정부아젠다에 수록될 가능성이 높아진다(Cobb and Elder, 1983 : 110~111 참조).

3. 사회복지정책 문제의 이슈화 전략에서 고려할 요인들

사회복지정책 문제를 이슈화시키는 이유는 문제를 크게 인식시켜 정부로 하여금 공공정책상의 문제로서 논의하도록 만드는 데 있다. 곧 사회복지 문제를 이슈화시킴으로써 공공아젠다 위에 오르게 하고, 그것이 정부아젠다의 정책의제로 성립시키는 데 있다.

일반적으로 볼 때 사회복지문제는 기존 체제 속에서 안주하고 있는 정치꾼들의 관심을 끌기가 어렵다. 또한 사회복지문제로 인하여 인간다운 생활을 누리지 못하고 고통을 받고 있는 사람들, 곧 사회복지정책의 클라이언트들은 돈, 지식, 시간, 조직, 사회적 지위 등 정치적 과정으로서의 정책과정에 영향을 미칠 수 있는 자원을 별로 가지고 있지 못한 것이 보통이다. 또한 이러한 자원들을 조직화하거나 사용하는 데 익숙하지 못하다. 뿐만 아니라, 이들 클라이언트들에 대한 일반 국민들의 관심 역시 일시적이며 지속적인 경우가 드물며, 사회복지문제에 대한 정부의 대책을 요구하는 수준에는 이르지 못하는 것이 보통이다. 단지 사회복지전문가나 사회복지문제를 다루는 관료들 및 일부 지식인들만이 비교적 지속적인 관심을 보일 따름이다. 그렇기 때문에 사회복지문제는 사회집단들 사이의 자유로운 경쟁과 협상 등을 미덕으로 하는 민주체제 속에서 정책문제로 등장하기가 쉽지 않다. 정부의 아젠다 공간은 제한되어 있는데 사회복지 문제의 아젠다 공간을 차지하기 위한 이슈경쟁력은 다른 문제나 이슈들에 비하여 매우 약한 편이다.

결국 사회복지문제는 기득권자들의 이해관계가 얽혀 있는 정부아젠다 위에 오르기가 쉽지 않다. 또한, 정책의제로 채택되어 논의된다 하더라도 클라이언트들의 견해가 반영되는 경우가 드물며, 그것이 결정으로 이어지지 못하고 다른 이슈에 의하여 밀려나기 쉽다.

이와 같은 사회복지문제의 성격과 제한된 정부아젠다 공간을 생각할 때, 사회복지문제를 국민들에게 인식시키고 정부에서 심각하게 논의할 수 있도록 이슈화시키는 데에는 여러 가지 이슈전략이 필요하다. 곧, 사회복지문제를 이슈화시키기 위해서는 (1) 이슈를 어떻게 정의할 것인가? (2) 언제 제기할 것인가? (3) 누가 이슈를 제기할 것인가? (4) 어떠한 방법으로 제기할 것인가? (5) 그리고 사회복지 이슈를 정책의제로 등장시키는 것을 막기 위한 견제전략은 무엇인가를 고려해야 한다. 이들을 차례로 살펴보면 다음과 같다.

1) 사회복지문제의 정의 방법

사회복지문제를 이슈화시키는 데 제일 먼저 고려해야 할 사항은 '문제를 어떻게 정의내릴 것인가'에 관한 것이다. 문제를 어떻게 정의하느냐에 따라 그 해결방안도 달라지기 때문에 이슈화 전략에서 가장 본질적인 것이며 중요한 사항이 곧 문제의 정의 방법이다. 따라서, 사회복지문제의 특성을 잘 고려하여 일반 국민들이 그 문제를 정부가 해결해야 할 문제로 인식시킬 수 있도록 정의내려야 한다.

일반적으로 말해서, 사회복지문제를 정의내리는 요체는 클라이언트의 입장에서 정의내리되, 동일시집단, 관심집단, 관심공중을 확대시킴으로써 이슈의 확장에 이들이 기여할 수 있도록 정의하는 것이다. 그러기 위해서는 정의되는 사회복지 이슈의 구체성, 사회적 중요성, 시간적 관련성, 유행가능성, 전파가능성, 이해가능성 따위를 고려하여야 한다(이들의 특성에 관하여는 송근원, 1994 : 139~144 참조).

사회복지문제를 이슈화시키기 위해 문제를 정의할 때 제일 먼저 생각하여야 할 것은 어떠한 이슈상징을 사용할 것인가, 그리고 쉽게 이슈를 확장시키기 위해 연계시킬 수 있는 다른 이슈는 없는가에 관한 것이다. 이슈상징의 사용 및 다른 이슈와의 연계를 통해 사회복지문제를 정의내리는 방법에 관하여 간단히 알아보면 다음과 같다.

(1) 이슈상징의 사용

사회복지문제를 정의내릴 때 이슈상징을 잘 사용하는 경우, 이해관계자들 사이의 이슈반응을 끌어냄으로써 이슈갈등을 증폭시키고, 국민들로 하여금 그 사회복지문제에 관해 보다 많은 관심을 쏟을 수 있도록 만들 수 있다. 곧, 일반 국민들에게 제기된 사회복지문제에 관하여 효과적으로 인식시킬 수 있다.

사회복지문제의 이슈화 과정에서 사용하는 상징은 보통 감정에 호소하는 상징과 이성에 호소하는 상징으로 나눌 수 있다. 일반적으로 볼 때, 이성에 호소하는 상징보다는 감정에 호소하는 상징의 사용이 국민들에게 사회복지문제를 각인시키는 데 유리하다. 또한 문제를 정의할 때 사용하는 상징은 이슈화해 가는 과정에서 점차 강렬해지는 것이 보통이다.

이런 점에서 볼 때, 처음 사회복지문제를 제기할 때에는 국민들의 감정에 호소하는 보다 강력한 상징을 사용하여 이슈화하는 것이 좋으나, 가장 강력한 상징은 공공아젠다에서 정부아젠다로 옮아가기 직전에 사용함으로써 사회복지 이슈를 최대한으로 확장시키는 전략을 짜는 것이 좋다.

(2) 이슈 연계

사회복지문제를 제기할 때 현저하게 쟁점으로 등장한, 또는 등장할 수 있는 다른 이슈와 연계시켜 그 문제를 정의하는 경우, 문제를 보다 쉽게 이슈화시킬 수 있다. 이러한 이슈 연계를 사회복지문제의 이슈화 전략에 효과적으로 사용하기 위해서는 새로이 쟁점으로 등장할 이슈들을 잘 찾아내야 한다. 또한, 과거에 이슈화한 적이 있었던 사회복지 이슈가 무엇인지를 파악하거나, 그 이슈와 관련된 이전의 사회복지정책 프로그램의 집행결과 및 그 영향 등을 검토해야 하며 이슈다투는이들 사이의 관계 및 이들과 정책결정자들 사이의 관계 따위에 대해서도 잘 파악할 필요가 있다.

2) 사회복지문제의 제기 시점

사회복지문제를 정부아젠다 위에 올려 놓기 위해서는 정치, 경제, 사회적 여건을 잘 고려하여 제기하고자 하는 사회복지문제가 쉽게 이슈화할 수 있는 시점을 찾아내야 한다. 다시 말해서 사회복지문재와 관련된 사건이 일어났을 때 때를 놓치지 않고 그 사회복지문제를 제기한다면 그것은 쉽게 이슈화시킬 수 있다.

그러나 어떤 사회복지문제가 한 번 제기되었다고 해서 금방 이슈화하는 경우는 매우 드물다. 따라서 이슈화시키기 위해서는 그 문제를 반복하여 계속 제기하여야 한다. 이때 고려하여야 할 점이 이슈 제기시점에 맞추어 사용할 이슈상징과 이슈주기 및 다른 이슈와의 경쟁관계이다.

이슈상징의 사용에 관하여는 앞에서 논의한 바와 같이 처음 이슈를 제기할 때보다 뒤이어 이슈를 반복 제기할 때 훨씬 강렬한 상징을 사용하는 것이 보통이다.

한편, 이슈 재제기 시점을 잡기 위해서는 이슈주기 및 다른 이슈와의 관계를 고려해야 한다. 어떠한 이슈든지 이슈는 탄생기, 성장기, 전성기, 쇠퇴기, 소멸기를 거치게 되는데, 이 과정을 잘 파악하여 이슈가 자연적으로 성장하는 힘이나 자연적으로 쇠퇴되어 가는 경향을 잘 이용할 필요가 있다(이슈주기에 관하여 자세한 것은 송근원, 1994 : 144~148 참조). 예컨대, 경쟁상태에 있는 다른 이슈가 쇠퇴기에 들어갈 때 사회복지문제를 제기하면 비교적 쉽게 이슈화시킬 수 있으나, 경쟁관계에 있는 어떤 이슈가 크게 성장기에서 전성기로 이행될 때 사회복지문제를 제기한다면 힘만 들 뿐 쉽게 이슈화시킬 가능성은 줄어든다.

3) 사회복지문제의 이슈 제기자

사회복지문제를 이슈화시키고자 할 때, 누가 이슈 제기자가 되어야 할 것인가는 이슈화 전략에서 매우 중요한 사항이다. 일반적으로 볼 때, 사회복지문제의 이슈 제기자들은 클라이언트 자신, 사회복지전문가, 언론, 정치인 등으로 분류할 수 있다. 이들이 이슈 제기자로서 가지는 속성을 살펴보면 다음과 같다.

(1) 클라이언트

클라이언트는 사회복지문제로 인하여 고통을 받고 있는 사람이며, 사회복지정책의 대상이 되는 사람들이기도 하다. 이들은 자신이 겪고 있는 사회복지문제의 사회적 해결을 원하기 때문에 종종 사회복지문제의 이슈 제기자로 나타난다.

그러나, 이들은 자신에게 국한된 문제에만 집착하는 경향이 있기 때문에 문제의 전반적인 맥락을 잘 파악하지 못하는 경우가 흔하며, 사회복지문제의 제기도 그 문제로 인한 고통의 결과를 인내하지 못하는 경우 폭발적으로 나타나는 등 바람직한 방법보다는 바람직스럽지 못한 방법으로 사회복지문제를 제기하는 경우가 대부분이다. 예컨대, 자살을 한다든가, 남의 동정을 구한다든가, 폭동을 일으킨다든가 함으로써 그들이 가지고 있는 문제를 이슈화시키는 경우가 그러하다.

이들의 이슈 제기는, 일반적으로 볼 때, 의도적이고 계획적인 것이라기보다는 비의도적이고 무계획적인 경우가 많다. 곧, 사회복지문제를 이슈화시키려고 하는 의지나 생각이 전혀 없이 자신이 느끼는 고통에서 회피하거나 그 고통의 결과로 나타나는 단편적인 사건들에 의하여 사회복지문제가 이슈화하는 경우가 대부분이다.

사회복지의 대상인 클라이언트 집단은 문제를 정확하게 파악할 수 있는 능력이나 지식이 결여되어 있는 경우도 많고, 이들을 이슈화시킬 수 있는 지식이 충분하지 못한 경우가 대부분이며, 설령 그러한 지식과 능력을 가지고 있다고 하더라도, 이슈화시키는 데 필요한 권력자원(예컨대, 시간과 돈 등)이 부족한 계층이기 때문에 사회복지문제를 체계적으로 조직화하여 이슈화시키지는 못한다. 특히 이익집단이 발전하지 못한 사회에서는 더욱 그러하다. 따라서 이들은 간헐적이고 단편적인, 그리고 무계획적이고 비의도적인 이슈 제기자로 나타나는 것이 보통이다.

(2) 사회복지전문가

사회복지전문가는 클라이언트와 늘 접촉하는 전문집단이기 때문에 클라이언트의 문제에 대해서도 잘 알고 있고, 그 문제의 사회적 해결의 필요성에 관해서도 잘 알고 있으며, 그러한 문제의 해결을 지향하는 의지도 강한 사람들이다. 곧, 이들은 사회복지문제의 성격 및 해결 방법, 사회복지문제에 대한 사회적 인식의 필요성, 그리고 사회복지문제에 대한 정부 개입의 필요성에 관하여 잘 알고 있으며, 그 해결을 위하여 노력하는 사람들이다.

이런 점에서 볼 때 사회복지전문가는 사회복지문제의 이슈 제기자로서 가장 중요한 역할을 담당해야 하는 사람들이다. 곧, 사회복지전문가는 때때로 사회적 약자인 클라이언트들을 대리하여 직접 사회복지문제를 이슈화시키는 대리인의 역할을 담당하거나, 언론 및 정치인들을 동원하여 사회복지문제를 이슈화시키는 동원자의 역할을 담당하기도 한다. 또한, 정부로 하여금 사회복지문제의 해결에 자원을 배분하도록 압력을 행사하는 역할을 담당하기도 하고, 클라이언트와 지역주민을 포함한 일반 국민 그리고 정부와의 관계 속에서 행해야 할 조정자의 역할을 담당하기도 한다. 한마디로 말해서 사회복지문제를 이슈화시켜 정부아젠다 위에 올려 놓는 데에 최적격인 사람들이 사회복지전문가들이다.[6)]

---

6) 사회복지전문가의 역할을 클라이언트와의 직접적인 대면관계 속에서 이루어지는

따라서, 사회사업가 등 사회복지전문가는 사회복지문제를 이슈화시키는 경우 클라이언트를 동원하고, 문제를 정의 내리며, 일반 국민들의 관심과 참여를 끌어내는 것에 대한 전문지식과 기술을 갖출 필요가 있다.

(3) 언 론

일반적으로 볼 때 언론은 사회복지문제의 훌륭한 이슈 제기자이다. 언론은 사회복지문제를 특집으로 다루기도 하고, 사회복지문제의 해결을 위해 앞장서기도 하며, 무엇보다도 사회복지문제에 일반국민들의 관심을 동원하는 데 큰 영향력을 발휘한다.[7)]

그러나 언론은 사회복지문제의 이슈화에 항상 적극적인 것은 아니며, 또한 언제나 능동적인 이슈 제기자로 보기는 어렵다. 왜냐하면, 언론은 사회복지문제 이외의 문제들, 예컨대 정치적 문제나 경제적 문제 등에 대해서도 관심을 가지고 있을 뿐만 아니라, 사회복지문제보다 더 중요하다고 생각하는 문제가 발생하는 경우 그 문제에 관심을 돌리는 까닭이다.

따라서 언론이 사회복지문제에 관심을 가지는 것은 사회복지문제가 어떠한 사건을 통하여 이슈화하는 경우뿐이다. 따라서 언론으로 하여금 사회복지문제의 이슈 제기자로서 활약하도록 만들기 위해서는 사회복지전문

소극적 의미의 역할에만 한정시킬 필요는 없다고 본다. 곧, 사회복지문제의 해결에 개인지도(*case work*)나 집단지도(*group work*) 또는 지역사회조직(*community organization*) 등의 미시적 접근방법도 중요하지만, 사회적 행동(*social action*)이나 사회복지정책(*social welfare policy*)이라는 방법을 통하여 거시적 입장에서 접근할 필요도 있다고 본다.

7) 최근의 실증적 연구에 의하면, 미국의 민주당이 집권하던 케네디-존슨 시대에는 사회복지정책의 주도자가 대통령이었으나, 공화당이 집권했던 닉슨-포드 행정부 때에는 사회복지정책을 실제로 이끌어 나간 것이 언론이라는 사실을 밝혀 내고 있다. 곧, 사회복지정책 지향적인 민주당이 집권하고 있던 시절에는 대통령이 이슈제기자로서 크게 활동하고 있으나, 사회복지정책에 비호의적인 공화당 대통령 시대에는 언론이 사회복지문제의 이슈 제기자로서 크게 활약한다는 사실을 밝혀냈다(Song, 1987 ; 1989b).

가가 사회복지문제의 심각성이나 중요성을 사전에 기자들에게 꾸준히 인식시킬 필요가 있으며, 어떠한 사회복지문제가 발발하는 경우 때를 놓치지 말고 그것을 언론기관에서 보도할 수 있도록 조치를 취하여야 한다.

(4) 정치인

정치인 역시 사회복지문제의 이슈 제기자가 될 수 있다. 그러나 이들 역시 언론과 마찬가지로 늘 적극적이고 능동적인 이슈 제기자는 아니다. 이들은 특히 선거기간 동안에 사회복지문제에 많은 관심을 기울이며, 사회복지문제를 이슈화시키는 경향이 있다. 따라서 이들로 하여금 사회복지문제를 이슈화시키도록 하기 위해서는 선거기간 동안에 사회복지문제를 이들에게 가지고 가는 것도 좋은 방법이다.

정치인들 가운데 어떤 이들은 계속적으로 사회복지문제에 관심을 기울이는 사람들도 있다. 이들은 사회복지문제의 이슈제기자로서, 그리고 선거아젠다에 오른 사회복지문제를 정부아젠다로 옮기는 데 주도적 역할을 하는 사람들이다. 따라서 사회복지전문가는 이들에게 사회복지문제에 관한 정보를 제공하고, 때에 따라서는 클라이언트를 동원하거나, 자문에 응함으로써 이들을 적극 지원할 필요가 있다.

4) 사회복지문제의 제기방법

사회복지문제를 제기하여 이슈화시킴으로써 정부아젠다 위에 놓이게 하는 방법은 선거와 같은 제도화한 전달수단을 사용하는 방법과, 폭력과 같은 비제도화한 전달수단을 이용하는 방법으로 나눌 수 있다(Cobb and Elder, 1983 : 21).

(1) 제도화한 전달수단

사회복지문제를 선거나 합법적인 이익집단의 활동 등 이미 제도화한 통로를 통하여 이슈화시키는 방법이다. 예컨대, 선거기간 동안에 후보자의 입을 통해 사회복지문제를 이슈화시키거나, 이익집단으로서의 대한노인회가 노인복지법 개정에 대한 청원 등 합법적인 활동을 벌이는 것 등이 그러하다.

이 방법은 합법적인 정책통로를 사용함으로써 체제와의 관계에서 마찰은 없으나 이슈화의 효과성에는 문제가 있다. 왜냐하면 어느 체제든 체제가 가지는 편향성(*bias*)이 있으며, 따라서 이미 제도화한 이슈의 전달수단 역시 그 체제의 유지에 유리하도록 편향되어 있기 때문에, 사회적 약자인 클라이언트의 문제가 합법적인 정책통로에서는 그야말로 '합법적으로' 무시되거나 억압될 가능성이 있는 까닭이다. 곧, 제도화한 전달수단은 전 국민들 중 가진 자들의 이슈만을 편파적으로 반영하는 경향이 있다. 뿐만 아니라, 표명된 요구들이 다 정부아젠다의 항목으로 채택되지 않고, 선출된 지도자들에게 정책선택의 재량권이 많이 허용되므로, 실제적으로 정책에 반영되는 것은 이들의 이해관계에 의해 걸러지고 한쪽으로 치우칠 수밖에 없다. 이런 점에서 미첼(Mitchell, 1962 : 284)은 제도화한 전달수단이 고도로 차별적인 성격을 띤다고 한다.

(2) 비제도화한 전달수단

비제도화한 전달수단이란 체제에 의하여 합법적으로 인정되지 않는 이슈의 전달수단을 말한다. 예컨대, 폭력의 사용, 또는 폭력의 위협과 같은 수단을 통하여 이슈를 정부아젠다 위에 올려 놓을 수 있다. 때로는 폭력의 위협이 폭력의 사용보다도 공공 관리들의 관심을 지속시키는 데 효과적일 수 있다(Nieburg, 1962 : 865~73 참조).

이슈 제기에 있어 이러한 비제도적인 수단들의 사용은 체제와의 마찰을 일으키게 되고 부작용이 나타나게 되며 일반국민들로부터 비난을 받을 여지가 크지만, 많은 사람들에게 문제를 인식시키고 정부로 하여금 그 해결책을 논의하게끔 만드는 데에는 효과적인 방법이다.

따라서 이러한 방법은 이슈 제기자들이 탈법적 수단에 의지하지 아니하고서는 정부아젠다에의 접근이 불가능하다고 생각할 때에만 사용하여야 한다. 곧, 이슈 제기자가 모든 합법적인 방법을 동원하여 어떤 문제를 이슈화하려 하지만, 기존의 정치체제가 받아들이지 아니할 때, 다른 말로 표현한다면 없이슈가 발생할 때 최후로 사용하여야 한다. 왜냐하면 정치체제는 계속되는 폭력적 행동을 용인하지 않으며, 대부분의 국민들은 제도적 수단을 받아들이도록 사회화해 있는 까닭이다(Mitchell, 1962 : 13~15 및 272~286 참조). 따라서 어떤 경우에는 체제의 편향성을 제거하거나 기존의 체제 자체를 변화시킬 목적으로 이러한 방법을 사용하기도 한다.

5) 사회복지문제의 이슈화 견제전략

끝으로 사회복지문제를 제기하려는 이슈제기자가 이슈화 전략에서 반드시 알아두어야 할 사항은, 그 이슈가 정부아젠다 위에 오르지 못하도록 이슈의 확장을 봉쇄하거나 저지하는 상대방의 이슈전략, 곧 이슈화 견제전략에 관한 것이다.

이슈화 견제전략은 사회복지정책이나 제도의 변화를 원하지 않는 사람들이 사용할 수 있는 방법이므로, 사회복지정책이나 제도의 변화를 원하는 사회복지전문가가 사회복지 이슈를 제기할 때에는 그것을 방해하려는 세력들이 어떠한 전략을 사용할 것인가를 알고서 이에 미리 대처할 필요가 있다.

콥과 엘더(Cobb and Elder, 1983 : 124~129)에 따르면 이슈갈등의 확산을 방지하는 방법으로서의 이슈화 견제전략은 대(對)집단 전략과 대이슈 전략으로 나누어진다. 이들을 간단히 살펴보자.

(1) 대집단 전략

대집단 전략(*group-oriented strategy*)이란 전략의 초점을 집단에 두는 것을 말한다. 이 전략은 사회복지 이슈를 제기한 집단의 정통성이나 문제점에 직접 공격을 가함으로써 그 집단이 원하고 있는 이슈의 확장을 저지하는 직접적 전략과 집단의 정통성이나 문제점을 우회하여 공격하는 간접적 전략으로 나눌 수 있다.

① 직접적 대집단 전략 : 직접적 대집단 전략의 가장 전형적인 형태는 사회복지문제를 이슈화시키려는 집단 자체를 불신시키는 방법이다. 보기

를 들면, 사회복지 이슈를 제기하는 사회사업가나 노조운동단체 또는 학생운동단체를 자생적 공산주의 집단으로 몰아붙임으로써, 또는 이들이 자기 자신의 이익을 위해서 활동하는 선동적인 사이비 운동가라고 공격함으로써 일반 국민들로 하여금 이들이 내건 사회복지 이슈에 호응하지 못하도록 하는 전략을 들 수 있다.

② 간접적 대집단 전략 : 이 전략은 이슈의 반대자들이 이슈확장을 간접적으로 방지하기 위해서 이슈 제기집단의 지지근거를 조금씩 삭감해 나가는 방법이다. 예컨대, 이슈 제기집단의 지도자들 및 구성원들 개개인에게 호소하거나 그들을 회유함으로써 그들이 제기한 이슈를 약화시키는 방법을 들 수 있다. 또 다른 방법으로서는 이슈 확장을 시도하는 집단의 지도자를 정부의 대책위원회와 같은 조직 속에 집어넣음(*co-option*)으로써 이슈를 약화시키는 방법이 있다.

(2) 대이슈 전략

대이슈 전략(*issue-oriented strategy*)이란 이슈의 확산을 방지하기 위한 전략의 초점을 이슈에 두는 방법이다. 이 전략도 제기된 사회복지 이슈 자체에 직접적으로 대적하여 이슈를 제거하는 직접적 전략과, 사회복지 이슈 자체의 정통성이나 필요성을 인정하지만 현 시점에서 볼 때 시급한 이슈나 심각한 이슈는 아니라는 사실을 인식시킴으로써 이슈의 심각성을 약화시키는 간접적 전략으로 나눌 수 있다.

① 직접적 대이슈 전략 : 이 전략에서 많이 쓰이는 방법은 이슈에 대한 상징적인 보상(*symbolic rewards*)을 제공하거나 재보증(*reassurance*)함으로써 이슈를 약화시키는 방법이다. 예컨대, 제기된 문제의 극히 일부분에 대한 해결방안을 실행함으로써 무엇인가 그 이슈 해결에 대해 노력하고 있음을 전시(*showcasing*, 또는 *tokenism*)하여 그 이슈가 더 이상 확대되지 않도록 하는 방법을 들 수 있다.

이슈 갈등의 확산을 저지시키는 또 다른 방법으로서는 그 이슈를 다루기 위한 새로운 부서나 기관을 설립함으로써 이슈를 제거하는 방법이 있다. 예컨대, 노사 문제를 다루는 노동부의 신설이나 공해 문제를 다루는 환경청의 신설 등이 그러하다. 이러한 경우 그 이슈 자체가 해결되는 것은 아니지만 이슈의 확산을 막는 유용한 방법으로 이러한 전략이 종종 사용되기도 한다.

이 이외에도, 이슈에 대한 공공의 여론이 일기 전에 미리 선수를 치는 방법이 있다. 예컨대, 임금인상을 요구하는 노조의 움직임이 보일 때, 그들이 주장하려 하는 임금 인상폭보다 낮게 임금인상을 미리 단행함으로써 여론의 방향을 회사측에 유리하도록 만들어 버리는 전략이 바로 이러한 예이다.

② 간접적 대이슈 전략 : 간접적 대이슈 전략으로 사용되는 방법 중 하나는 상대방이 사용하는 상징, 예컨대 캐치프레이즈를 이쪽 편에서 뽑아씀으로써 상대방의 이슈를 희미하게 만들어 버리는 방법이 있다. 간접적 대이슈 전략의 또 다른 형태로서 많이 쓰이는 방법으로는 거짓으로 동정하는 방법이 있다. 흔히 사회복지 이슈가 제기되는 경우, 나는 도와주고 싶은데, 벌써 예산의 배정이 끝났으니 어쩔 수가 없다든가, 현재의 갖추어진 시설로는 더 이상 어떻게 할 도리가 없다든가, 앞으로 계속 연구 검토해 보겠다든가 하는 방식으로 반응함으로써 이슈의 확산을 방지하는 전략이다.

제 3 장
사회복지정책 아젠다의 형성

1. 사회복지정책 아젠다 형성의 의미와 성격

사회복지문제가 정책문제로 제기됨으로써 이슈화하는 경우, 그 문제는 일반 국민들의 관심을 불러일으키고 결국 정책꾼들에 의하여 논의된다. 이러한 과정이 바로 사회복지정책 아젠다의 형성과정[1]이다. 여기에서는 우선 기본 개념으로서의 아젠다의 의미와 특성 및 종류를 살펴보고, 아젠다 형성과정의 개념을 논의하고 아젠다 형성과정이 다른 정책과정과 구별되는 독특한 성격을 제시하려 한다.

1) 필자는 아젠다 형성이라는 말보다는 아젠다 짜임이라는 표현이 더 정확하다고 본다. 왜냐하면 아젠다는 아젠다의 주인이 능동적으로 직접 짜는 것보다는 다른 이슈 참여자들에 의하여 짜여지는 수동적인 성격이 강한 까닭이다. 예컨대 대통령아젠다는 대통령이 관심을 가지고 있는 문제나 이슈뿐만 아니라, 매일 계속되는 사건에 의하여, 그리고 언론, 의회, 압력단체 등 다른 정책꾼들의 주장에 의하여 제기되는 문제나 이슈에 의하여 피동적으로 짜여진다. 그러나 여기에서는 아젠다 짜임의 의미를 포함한 용어로서 아젠다 형성이라는 용어를 통일하여 사용한다.

1) 아젠다의 개념 및 종류

(1) 아젠다의 개념

아젠다란 학자에 따라서 여러 가지로 정의되지만, 일반적으로는 어떤 문제나 이슈가 공공의 관심을 끎으로써, 또는 정책결정자들의 관심을 끎으로써, 공공정책의 형성을 위하여 논의될 수 있는 상태에 놓일 때 그 문제나 이슈가 아젠다에 위치한다고 이야기된다. 따라서, 아젠다란 공공정책으로 전환되기 위하여 정책 결정자들의 관심을 불러일으키고 논의될 수 있는 상태에 있는 문제나 이슈, 곧 의제들의 목록을 의미한다.[2)]

이런 점에서 아젠다는 의제와 구분된다. 대부분의 정책학자들은 아젠다를 의제로 번역하여 사용하지만 엄격하게 말해서 아젠다는 '의제들의 모음 또는 목록'이고, 의제는 '정책꾼들에 의하여 정책문제로서 논의되는 문제나 이슈'이며 아젠다를 구성하는 아젠다 항목이라고 보는 것이 정확한 구별이다. 곧, 문제나 이슈가 정책아젠다 속에 진입함으로써 의제가 될 수 있는 자격을 획득하고, 이러한 의제들이 모여서 정책아젠다가 구성되지만, 그러한 아젠다 항목으로서의 의제가 아젠다 자체는 아니다.

이 책에서는 아젠다의 개념을 다음과 같이 한정하여 사용하려고 한다. 첫째, 아젠다는 문제나 이슈로 구성된다(Gerston, 1983 : 51 ; Jones, 1984 : 3장 ; Kingdon, 1984 참조). 다른 말로 하면, 아젠다의 구성항목에는 원칙적으로 정책대안이나 정책우선순위 따위를 포함시키지 않는다.[3)] 왜냐하면, 필자는 정책형성과정을 아젠다 짜임과정, 대안구체화과정, 대안선택과

---

2) 이런 점에서 볼 때, 아젠다란 주어진 어떤 시점에서 정부 관리들 및 이들과 밀접한 관련이 있는 사람들이 어느 정도 중요한 관심을 기울이는 주제 또는 문제의 목록이라고 정의 내리는 킹돈(Kingdon, 1984 : 3)의 입장이 필자의 입장과 비슷하다.

3) 이런 점에서 볼 때 대통령아젠다가 명문화하는 경우는 드물지만 항상 변화하고 바뀌는 주목받을 만한 하나의 목록으로서 이슈(*issues*), 대안(*alternatives*), 정책우선순위(*priorities*) 따위로 구성된다고 주장하는 라이트(Light, 1983 : 1~4)의 입장과는 다르다.

정 – 또는 정책결정 과정 – 의 세 단계로 구분하며, 각 단계에서 논의되는 것들이 각각 이슈, 대안, 정책우선순위라고 보는 까닭이다.[4)]

둘째, 이러한 문제나 이슈는 공공의 관심을 불러일으키거나 정책꾼(*policy actor*)들의 관심을 불러일으켜서 공적인 논의의 대상이 될 수 있는 위치에 존재하여야 한다. 여기에서 정책꾼이란 문제나 요구를 공적인 이슈로 제시하거나 논의할 수 있는 기관 또는 사람을 말한다. 따라서 대통령, 국회, 법원, 고위 관료뿐만 아니라 언론, 정당, 이익단체, 선거시의 입후보자 등이 주로 이에 해당되며, 때에 따라서는 개인도 이에 포함될 수 있다.

그러나, 만약 어떠한 문제나 이슈가 사적인 차원에서 논의되는 경우, 아무리 심각하게 논의된다고 하더라도, 그것은 그 개인의 아젠다에 속하는 것이지 이 책에서 다루는 아젠다의 개념 속에는 포함되지 않는다. 곧, 이 책에서는 넓은 의미의 아젠다 개념이 아니고 주로 공적인 아젠다, 곧 정책 아젠다의 개념에 국한하여 논의를 전개하려 한다.

셋째, 아젠다는 공공정책의 개발을 위하여 논의될 수 있도록 모아 놓은 문제나 이슈의 집합체로 구성된 목록이라고는 하지만 반드시 문자로 씌어 있을 필요는 없다. 일반적인 아젠다의 형태는 대통령 연두교서나 의회 의사록 등 명문화한 서류의 형태를 띠는 경우가 많으나 명문화하지 않은 경우도 있을 수 있다. 예컨대 선거아젠다의 경우 입후보자의 선거공약 등이 반드시 기록 정리되어 문서의 형태를 띠지는 않는다.

(2) 아젠다의 종류

아젠다는 여러 가지 기준에 따라 다음과 같이 분류할 수 있다.

① 아젠다의 임자에 따른 분류 Ⅰ : 아젠다의 임자가 누구냐에 따라 사

---

4) 라이트(Light, 1983)는 아젠다가 이슈, 대안, 정책우선순위 따위로 구성되는 것으로 보지만, 이런 경우 아젠다 짜임과정(*agenda setting process*)과 정책형성과정(*policy formation process*), 또는, 대안구체화과정(*alternative specification process*) 및 대안선택과정(*alternative choice process*)과의 구별에 혼란이 생긴다. 실제적으로 이러한 정책과정들을 구분한다는 것은 거의 불가능한 것이긴 하지만 이론상의 논점을 명백히 하기 위해서는 이들을 구분할 필요성이 있다.

적 아젠다와 공적 아젠다로 분류할 수 있다. 곧, 개인이 관심을 가지고 있는 문제나 이슈는 사적 아젠다에 속하지만, 그것이 공공의 관심을 끌거나 정부의 권위 있는 의사결정자의 관심을 끌게 되면 공적 아젠다에 속하게 된다. 아무리 개인적으로 중요한 문제라 하더라도 그것이 공공의 문제가 되지 않는 한 그것은 어디까지나 사적 아젠다에 속하지 공적 아젠다는 아니다.[5)]

② 아젠다의 임자에 따른 분류 II : 공적 아젠다가 어디에 귀속되어 있는가를 보다 구체적으로 나눔에 따라 아젠다는 대통령아젠다, 의회아젠다, 법원아젠다, 선거아젠다, 언론아젠다, 정당아젠다, 이익단체아젠다, 내무부아젠다, 군청아젠다 따위로 분류할 수 있다.

이 분류 방법은 공공정책상의 논의를 개시하는 정책꾼들이 누구냐에 따른 분류 방법인데, 각각의 아젠다 특성을 밝혀주는 데 유용하게 쓰인다. 각각의 정책꾼들이 아젠다 짜임과정에서 사용할 수 있는 자원의 종류와 양은 각각 다르며, 다루고 있는 정책아젠다의 구체적인 내용도 또한 다르다. 따라서 정책꾼들이 사용하는 자원의 종류나 양, 다루는 문제의 종류에 따라 각각의 아젠다들의 특성이 나타난다. 예컨대, 선거아젠다는 선거아젠다로서의 특성이 있고, 대통령아젠다는 대통령아젠다로서의 특성이 있다.

③ 콥과 엘더의 분류 : 콥과 엘더(Cobb and Elder, 1983 : 85~87)는 아젠다를 체제아젠다(*systemic agenda*)와 제도아젠다(*institutional agenda*)로 분류한다. 체제아젠다는 공공아젠다(*public agenda*)라고도 부르며, '공공의 관심을 끌 가치가 있고, 현재의 정부 당국이 합법적으로 다룰 수 있는 문제라고 정치적 공동체의 구성원들이 공통적으로 인지하고 있는 모든 이슈들'로 구성된다(Cobb and Elder, 1983 : 85).

제도아젠다는 정부아젠다(*governmental agenda*) 또는 공식아젠다(형식

---

5) 이 책에서는 주로 논의의 초점을 공적 아젠다에 둔다. 단지 사적 아젠다에 속하는 문제라 하더라도 많은 사람들에게 중요한 공통의 문제이며 체제에 의하여 억압되어 있는 잠재적 이슈인 경우, 곧, 공적 아젠다로 현재화(顯在化)할 수 있는 이슈들은 예외이다.

아젠다 : *formal agenda*)로 부르기도 하는데, '권위 있는 의사결정자가 뚜렷이 적극적이고도 진지한 관심을 기울이는 이슈들의 모음'으로 정의된다(Cobb and Elder, 1983 : 86).

정책결정자들은 체제아젠다와 제도아젠다 형성에 관여하지만 이 두 아젠다의 성격은 전혀 다르다. 체제아젠다는 비교적 추상적이며, 일반적인 아젠다 항목으로 구성되며, 문제 영역을 확인하는 정도에 불과한 것이지 결코 문제를 해결하기 위한 수단이나 가능한 대안을 제시할 필요는 없다. 예를 들면, 〈장애인복지〉라는 아젠다 항목과 같이 모호한 항목이 여기에 해당된다.

한편, 제도아젠다는 훨씬 구체적이고 특수한 의제들로 구성되어 있다. 이 아젠다는 의사결정자(*decision making body*)들이 신중하게 고려하여야 할 문제들을 적어도 명백하게 여러 측면에서 찾아내고 규정한 아젠다이다. 예를 들면, 〈장애인 직종 개발〉에 관한 이슈나 〈건축법 개정을 통한 장애인 편의시설 설치 의무화〉에 관한 이슈가 이에 해당한다.

어떤 이슈는 체제아젠다에 수록되지 않고서도 제도아젠다 지위를 획득할 수 있다. 실제로 사회적 관심사가 되지 않는 많은 법안들이 매년 의회에서 다루어지고 있는데, 이러한 현상이 그 보기이다. 그러나 콥과 로스와 로스(Cobb, Ross and Ross, 1976)에 의하면, 대부분의 이슈들은 먼저 체제아젠다의 지위를 획득하고 그 결과로서 정부아젠다에 수록되는 것이 보통이라고 한다.[6]

④ 아이스톤의 분류 : 아이스톤(Eyestone, 1978)은 아젠다를 공공아젠다(*public agenda*), 공무아젠다(*official agenda*) 및 운영아젠다(*operational agenda*) 따위로 분류한다.

공공아젠다란 '사회 내 개개인의 개별적인 아젠다의 집합체'로 정의되며, 문제를 단순화시켜 준다는 특색이 있고, 여론과 밀접한 관련이 있다고

6) 이러한 주장은 민주주의 정치체제에서 보다 타당하다. 곧, 정치체제의 성격이나 이슈의 특성에 따라서 어떤 이슈는 정부아젠다에서부터 체제아젠다로 이행하는 경우도 있다고 한다. Cobb, Ross and Ross(1976) 참조.

한다(Eyestone, 1978 : 79). 그 가운데 공공의 관심을 끄는 장기적인 이슈를 반영하는 아젠다를 기회아젠다(*opportunity agenda*)라 한다. 기회아젠다의 이슈들은 구체성이 결핍되어 있으며 정부아젠다에 놓일 필요가 없다고 한다. 왜냐하면, 정부의 행동 대책을 위해 이미 일상적인 것이 된 문제들이 기회아젠다 이슈들이기 때문이다(Eyestone, 1978 : 85).

공무아젠다란 '정책결정이 일상적으로 이루어지는' 아젠다 항목으로 구성되며, 따라서 언제 그러한 이슈들이 공무아젠다에 놓였는지 이야기하기 어렵다고 한다(Eyestone, 1978 : 96).

한편 운영아젠다란 이른바 '건설적인 관심'(*constructive attention*)을 받는 이슈들로 이루어지며, 법원의 의사일정표나, 입법부의 상정된 법안, 제출된 보고서, 청문회 따위가 여기에 속하는 예이다(Eyestone, 1978 : 96).

⑤ 킹돈의 분류 : 킹돈(Kingdon, 1984 : 4)은 정부의 관리들이 신중하게 관심을 기울이는 주제의 목록을 정부아젠다(*governmental agenda*)라고 정의 내리면서, 정부아젠다 가운데 실제적인 결정을 위하여 놓인 주제들의 목록을 결정아젠다(*decision agenda*)라고 명명하며 이 둘 사이의 구별이 분명해야 한다고 주장한다.

왜냐하면, 정부아젠다와 결정아젠다는 서로 다른 과정에 의하여 영향을 받기 때문이다. 곧, 정부아젠다는 문제의 흐름(*problem stream*) 또는 정치의 흐름(*political stream*) 속에서 짜이지만, 정책대안은 정책의 흐름(*policy stream*) 속에서 만들어진다. 따라서, 결정아젠다는 세 개의 흐름－문제의 흐름, 정치의 흐름, 그리고 정책의 흐름－이 서로 만났을 때야 비로소 가능하게 된다. 다시 말해서, 문제, 정책 제안 및 정치적 사건이 모두 하나의 꾸러미 속에 모여서 연결될 때 결정아젠다의 실질적인 움직임이 보다 가능해지기 때문이다(Kingdon, 1984 : 21 및 173~179 참조).

⑥ 아젠다 항목의 관심 범위에 따른 분류 : 아젠다 항목인 의제가 전국민적 관심을 불러일으키는 것인지, 아니면, 일정 계층이나 지역에 국한된 것인지에 따라 국민적 아젠다 또는 국가적 아젠다(*national agenda*), 지역 또는 지방적 아젠다(*regional or community agenda*)로 분류할 수도 있다.

2) 아젠다 형성과정의 의미

지금까지 논의한 아젠다의 개념을 바탕으로 하여 아젠다가 형성되는 과정을 대안구체화과정 및 대안선택과정과 관련시켜 알아보자.

아젠다 형성과정은 대안구체화과정 및 대안선택과정 등의 다른 과정들과 어떻게 구별되는가? 이들의 관계를 시간상의 앞뒤 관계로 볼 수 있는가? 아니면, 시간적 요소와는 관계가 없이 나타나는 일련의 현상을 중심으로 구별하여야 할 것인가? 정책형성 및 결정과 관련된 이러한 과정들은 정치체제와의 관계 속에서 어떻게 파악할 수 있는가? 이러한 질문에 대한 응답은 아젠다 형성의 본질과 범위를 명백하게 하여 줌으로써, 아젠다 형성과정을 다른 정책과정들과 구별하여 뚜렷이 해주는 데 도움이 된다.

그러기 위해서는, 일반체제이론 모형에 시간적 요소를 덧붙여서 아젠다 형성과정의 범위를 논의함이 좋을 것 같다. 왜냐하면, 아젠다 형성과정을 대안형성과정과 대안선택과정으로부터 구별지을 때, 이들 과정들을 시간적인 앞뒤 관계로 보는 경우와 각각의 과정에서 나타나는 독특한 일련의 현상적 특징에 의하여 규정짓는 경우 아젠다 형성과정의 의미는 다르게 나타나기 때문이다.

(1) 좁은 의미의 아젠다 형성과정

정책과정 중 좁은 의미에서의 아젠다 형성과정은, 가장 단순한 체제분석 모형인 투입(*input*)-체제(*system*)-산출(*output*) 모형을 적용해 볼 때, 투입과 체제의 관계에 관한 것이라 할 수 있다. 다시 말해서, 문제나 요구가 정치체제 속에 투입되는 과정이 아젠다 형성과정이다. 곧, 정치체제가 가지고 있는 아젠다 위에 문제나 요구가 올라 갈 때까지의 정치적 과정이 아젠다 형성과정이며, 체제 위에서 문제나 요구에 대한 해결 방안을 논의하는 것은 대안 구체화 과정으로 구분하는 입장이다. 따라서, 시간적으로 볼 때, 아젠다 형성과정, 대안구체화과정, 대안선택과정은 연속선 위에 놓인다(〈그림 3-1〉 참조).

이와 같이 시·공간적인 요소를 가지고 아젠다 형성과정을 다른 정책 과

〈그림 3-1〉 체제모형과 아젠다 형성과정의 의미

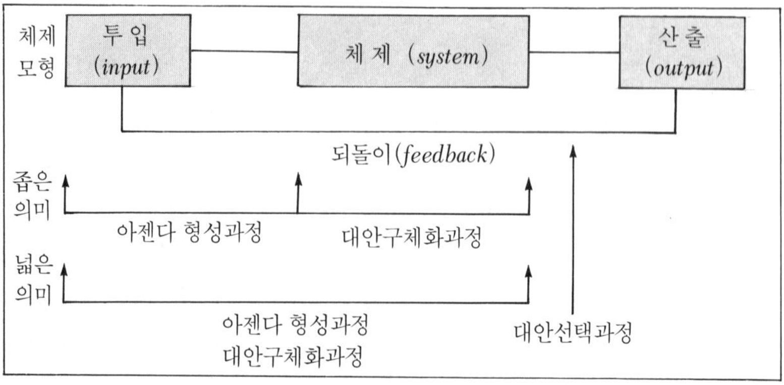

정들과 구별하는 방법은 많은 학자들이, 비록 그 표현 용어는 다를지라도, 따르는 방식이다.

이런 방식은 언뜻 보기에는 아젠다 형성과정을 다른 정책과정들로부터 뚜렷이 구분할 수 있고, 이들의 차이점을 이론적으로 명백히 하는 데 유용한 것처럼 보인다. 그러나, 이와 같이 시·공간적인 요소를 가지고 아젠다 형성과정을 한정하는 경우, 다른 정책 과정들과의 본질적인 차이점을 분석하는 데 한계가 있다.

왜냐하면, 실제의 정책현상에서 아젠다 형성과정과 다른 정책과정들을 시·공간적으로 쉽게 구분할 수 있는 것은 아니며, 이론적으로 볼 때에도 아젠다 형성과 다른 정책과정들과는 본질적인 성격의 차이가 있는 까닭이다. 예를 들면, 대안의 구체화가 반드시 아젠다 형성 이후에 일어나는 현상도 아니며, 정치체제 속에서만 이루어지는 것도 아니다. 또한, 아젠다 형성과정은 어떤 이슈의 이해관계와 직접적으로 관련된 정책꾼들 사이의 이해갈등을 수반하는 정치적 성격이 강한 정책과정인데 비하여, 대안구체화과정은 주로 이슈를 둘러싼 이해관계와는 직접적으로 관련되지 않는 관료나 학자들이 관여하며 그 성격도 규범적 성격이 강하고 정치적 성격은 비교적 약한 정책과정이다.

(2) 넓은 의미에서의 아젠다 형성과정

한편, 아젠다 형성과정을 정책결정이 이루어지는 시점까지로 본다면, 문제나 요구가 정치체제 속에 투입되는 과정 뿐만 아니라, 정치체제 속에서 논의되는 이슈나 문제가 공공정책으로 전환되는 과정까지를 아젠다 형성과정이라 할 수 있다(〈그림 3-1〉 참조).

그렇다고 하여, 정책결정이 이루어질 때까지의 모든 상황이 다 아젠다 형성과정은 아니다. 곧, 정책결정이 이루어지기 전까지의 정책과정으로서의 대안구체화과정은 아젠다 짜임과정에 포함되지 않는다. 비록 시간적으로 볼 때, 아젠다 형성과정이나 대안구체화과정이 대안선택과정보다 앞에 놓이긴 하지만, 이 둘의 과정은 서로 다른 흐름 속에서 이루어지는 까닭이다. 곧, 아젠다 형성과정에의 참여자와 대안구체화과정에의 참여자는 서로 다르며, 이들이 다루는 것도 다르고, 이 둘의 과정에서 나타나는 정치적 성격도 전혀 다르다.

이 경우, 아젠다 형성과정과 대안구체화과정과는 시·공간적인 입장에서 구별되는 것은 아니다. 곧, 아젠다 형성과정과 대안구체화과정은 정부체제에 오르느냐 오르지 않느냐에 의하여 구분되는 것도 아니고, 시간적인 앞뒤 관계에 있지도 않다고 본다. 이들은 전혀 별개의 차원에서 이루어지다가 대안선택과정에서 만나게 된다. 이런 점에서 볼 때, 아젠다 형성과정에서 논의되는 이슈는 대안구체화과정에서 논의되던 정책대안(*alternatives*)과 어떤 시점에서 만나게 되고, 권위 있는 정책결정자에 의하여, 정책우선순위(*priorities*)가 고려되고 정책결정이 이루어진다. 따라서 시간적인 한 단면만을 고려하여 말한다면, 아젠다 형성과정 및 대안구체화과정은 대안선택과정 앞에 나타나는 과정으로 볼 수도 있다.

그러나, 아젠다 형성과정과 대안구체화과정 및 대안선택과정을 이렇게 나누는 것은 이들 세 과정의 본질적인 성격을 이론적으로 명백하게 구분하기 위한 것이다. 곧, 아젠다 형성과정은 이슈를 둘러싼 이해집단 사이의 정치적 성격이 강한 과정이고, 대안구체화과정은 비교적 중립적인 입장에서 문제에 접근하여 정책대안을 개발하는 비교적 정치적 성격이 약한 과정이며, 대안선택과정은 정책우선순위를 고려하는 권위 있는 정책결정자

〈표 3-1〉 각각의 정책과정을 구별짓는 특징

과정 / 특징	아젠다 형성과정	대안구체화과정	대안선택과정
다루어지는 것	문 제	정책대안	정책우선순위
주요 참여자	이해관계자	관료, 학자	정책 결정자
주요 특성	미시적 관점 정치적 성격	규범적 특성 합리적 성격	거시적 관점 공익적 성격

가 관여하는 정책과정이라고 할 수 있다.

아젠다 형성과정을 이와 같이 이슈를 중심으로 나타나는 정치적 과정으로 한정시키는 경우, 정치체제 속에서 이슈가 다루어지는 상황 역시 아젠다 형성과정에 포함된다. 곧, 이슈를 처리하지 않고 그대로 놓아둠으로써 가짜 아젠다 이슈로 만든다든가, 이슈를 재정의함으로써 아젠다 진입 시의 이슈와는 다른 이슈로 변질시키거나, 새로운 다른 어떤 이슈를 제기함으로써 기존의 이슈를 다른 이슈로 대치시켜 나가는 과정 따위가 다 아젠다 형성과정의 일부인 것이다. 이 경우, 정치체제 속에 진입된 아젠다 항목으로서의 이슈가 그 해결방법으로서 제시된 대안들과 어떻게 결합되어 어떠한 정책으로 전환 산출되는가에 관한 분석 역시 아젠다 형성과정의 분석과제임은 물론이다.

아젠다 형성과정이 다른 정책과정과 다른 점을 각각의 정책과정에서 다루어지는 것, 주요 참여자, 주요 특성에 따라 비교하면 〈표 3-1〉과 같다.

이 책에서는 아젠다 형성과정을 넓은 의미에서 '어떠한 문제나 요구가 공공의 관심을 끌어 정책꾼들에 의하여 이슈로 제기되고, 그것이 정책아젠다에 수록되어 공공정책의 형성을 위해 논의되는 과정'으로 개념짓고 논의를 전개하려 한다.

3) 아젠다 형성과정의 특징

이슈는 본질적으로 정의되는 것이기 때문에, 논의되는 이슈에는 이해당사자의 의도가 개재되어 있으며 그 해결방법의 실마리가 숨어 있는 것이다. 아젠다 짜임과정이란 한편으로는 바로 이슈의 정의를 둘러싸고 나타나는 이해집단들 사이의 갈등과정이며, 다른 한편으로는 이슈를 둘러싼 갈등상황 속에서 이해 집단들 사이에 타협, 흥정, 조정이 이루어지는 정치적 과정이기도 하다. 그리고 이러한 과정 속에서 이슈는 역동적으로 변화한다. 이들을 좀더 자세히 설명하면 다음과 같다.

① 정의의 문제 : 이슈는 그 이슈와 관련되는 이해관계자들에 의하여 여러 가지로 정의된다. 곧, 이해관계자들은 자신에게 유리한 입장에서 이슈를 정의하려고 노력한다. 엘더와 콥(Elder and Cobb, 1984 : 115)의 말처럼 이슈란 정책꾼들에 의하여 정책과정 속에서 "어떤 문제가 고려될 것인가"가 아니라, "어떻게 그 문제가 정의될 것인가"에 그 특징이 있다. 곧, 정부의 정책결정자들에 의해서 고려되고 논의되는 것 자체가 이슈의 본질이 아니라, 문제로 정의되어 나가는 과정에 그 본질이 있다. 곧, 객관적 실체로서의 문제에 대한 해결을 강구하는 것이 아니라, 그 문제를 둘러싼 이해관계자들에 의하여 문제가 정의되고 재정의되면서 문제에 대한 시각들 사이의 다툼이 그 문제를 이슈화시키는 것이다.

② 이슈갈등 : 따라서 문제를 정의해 나가는 과정 속에서는 이해관계자들 사이의 이해관계가 노정되고 이슈갈등이 나타나기 마련이다(Cobb and Elder, 1983 : 42~43, 82). 좁은 의미의 이슈 개념에서 논의한 바와 같이, 대부분의 아젠다이론가들은 이슈의 특징이 '의견의 불일치'(Spiro, 1962 : 577) 또는 이해당사자들 사이의 '논쟁'(Jones, 1984 : 40)에 있다고 본다.

③ 정치적 과정 : 이슈화 과정은 사회세력들 사이의 권력관계를 반영해준다. 곧, 이슈로 등장한 문제의 해결을 위해 최종적으로 채택되는 해결방안은 문제를 정의하는 집단들 사이의 세력관계가 반영된 일종의 타협안이라 할 수 있다. 일반적으로 볼 때, 정치적 힘이 강한 사회세력의 이익은 많이 반영되고, 힘이 약한 세력의 이익은 조금 반영되거나, 어떤 경우에는

무시되어 버리기도 한다.

④ 이슈의 변화 : 이슈는 처음에 정의한 대로 남아 있지는 않는다. 이슈는 재정의되어 가는 역동적 상황 속에서 여러 가지의 아래이슈들로 구체화하거나 다양화하기도 하며, 보다 모호한 표현의 추상적인 이슈로 통합되기도 한다. 또한, 이슈 확장과정 속에서 재정의되고 변질되거나 다른 이슈로 대치되기도 한다.

2. 사회복지정책 아젠다 형성에 관한 이론모형

지금까지 살펴 보았듯이 사회복지정책 아젠다의 형성이란 사회복지문제가 이슈화하여 정책 문제로 제기됨으로써 국민들의 관심을 불러일으키고, 최종적으로는 정부의 정책꾼들에 의하여 논의되는 과정을 말한다. 그렇다면 이러한 사회복지정책 아젠다 형성과정은 어떠한 과정을 밟아 권위 있는 정책꾼들(*authoritative policy actors*)에 의하여 논의되는가? 이에 대한 해답을 추구하여 제시된 것이 사회복지정책 아젠다의 형성에 관한 이론모형들이다.

여기에서는 존스의 이론모형, 아이스톤의 이론모형, 콥과 로스와 로스의 이론모형 및 송근원의 이론모형을 간략하게 설명하고, 아젠다 발전단계에 관한 모형을 소개하고자 한다.

1) 존스의 이론모형

존스(Jones, 1984 : 51~59)는 정책아젠다 형성과정을 '문제의 정부귀속단계'(*problem to government*)로 표현하면서 그 과정을 다시 사건의 인지 및 문제의 정의단계(*perception/definition*), 결집 및 조직화단계(*aggregation/organization*), 대표(*representation*)의 단계로 나누고 있다. 이를 그림으로 나타내면 〈그림 3-2〉와 같다.

〈그림 3-2〉 존스의 아젠다 형성에 관한 이론 모형

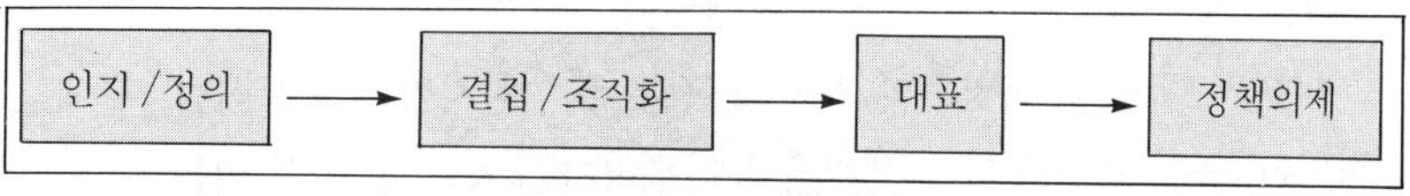

(1) 사건의 인지 및 문제의 정의단계

문제가 정부에서 다루어지기 위한 초기단계가 사건에 대한 인지 및 문제에 대한 정의단계이다. 잠재해 있던 사회문제가 어떠한 사건을 계기로 하여 국민들에게 인식되고 그것이 해결되어야 할 문제로 규정되는 경우, 그 문제는 정책의제로 논의될 수 있다. 곧, 어떤 사건에 관하여 인지하고 그것을 문제로 정의내림으로써 그것이 정부의 조치나 간여를 필요로 하는 문제인지 아니면 개인이 스스로 해결해야 할 문제인지가 명백해진다. 이때, 그 문제를 어떻게 정의내리느냐에 따라서 그 해결책은 달라지며, 이 과정 속에서부터 사회적 갈등은 야기된다.

(2) 결집과 조직화 단계

문제가 정의되면 그 문제로 인하여 영향을 받는 사람들이 결집되고 조직화가 이루어진다. 이때의 결집 및 조직화는 이 이후의 정책과정에 많은 영향을 미친다. 곧, 문제로 인하여 영향을 받는 사람의 수, 그들이 결집한 범위, 그리고 조직화의 정도 및 조직 형태 등이 정책 과정에 영향을 미치는 중요한 요인이다.[7]

---

7) 존스는 조직의 형태 및 조직화의 정도에 관하여 트루만의 이익집단에 관한 논의를 인용한다. 곧, 집단 구성원을 결합시키는 문제, 집단이 가지는 자원, 집단의 리더십, 민주적 가치관에 대한 태도 따위가 조직의 형태 및 조직화의 정도에 영향을 미친다고 한다. 때로는 활동적 소수(*active minority*)가 구성원의 욕구를 대변하는 경우도 있다(Truman, 1951 : 139~155). 사회복지문제의 경우에는 이러한 활동적 소수의 활약이 더욱 필요하다고 본다. 왜냐하면 클라이언트들이 사회적 약자이기 때문에 사회복지전문가가 이들이 말하는 활동적 소수로서의 역할을 담당하여야 할 것이다.

(3) 대표 단계

대표란 국민과 국민들의 문제를 정부로 연결시키는 활동이다. 문제로 정의된 모든 욕구가 다 정책의제로 다루어지는 것은 아니다. 이들 중 어떤 것은 정부아젠다로 올라가는 데 것은 그렇게 되지 못한다. 또한 클라이언트들이 느끼는 문제가 그대로 대표되는 경우도 있고, 그렇지 않고 왜곡될 수도 있다.

문제가 어떻게 대표되는가는 대표자와 대표된 자의 문제에 대한 인지 상태 및 이들의 문제에 대한 정의 내용에 따라 달라진다. 따라서 대표자와 대표된 자 사이의 감정이입(*empathy*)이 얼마나 정확하게 이루어지는가가 이 단계에서는 매우 중요하다.

사회복지문제를 정부아젠다로 가져가는 경우에 많은 역할을 담당하는 대표자로서는 대통령, 국회의원 등의 정치인, 신문 및 방송 등의 언론기관, 그리고 사회복지전문가 및 클라이언트 집단 등을 들 수 있다(Song, 1987 참조).

2) 아이스톤의 이론모형

아이스톤(Eyestone, 1978 : 69~108)은 아젠다 형성과정이 다음과 같은 여러 단계로 이루어져 있다고 본다. 곧, 사회문제가 집단에 의하여 인지되고, 다른 견해를 가진 집단들이 관여하게 되면 사회문제가 사회적 이슈(*social issue*)로 성립하고, 더 많은 집단들이 계속 관여함으로써 공공아젠다(*public agenda*)의 이슈가 되고, 이슈기업가들(*issue entrepreneur*)의 활동을 통해 공공아젠다의 이슈가 공무아젠다(*official agenda*)의 의제로 발전한다고 본다. 이를 이슈의 변화라는 관점에서 보면 다음과 같은 몇 가지 단계로 나눌 수 있다.

(1) 사회문제의 인식단계 : 이 단계는 어떤 문제가 관련된 사회집단에 의하여 사회문제로 인지되는 상태를 말한다.

(2) 사회적 이슈화단계 : 인식된 사회문제에 대해 반대 의사를 갖거나, 그 해결방법에 대하여 이견이 있는 집단들이 나타남으로써 사회적 합의점

〈그림 3-3〉 아이스톤의 아젠다 형성과정에 관한 이론모형

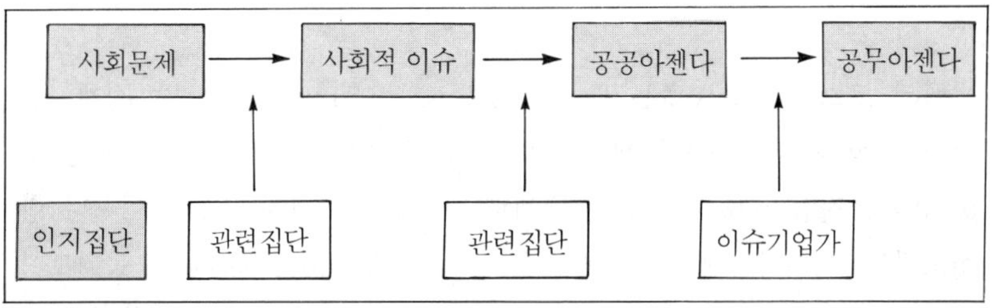

을 찾지 못하고 이해갈등이 야기되는 단계이다. 곧, 사회문제를 정의 내리는 데 있어 다양한 견해가 나타나며, 이들 견해들 사이에 논란이 분분한 결과 사회적 쟁점으로 등장하는 단계를 말한다.

(3) 공공아젠다 의제 단계 : 사회적 쟁점으로 등장한 이슈들 가운데 대부분의 것들은 많은 사람들에 의하여 정부의 정책적 해결이 필요하다고 믿게 되는데, 이러한 이슈들이 모여서 공공아젠다를 구성한다. 아이스톤(1978 : 79~85)은 많은 사람들이 어떤 문제에 관하여 막연히 느끼는 불안이나 걱정을 공적 근심(*public worry*)이라 부르고, 공공의 관심이 지속적이긴 하지만 구체성이 결핍되어 있으며 정부의 행동대책을 위해 이미 일상적인 것이 되어버린 문제들을 기회아젠다(*opportunity agenda*)라 부르면서 공공아젠다와는 구별하고 있다. 이에 반하여 공공아젠다 이슈란 정책결정자들의 문제해결에 대한 관심과 행동이 집중되는 사회적 이슈들로 구성된다.

(4) 공무아젠다 의제단계 : 공공아젠다 이슈들이라고 해서 전부 다 정책결정의 대상이 되는 것은 아니다. 공공아젠다 이슈들 가운데 이슈기업가들의 활동에 의하여 정책결정의 대상이 되어 정책결정이 이루어지는 이슈들을 공무아젠다에 수록된 의제라 한다. 이러한 과정을 그림으로 나타내면 〈그림 3-3〉과 같다.

3) 콥과 로스와 로스의 이론모형

콥과 로스와 로스(Cobb, Ross and Ross, 1976 : 126~138)는 정책아젠다의 형성과정을 이슈의 제기(*initiation*), 구체화(*specification*), 확산(*expansion*), 진입(*entrance*)의 네 단계로 나누며, 세 가지 유형의 아젠다 형성모형을 제시하는데 외부주도모형(*outside initiative model*), 동원모형(*mobilization model*), 내부접근모형(*inside access model*)이 그것이다.

(1) 외부주도모형

외부주도모형은 정부 밖의 개인이나 집단들에 의하여 이슈가 창출되고 그것이 공공아젠다를 거쳐 정부아젠다에 오르는 경우를 잘 설명해 주는 모형으로서 다원론을 이론적 배경으로 하고 있다. 따라서, 이 모형은 여론정치의 설명에 유용하다. 곧, 정부의 반응도가 높은 민주적 정치체제에서의 정책의제를 설명해 주는 데 적합한 모형이다. 이를 그림으로 나타내면 〈그림 3-4〉와 같다.

(2) 동원모형

동원모형에서는 정부기관 내에서 먼저 이슈가 창출되고 국민들의 지지를 획득하기 위하여 공공화된다. 곧, 정부아젠다에서 공공아젠다로 이슈가 이동되는 경우를 설명해 주는 모형이다. 이 모형의 이론적 배경은 엘리트론이다. 곧, 소수의 엘리트들이 문제의식을 가지며 무엇이 이슈이고 어떻게 해결해야 하는가를 알기 때문에 정부 내의 엘리트들에 의하여 이슈가 창출된다고 본다.

이러한 아젠다 형성모형은 정치지도자와 국민들 사이의 사회적 거리감이 큰 나라에서 많이 발견된다. 이 모형이 적용되는 정책의 예를 들면 아시아나 아프리카의 경제개발계획이나 인구정책 등이 이에 해당된다. 일반적으로 볼 때, 이 모형은 정치적 민주화가 이루어지지 않은 후진국의 정치체제에서 많이 볼 수 있는 모형이지만, 선진국에서도 이 모형으로 설명할 수 있는 정책들이 없는 것은 아니다. 예컨대, 미국의 포드 대통령이 워터

게이트 사건으로 피소된 닉슨 전 대통령을 사면한 경우가 그러하다. 이 모형을 그림으로 나타내면 〈그림 3-5〉와 같다.

(3) 내부접근모형

내부접근모형은 정부기관 내에서 이슈가 창출되지만 일반공중에게 확산되지 않고 처리되는 경우를 설명해 주는 모형이다. 곧, 정부아젠다 지위를 획득한 정책의제로 채택되지만 공공아젠다에서 이슈화하지는 않는 경우이다. 이러한 경우는 비록 소수의 특수한 이익집단이 관련된다 하더라도 이슈가 일반 국민에게 확산되지는 않는다. '신무기 구입에 관한 이슈' 등 비밀을 요하는 이슈가 그 대표적인 보기이다. 이를 그림으로 나타내면 〈그림 3-6〉과 같다.

〈그림 3-4〉 아젠다 형성에 관한 외부주도모형

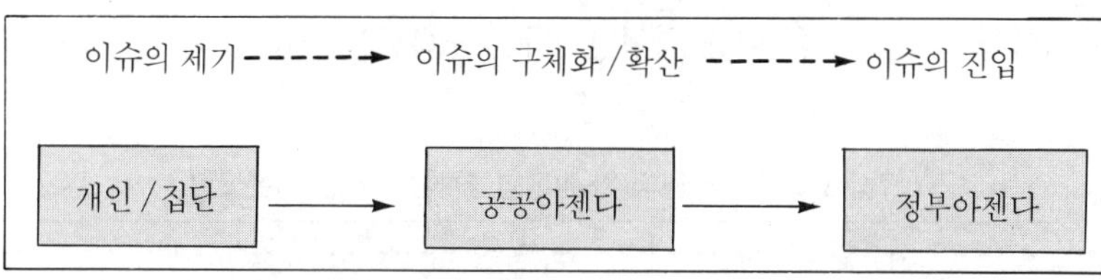

〈그림 3-5〉 아젠다 형성에 관한 동원모형

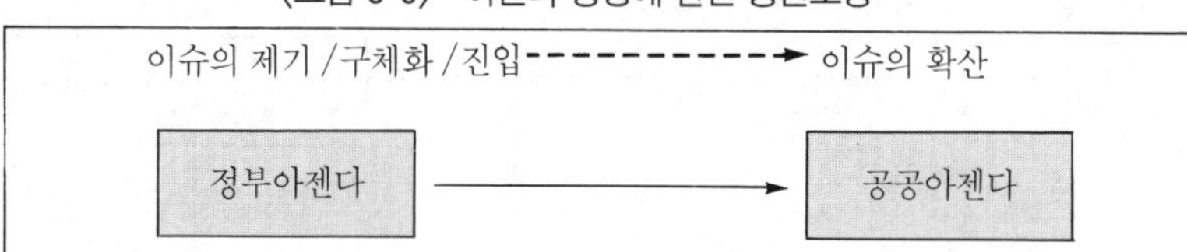

〈그림 3-6〉 아젠다 형성에 관한 내부접근모형

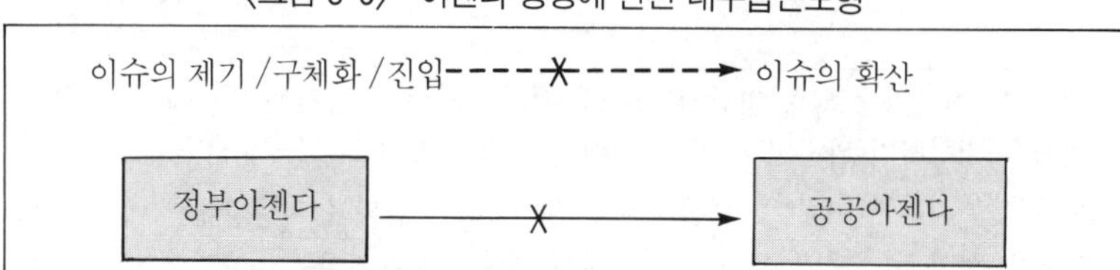

4) 송근원의 이론모형

문제와 이슈, 그리고 의제와 정책의 관계를 중심으로 하여 아젠다 형성과정은 〈그림 3-7〉이 보여주는 바와 같이 이슈 형성과정과 이슈 확장과정의 두 개 부분으로 구성된다.[8] 아젠다 형성과정을 이와 같이 두 부분으로 나누어 고찰하는 이유는 이 두 과정의 속성간에는 본질적인 차이점이 존재한다고 생각하기 때문이다. 그 차이점으로서는 이슈 구조상의 변화와 갈등의 발전 및 참여자의 범위에서 나타나는 변화를 들 수 있다.

(1) 이슈 형성단계

어떤 일정한 조건(*conditions*)이나 상황이 주관적 인식을 통해 문제(*problem*)로 인식되고, 그것이 그 해결을 원하는 구체적인 행동으로 나타남으로써 요구(*demand*)로 성립하며, 이러한 요구가 공공의 관심을 끌고 이해당사자들 사이의 갈등이 노정되면 사회적 이슈(*issue*)로 등장하는데, 이때까지의 전 과정을 이슈 형성단계라 부른다(이에 관하여 자세한 것은 제

〈그림 3-7〉 송근원의 아젠다 형성과정에 관한 이론모형

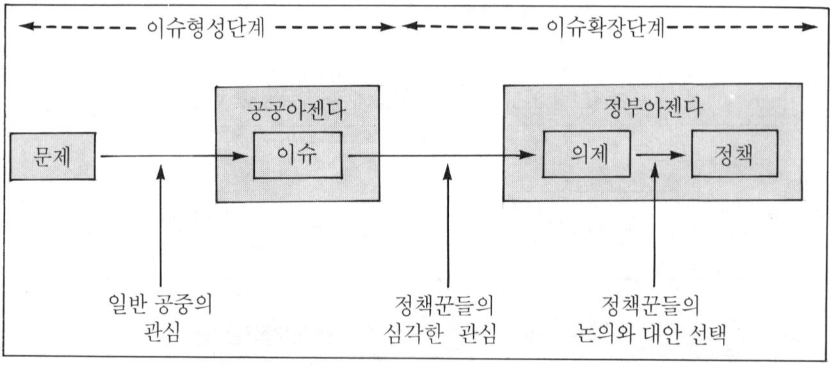

8) 여기에서의 '이슈 형성'이란 용어는 문제가 이슈로 전환되는 과정에서 나타나는 현상을 지칭하기 위하여 사용되는 반면에, '이슈확장'이라는 용어는 이슈가 정책의제로 논의되는 과정 및 정책의제가 정책으로 전환되는 과정상에서 이루어지는 이슈의 정의 및 재정의 현상을 지칭하기 위하여 사용된다.

2장 1절 참조). 한마디로 말해서 이슈 형성과정은 문제가 이슈화하여 공공 아젠다에 오르는 과정, 곧 어떤 문제가 발생하여 그것이 사회적 쟁점으로 이슈화하는 과정을 말한다.

이슈 형성과정에서는 그 문제와 관련없는 일반 국민들도 그 문제에 관해 알게 되고 그 해결에 정부의 관여가 필요하다고 인식하게 된다. 다시 말해서, 일반 국민들이 그 문제나 해결방법에 관심을 가지고, 그것이 정부에 의하여 논의되어야 한다고 생각한다.

문제가 이슈로 등장하는 이러한 이슈 형성과정에서 중요한 역할을 담당하는 사람으로는 이슈제기자(*issue initiator*)가 있고, 사건으로서는 이슈 유발장치(*triggering mechanism*)가 있다(이에 관하여는 제2장 2절 참조).

(2) 이슈 확장단계

이슈는 이슈 확장과정을 거쳐 구체화되고, 다양화되며, 그 범위가 커지고, 강도가 강화되며, 가시성이 높아진다. 이슈의 확장은 공공아젠다에서 논의되던 이슈가 정부아젠다의 정책의제로 수록되는 과정과 정책의제가 정책 대안들과 결합하여 검토되고 논의되는 과정으로 나눌 수 있다. 곧, 정부아젠다로의 진입과정과 정책대안과의 결합과정으로 나눌 수 있다. 이들에 관하여 살펴보면 다음과 같다.

① 정부아젠다로의 진입과정

일반적으로 볼 때, 이슈는 이슈 확장과정을 거치면서 공공아젠다에서 정부아젠다로 옮겨짐에 따라 정책의제가 되어 정책꾼들에 의하여 논의된다. 정책의제로서 '논의'된다는 말은 정책결정자들에 의하여 적극적으로 그 해결방법이 고려됨을 의미하며, '명백히 고려됨이 없이 하나의 요구를 인정하거나 기재하는 형태'로서의 '가짜아젠다'(Cobb and Elder, 1983 : 87)와는 구별된다. '정책꾼들에 의하여' 논의된다는 말은 정치적 토론을 의미하며, 반드시 학자나 전문가의 문제에 대한 토의를 포함하는 것은 아니다.

이슈가 정책아젠다의 한 항목으로 채택되는 시기는 이슈 확장과정을 거쳐 이루어진다고 보는 것이 콥과 엘더(Cobb and Elder, 1983 : 110~111)

의 주장이지만, 정부아젠다에 수록된 이후에 이슈가 확장되는 경우도 있다(송근원, 1988a). 곧, 어떤 하나의 이슈가 정책의제로 채택되기 위해서 이슈 확장과정이 반드시 필요한 것은 아니다.

또한, 정부아젠다에 수록된 정책의제가 반드시 공공아젠다를 거쳐서 이루어지는 것은 아니다. 어떤 경우에는 정부아젠다에서 논의된 정책의제가 공공아젠다로 옮겨지면서 이슈 확장이 이루어지는 경우도 있고, 어떤 경우에는 정부아젠다에서 논의된 정책의제가 의도적으로 더 이상 확장되지 않는 경우도 있다.[9)]

② 정책의제와 대안과의 결합과정

이슈가 정부의 정책의제로 채택되었다고 해서 이슈 확장이 중단되는 것은 아니다. 정부아젠다도 아젠다공간이 제한되어 있으므로 새로운 강력한 이슈가 등장하면 이슈 경쟁에서 탈락하게 되어 정부아젠다에 계속 머물지 못하고 가짜아젠다 항목으로 전락할 가능성이 있다. 정부아젠다 위에 오른 이슈를 정책으로 연결시키기 위하여 이슈제기자들은 그 이슈를 계속하여 정의 내리고 또 다른 보다 강렬한 상징을 사용하여 재정의 내리게 되며, 이에 대해 이슈맞선이들 역시 자기 자신에게 유리하도록 이슈를 정의 내리고 재정의 내리면서 이슈 갈등이 노정되게 된다. 따라서 이슈는 이러한 이슈 갈등과정 속에서 확장된다.

이런 점에서 볼 때, 이슈 확장과정은 이슈에 대한 정의의 문제를 둘러싼 이해당사자들 사이의 갈등과정이라 할 수 있다. 왜냐하면, 이슈를 어떻게 정의하느냐에 따라 그 해결방법이라 할 수 있는 정책대안의 선택이 달라지고, 그것은 이슈다투는이들의 이해관계에 직접적인 영향을 미치는 까닭이다.

정책대안들은 이슈를 정의하는 과정 속에서 이슈다투는이들에 의하여

---

9) 이와 같이 정부 안팎에서 제기된 이슈들이 이슈 제기집단에 의하여 어느 방향으로 그리고 어느 정도로 확산되는가를 기술하는 모형으로는 앞에서 소개한 콥과 로스와 로스(Cobb, Ross and Ross, 1976 : 126~138)의 모형을 들 수 있다.

새로이 개발되기도 하지만, 그 이슈에 관심을 가지고 연구하던 학자들의 연구결과나, 그 이슈를 다루어야 하는 전문 관료집단에 의하여 이미 개발된 해결방법들이 이슈와 결합하여 토의되고 검토되는 경우도 많이 있다. 어찌되었든 이슈가 정책의제로 채택되면 이슈다투는이들은 자신에게 유리하도록 이슈를 정의하면서 그에 따른 정책안을 마련하게 되고, 권위 있는 정책결정자의 정책결정이 이루어질 때까지 이슈다투는이들 사이의 협상과 타협 등 이슈정치(*issue politics*) 행태가 나타난다. 이슈가 정의되고 재정의되는 이슈정치의 과정 속에서 원래 정책의제로 채택되었던 이슈는 다른 이슈로 변질되기도 한다.

5) 아젠다 발전단계론

아젠다 발전단계론은 하나의 문제나 이슈가 정책아젠다 위에 오르느냐에 관한 이론모형과는 관점을 달리하여, 정책아젠다가 형성되는 경우 아젠다 자체가 어떻게 발전해 나가는가에 초점을 둔 이론으로서 아젠다 형성과정에서의 아젠다 시작단계와 아젠다 조정단계의 두 가지 국면을 상정한다. 이 이론에서는 각 단계별로 이슈를 주도하는 이슈 제기자가 다르고, 나타나는 이슈의 성격이나 이슈제기에 대한 이슈반응도 다르게 나타난다고 본다(Song, 1987 ; 1989b). 이를 간단히 설명하면 다음과 같다.

(1) 아젠다 시작단계

아젠다 시작단계(*agenda initiation stage*)는 이슈가 발견되고, 표명되고, 전파되고, 문제해결을 위한 주요 프로그램들이 개발되는 단계를 말한다. 따라서 이 단계의 아젠다를 구성하는 것은 이슈를 주도해 나가는 이슈기업가(*issue entrepreneur*)에 의하여 제기된 새로운 이슈(*new issue*)들이다.

이 단계에서는 이슈를 제기하는 이슈기업가 이외의 일반 국민이나 정책꾼들은 그 이슈의 중요성, 범위 및 영향에 관하여 잘 인식하지 못한다. 따라서 이 이슈에 대한 다른 정책꾼들은 시간적으로 볼 때 비교적 긴 시차(*time lag*)를 띠면서 반응한다. 다시 말해서, 이슈 제기자 이외의 정책꾼들은 그 이슈가 긴급을 요하는 또는 극히 중요한 이슈라 생각하지 않는 한, 이슈 제기자가 제기한 이슈에 대해 별 반응을 보이지 않는다. 만약 반응을 보인다 하더라도 그 반응은 천천히 이루어지며 간헐적인 경우가 보통이다. 곧, 아젠다 시작단계에서는 새로운 이슈에 대해 다른 정책꾼들이 잘 모르기 때문에 그에 대한 반응이나 되돌이[還流]가 느리게 나타난다(〈그림 3-8〉 참조).

(2) 아젠다 조정단계

아젠다 조정단계(*agenda adjustment stage*)는 옛날의 이슈들이 정책으로 집행되어 환류되고, 그와 관련된 새로운 이슈들이 표명되고 전파되며, 관련된 기존 프로그램들이 수정되는 기간이다.

이 단계에서는 이전에 다루어진 이슈(*old issue*)와 새로운 이슈가 혼합되어 제기되며, 이슈반응자들의 이슈 반응이 비교적 짧은 시차를 가지고 이루어진다. 왜냐하면, 여러 정책꾼들이 그 이슈에 대해 이미 정보와 지식을 갖추고 있는 까닭이다. 특히, 국가적 아젠다의 경우 이 단계에서는 언

〈그림 3-8〉 아젠다 발전단계 모형

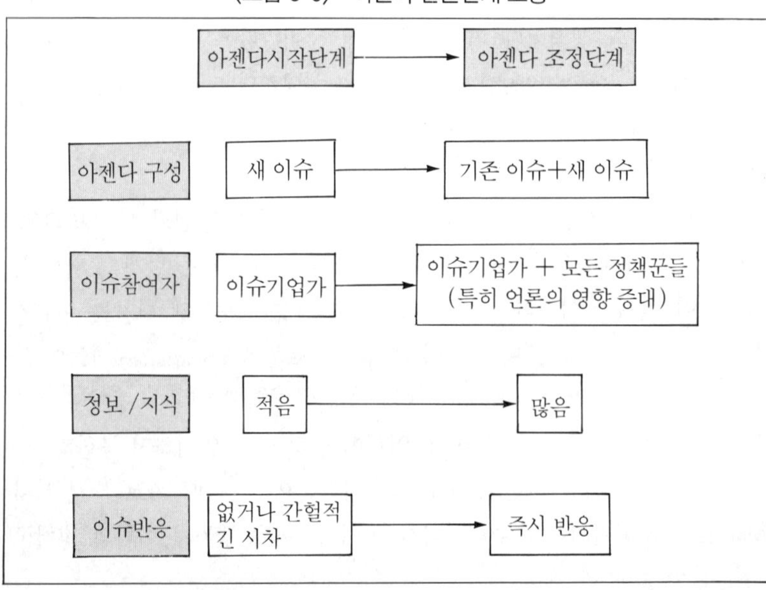

론의 역할이 매우 증대된다. 곧, 이 단계의 아젠다 형성과정에서 주도적 역할을 하는 것은 언론매체이다. 언론은 이미 그 이슈를 다루는 데 필요한 경험과 정보, 그리고 전문지식과 인력을 확보하고 있기 때문에 이슈와 관련된 다른 정책꾼들의 행태에 즉시 반응할 수 있다. 또한, 정부당국자들에게 그 동안 집행했던 프로그램에 관한 국민들의 반응을 되돌이시킬 수 있다. 이 경우 프로그램의 집행 과정에 관한 언론의 반응은 긴 시차를 띠고 나타나는 것이 보통이다(〈그림 3-8〉 참조).

이러한 이론은 사회복지정책 분야의 아젠다 형성과정에서 사회사업가들이 개입하는 경우 해야 할 일들을 시사해 준다. 곧, 아젠다 시작단계 또는 새로운 사회복지 이슈의 제기시에는 정책꾼들 가운데에서도 이슈를 주도해 나가는 이슈기업가에게 영향을 미칠 수 있는 가장 효과적인 방법을 강구해야 할 것이고, 아젠다 조정단계에서는 언론에 영향을 미칠 수 있는 방법을 찾아내는 것이 보다 효과적임을 시사한다.

3. 사회복지정책 아젠다의 형성에 영향을 미치는 요인

그렇다면 사회복지정책 아젠다의 형성에 영향을 미치는 요인들에는 어떠한 것들이 있는가? 사회복지정책 아젠다의 형성에 영향을 미치는 요인들은 사회복지 이슈의 형성에 관련되는 사람들, 정치체제 자체, 사회복지 이슈와 경쟁적인 관계에 있는 다른 이슈들, 그리고 기타 상황적 요인들로 나누어 볼 수 있다. 이들을 좀더 자세히 나누어 설명하면 다음과 같다.

1) 사회복지 아젠다 형성에의 참여자

사회복지정책 아젠다의 형성에 가장 많은 영향을 미치는 요인으로 들 수 있는 것은 사회복지문제를 이슈화시키고 정책꾼들로 하여금 논의하게끔 만드는 이슈기업가들(*issue entrepreneurs*), 그리고 사회복지 이슈와 관련된 이해관계자들, 사회복지 이슈를 정책의제로 다루는 정책꾼들(*policy actors*)을 들 수 있다. 이 이외에도 논의되는 사회복지문제에 의해 고통을 받고 있는 클라이언트 및 이들을 돕는 사회복지전문가들, 그리고 이러한 아젠다 형성과정을 지켜 보는 구경꾼들로서의 일반 국민들 역시 때로는 아젠다 형성에 지대한 영향을 미치기도 한다.

(1) 이슈기업가

사회복지정책 아젠다의 형성에 가장 많은 영향을 미치는 사람이 이슈기업가이다. 이슈기업가는 사회복지문제를 이슈화시켜 일반 국민들에게 인식시키고 정책꾼들로 하여금 심각하게 논의하게끔 만드는 데 적극적인 활동을 하는 아젠다 형성과정에의 참여자를 말한다. 따라서 누가 이슈기업가로서 활약하느냐에 따라 사회복지정책 아젠다의 형성은 큰 영향을 받게 된다.

이슈기업가는 사회복지문제를 이슈화시키고자 하는 의욕을 가지고 활동하는 한 누구나 될 수 있다. 곧, 사회복지문제로 고통을 받고 있는 클라이언트 개인이나 집단이 이슈기업가가 될 수도 있으며, 사회복지문제를 다루는 사회사업가가 이슈기업가가 될 수도 있고, 신문이나 방송 등 언론 매체가 이슈기업가로서 활동할 수도 있으며, 대통령이나 국회의원 등 정치꾼들이 이슈기업가로 등장할 수도 있다.

이들 가운데 일반적으로 영향력이 높은 이슈기업가는 대통령 및 국회의원 등의 정치인들과 언론이라 할 수 있다.[10] 이들 정치인들은 정책꾼으로서 기능하기 때문에 이들이 이슈기업가로 활약하는 경우 정부아젠다의 형성에 직접적으로 영향을 미친다고 할 수 있다. 또한 현대사회에서 정부의 정책아젠다 형성에 미치는 언론의 영향력을 생각할 때, 언론매체는 사회

10) 지금까지의 연구결과에 따르면, 미국의 사회복지정책 아젠다 형성에 가장 많은 영향을 미친 이슈기업가는 대통령과 언론으로 밝혀졌다. 미국의 대통령이 사회복지 이슈 지향적인 것은 말할 것도 없고, 그렇지 않은 경우에는 언론이 나서서 이슈기업가로 활약하며, 사회복지 이슈지향적인 국회의원들이 이에 가세한다 (Song, 1987 참조).

복지 이슈의 이슈기업가로서 적격이라 할 수 있다.

이 이외에도 클라이언트나 사회복지전문가가 사회복지문제의 이슈기업가가 될 수 있으나, 클라이언트는 권력자원의 부족 때문에 효과적인 이슈기업가로 등장하는 경우는 드물며, 사회복지전문가는 사회복지문제 및 그 해결에 관한 전문지식을 가지고 있다는 점에서 훌륭한 이슈기업가가 될 수 있으나 지금까지의 사회복지전문가의 역할이 케이스워크 등 미시적 방법론에 국한되어 왔기 때문에 이슈기업가로 나타난 경우는 매우 드물다. 다만 앞으로 사회복지방법론에서 사회행동이나 정책의 분야에서 제시되는 거시적 방법론이 점차 중요시됨에 따라 사회복지전문가가 사회복지정책 아젠다 형성과정에서 훌륭한 이슈기업가로 활약할 것으로 본다.

(2) 이해당사자들

사회복지정책 아젠다의 형성과정에 가장 많은 영향을 미치는 아젠다 참여자들이 바로 이해당사자들이다. 이들 이해당사자들은 사회복지문제로 고통을 당하는 클라이언트들과 그 문제의 해결에 비용을 부담하는 기득권자들로 나누어 볼 수 있다.

클라이언트들은 사회복지문제가 해결되는 경우 이익을 받는 사람들인 까닭에 그들 스스로 문제를 제기하지는 못하더라도 사회복지문제가 제기되는 경우 정책아젠다 형성에 적극적으로 지지를 보내며 사회복지정책 의제가 어떻게 논의되는가를 주시하는 집단이다. 그러나 이들은 사회적 지위, 시간, 지식, 돈 등 권력자원이 부족한 사회적 약자인 까닭에 정책아젠다 형성에 적극적인 활동을 하지 못하는 것이 보통이다.

반면에 사회복지비용의 부담자는 크게 두 부류로 나눌 수 있는데, 많은 비용을 부담하게 된다고 느끼거나 현 체제 속에서 누리는 기득권을 빼앗기게 된다고 생각하는 기득권층과 비교적 비용부담을 느끼지 못하는 일반 국민으로 나누어 볼 수 있다.

이들 가운데 일반 국민들은 비록 사회복지비용의 증가 때문에 조세부담률이 늘어난다고 하더라도 그것이 직접적으로 사회복지비용으로 연결된다고 생각하지 못하거나, 설령 그렇다고 생각한다 하더라도 실제로 부담하는 비용이 크지 않다고 생각하는 까닭에 큰 저항은 없으며, 따라서 사회복지정책 아젠다의 형성에 큰 영향을 끼치지 않는다.

그러나 직접적으로 영향을 받는 기득권층은 사회복지정책 아젠다의 형성을 막기 위해서 그들이 가지고 있던 권력자원을 사용한다. 곧, 이들은 정책꾼들로 하여금 사회복지 이슈를 정부의 정책아젠다 위에 오르지 못하도록 없이슈(*non-issue*)로 만들려고 노력한다. 또한 정부아젠다 위에 올라온 사회복지 이슈들은 가짜아젠다 이슈(*pseudo agenda issue*)로 방치하도록 하거나, 아니면 정책의제로 논의되는 과정 속에서 사회복지 이슈를 전혀 다르게 재정의 내림으로써 이슈를 변질시키거나 대치시키기 위해 권력자원을 동원한다. 곧, 이들은 사회복지정책 아젠다의 형성을 적극적으로 저지하기 위해 영향력을 행사하는 아젠다 참여자라 할 수 있다.[11)]

(3) 정책꾼들

정부아젠다 위에 오른 정책의제를 다루는 정책꾼들 역시 사회복지정책 아젠다의 형성에 큰 영향을 미친다. 특히 이들 정책꾼들의 의지나 성향은 사회복지정책 아젠다의 형성에 직접적인 영향을 미친다. 예컨대, 사회복지정책에 호의적인 미국의 민주당 정권과 비호의적인 공화당 정권을 비교해 볼 때, 민주당 집권시에는 사회복지정책 아젠다의 형성이 활발하지만, 공화당 집권시에는 미약하다는 사실을 알 수 있다(Song, 1987).

(4) 클라이언트

클라이언트 역시 사회복지정책 아젠다의 형성에 영향을 미치는 참여자이다. 이들은 사회복지문제를 가지고 있는 사람들이며, 문제의 해결을 원하는 사람들이기 때문에 문제를 제기하기도 하고 제기된 문제를 해결하도록 압력을 행사하기도 한다.

---

11) 예컨대, 정박아 시설이나 장애인 시설의 설치에 대한 지역 주민, 건축주, 운수업자들의 반대를 생각해 보면 이들이 정책아젠다 형성에 어떠한 영향을 행사하는지 알 수 있다.

그러나 클라이언트 개개인의 사회적 힘은 미약하기 때문에, 클라이언트 개인이 사회복지문제를 이슈화시켜 정책의제로 끌고가는 데는 한계가 있다. 이익집단의 정치가 발전한 사회에서는 클라이언트 집단이 활성화하기도 하지만 이 집단 역시 다른 이익집단에 비해 권력 자원이 부족하기 때문에 문제를 이슈화시키는 데에는 한계가 있다.[12)]

결론적으로 볼 때, 개인적으로나 집단적으로나 클라이언트는 사회복지정책 아젠다의 형성에 압력을 행사하기는 하지만 능동적으로 문제를 제기하고 이슈화시켜 정책아젠다 위에 올라간 사회복지 정책의제에 대한 논의과정에 참여하는 데에는 한계가 있다. 따라서, 사회복지정책 아젠다의 형성과정에서 클라이언트 개인이나 집단의 주도적인 역할을 기대하기는 어렵다.

(5) 사회복지전문가

사회복지전문가는 사회복지정책 아젠다의 형성과정에서 많은 영향을 행사할 수 있는 전문가들이다. 이들은 단지 클라이언트의 문제와 그 해결방법에 관하여 잘 알고 있을 뿐만 아니라, 언론 및 정치인들에게 이들의 문제를 가지고 가서 이슈화시키고 정책 의제로 논의하도록 만드는 경우에 클라이언트를 대리할 수 있는 위치에 있다.

따라서 이들은 정책 아젠다의 형성에 관한 일반적인 지식, 곧 문제를 언제 어떻게 이슈화시키고, 정책으로 어떻게 연결시키는가에 관한 지식을

12) 미국의 경우 케네디-존슨 행정부 시대에는 사회복지와 관련된 이익집단의 수가 증가하고 그 활동이 활발하였으나, 닉슨-포드 시대에는 이익집단의 수가 확연히 감소하고 그 활동이 약화되었다. 이러한 사실을 볼 때, 사회복지에 관련된 클라이언트 집단들의 활동은 능동적이라기보다는 수동적임을 알 수 있다. 곧, 사회복지정책을 정당화시키기 위해 사회복지 지향적인 정권에 의하여 클라이언트 집단이 활성화하였음을 알 수 있다. 이와 같은 사실에서도 알 수 있듯이 사회복지 클라이언트 집단은 이익집단으로서의 활동이 적극적이고 능동적이지 못한데, 그 이유는 사회적 활동에 필요한 권력자원이 결핍되어 있기 때문으로 풀이할 수 있다.

갖추어야 할 필요가 있다. 아직까지는 정책의 분야에서 사회복지전문가의 활동이 크게 나타나지는 않고 있으나, 앞으로는 사회복지전문가의 정책활동이 기존의 전통적인 사회복지방법론과 더불어 클라이언트들을 도와주는 데 있어 효과적인 새로운 방법론으로 성립할 것으로 본다.

결론적으로 볼 때, 사회복지전문가는 사회적 약자인 클라이언트들과 더불어 정책아젠다 형성에의 참여자로서 이슈제기 및 논의에서 적극적 역할을 담당하여야 한다.

(6) 일반 국민들

때로는 일반 국민들이 사회복지정책 아젠다 형성에 영향을 미치기도 한다. 그러나 일반적으로 볼 때 특별한 경우가 아니고는 이들이 사회복지정책 아젠다의 형성에 큰 영향을 미치는 경우는 드물다. 대부분의 경우, 일반 국민들은 사회복지정책 아젠다의 형성에 구경꾼의 역할을 하지만, 사회복지문제가 어떤 사건을 통해 크게 이슈화하는 경우 사회복지정책에 관심을 가지게 되고 정책꾼들에게 압력을 행사하기도 한다.

2) 정치체제 자체

사회복지정책 아젠다의 형성에 영향을 미치는 요인 중의 하나로서 들 수 있는 것은 정치체제 자체이다. 어느 사회이든 그 사회의 정치체제는 사회복지문제가 어떻게 취급되는가에 영향을 미친다.

여기에서 정치체제란 의미는 작게는 어느 정당이 집권하느냐에 따라 구성되는 정권의 의미를 띠기도 하고, 크게는 정당과는 관계없이 정치적 이념과 관련된 국가체제를 의미하기도 하고, 더 크게는 일반화한 사회체제 자체를 의미하기도 한다. 그러나 어떤 의미이든간에 정치체제의 성격에 따라 사회복지 정책아젠다의 형성이 영향을 받는다는 사실은 분명하다.

가장 좁은 의미에서 본다면, 정권이 바뀜에 따라 사회복지정책 아젠다의 형성이 조장되기도 하고 억제되기도 한다는 사실은 앞에서 밝힌 바 있다. 또한 사회주의 국가와 자본주의 국가에서 국가가 표방하고 있는 정치적 이념이 사회복지정책 아젠다의 형성에 영향을 미친다는 사실 역시 당연하다. 일반화한 사회체제로서의 정치체제 역시 사회복지정책 아젠다의 형성에 영향을 미친다. 이를 좀더 자세히 살펴보자.

어떠한 체제든지 체제 자체는 그 체제를 구축한 기득권자들에게 유리하게 작용하도록 편향되어 있다. 이런 점에서 볼 때 체제는 '편견의 동원체'(*mobilization of bias*)라 할 수 있는데(Schattschneider, 1975 ; Bachrach and Baratz, 1970 : 58), 이러한 체제의 편향성은, 일반적으로 볼 때, 사회복지정책 아젠다의 형성을 억제시키는 역할을 한다. 왜냐하면, 사회복지정책 자체가 재분배정책으로서의 성격을 띠고 있는 까닭이다. 곧, 가진 자(*haves*)로부터 가지지 못한 자(*have-nots*)로의 소득 이전을 특징으로 하는 재분배정책의 특성 때문에 어느 사회든 기득세력들은 사회복지정책 아젠다 형성을 합법적으로 저지할 수 있도록 체제를 구축한다. 예컨대, 가진 자들은 이슈화 과정에서 체제의 문지기(*gate keeper*)로서 합법적인 문지키기 기능(*gate keeping*)을 통해 체제에 안전한 이슈(*safe issue*)만을 받아들이고 기존 체제에 위해한 이슈는 걸러냄으로써(*screening*) 기득권을 보호한다.[13)]

결국, 사회복지 이슈의 경우 기득세력의 기득권을 다치지 않는 범위 안에서만 이슈화가 허용되고 정책아젠다의 형성이 이루어지는데, 이때 눈에 보이지 않게 부정적 영향을 미치고 있는 것이 바로 체제의 편향성이다.[14)]

13) 문지기의 문지키기 기능에 관하여 자세한 것은 Easton, 1965를 볼 것.

14) 결국 체제에 내재하는 편향성은 개혁을 바라는 사람보다 이슈를 제한하고자 하는 사람에게 유리하게 작용한다. 변화의 지지자는 일련의 정치과정, 즉 이슈의 인식, 결정짓기, 그리고 정책수행 등 모든 단계에서 성공해야 하지만, 기존 정책의 방어자는 단지 한 단계의 정치과정에서만 승리하면 그만이다.

3) 다른 이슈들의 존재

사회복지정책 아젠다의 형성에 영향을 미치는 요인으로서 들 수 있는 또 다른 요인은 사회복지정책 이슈와 경쟁관계에 있는 다른 이슈들의 존재이다. 어떤 아젠다든, 정부아젠다는 물론이요 공공아젠다의 경우에도, 아젠다공간은 제한되어 있다. 왜냐하면, 이슈에 관심을 기울일 수 있는 인지 능력이나 범위가 제한되어 있고 이슈화시킬 수 있는 수단이나 방법도 제한되어 있는 까닭이다.

따라서 어떤 이슈라도 계속 사람들의 관심을 끌지는 못하며, 다른 어떤 중요한 이슈가 등장하는 경우 그 이슈는 약화되고 아젠다공간에서 축출된다. 이런 점에서 볼 때 모든 이슈는 아젠다공간을 차지하기 위한 이슈경쟁 상태에 놓여 있다고 할 수 있다.

사회복지 이슈는 아젠다공간을 차지하는 경우에 그렇게 유리한 속성을 띤 이슈는 아니다. 왜냐하면, 이 이슈는 국민 전체와 관련된 이슈가 아니고 일부 클라이언트들에게 국한된 이슈로 인식되는 경향이 있고,[15] 앞에서 말했듯이 재분배정책의 속성을 띤 이슈이며, 그렇다고 해서 국민들의 흥미를 크게 유발시키는 이슈도 아닌 까닭이다. 따라서 국민 전체와 관련된 이슈 또는 흥미를 유발시키는 이슈가 등장하게 되면 아젠다공간에서 축출되고 곧 잊혀 버리는 속성을 띤다. 다시 말해서 사회복지 이슈는 다른 이슈와 아젠다공간 차지하기 경쟁에서 살아남기 힘든 경쟁력이 약한 이슈라 할 수 있다.[16]

---

15) 특히 개인주의 사상이 발달한 나라에서는 더욱 그러하다.

16) 예를 들면, 닉슨-포드 시대의 사회복지 이슈는 그 크기가 케네디-존슨 시대보다 줄어드는데, 그 이유 중의 하나로 들 수 있는 것은 케네디-존슨 시대에는 전 국민의 관심을 끌 수 있는 이슈가 없었으나 닉슨-포드 시대에는 월남전 이슈와 민권 이슈가 크게 이슈화하였다는 점이다(Song, 1987 ; 1989b). 곧, 아젠다공간을 차지하기 위한 다른 경쟁적인 이슈의 존재 여부는 사회복지정책 아젠다의 형성에 많은 영향을 미친다.

이런 점에서 볼 때, 경쟁적인 관계에 있는 다른 이슈들의 존재 여부는 사회복지정책 아젠다의 형성에 많은 영향을 미친다.

4) 기타 상황적 요인들

기타 사회복지정책 아젠다의 형성에 영향을 미치는 요인으로서 들 수 있는 것은 사회적, 정치적, 경제적 상황에 관한 요인들이다. 예컨대, 사회복지와 관련된 문제가 크게 사건으로 터지는 경우 사회복지정책 아젠다의 형성은 보다 쉽게 이루어질 수 있다.

정치적 상황 가운데 가장 많은 영향을 미치는 것은 선거이다. 선거기간 동안에는 선거아젠다의 창문(*election agenda window*)이 열리는 기간이기 때문에 어떤 이슈든 이슈화시키기 쉽다(송근원, 1994d). 실제로 선거가 있는 경우에 사회복지에 관한 정책아젠다의 형성이 촉진된다.[17]

선거기간 동안에 후보자는 유권자의 욕구를 대변함으로써 표를 획득하고자 하기 때문에 선거유세에서 제시해야 할 이슈를 찾아내기(*issue seeking*)에 정열을 기울인다. 따라서 이 기간 동안에 사회복지 이슈를 후보자에게 가져가면 쉽게 후보아젠다 위에 오르게 할 수 있다. 따라서 사회복지 이슈를 이슈화시키고자 하는 사회복지전문가나 클라이언트는 선거라는 예기된 상황을 잘 이용할 필요가 있다(송근원, 1991 : 59~60 ; 1994d).

한편 경제적 상황 역시 사회복지 정책아젠다의 형성에 영향을 미친다. 여기에 관하여는 경제적으로 어려운 시기에 사회복지정책 아젠다의 형성이 쉽게 이루어진다는 설과, 경제적으로 풍부할 때 사회복지정책 아젠다의 형성이 쉽게 이루어진다는 두 가지 대립된 학설이 있다. 한편 이와는 달리

17) 실제로 선거가 있던 해에 사회복지정책 아젠다의 형성이 촉진되고 있음은 기존의 연구결과에서도 알 수 있다(Song, 1987 : appendix 참조). 또한, 송근원의 연구(1989b)는 미국 사회보험예산이 선거주기에 따라 영향을 받고 있음을 보여주는데, 이로 미루어 볼 때 사회보험에 관한 정책아젠다의 형성 역시 선거주기의 영향을 받을 것으로 추정된다.

사회복지정책을 사회보험과 공적 부조로 나누어 분석하여야 한다는 설이 있다.[18)]

이 이외에도 대외적인 국제정세의 변화, 예컨대 국가 안보상의 위기감 증대, 개방화 국제화 세계화에 따른 정부의 대응, 또는 남북통일에 따른 사회복지 수요의 증가 등이 나타나는 경우 사회복지정책 아젠다의 형성이 영향을 받을 것임은 분명하다.

18) 송근원의 연구(1990a와 1992b)에 따르면, 사회보험예산은 경제적 상황이 좋을 때, 사회복지예산은 경제적 상황이 나쁠 때 증가되고 있음을 보고하고 있다. 이로 미루어 볼 때, 사회보험에 관한 정책아젠다의 형성은 경제적 상황이 좋을 때, 공적 부조에 관한 정책아젠다의 형성은 경제적 상황이 나쁠 때 촉진된다는 가설을 세울 수 있다. 이에 관하여는 앞으로의 실증적 연구가 요청된다.

제 4 장
사회복지정책 대안의 형성

1. 사회복지정책 대안형성의 의미와 성격

사회복지문제는, 그것이 이슈화하여 정책꾼들에 의하여 정책의제로 다루어지든 아니든 간에 상관없이, 그것을 다루는 관료들 및 학자 등 일단의 연구집단에 의하여 늘 그 원인 및 대책이 제시되고 있다. 곧, 사회복지문제를 해결할 수 있는 방안들은 끊임없이 연구되고 논의되며 서로 비교 검토되고 발표되는데, 이러한 과정이 사회복지정책 대안의 형성과정이라 할 수 있다. 여기에서는 정책대안의 형성과정의 의미를 살펴보고, 이것이 다른 정책과정에 비해 가지는 독특한 성격을 논의하려 한다.[1)]

1) 사회복지정책 대안의 형성과 관련된 이 장은 졸저 송근원(1994c)을 기초로 하여 확대 발전된 것이다.

1) 정책대안 형성과정의 의미

(1) 좁은 의미

정책대안이란 문제의 해결방법에 관한 것이다. 따라서 정책대안의 형성과정이란 엄격한 의미에서 주어진 목표 달성을 위해 어떤 문제에 대해 여러 가지 해결방안을 모색하고 개발하는 과정을 의미한다. 이때, 여러 가지 해결방안을 모색하고 개발하는 과정 속에는 이들 대안에 대한 비교 분석도 포함되는 것이 보통이다.

정책대안의 형성을 이와 같이 좁은 의미로 해석하는 경우, 정책의 목표는 주어진 것으로 보기 때문에, 목표 설정과는 전혀 관계가 없이 '주어진 목표의 달성을 위한 여러 방법들을 강구하고 이들 방법들을 비교 분석하는 과정'만을 의미한다.[2)]

(2) 넓은 의미

그러나 실제 현실에서는 목표 설정과 관계없이 정책대안만을 개발하고 분석하는 경우는 드물다. 실제로 대부분의 정책대안들이 형성되는 과정 속에서는 목표의 설정 및 구체화가 이루어지는 것이 보통이다. 설령 목표가 주어진 것이라 하더라도 그것은 추상적 수준에서 제시되는 경우가 대부분이기 때문에 그 목표를 구체화시켜 나가는 과정 속에서 아래목표(*sub-goal*)나 구체적인 문제에 대해 정의를 내리게 되며, 목표의 구체화나 문제에 대한 정의과정은 정책대안의 내용과 방향을 결정짓는 데 많은 영향을 미친다. 따라서 정책대안 형성과정에 대한 개념을 조금 넓힐 필요가 있다.

이런 점에서 볼 때, 정책대안의 형성과정이란 '정책문제가 무엇인지를 파악하고 문제를 둘러싼 상황을 파악하여 정책목표를 세우고, 그 목표를

2) 이때, 정책대안의 분석과정은 여러 대안들 가운데 최선의 정책대안을 찾아내기 위하여 이성적인 사고와 실제적인 증거를 활용하는 과정으로 정의내릴 수 있다 (MacRae and Wilde, 1979 : 4).

달성할 수 있는 정책수단으로서의 정책대안들을 개발하며, 어떠한 정책대안이 가장 바람직한 것인가를 비교하고 분석하는 과정'을 의미한다.[3]

여기에서는 대안 형성과정을 넓은 의미로 보고 논의를 전개하려 한다.

2) 정책대안 형성과정의 성격

정책대안의 형성과정은 문제의 해결방안에 관한 모색 과정이자 정책결정자를 위하여 정보를 제공하는 과정이다. 또한 문제를 해결하는 가장 효과적인 정책대안들을 개발하여 비교·검토하는 과정이므로 비교적 비정치적 성격을 띠며, 합리적, 기술적 성격을 띤다. 이를 좀더 자세히 논의하면 다음과 같다.

(1) 정보의 산출과정

정책대안의 형성과정은 정책결정자를 위하여 정보를 만들어 내는 과정이다. 문제를 해결하기 위해 만들어진 정책대안들은 정책결정자에 의하여 채택되는 경우에 그 가치가 있다. 그렇기 때문에 정책대안들에 관한 분석정보에는 다음과 같은 사항을 포함시켜야 한다.

① 규명된 문제 및 미래 상황에 관한 정보 : 문제에 대해서는 잘 알고 있는 것 같아도 모르는 경우가 허다하다. 또한 문제라는 것은 보는 눈에 따라 다르게 규정될 수 있으며, 앞으로의 상황변화에 따라 해결방법들이 달라질 수 있다. 따라서 정책대안을 제시하는 경우에는 우선적으로 그 정책에서 실제로 다루어야 하는 문제가 무엇인가를 구체적으로 명백히 규정하여야 하며, 앞으로 전개될 상황에 관하여 정확하게 예측한 정보를 제공하여야 한다.

② 설정된 목표 : 구체화된 사회복지문제를 어떻게 다룰 것인가에 대한

---

3) 이와 비슷한 관점에서 스토키와 체크하우저(Stokey and Zeckhauser, 1978 : 3)는 정책대안형성을 합리적인 정책결정자가 목표를 수립하고, 그 목표를 달성하기 위한 최선의 방안을 찾아내는 논리적 과정으로 정의내린다.

정책목표가 포함되어야 한다. 만약 정책목표가 둘 이상이거나 아래목표들이 있는 경우에는 이들의 관계에 관한 정보를 제공하여야 한다.

③ 정책수단의 제시 : 해결방안으로서 정책대안이 될 수 있는 행동지침에는 어떠한 것들이 있으며 이들 각각의 장단점에는 어떠한 것이 있는지를 분석한 정보를 제공하여야 한다.

④ 정책대안의 예측된 결과 : 정책대안이 시행될 경우 나타날 모든 결과가 포함되어야 대안들 사이의 비교가 가능하다.

⑤ 정책결과의 평가기준 : 정책대안이 시행될 경우 나타날 결과들을 비교할 수 있는 여러 가지 기준들을 제시하여야 한다.

(2) 비정치적 성격

정책의 대안형성은 그 과정 속에 목표의 설정이 포함되고, 목표 설정과정에서 가치의 개입이 이루어지긴 하지만, 다른 정책과정에 비하여 비정치적인 성격을 띤다는 점에 그 특색이 있다.

정책대안 형성과정의 비정치적인 특색은 참여자들의 비정치적인 특성에 기인한다. 곧, 아젠다 형성과정이나 정책결정과정 및 정책집행과정에서는 이해당사자들 사이의 협상, 타협, 투쟁, 폭력의 사용 등 정치적 성격이 강하게 나타나는 데 비하여, 정책대안의 형성과정에서는 이해당사자들 사이의 권력관계가 표면화되어 떠오르지는 않는다.

다시 말해서, 정책대안의 형성 및 개발과정은 이해당사자들 사이의 정치라는 현상과는 무관하게 진행되는 것이 보통이다. 예컨대, 사회복지정책의 대안형성은 사회복지전문가나 사회복지를 연구하는 학자 또는 사회복지문제를 일상 업무로 다루는 관료들에 의하여 이루어진다. 이들이 개발하는 정책대안들에는 물론 이들의 가치나 주관이 개재될 수는 있다.[4] 그러나 문제를 파악하고, 목표를 설정하며, 수단을 분석하는 과정은 비교적 여러 이해관계자들과의 상호작용 없이 이루어지는 것이 보통이다. 따라서 정책대안의 형성과정은 비교적 정치성이 배제된 나름대로의 합리적 바탕 위에서 이루어진다고 볼 수 있다.

(3) 기술적 과정

정책대안을 개발하고 비교, 분석, 검토하는 과정은 기술적 과정이자 지적 활동과정이다. 왜냐하면 정책대안의 개발 및 비교분석 과정은 문제 및 상황에 대한 지적인 인식을 바탕으로 하여 그 해결방법들을 찾아내고 비교하는 과정인데, 이때 각 학문 분야에서 발전시킨 여러 가지 분석기법들이 동원되는 까닭이다. 곧, 정책개발 및 분석과정은 철학 및 윤리학 등에서 제공하는 가치 전제 및 논리적 과정을 토대로 하여 문제와 해결방법을 연결시키고, 응용사회과학으로서의 행태과학뿐만 아니라 체제분석 등의 관리과학적 지식 및 응용수학 등으로부터 발전시킨 분석기법 따위를 사용하여 정책대안들을 비교·분석하는 과정이다. 이런 점에서 볼 때, 정책대안의 형성과정은 지극히 종합과학적인 성격을 띤다.

2. 사회복지정책 대안의 형성과정

사회복지정책의 대안형성과정을, 사회복지에 관한 문제를 파악하고, 정책의 목표를 설정하며, 정책수단을 확보하고, 이들을 비교 분석하는 과정으로 볼 때, 이들을 하나씩 살펴보면 다음과 같다.

1) 사회복지문제와 상황의 파악

문제란 제 2장 1절에서 논의했듯이, 해석학적 입장에서 볼 때 객관적으로 존재하는 것이 아니라 문제가 될 수 있는 조건에 관한 주관적인 인식과 해석을 통하여 만들어지는 것이다. 따라서 문제란 보는 눈에 따라 여러 가지로 정의내려질 수 있고, 그에 따른 여러 가지 정책대안들이 제시될

4) 따라서 가치편향적인 정책대안이 개발되거나 제시될 수는 있다. 그렇지만 이러한 정책대안은 이해관계자들의 상호 타협이나 협상에 의하여 만들어진 정책대안은 아니다.

수 있다.

사회복지에 관한 문제는 그 문제가 나타날 수밖에 없는 객관적인 상황 또는 조건(*conditions*)이 존재하고, 그것이 문제라고 생각하며 해결되어야 한다고 믿는 사람들이 있으며, 그 문제를 해결하는 데 필요한 비용이나 자원을 제공해 주는 사람들이 존재한다.

따라서 사회복지문제를 파악하기 위해서는 먼저 문제를 일으키는 조건이 무엇이며, 그것을 문제라고 인식하는 사람들이 생각하는 욕구가 무엇인가를 정확하게 파악하여야 한다. 또한, 그 문제의 해결에 필요한 비용이나 자원이 무엇이며, 어느 정도나 필요한 것인지를 파악하여야 하고, 그러한 비용이나 자원을 부담하는 사람들의 문제를 보는 시각에 대한 정확한 이해가 필요하다.

문제로 인하여 고통을 받고 있는 사람들, 곧 클라이언트의 문제에 대한 정의와 비용부담자의 문제에 대한 정의는 다를 수 있다. 또한 클라이언트나 비용부담자 이외에 그 문제나 그 문제의 해결에 의하여 영향을 받는다고 생각하는 사람들의 견해도 있으며, 방관자적 역할을 하는 아무런 관련이 없는 듯이 보이는 사람들의 견해도 있다. 이와 같이 사회복지문제를 보는 사람들의 눈은 다양하며, 이들이 문제를 정의내리는 것도, 이를 모색하는 해결방법도 다 다르다. 문제의 정의는 정책수단을 내포하고 있다. 따라서 문제를 어떻게 정의하느냐에 따라 정책대안은 달라질 수 있다.

사회복지문제와 그 문제를 둘러싼 상황을 정확하게 파악하기 위해서는 사회복지 분야에서 그 문제를 다루는 전문가나 학자 또는 관료와의 면담이 필요한 경우도 있고, 비슷한 문제나 선례에 관하여 문헌조사를 할 수도 있다. 또는 클라이언트나 이해관계자들을 대상으로 하여 현지조사를 할 수도 있다. 이와 같은 조사를 통하여 문제를 파악할 경우, 다음과 같은 다섯 가지 차원이 고려되어야 한다.

① 문제나 욕구의 원인 : 다루고자 하는 사회복지문제가 발생하게 된 원인이 그 문제로 인하여 고통을 받고 있는 사람 개인에게 있는지, 아니면 사회체제 또는 사회변동에 그 원인이 있는지에 대한 사람들의 견해를 파악하여야 한다.

② 문제의 영향 : 그 사회복지문제가 미치는 영향이 직접적으로 관련된 사람들에게만 국한되는 것인지, 아니면 다른 사람들에게도 영향을 미치는 것인지, 그리고 영향을 미친다면 어느 정도나 영향을 미치며, 영향을 받는 사람들이 어느 정도나 심각하게 그 문제의 영향을 받아들이는지를 파악하여야 한다.

③ 문제의 인지범위 : 그와 같은 사회복지문제를 인식하고 있는 사람들은 어느 정도이며, 어떠한 특성을 가지고 있는가, 그리고 어떠한 해결방법을 원하는가를 파악하여야 한다.

④ 문제의 해결능력 : 그 사회복지문제가 개인의 힘에 의하여는 해결할 수 없는 것인지 여부 및 사회적 해결에 드는 비용이나 자원의 조달방법은 무엇인지에 관한 견해들이다.

⑤ 문제의 성격 : 그 사회복지문제가 어느 정도 사회적 중요성을 띠는가, 그리고 어느 정도 정치적 성격을 띠는가에 관한 판단이 필요하다. 이러한 문제의 성격은 흔히 문제와 관련된 사람들의 이해관계에서 나타나는 갈등의 정도, 곧 이슈의 크기에 따라 영향을 받는다. 곧, 정책문제로 파악된 이슈의 크기는 범위, 강도, 가시성 따위로 나눌 수 있는데, 이들은 그 문제의 정치적 성격이나 사회적 중요성을 판단하는 지표로 사용할 수 있다.[5)]

2) 미래의 예측 및 목표의 설정

사회복지문제가 무엇인가를 파악한 다음에 해야 할 일은 미래에 관한 예측을 통한 정책목표의 설정이다. 곧, 문제와 상황의 파악이 현재 상태에 관한 파악이라고 한다면, 앞으로 다가올 상황의 변화에 관한 예측 속에서 바람직한 미래의 상태인 목표를 설정하는 일은 미래지향적인 활동이다.

이때의 목표설정 과정에는 세워진 정책목표를 구체화하는 과정도 포함된다. 목표의 구체화 과정 속에서 목표는 아래목표와 연결되는데 아래목표

---

5) 이슈의 범위, 강도, 가시성의 개념에 대해서는 제2장 2절 참조.

들은 가능한 한 양적으로 측정 가능하도록 정의할 필요가 있다. 이때 목표와 아래목표 관계는 목표-수단 관계로서의 계층형태(*hierarchical means-ends relationship*)로 나타난다.

사회복지정책의 목표설정에서 고려해야 하는 주요 요인은 다음과 같다.

① 정책의 대상집단(*target group*)인 클라이언트와 비용부담자 및 지역주민들의 이해관계

② 정책문제의 특성

③ 문제해결 목표의 종류 및 성격 : 단일 목표인가, 복수 목표인가? 장기 목표와 단기 목표는 무엇인가? 거시적인 목표와 미시적인 목표는 무엇인가? 사회전체적인 목표인가, 지역에 국한된 목표인가?

④ 다른 목표와의 관계

⑤ 목표가 기초하고 있는 가치

3) 대안의 탐색 및 개발

사회복지정책의 목표가 설정되면, 그 정책수단으로서의 해결방법들, 곧 정책대안을 만들어 내야 한다. 정책대안을 만들기 위해서는 문제, 상황, 미래에 대한 정보를 수집하여 종합적으로 검토 분석하여야 한다.

정책대안을 개발하는 방법으로서는 그 문제와 관련된 과거의 정책이나 현존 정책 및 다른 나라나 다른 지역의 정책 등을 검토하는 방법이 있다. 또 다른 방법으로서는 사회과학적 지식이나 이론모형으로부터 대안을 추론해 내는 방법이 있다. 한편, 이 이외에 주관적인 판단하에 직관을 통해 정책대안을 개발하는 방법도 있다. 이들을 차례로 살펴보면 다음과 같다.

① 과거의 정책 : 과거의 정책이나 현존 정책은 정책분석가들이 고려하는 가장 중요한 정책대안의 원천이 된다. 특히 점증주의적 입장에 있는 정책분석가들은 현재의 정책을 약간 수정한 것이 가장 좋은 정책대안이라고 본다.

이러한 방법은 과거나 현재의 정책집행 결과에 비추어 앞으로의 정책과정에서 나타날지도 모르는 여러 가지 결과들을 미리 어느 정도 예측할

수 있다는 장점이 있으나, 사회적 정치적 상황의 변화 때문에 잘못하면 시행착오를 범하기 쉽다. 따라서 이 방법을 쓰려면, 미래 상황에 관한 정확한 예측이 필요하다.

② 외국의 정책사례 : 정책문제로 채택된 사회복지문제에 관한 이전의 정책 경험이 없는 경우 외국 또는 다른 지방정부의 정책 사례에서 많은 아이디어를 얻어 정책대안을 개발할 수 있다. 그러나, 이 방법을 사용할 경우 사회적, 문화적, 정치적, 경제적 상황의 차이 때문에 예상된 결과를 얻어내지 못하는 경우가 있을 수 있다.

③ 사회과학적 지식 : 사회복지문제 해결을 위한 정책대안은 사회복지학, 심리학, 경제학, 사회학, 정치학 등 사회과학적 지식이나 이론모형으로부터 만들어 낼 수 있다. 특히 사회복지문제의 인과관계에 관한 이론 모형은 그 문제해결을 위한 사회복지 정책대안을 만들어 내는 데 유용하다.

④ 직관적 방법 : 직관적 방법은 정책대안을 주관적인 판단하에 만들어 내는 방법이다. 보통 정책대안에 관한 선례나 전문지식 및 상황에 대한 정보가 부족할 때 사용하는 방법이지만, 부정확하고 얼토당토 아니한 대안이 될 가능성도 있다. 따라서, 관련 분야의 많은 사람들의 의견을 참조하면서 정책대안을 만드는 방법이 바람직하다.[6)]

6) 이때 흔히 사용되는 방법으로서는 머리짜내기(*brain-storming*) 방법과 델파이 기법(Delphi)이 있다. 머리짜내기 방법은 집단적 토의를 통하여 가능한 한 독창적인 많은 아이디어를 개발하는 방법이다. 이 방법을 사용하는 경우 풍부한 아이디어를 짜내기 위하여 첫 단계에서 제시한 의견에는 평가를 하지 말아야 한다. 두번째 단계에서는 비슷한 아이디어를 취합하고, 전혀 실현가능성이 없는 아이디어들을 제거함으로써 종합화하고 이들에 대해 평가를 한다(Hogwood and Gunn, 1984 : 172~173). 한편 델파이 기법에 관하여는 다음 절에서 다룰 것이므로 다음 절을 참조할 것.

4) 대안의 비교 분석

정책대안들이 형성되면, 이들은 여러 가지 기준에서 분석되고 대안의 시행시 나타날 결과를 예측하며 다른 대안들과 비교 평가된다. 그러나 대안 분석시 여러 가지 이유로 인하여 제시된 모든 정책대안을 다 분석하는 경우는 드물다(Quade, 1982 : 111~112 ; MacRae and Wilde, 1979 : 98~99). 예컨대, 분석에 드는 비용의 한계, 시간의 제약, 기술상의 문제점 등의 이유 때문에 제시된 정책대안들을 모두 분석하지는 못하는 것이 보통이다. 따라서 본격적인 분석 이전에 예비분석(*preliminary analysis*)을 통하여 본격적으로 검토할 대안을 찾아내는 추리기(*screen*) 작업이 이루어진다. 정책대안의 추리기 과정에서 일반적으로 많이 사용하는 기준은 실현가능성(*feasibility*)과 바람직성(*desirability*)이다(Mood, 1983 :33~34).

실현가능성에는 기술적 실현가능성과 정치적 실현가능성의 두 가지 의미가 다 포함된다.[7] 바람직성은 어떤 대안의 예측된 결과가 다른 대안의 결과에 견주어 볼 때 더 나은지 못한지에 관한 것이다. 바람직성을 측정하는 기준은 능률성, 효과성, 형평성 따위가 있다. 이들 대안의 비교 분석 기준을 좀더 자세히 살펴보면 다음과 같다.

① 기술적 실현가능성(*technical feasibility*) : 이 기준은 엄격한 의미에서 정책대안이 가지고 있는 기술적 문제점들에 관한 것을 의미할 때 사용되지만, 보통 좁은 의미의 기술적 문제뿐만 아니라 집행가능성을 포함하여

7) 실현가능성에는 이 이외에도 여러 가지가 있을 수 있다. 예컨대, 베이커와 프레스톤(Baker and Preston, 1975 : 101~102)은 실현가능성을 기술적 실현가능성, 사회적 실현가능성, 경제적 실현가능성, 정치적 실현가능성, 시간적 실현가능성의 다섯으로 구분하며, 정정길(1988 : 493~500)은 기술적 실현가능성, 재정적 또는 경제적 실현가능성, 행정적 실현가능성, 법적 윤리적 실현가능성, 정치적 실현가능성의 다섯 가지로 나눈다. 여기에서는 기술적 실현가능성에 재정적 실현가능성, 행정적 실현가능성, 시간적 실현가능성을 포함하여 사용하고, 정치적 실현가능성에 사회적 실현가능성 또는 법적 윤리적 실현가능성을 포함하여 사용한다.

사용된다. 따라서, 이 기준은 집행기관이 그 문제를 다룰 수 있는 능력과 깊이 관련된다. 예컨대, 그 문제를 다룰 수 있는 집행기관의 전문화 수준, 재정능력, 행정능력에 비추어 볼 때, 그 정책대안이 만족스럽게 시행될 수 있을 것인가에 관한 기준이다.

② 정치적 실현가능성(*political feasibility*) : 이 기준은 정책대안이 정치적으로 받아들여질 수 있는가에 관한 것이다. 아무리 이상적이고 좋은 정책대안이라 하더라도 국회에서 통과되지 않거나, 대통령이 거부권을 행사한다면, 또는 집행시에 주민들의 정치적 반대 때문에 정책집행 자체가 유야무야된다면 그 정책 효과는 낮아질 것이다.

이 이외에도 사회, 윤리적으로 받아들여질 수 있는가, 그리고 법적으로 저촉되는 것은 아닌가에 관한 사항도 넓게는 이 기준 속에 포함된다. 따라서 대안을 형성할 때에는 이와 같은 여러 측면에서의 정치적 실현가능성을 높일 수 있는 방법을 강구할 필요가 있다.

③ 능률성(*efficiency*) : 능률성이란 기준은 투입과 산출의 비율을 의미한다. 이 개념은 두 가지 의미를 띠고 있다. 곧, 투입이 일정하면 산출을 최대한으로 만드는 것이 능률적인 것이고, 산출이 일정하다면 투입을 최소화하는 것이 능률적인 것이다. 예컨대, 사회복지문제의 해결에 동원할 수 있는 자원이 한정되어 있는 경우, 그 자원을 가지고 문제의 해결을 위한 복지서비스를 최대한도로 창출 제공하는 것이 능률적인 것이며, 만약 현재 제공되는 복지서비스의 수준이 만족스러운 것이라면, 그러한 복지서비스를 창출 제공하는 데 드는 자원을 최소한으로 줄이면서 같은 수준의 복지서비스를 창출 제공하는 것이 능률적이다. 따라서 '정책대안들 가운데 어느 것이 더 능률적인가'는 대안들 사이의 좋은 비교 기준이 된다.

그러나, 능률성이라는 기준도 시간적인 요소를 고려하면 모호해진다. 단기적으로 능률적인 것이 장기적으로는 자원의 낭비일 수 있으며, 단기적으로 비능률적인 것이지만 장기적으로는 능률적인 것이 있을 수 있다.

④ 효과성(*effectiveness*) : 자원의 절약이라는 측면에서의 능률성이라는 기준 이외에도, 사회복지정책의 목표달성도와 관련된 수단지향적 기준으로서 효과성이라는 기준이 있다. 효과성은 문제해결에 동원되는 자원과

이로부터 나타나는 복지서비스의 관계, 곧 투입과 산출의 관계에서, 투입에 상관없이 산출을 최대한으로 만드는 것을 말한다. 곧, 자원은 얼마가 들든지 간에 복지서비스를 최대한도로 창출해 내는 것이 효과성의 개념이다. 예컨대, 북한 난민들을 비용이 얼마가 들든지 간에 최대한도로 적응시키는 것이 효과성의 개념이다.

⑤ 사회적 효과성(*social effectiveness*) : 효과성과 비슷한 기준으로서 사회적 효과성이 있는데, 사회적 효과성이란 사회복지정책의 시행결과 나타나는 사회적 유대감@@의 달성 등 사회복지의 사회적 통합 기능에 관한 것이다. 다른 정책의 분야에서는 능률이나 효과성이 지상의 목표일 수 있으나, 사회복지정책에서는 인간의 존엄성을 전제로 하는 까닭에 능률이나 효과성보다는 사회적 효과성을 중요시하는 경우가 많다.

⑥ 사회적 형평(*social equity*) : 이 기준은 사회복지정책이 시행되는 경우 사회계층 사이의 불평등이 어느 정도 시정될 수 있는가에 관한 것이다. 따라서 사회계층 가운데 특히 불리한 입장에 있는 층에 대한 정책적 고려를 통해 진정한 공정을 이룰 수 있는가에 관한 것이다. 곧, 사회적, 경제적, 정치적 환경이 열세인 계층에 보다 많은 양질의 사회복지서비스를 제공함으로써 인간의 존엄과 가치라는 점에서의 절대적 평등을 구현하기 위하여 제시되는 기준이다. 한마디로 말해서 사회적 형평은 적극적인 의미에서의 분배의 평등관을 띠고 있다고 할 수 있다.

이러한 기준이 사회복지정책에서 중요시되는 이유는 클라이언트의 문제해결을 다루는 사회복지정책 분야에서의 클라이언트가 사회적 약자이기 때문에, 이들의 권리나 인간의 존엄성이 이들이 가지고 있는 문제에 의하여 가려지고 훼손 받을 가능성이 높은 까닭이다. 더욱이 사회체제는 어느 체제든지 간에 사회적 약자에게 불리하도록 편향되어 있는 까닭에 이들이 체제로부터 불리한 대우를 받는 것을 당연한 것으로 여기는 경향이 있다. 따라서 사회적 형평의 이념은 다른 어떤 정책 분야에서보다도 사회복지정책의 분야에서 중요한 길잡이 역할을 한다고 할 수 있다.

사회적 형평이란 기준을 보다 구체적으로 살펴보면, 수평적 형평과 수직적 형평으로 나눌 수 있다(Atkinson, 1983 : 93~100 참조). 수평적 형평이란, 보기를 들자면 복지서비스를 제공하는 경우에 그 결정 기준이 되는 특성을 가진 모든 사람에게 같은 양의 서비스가 제공되어야 한다는 것을 뜻한다. 곧, 같은 조건의 클라이언트에 대한 서비스의 배분이 동일하여야 한다는 이념이다. 그러나, 실제로 한정된 자원과 개별화하는 클라이언트의 파악에 한계가 있는 까닭에, 이러한 수평적 형평은 달성하기가 쉽지 않다. 그러나, 이러한 이념이 사회복지정책에서 지향하는 목표임은 부정할 수 없다.

한편, 수직적 형평은 성별, 나이, 지리적 위치, 건강, 소득 따위에서 차이가 있는 시민들 사이의 복지서비스 배분에는 서로 다른 기준이 적용되어야 한다는 것이다. 이러한 기준의 설정은 실질적으로 매우 어렵지만, 개인이나 집단의 욕구, 납세기준, 최저생활 수준 따위를 들 수 있다(Chitwood, 1974 : 33~34 참조). 욕구를 기준으로 하면, 도서관, 공원 따위의 공공시설 등에 대한 욕구는 빈민지역의 사람들에게 더욱 크므로, 부유층 지역보다 빈민지역에 설치하는 것이 수직적 형평이라는 이념에 더 맞는다. 그러나 납세 기준으로 하면, 부유층 지역에 설치하는 것이 보다 수직적 형평의 이념에 걸맞는다. 또한 일정한 기준에 해당되는 사람들에 대한 최저생활 보장을 기준으로 하면, 그러한 조건에 있는 사람들에게는 영양, 주거, 보건, 고용, 교육 등의 여러 면에서 최소한의 생활을 할 수 있도록 보장해 주는 것이 수직적 형평을 이루는 것이다.

사회복지정책에서는 일반적으로 클라이언트의 욕구와 최저생활 수준을 기준으로 하여 사회적 형평을 달성하려 한다. 사회복지정책에서는 복지서비스의 성질상, 모든 시민에게 균등한 서비스의 제공보다는 사회적 약자의 욕구에 따른 복지서비스의 제공, 그리고 이들에 대한 최저생활의 보장이 보다 형평적이라 보는 까닭이다. 한마디로 말해서, 사회적 약자인 클라이언트에게 보다 많은 서비스가 제공되어야 사회적 형평이 이루어질 수 있다는 것을 전제로 하여 사회복지 정책대안들이 분석된다.

이 이외에도 대안의 비교 분석시에 고려하는 기준으로서는 얼마나 빨리 시행할 수 있는가, 그 정책대안이 시행될 경우 미치는 파급효과는 무엇이며 어느 정도나 빠르게 효과를 미치는가, 시간적으로 볼 때 그것이 현 시점에서 정말로 필요한 정책대안인가 등의 시간적 요소에 관한 기준, 그 정책대안의 시행과정에서 얼마나 클라이언트의 참여가 가능하며 클라이언트의 의견이 반영될 수 있는가 등에 관한 반응성(*responsiveness*) 또는 민주성이라는 기준, 다른 국가 정책들에 미치는 영향 및 정책내용이나 효과의 중복성 등 다른 정책과의 관련성에 관한 기준 따위가 정책대안의 비교 분석시 고려되기도 한다.

예비분석 후에 추려진 대안들은 각각 가지고 있는 장단점, 비용, 효과 등의 측면에서 보다 자세히 분석되는데, 이때 사용하는 방법이 정책분석기법들이다. 정책대안의 분석방법에는 체제분석, 관리과학, 운영연구 등의 분야에서 발전시킨 여러 가지 기법들이 있다. 이들은 다음 절에서 소개하므로 여기에서는 생략한다.

3. 사회복지정책 대안의 형성기법

정책대안의 형성과정은 정책문제 및 문제를 둘러싼 상황을 파악하여 정책목표를 세우고, 그 목표를 달성할 수 있는 정책수단으로서의 정책대안들을 개발하여 어떠한 정책대안이 가장 바람직한 것인가를 비교하고 분석하는 과정이다. 따라서 여기에서는 정책문제 및 문제를 둘러싼 상황을 파악하여 정책목표를 세우기 위해 미래의 상황을 예측하는 방법과, 개발된 정책대안들을 비교 분석하기 위해 사용하는 기법들로 나누어 간단히 살펴보자.

1) 미래의 예측 방법

정책문제 및 문제를 둘러싼 상황을 파악하여 정책의 목표를 세우기 위해서 미래를 예측하는 기법에는 다음과 같은 여러 방법들이 사용된다.

① 유추(*analogy*) : 유추란 '같은 꼴'(*iso-morphism*) 구조를 통해서 미래의 상황이나 문제를 추정하는 방법을 말한다. 예컨대, 새로운 문제의 해

〈그림 4-1〉 서울시 노인정 수의 연도별 변화

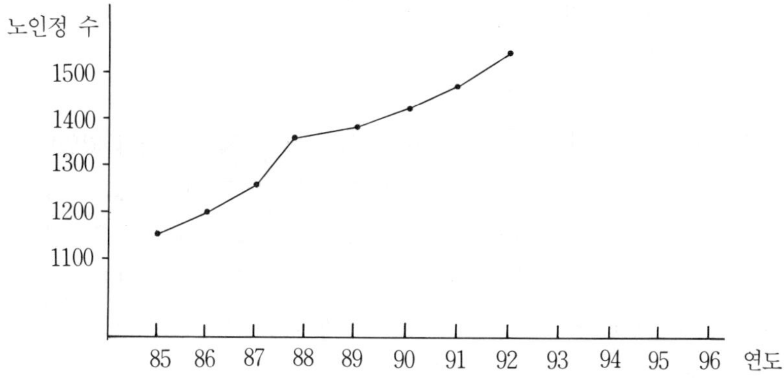

결에 선례를 적용하는 경우가 그러하다. 또 다른 보기로서는, 쥐들이 지나치게 좁은 공간에서 군집하게 되면 정신이상 증세를 나타낸다는 실험결과를 그대로 유추하여 사람들의 주거공간이나 도시계획에 유추할 수도 있는 경우이다.

그러나 이 방법은 유추하는 사례와 미래의 사례 사이의 속성이 같아야 할 것을 전제로 하기 때문에 그 속성이 다른 경우에는 적용하기 어렵다. 또한, 과거의 사례가 보여준 결과가 복잡 다양한 경우, 곧 선례들이 항상 일정한 결과를 나타내지 않은 경우에도 그 적용에 한계를 띤다. 마찬가지로, 선례가 시행되던 당시의 상황으로부터 변화된 상황에서 어느 정도로 예측 결과가 유효할 것인가도 의문이다.

② 경향성 분석(*tendency analysis*) : 경향성 분석이란 과거의 경향이나 추세를 미래에 연장시켜 추측하는 방법을 통하여 미래를 예측하는 방법이다. 예컨대, 과거 수 년간의 서울시 노인정 수의 증가추세를 가지고 앞으로의 서울시 노인정 수의 증가를 예측하는 방법이다(〈그림 4-1〉 참조).

이 방법은 미래예측 방법 가운데 쉽게 이해할 수 있는 방법이긴 하지만, 급격한 사회변화가 있는 경우 그 경향이나 추세가 정확한 예측을 보장해 주는가에는 의문이 있다.

이러한 경향성을 보다 정확하게 찾아내기 위해 시계열 자료를 통계 처리하는 방법으로서는 회귀분석을 이용하는 방법과 박스 젠킨스(Box-Jenkins) 및 박스 샤오(Box-Shao) 등이 개발한 아리마(ARIMA) 모형짓기 기법이 있다. 아리마 모형짓기 기법 등의 시계열분석기법을 사용하여 만들어진 모형은 경향(*tendency*)이나 동향(*drift*)을 잡아주는 데 효과적인 까닭에 미래의 예측에 많이 쓰인다.[8)]

③ 마르코프 모형(*Marcov model*) : 마르코프 모형은 과거에 있었던 변화를 토대로 하여 앞으로 나타날 변화를 연속적으로 예측하는 데 사용되는 모형이다. 곧, 어떤 상황이 시간의 흐름에 따라 일정한 확률로 변해 가는 경우에 최종적 상태를 예측하여 정책결정에 도움을 줄 수 있는 확률적 정보를 제공해 준다. 이 모형을 사용하는 방법을 보기를 들어 설명하면 다음과 같다.

현재 우리나라에서 결혼생활을 하는 부부 1,000만 쌍 가운데 부부간에 불화상태에 있는 부부가 200만 쌍이라고 추산하고, 화목한 부부 중 불화상태로 될 확률이 20%, 불화상태에 있는 부부가 가정상담소의 상담 치료를 통해 화목해질 확률이 60%이며, 연간 1개 가정상담소당 200쌍의 상담치료가 가능하고, 불화상태에 있는 모든 부부 가운데 1/10 정도만 가정상담소를 찾는 경향이 있으며, 현재 1,000개의 가정상담소가 있다면, 앞으로 불화상태에 있는 부부들을 위하여 필요한 가정상담소의 수는 얼마나 늘려야 할 것인가?

이 보기에 따른 확률은 다음과 같은 변환행렬(*transitive matrix*)로 표시할 수 있다. 이 문제에서 화목한 부부를 L, 불화상태의 부부를 H로 표시하면 변환행렬은,

<table>
<tr><td colspan="2" rowspan="2">으로 ╲ 에서</td><td colspan="2">다음 해</td></tr>
<tr><td>L</td><td>H</td></tr>
<tr><td rowspan="2">현재</td><td>L</td><td>0.8</td><td>0.2</td></tr>
<tr><td>H</td><td>0.6</td><td>0.4</td></tr>
</table>

8) 이러한 시계열분석기법에 관하여는 MaClearly and Hay(1980) 참조.

여기에서 0.8, 0.2, 0.6, 0.4로 표시된 확률을 변환확률(*transitive probability*)이라 부른다. 이러한 변환확률이 시간의 흐름에도 불구하고 일정하다고 가정하는 경우, 다음과 같은 연속적인 과정이 이루어지는데 이를 마르코프 사슬(*Marcov chain*)이라 부른다.

현재의 화목한 상태와 불화상태를 나타내는 확률을 각각 L_t와 H_t로 표시하고, 다음 해의 취업상태와 실업상태를 나타내는 확률을 각각 L_{t+1}, H_{t+1} 따위로 표시하면 다음과 같다.

현재의 부부 상태	$L_t = 0.8$
	$H_t = 0.2$
다음 해의 부부 상태	$L_{t+1} = 0.8L_t + 0.6H_t$
	$H_{t+1} = 0.2L_t + 0.4H_t$
그 다음 해의 부부 상태	$L_{t+2} = 0.8L_{t+1} + 0.6H_{t+1}$
	$H_{t+2} = 0.2L_{t+1} + 0.4H_{t+1}$
…………………………	…………………………
n 해 후의 고용 상태	$L_{t+n} = 0.8L_{t+n-1} + 0.6H_{t+n-1}$
	$H_{t+n} = 0.2L_{t+n-1} + 0.4H_{t+n-1}$

이 행렬식은 다음과 같은 간단한 방정식으로 나타낼 수 있다.

$$L_n = 0.8L_{n-1} + 0.6H_{n-1}$$
$$H_n = 0.2L_{n-1} + 0.4H_{n-1}$$
$$L_n + H_n = 1$$

여기에서 최종 상태인 n해 후에는 $L_{n-1} \rightarrow L_n$, $H_{n-1} \rightarrow H_n$에 접근하게 된다. 따라서 이 방정식은,

$$0.8L + 0.6H = L$$
$$0.2L + 0.4H = H$$

L＋H＝1

이를 풀면, L＝0.75, H＝0.25이다.

따라서 최종적으로 불화상태의 부부는 1,000만×0.25＝250만 쌍이 되며, 이 가운데 1/10이 연간 상담치료를 받게 되고, 1개 상담소당 연간 200쌍이 상담치료를 받으므로, 필요한 총 가정상담소 수는 1,250개인데, 현재 1,000개의 가정상담소가 있으므로 추가 설립해야 할 가정상담소 수는 250개이다.

④ 회귀분석(*regression analysis*) : 회귀분석이란 변수들 사이의 인과관계를 전제로 하여 만들어낸 회귀방정식을 통하여 미래를 예측하는 방법이다. 사회복지정책의 결정요인이나 영향을 이 방법을 통하여 분석하고 미래를 예측할 수 있다. 예컨대, 사회보험 예산의 결정에 영향을 미치는 변수로서, 국민소득(GNP), 실업률, 다른 예산, 선거주기 등의 변수를 가지고 회귀분석을 하면, 이들이 사회보험 예산의 결정에 어떠한 영향을 미쳤는지 찾아낼 수 있고, 다음 해의 예상된 국민소득, 실업률, 다른 예산의 증감, 선거유무 등에 관한 정보를 가지고 있다면, 다음 해의 사회보험 예산을 예측할 수 있다. 그러나, 이러한 회귀분석 방법을 사용하려면, 원인을 설명해 주는 변수들을 정확하게 선정하고 측정하여야 하며, 원인변수와 결과변수와의 관계가 곧은 줄꼴 관계(*linear relationship*)이어야 한다.

⑤ 델파이(Delphi) 기법 : 이 기법은 예측하려는 현상에 관한 선례가 없거나 적절한 자료가 없는 경우, 전문가들로부터 의견을 모으고, 교환하고, 발전시킴으로써 미래를 예측하는 방법으로서 헬머, 달케이, 고든 등에 의하여 개발되었다.

델파이 기법을 사용하는 과정은 첫째, 일반적 주제를 선정하고, 둘째 참여할 전문가를 선정한 다음, 델파이 활동, 곧 개방식 질문을 통해 전문가들로부터 익명으로 의견을 조사하며, 수집된 의견을 환류시켜 반복하는 과정을 밟는다. 그리고 전문가 집단의 반응인 자료를 통계적으로 분석하여 종합화한다.

다시 말해서, (1) 예측하고자 하는 중요 사태에 관한 설문을 전문가들에게 보내고, (2) 전문가들이 예측하는 사태의 발생시기를 추정하여 종합하고, 중위수, 1사분위수, 3사분위수 등 대표값을 산출하며 그 이유를 요약하고, (3) 전문가들에게 다시 되돌이[還流]하여 재추정 하게끔 하며, 종합 의견과의 차이가 있는 경우, 그 근거를 제시할 수 있도록 새로운 설문을 작성 배포하고, (4) 연구책임자가 만족할 때까지 이러한 과정을 되풀이하는 동안 제 1사분위와 제 3사분위는 매 단계마다 점점 좁혀지고 중위수도 변하게 된다.

이 방법은 미래에 대한 광범위한 지식을 얻을 수 있으며, 전문가 개인이 가지는 주관적 판단이나 편향된 지식의 문제점을 극복할 수 있다는 장점이 있으나, 전문가들의 고집 및 합의에 따른 비합리적 결정짓기가 이루어질 가능성도 있고, 가장 중요하고 논쟁적인 문제가 상층부에 전달되지 않는 경우도 있다는 점이 단점이다.

⑥ 이 이외에도 모의실험(*simulation*) 등을 통하여 미래를 예측하거나 정책의 목표 설정에 필요한 정보를 산출하기도 한다. 예컨대, 사회복지문제나 욕구가 어떻게 변화될 것인가를 앞으로 나타날 것으로 예상되는 비슷한 상황 속에서 분석함으로써 미래를 예측할 수 있다. 이 방법은 주로 정책결정을 위한 정보의 산출에 많이 쓰이기 때문에, 여기에서 소개하지 않고 대안들의 비교를 위한 분석기법에서 소개한다.

(2) 대안의 비교분석 기법

한편 개발된 정책대안을 비교 검토하기 위해 사용되는 기법으로는 다음과 같은 관리과학적 방법들이 많이 쓰인다.

① 비용편익분석(*cost-benefit analysis*)[9] : 이 기법은 각각의 정책대안을 집행할 때 사용될 비용과 예상 편익을 서로 견주어 보는 방법이다. 이 기법은 모든 비용과 편익을 화폐가치로 환산하여 기간별로 추정하고 여기에 할인율을 적용하여 전 기간에 걸친 비용과 편익의 현재가치를 계산한다.

---

9) 비용편익분석에 관한 자세한 것은 Prest and Turvey, 1965 : 683~735 ; Mishan, 1976 ; Stokey and Zeckhauser, 1978 : 134~158 등을 참조할 것.

이때, 편익의 현재가치에서 비용의 현재가치를 뺀 것이 순현재가치(NPV)이며, 편익을 비용으로 나눈 비율을 편익비용 비율(B/C Ratio)이라고 한다.

비용편익분석을 활용하는 방법으로는 논리적으로 볼 때, 우선 순현재가치가 정(正)이면 그 대안은 채택할 수 있다고 분석된다. 그러나 사회복지정책에서 사용할 수 있는 예산은 제한되어 있기 때문에 순현재가치가 정(正)이라고 하여 모든 대안을 다 채택할 수 있는 것은 아니다. 따라서, 서로 배타적인 여러 개의 대안 가운데 순현재가치가 가장 큰 대안이 선택된다. 만약, 정책대안들이 서로 배타적인 관계에 있지 않다면, 예산이 허용하는 한도 내에서 편익비용비율이 높은 것부터 비용누적액이 예산한도액에 이르기까지의 대안들을 선택하면 된다.

그러나 이 기법의 사용에서 문제가 되는 것은 사회복지정책에서 화폐가치로 계량화할 수 없는 부분, 예컨대 눈에 보이지 않는 비금전적 효과 등이 간과되기 쉽고, 경제적 합리성 때문에 능률성이라는 기준은 만족시킬 수 있으나 사회적 형평이나 클라이언트의 반응성 등의 기준은 적용하기가 곤란하다는 문제점이 있다.

② 비용효과분석(*cost-effectiveness analysis*) : 비용효과분석이란 대안의 시행시 사용되는 비용과 나타나는 효과를 비교 분석하는 방법이다. 이 분석기법은 비용편익분석과 비슷하나, 비용편익분석에서는 편익이 화폐가치로 환산되어야 하지만, 비용효과분석에서는 효과가 화폐가치뿐만 아니라 물건의 단위나 용역의 단위 등으로도 나타낼 수 있다. 따라서 비용편익분석과는 달리 비용효과분석에서는 비용과 효과의 비율을 가지고 비교가 가능하다.

비용효과분석은 정책대안들의 비교에 경제적 기준보다는 대안의 효과를 기준으로 삼기 때문에 화폐가치로 환산하기가 어려운 경우에도 유용하게 쓸 수 있다.

이때, 대안의 선택방법은 두 가지가 있을 수 있다. 하나는 사회복지정책에서 목표로 정해 놓은 일정한 수준 이상을 달성한 대안들을 모아놓고 각각의 대안을 시행하는 데 드는 비용을 비교하여 가장 적은 비용이 드는 대안을 선택하는 방법이고, 다른 하나는 주어진 비용을 사용하는 경우－예컨대, 주어진 예산액을 사용하는 경우－최대 효과를 나타낼 수 있는 대안을 선택하는 방법이다.

③ 줄서기 분석기법(*queuing*) : 줄서서 기다리는 시간 등의 사회적 비용과 이를 줄이기 위해 투자하는 시설투자비의 적정 수준을 찾아내기 위한 분석기법이다. 곧, 대기시간과 공공서비스의 수준을 결정하기 위해 사용하는 경제학적 분석기법의 하나이다.

줄서기 문제들은 서비스 시설이 너무 한정적이기 때문에 모든 클라이언트에게 즉각적인 서비스를 제공할 수 없을 경우에 나타난다. 클라이언트의 대기시간을 줄이기 위해서는 그만큼 더 많은 시설이 필요하지만, 클라이언트의 대기 시간을 완전히 없애기 위해서는 그 비용이 너무나도 엄청나게 들기 때문에 실제로는 불가능하다. 예컨대, 교외 지역의 모든 주택을 화재로부터 보호한다고 하여 산 속 깊은 곳까지 소방서를 설치할 수는 없다. 결론적으로 말해서, 줄서기 모형은 서비스를 받기 위해 대기하는 시간과 사용할 수 있는 시설의 수준에 관한 정보를 제공해 주는 분석기법이다.

이러한 분석기법은 예컨대, 사회복지 정책프로그램에서 상담서비스를 제공하는 경우, 두 명의 사회사업가를 고용할 것인지 세 명의 사회사업가를 고용할 것인지, 또는 세 명의 사회사업가를 고용하고 한 시간의 점심시간을 줄 것인지를 정책대안으로 놓고서 이들을 비교하는 데 사용할 수 있다. 비록 줄서기 모형에서 모든 요소를 화폐가치로 환산하는 것이 쉬운 일은 아니지만, 만약 그것이 가능하다면 위의 예에서 클라이언트의 대기시간과 복지서비스 및 서비스 수용능력에 대한 효과적인 정보를 산출할 수 있다(송근원, 1994c : 184～185 참조).

④ 모의실험(*simulation*)기법 : 모의실험이란 사회복지 정책대안들이 어떠한 변화를 가져 올 것인가를 실제로 집행하지 아니하고 비슷한 상황 속에서 분석함으로써 미래를 예측하는 방법이다.[10)]

10) 모의실험기법은 단순한 결정짓기나 경영 관리뿐만 아니라, 미래의 우주비행사들이 무중력 상태에서 작업할 수 있도록 실험실에서 하는 모의 우주비행실험,

따라서 모의실험기법은 정책결정을 위한 정보를 산출하는 데 많이 쓰인다. 특히 (1) 수학적 모형의 적용이 어려운 경우, (2) 실제 상황에서 실행할 때 위험이 수반되는 경우 : 전쟁, 투자계획 등, (3) 실제 행동이 불가능한 경우 : 정치, 환경영향평가 등, (4) 현상의 복잡성 때문에 문제의 구조나 함수관계를 찾기 어려운 경우에 유용하게 사용할 수 있다.

이 기법은 (1) 일반적으로 복잡한 수학적 이론을 사용하지 아니하므로 비교적 간단히 실행할 수 있고, (2) 여러 가지 조건을 필요에 따라 적절히 가감하여 실험할 수 있으며, (3) 필요한 경우 중·장기에 관한 정책의 효과를 수시로 실험하여 보다 빠른 정책결정을 할 수 있게 해주며, (4) 고성능 슬기틀(*computer*)의 출현으로 복잡한 문제를 빠르고 싼 값으로 해결할 수 있다는 장점이 있다.

반면에 때로는 변수들 사이의 상호작용이 복잡하게 얽혀 있는 경우, 모형이나 프로그램의 작성이 쉽지 않기 때문에 주관적이 되어 타당성을 떨어뜨릴 가능성이 있다는 문제점이 있다. 또한 모의실험 결과 만들어낸 정보는 어디까지나 근사치 또는 차선책에 가까운 것이라는 점도 유의해야 한다. 그러나 이러한 약점에도 불구하고 적절히 사용하는 경우 모의실험기법은 사회복지 정책대안들의 결과를 미리 예측하는 데 아주 유용하게 쓸 수 있는 기법이라 할 수 있다.

⑤ 결정분석(*decision analysis*)기법 : 결정분석기법은 정책대안의 결과를 예측하기 위하여 나타날 수 있는 확률적 사건을 나무 가지처럼 그려 놓고 분석하는 방법이다. 이때 그려진 그림을 결정나무그림(*decision tree*)이라고 하는데, 이 그림은 결정짓기에서 논리적 구조를 나타낸다.

결정나무그림을 통해 대안을 분석 비교하는 방법은 대안을 선택하는 경우 나타날 상황에 따른 결과들을 예측하고, 그러한 상황이 발생할 확률을

비행기 조종사들이 실제로 비행을 하기 전에 교육훈련과정에서 하는 모의 이착륙 실험, 책상 위에서 모형화하여 전술을 연구하는 전쟁 게임이나, 모의 사업환경을 가상하고 경영문제를 연습하는 경영 게임 및 기타 각종 재고관리, 생산관리, 교통관리 등에서 활용된다.

사용하여 기대이익을 계산하고, 각각 대안의 기대이익을 서로 비교하는 방법이다. 예컨대, 〈그림 4-2〉에서 대안 A를 선택하는 경우 나타날 기대이익은,

(확률 1) × (결과 A_1) + (확률 2) × (결과 A_2)

이고, 대안 B를 선택하는 경우 나타날 기대이익은,

(확률 1) × (결과 A_1) + (확률 2) × (결과 A_2)

이다. 따라서 두 가지의 기대이익을 비교하여 기대이익이 큰 대안을 선택하면 된다.

⑥ 선형계획(*linear programing*)기법 : 선형계획기법은 제약점이 여러 개일 뿐만 아니라 목표를 나타내는 변수와 투입변수 사이의 관계가 곧은 줄꼴 관계를 나타내는 경우 사용할 수 있는데, 일정한 제약조건 아래에서 편익의 극대화나 비용의 극소화를 달성할 수 있는 자원의 배분방법에 관해 정보를 제공해 준다. 또한, 이 이외에도 정책결정을 보다 과학적이고 합리적으로 할 수 있도록 하기 위한 분석기법으로서는 CPM(*Critical Path Model*), PERT, OR 등이 있으나 이들은 계량화하기 곤란한 변수가 많은

〈그림 4-2〉 결정나무 그림의 일반적 형태

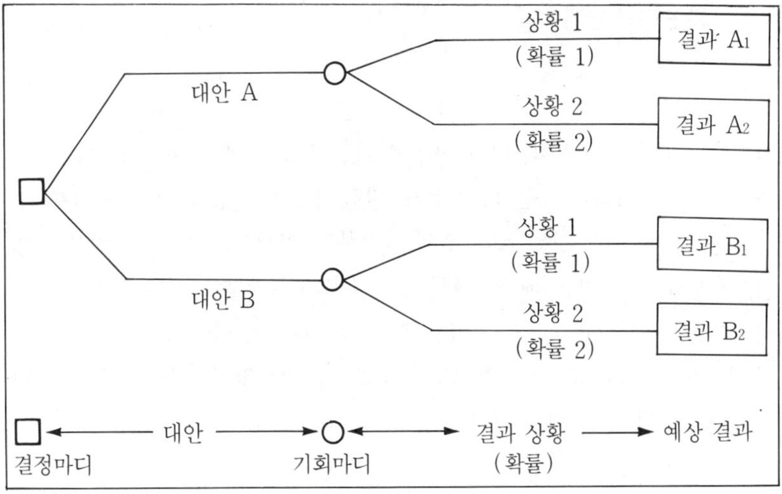

사회복지정책 분야에서는 사용하기 어려운 점이 많은 까닭에 여기에서는 생략한다.

4. 사회복지정책 대안 형성의 문제점

사회복지정책의 대안형성과정은 앞에서 살펴본 바와 같이 문제와 상황의 파악, 미래에의 예측 및 목표의 설정, 대안의 확보, 그리고 대안의 비교분석 과정으로 이루어지는데, 이러한 과정이 항상 합리적으로 이루어지는 것은 아니다. 왜냐하면, 예측능력의 한계, 계량화의 문제, 비교분석 기준으로서의 공동척도의 결핍, 비용과 시간의 문제, 다른 국가 목표와의 관계 따위가 정책대안의 형성에서 문제점으로 작용하는 까닭이다.

따라서, 정책문제와 상황을 정확하게 파악하지 못하는 까닭에 정책목표가 뚜렷하지 않은 경우도 있고, 비록 그것이 뚜렷하다 하더라도 정책목표에 비추어 볼 때 만족할 만한 대안을 만들지 못하는 경우도 있으며, 정책대안의 결과에 대해서도 정확하게 예측할 수 없는 경우도 많다. 이들 문제점들을 간단히 살펴보면 다음과 같다(송근원, 1994 : 193~195).

1) 예측능력의 한계

좋은 정책대안을 개발하기 위해서는 현재의 문제와 상황을 정확하게 파악하고 목표를 설정하며, 미래 상황에 관한 정확한 예측 속에서 대안의 결과를 비교 분석해야 하는데, 이들에 관한 정확한 정보와 자료의 부족 및 정책분석가의 판단 잘못 등의 원인 때문에 그렇게 하지 못하는 경우가 많다. 따라서 이와 같은 예측능력의 한계를 극복하기 위해서는 행정정보 관리체제를 체계화시킬 필요가 있으며, 행정기관 사이의 유기적인 자료교환 및 협조가 필요하고, 보고제도의 체계화 및 정책형성과정에 관한 아젠다의 기록, 보관 및 공개가 요구된다.

2) 계량화의 문제

사회복지정책의 대안들을 개발하는 경우에 특히 문제가 되는 것이 계량화의 문제이다. 그 이유는 사회복지정책 대안들이 주로 사람을 대상으로 하여 짜이는 까닭이다. 따라서 사회복지정책의 분야에서는 본질적으로 계량화할 수 없는 부분이 많이 있다. 예컨대, 정책결과를 측정하는 경우에도 질적인 측면의 효과는 제외되는 경우가 많이 있다.

이러한 한계를 극복하기 위해서는 사회복지 목표 자체를 보다 명백하게 규정할 필요가 있고, 측정에 필요한 지표 및 척도의 개발이 요구된다.

3) 비교 기준으로서의 공동척도 결핍

어떤 사회복지문제에 관한 여러 대안들을 비교하기 위해서는 이들의 장단점을 비교 교량해야 하는데, 이들을 서로 비교할 수 있는 공동척도가 없는 경우가 많다. 따라서 대안들의 결과는 알 수 있으나, 여러 대안들 가운데 어느 것이 더 좋은 대안인지 알 수 없는 경우도 있다. 그 근본적인 까닭은 사회적 가치들이 다양화해 있기 때문이다. 이러한 경우 계량화의 문제를 떠나서 주관적 판단이 작용하는 사회적 가치들을 어떻게 비교하는가는 문제점으로 지적된다.

4) 비용과 시간의 문제

정책대안의 형성에는 시간과 비용이 든다. 그러나 시간과 비용이 한정되어 있는 까닭에 한정된 시간과 비용의 한계 속에서 정책대안이 탐색되고 개발될 수밖에 없다. 설령 무한한 시간과 비용을 사용할 수 있다고 하더라도 정책대안이 시행되는 경우 나타나는 정책결과가 그만한 시간과 노력에 상응할 만한 가치가 있어야 하는데, 그렇지 못한 경우가 대부분이다.

5) 다른 국가목표와의 관계

사회복지정책 대안형성과정에서는 단순히 정책문제로서의 사회복지문제만을 고려하여 정책대안을 만드는 경우, 다른 국가목표와 대립 상충하는 경우도 있을 수 있다. 따라서 다른 분야의 정책목표들을 고려할 필요가 있다. 그러나 전문적 근시안(*professional myopia*)에 사로잡혀 국가 전체적으로 볼 때 바람직하지 않은 정책대안을 형성하는 경우도 있다. 따라서 이런 오류를 벗어나기 위해서는 사회복지 분야의 전문가적 시각과 함께 인접 정책분야에 관한 이해를 넓히는 것이 무엇보다 중요하다.

제 5 장

사회복지정책의 결정

1. 사회복지정책 결정의 의미와 성격

사회복지문제가 정책아젠다에 수록되어 정책꾼들에게 논의되면 그 해결책을 찾게 되는데, 그러한 해결책은 앞 장에서 설명하였듯이 사회복지를 다루는 전문가 및 학자들이 주도적 역할을 한다. 그러나 이렇게 제시된 정책대안들이 전부 다 정부 당국에 의하여 채택되는 것은 아니다. 곧, 사회복지문제를 해결할 수 있는 정책대안들 가운데 어떤 것들은 정책결정자에 의하여 채택되고 어떤 것들은 채택되지 못한다. 또한 채택된 정책들 사이에서도 그 시행에 관한 우선순위가 논의되고 확정된다. 이러한 과정들이 정책결정과정이다. 여기에서는 정책결정과정의 의미와 이것이 다른 정책과정과 구별되는 특성을 살펴보려 한다.

1) 정책결정의 의미

정책결정이란 일반적으로 볼 때, 권위 있는 정책결정자가 문제해결을 위한 여러 대안들 가운데 하나를 선택하는 행위 또는 과정을 말한다(송근원, 1994 : 196). 이러한 과정에는 정책대안의 비교분석 행위나 과정을 포함시키는 것이 일반적이다. 곧, 좁은 의미로는 정책결정자가 하나의 대안을 정책으로 채택하는 행위나 과정 자체를 일컫기도 하지만,[1] 그러한 행위가 일어나기 위해 이루어지는 대안간의 비교분석 행위 및 과정을 포함하는 것이 보통이다.

한편, 대안의 선택과정 이외에도 여러 가지 대안이나 이미 결정된 사항들의 집행에 관한 우선순위(*priority*)를 확정짓는 과정, 또는 우선순위를 매기기 위하여 대안이나 결정사항들을 비교 분석하는 과정 역시 정책결정과정으로 볼 수 있다. 예를 든다면, 이미 결정된 정책사업들 가운데 어떤 것에 우선적으로 예산을 배정할 것인가를 결정짓는다든가, 이들 가운데 어떤 것을 먼저 시행해야 할 것인가를 확정짓는 것, 또는 예산배정이나 집행시기의 결정을 위해 이미 결정된 사업들의 비용 및 효과 등을 비교분석하는 행위 등이 여기에 해당한다. 이러한 행위는 이미 대안들 가운데에서 채택된 것들의 사업 우선순위를 매기는 과정에서 나타나는 까닭에 '더 높은 단계에서의 정책결정' 행태라 할 수 있다.[2]

정책결정과정에서 결정의 대상이 어떤 하나의 정책문제를 해결하기 위한 행동지침으로서의 정책대안들이든, 이미 결정된 정책사업들의 우선순위를 확정짓기 위한 여러 정책들이든 간에, 권위 있는 정책결정자가 이들

---

1) 예컨대, 국회에서 정책안을 법률의 형태로 통과시키는 행위, 대통령이 통과된 법률(정책)에 서명하는 행위, 대통령이나 장관 또는 권위 있는 정책결정자들이 법률, 명령, 조례, 규칙 등을 제정하는 행위 등이 좁은 의미에서 얘기되는 정책결정의 개념이다.

2) 우선순위에 대한 결정짓기를 의미하는 더 높은 단계에서의 정책결정을 영어로는 'meta-policymaking'으로 표기할 수 있다는 것이 필자의 생각이지만, 드롤(Dror, 1964 : 163~196)은 이 말을 정책결정을 위한 정책결정의 의미로 사용한다. 곧, 정책결정을 어떻게 해야 할 것인가에 대한 정책결정을 뜻하는 까닭에 우선순위를 확정짓는다는 의미와는 전혀 다른 의미에서 이 낱말을 사용하고 있다. 따라서 'meta-policymaking'이라는 낱말의 뜻 겹침에 따른 혼란을 막기 위해서 보다 명확한 뜻을 나타내는 'priority making'이라는 말을 쓰는 것이 좋다고 본다. 어떤 용어로 표기하든 간에 우선순위 결정 역시 정책결정의 본질적인 한 부분임에는 틀림없다고 본다.

에 대해 우선순위를 매기는 데 그 본질이 있다. 곧, 정책결정과정에서 다루어지는 것은 우선순위에 관한 것이다. 이런 점에서 정책결정과정은 문제를 다루는 아젠다 형성과정이나 정책대안을 다루는 대안형성과정과는 이론적으로 뚜렷이 구분된다.[3)]

그러나 이러한 정책결정이 반드시 아젠다 형성과정 이후에 일어나는 것도 아니며, 정책집행 이전에만 이루어지는 것도 또한 아니다. 예컨대, 정책결정은 정책아젠다의 형성 이전에 이루어질 수도 있으며,[4)] 또한 정책집행자가 정책을 집행하는 과정 속에서도 정책결정 행태는 수시로 나타난다.[5)]

이 책에서는, 실제의 정책결정과정 속에는 정책대안의 비교분석이 포함되지만, 이와 같은 이론적 논의를 위하여 이를 정책결정의 의미에 포함시키지 않는다. 따라서 여기에서는 정책결정이란 용어를 정책대안 가운데 하나가 권위 있는 정책결정자에 의하여 정책으로 채택되는 과정 또는 그 과정 속에서 나타나는 정책결정자의 행태, 그리고 채택된 정책사업들 사이의 우선순위를 확정짓는 과정 또는 행위를 의미하며 사용한다.

2) 정책결정의 성격

정책결정과정은 대안의 선택과정 또는 우선순위를 확정짓는 과정이기 때문에 다른 정책과정과는 그 성격이 전혀 다르다. 정책결정과정의 특성

---

3) 이러한 논의는 각각의 정책과정상에서 다루어지는 것, 참여자 및 그 특성을 규명하기 위하여 이론적으로 논의되는 것이지 실제 정책과정에서는 이들 과정들이 연결되거나 혼재되어 있는 까닭에 그 구분이 어렵다.

4) 정책결정이 이루어진 이후에 정책아젠다가 형성되는 경우도 있을 수 있다. 특히, 콥과 로스와 로스(Cobb, Ross and Ross, 1976)의 아젠다 형성모형에서 내부접근모형이나 동원모형의 경우에 이러한 예가 종종 나타난다.

5) 사이몬(Simon, 1976) 같은 학자는 정책집행과정을 계속적으로 이루어지는 정책결정과정으로 본다. 곧, 정책집행은 정책목표가 구체화해 가는 과정을 통해서 세부적인 정책결정이 계속 이루어지는 과정으로 본다.

〈그림 5-1〉 조직 내 지위와 정책결정의 범위

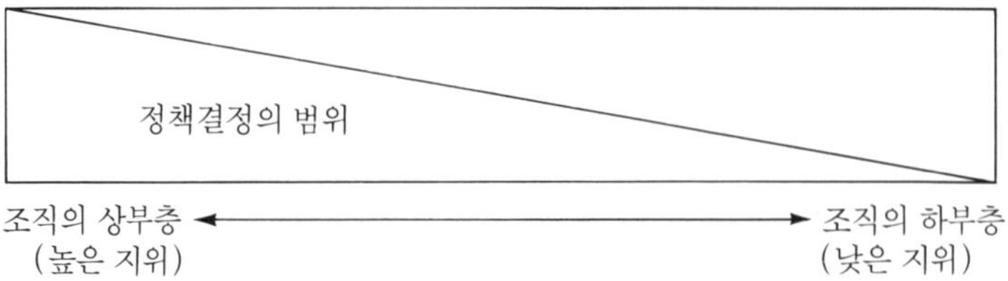

으로는 권위 있는 정책결정자가 행하는 행위라는 점, 행위의 결과 잠정적인 해결방안이 채택된다는 점, 이때의 행위는 사회 공익적인 관점에서 이루어져야 한다는 점, 따라서 문제를 보는 시각이 거시적 관점일 필요가 있다는 점 등이 그 특성으로 나타난다. 이를 하나씩 설명하면 다음과 같다.

① 권위 있는 결정 : 정책결정은 아무나 하는 것이 아니라 정책결정을 할 수 있는 권한을 가진 사람, 곧 권위 있는 정책결정자만이 할 수 있다는 점에서 정책의제 형성이나 정책대안의 형성과는 다르다. 권위 있는 정책결정자에 의하여 결정된 정책은 권위를 띤다.

정책결정이 권위를 띤다는 말은 선택된 정책대안이 구성원들에 의하여 받아들여진다는 것을 의미한다. 따라서 권위 있는 정책결정은 이해당사자들 사이의 갈등을 일단 감소시키는 것이 보통이다. 그러나 권위 있는 정책결정이라도 그것이 영원히 그 상태로 지속되는 것은 아니며, 그것이 구체화하는 정책집행과정 속에서 변질되기도 하고 새로운 갈등을 야기시키기도 한다.

한편, 정책결정이 권위 있는 정책결정자에 의하여 이루어진다고 해서 반드시 조직의 고위층에 의하여서만 정책결정이 이루어지는 것은 아니다. 곧, 조직의 하부층에서도 정책결정은 이루어진다. 단지, 〈그림 5-1〉에서 볼 수 있듯이 조직 내 지위에 따라 정책결정 권한의 범위에 차이가 있을 뿐이다.

② 해결방안의 채택 : 사회복지정책의 정책결정자가 정책을 결정하는 행위는 사회복지문제를 둘러싼 여러 세력들 사이에서 이들의 이해관계에 대하여 나름대로 심사숙고하고, 제안된 여러 개의 정책대안들 가운데 하나를 선택함으로써 그 사회복지문제에 대해 권위를 가지고 결론을 내리는

것이라 할 수 있다. 따라서 정책결정과정은 사회세력들의 다툼 속에서 권위 있는 정책결정자에 의하여 이루어지는 해결대안의 채택이라는 점에 그 특징이 있다.

③ 공익적 성격 : 권위 있는 정책결정자가 정책대안 가운데 하나를 선택할 때 정책결정자는 사회 전체적인 공익을 기준으로 삼아야 한다. 곧, 정책문제를 둘러싼 사회세력들의 이해를 조정하되, 어느 한 편의 이익을 대변하여서는 안 되고 공익적 관점에서 결정이 이루어져야 하는 당위성을 띠고 있다. 특히 사회적 약자의 문제를 다루는 사회복지정책의 경우, 이러한 공익적 성격은 정책결정과정에서 두드러지게 나타난다.

④ 정치적 성격 : 비록 사회복지정책의 결정과정이 사회 전체를 위한 공익적 성격을 띠기는 하지만, 결정된 사회복지정책은 사회복지문제를 둘러싼 사회세력들 사이의 타협의 산물이라고도 볼 수 있다. 이런 점에서 볼 때 사회복지정책의 결정과정은 정치적 성격을 띤다. 곧, 사회복지정책의 결정에는 한편으로 규범성이 강조되면서도 다른 한편으로는 정치적 성격이 반영된다.

⑤ 거시적 시각 : 어떠한 정책결정이든 정책결정은 정책대안들의 우선순위를 매길 때 거시적 시각을 필요로 한다. 곧, 사회복지정책의 경우 논의되고 있는 해당 사회복지문제의 해결만을 고려하는 것이 아니라, 다른 정책과의 관계 및 장래의 사회적 상황변화 등 사회 전체적인 입장에서 거시적 조망이 필요하다.

다른 정책과정과 비교해 볼 때, 정책아젠다의 형성과정에서는 문제해결을 둘러싼 이해당사자들의 미시적인 시각이 정책과정을 지배하고, 대안형성과정에서는 문제해결을 위한 최선의 정책대안을 제공하기 위해 가치중립적인 시각이 필요하지만, 정책결정과정에서는 공공의 이익을 전제로 하는 까닭에 사회 전체적 입장에서의 거시적 시각을 필요로 한다.

2. 사회복지정책 결정에 관한 이론모형

정책결정에 관한 이론모형들은 정책결정이 어떻게 이루어지는가를 설명하기 위해서 고안된 모형들로서 사회복지 분야의 정책결정과정에도 적용할 수 있다. 곧, 정책결정행태에 관하여 개발된 이론모형으로서 합리모형, 만족모형, 점증모형, 혼합주사모형, 최적모형, 쓰레기통모형 따위가 있는데, 이러한 모형들은 사회복지정책의 결정과정을 분석하는 데에도 유용하다. 이들을 하나씩 나누어 살펴보면 다음과 같다.

1) 합리 모형

정책결정에 관한 합리모형(*rational model*)은 경제학, 경영학, 수학 등의 학문을 기반으로 하여 발전된 정책결정 모형인데, 인간의 이성과 합리성을 전제로 하여 정책결정과정을 설명한다. 곧, 정책결정자나 정책분석가가 고도의 합리성을 가지고 있고, 주어진 상황하에서 주어진 목표의 달성을 극대화할 수 있는 최선의 정책대안을 찾아낼 수 있다고 보는 정책결정 모형이다.

이 모형은 정책결정과정을 합리적 정책결정자가 합리적으로 대안을 분석 비교 선택하는 과정으로 보는 까닭에 비용편익분석, 운영연구(OR), 게임이론, 선형계획, 줄서기 모형, 마르코프 모형 등의 정책분석기법에 의존하는 경우가 많다. 이 이외에도 계획예산제도(PPBS) 역시 이 모형에 입각하여 설명할 수 있는 예산제도라 할 수 있다.

이 모형의 특징을 살펴보면 다음과 같다.

① 인간의 이성과 합리성 : 합리모형에서의 인간관은 합리적 인간관이다. 곧, 이 모형은 정책결정에 관여하는 인간이 이성적이고 합리적이라고 가정한다는 점에 그 특징이 있다. 따라서 정책결정자는 이성을 가지고 있고 합리적인 까닭에 여러 정책대안들 가운데 문제해결을 위해 최선의 대안을 선택한다고 본다.

② 주어진 목표와 상황 : 합리모형에서는 주어진 상황 속에서 주어진 목표를 해결하기 위해 최선의 정책대안을 찾을 수 있다고 가정한다. 또한 주어진 정책 목표는 명백하게 규정될 수 있고 주어진 상황 역시 뚜렷하다고 보기 때문에 그 속에서 최선의 정책대안을 찾아낼 수 있다고 본다.

③ 인간의 능력에 대한 신뢰 : 합리모형에서는 인간의 능력, 곧 지적 능력이나 판단 능력 등을 전제로 한다. 곧, 이 모형의 특징 중의 하나는 주어진 조건 하에서 최선의 정책대안을 만들어 낼 수 있는 인간의 능력을 암묵적으로 전제하고 있다는 점이 특징이다.

④ 대안의 비교 기준 : 또한 이 모형에서는 각 정책대안들을 비교 평가하는 데 필요한 판단기준이 명백하게 존재한다는 점을 가정한다. 이때 각각의 정책대안이 가져 올 결과에 대해서도 완전하게 알 수 있다는 점을 가정하는 것은 물론이다.

⑤ 최선의 정책대안 선택 : 결국 합리모형에서는 합리적인 정책결정자에 의하여 문제해결에 필요한 최선의 정책대안을 찾아냄으로써 정책결정이 이루어진다고 보는 점이 그 특징이다.

그러나 이러한 합리모형은 다음과 같은 점에서 비현실적이라는 비판을 면하기가 어렵다. 합리모형의 한계와 문제점을 간단히 설명하면 다음과 같다.

① 인간의 이성 및 합리성에 대한 비판 : 합리모형을 비판하는 사람들은 합리모형에서 가정하고 있는 인간이 항상 이성적이고 합리적이지는 않기 때문에 최선의 정책대안을 선택하는 정책결정만 존재하는 것은 아니며, 따라서 비합리적인 정책결정과정이나 행태는 이 모형으로 설명할 수 없다는 한계점을 지적한다.

② 목표와 상황의 불확실성 : 또 다른 비판 중의 하나는 정책목표라는 것이 항상 명백하게 주어지는 것은 아니며 정책상황 역시 불확실성을 띠면서 변화하는 까닭에, 합리모형에서처럼 정책목표나 상황을 정확하게 파악할 수 없다는 비판이다. 곧, 정책목표는 원래부터 뚜렷한 것이 아니고 정책과정 속에서 정책꾼들의 타협과 협상에 의하여 형성되며, 정책상황의

변화 속에서 바뀔 수 있기 때문에 원천적으로 가장 합리적인 정책대안이란 존재하지 않는다는 비판이다.

③ 인간 능력의 한계 : 인간의 능력은 합리모형에서 가정하는 것처럼 무한한 것이 아니다. 인간의 지적 능력이나 인식능력, 판단능력 등은 한계를 띠기 때문에 충분한 정보가 주어진다고 하더라도 각각의 정책대안들이 가져올 결과에 대하여 충분히 파악하지 못하는 것이 보통이다. 따라서 실제의 정책결정에서 항상 최선의 정책대안을 선택하지는 못한다는 비판이다.

④ 정보 및 시간의 부족 : 인간의 합리성이나 인간의 능력에 관한 합리모형의 가정을 인정한다 하더라도 정책문제에 대한 정보나 정책문제의 해결에 대한 정보가 항상 충분한 것은 아니다. 또한 문제를 해결할 수 있는 최선의 방안을 강구할 수 있는 시간적 여유가 없는 경우도 있다. 문제에 따라서는 최선의 합리적 정책대안을 찾아낼 때까지 문제가 기다려 주지 않는 경우도 있고, 그 정책대안이 가장 합리적이고 최선의 것이라 하더라도 비용이 충분하지 못하여 선택되지 못하는 경우도 있다.

⑤ 심리적 갈등의 문제 : 합리모형에서 전제하는 바와 같이 정책대안을 비교 평가하는 기준이 항상 뚜렷하게 존재하는 것은 아니다. 설령 뚜렷한 판단기준이 존재한다 하더라도 복수의 기준들이 존재하는 경우 정책결정자는 심리적 갈등에 휩싸이게 된다.[6] 예컨대, A안은 a라는 장점이 있고 B안은 b라는 장점이 있으며 C안은 c라는 장점이 있는 경우, A안을 선택하면 B안과 C안이 아깝고, B안을 선택하면 A안과 C안이 아까울 때 정책결정자는 선택적 갈등에 놓이게 되며, 이러한 심리적 갈등이 정책결정에 영향을 미치는 까닭에 정책결정이 언제나 합리적이지는 못하다. 실제 정책의 세계에서는 평가 기준이 분명하지 못한 경우도 많고, 아무리 분명하더라도 선택의 문제에서 정책결정자가 갈등을 겪는 것이 보통이다.

---

6) 이런 점에서 정책결정에서의 선택적 갈등을 정확하게 집어낸 사람이 사이몬이다. 사이몬에 의하면 정책대안들은 갈등을 내포하고 있는 것이 그 본질이다. 곧, 정책대안들 사이에 갈등이 존재하지 않고 우선순위가 분명하다면, 그들은 더 이상 정책대안이 아니다. Simon, 1976 참조.

⑥ 매몰비용(*sunk cost*)의 문제 : 경우에 따라서는 어떤 정책대안을 최선의 것이라고 판단하더라도 매몰비용 때문에 선택하지 못하는 경우가 있다. 곧, 최선의 정책대안을 알고 있으나 과거의 잘못된 정책결정 때문에 시행중인 정책안에 이미 많은 자원이 투입되어 있는 경우, 합리적인 새 정책대안을 선택하기보다는 현재 시행중인 비합리적인 정책안을 계속 사용하거나 일부 수정하여 사용할 수밖에 없는 경우도 있다.

2) 만족 모형

정책결정에 관한 만족모형(*satisficing model*)[7]은 행태론, 사회심리학 등을 학문적 바탕으로 하는 모형으로서 카네기학파에 의해 제시되었다. 이 모형은 합리모형에서 상정하는 것만큼 인간의 완전한 합리성을 전제로 하지는 않지만 정책결정자나 정책분석가가 비교적 합리적으로 정책을 결정한다고 가정한다.

마치와 사이몬(March and Simon, 1958 ; Simon, 1976) 등은 객관적으로 존재하는 상황의 복잡성 때문에, 개인이나 조직은 이를 간소화하여 인지하며 최선의 대안을 찾는 것이 아니라 만족할 만한 대안을 선택한다고 본다. 곧, 이 모형에서는 정책결정과정에 비합리성이 존재하지만 완전히 비합리적인 것은 아니고, 인간의 제한적 합리성(*bounded rationality*)을 전제로 하여 만족스러운 정도의 정책대안을 선택함으로써 정책결정이 이루어진다고 본다. 따라서 합리모형보다는 훨씬 현실적이고 경험적인 정책결정모형이라 할 수 있다. 이 모형의 특징을 살펴보면 다음과 같다.

① 제한된 합리성 : 이 모형에서는 인간이 합리적이긴 하지만 완전한 합리성을 가진다고 보지 않는다. 따라서 정책결정자는 정책목표나 정책상황을 간소화시켜 인지할 수밖에 없다. 곧, 제한된 합리성을 전제로 하여 대안들을 모두 검토하는 것도 아니고 그들 가운데 몇 개를 검토하다가 어느

7) 'satisficing'은 '만족스럽다'라는 의미의 'satisfying'과 '충분하다'는 의미의 'sufficing'이 합성된 낱말로서 '충분히 만족스럽다'는 의미이다.

정도 만족스러운 결과를 낼 수 있다고 생각하면 그냥 정책결정을 내린다는 것이다.

② 정책목표 및 기준의 불확정성 : 이 모형에서는 정책목표가 항상 명백하다고 보지는 않으며, 여러 개의 복수 목표 사이의 우선순위도 뚜렷이 매겨질 수는 없다고 본다. 그리고 정책대안 사이의 우선순위를 평가할 수 있는 기준 역시 명백하지도 않고 알 수 없는 경우도 많다고 본다. 경우에 따라서는 각 대안들을 비교 평가할 때, 구체적 상황에 따라 가변적인 평가기준을 사용하기도 한다. 따라서 정책결정자가 최선의 정책대안을 선택하는 것보다는 만족할 만한 정책대안을 선택한다고 본다.

③ 제한된 대안의 탐색 : 만족모형에서는 정책결정과정에서 모든 정책대안이 다 고려되지도 않고 고려될 수도 없을 뿐만 아니라 고려될 필요도 없다고 본다. 곧, 정책대안의 탐색과정에서도 유력해 보이는 몇 개의 대안을 우선적으로 검토하고, 만약 부적절하다고 생각하는 경우 또 다른 대안을 검토하는 과정을 밟는다. 그러다가 만족스럽다고 생각하는 정책대안을 접하게 되면 정책결정을 내린다.

④ 만족스러운 대안의 선택 : 이 모형에 의하면 정책결정자는 만족할 만한 정책대안을 찾으면 그 대안을 선택함으로써 대안의 탐색이 중단되고 정책결정이 이루어진다고 본다.

그러나 이 모형은 다음과 같은 점에서 한계를 띤다.

① 만족스러운 대안의 불명확성 : 이 모형에서 가정하는 바와 같이 만족할 만한 수준에서 대안을 선택한다고 할 때, 어느 정도의 수준이 만족할 만한 수준인지에 대한 객관적인 판단기준이 없다는 점에서 이 모형은 비판을 받는다.

② 적용의 한계 : 실제의 정책결정과정을 볼 때, 이 모형이 합리모형보다는 현실적이지만, 이 모형을 적용할 수 없는 예외적인 경우도 많이 존재한다는 점이 이 모형에 대한 비판점으로 나타난다. 곧, 크게 중요하지 않은 결정짓기에서는 정책결정자가 만족모형에서와 같이 행동할지 모르지만, 지극히 중대한 정책결정에서는 합리모형에서와 같은 정책결정행태가 더 설명력이 있고 바람직하다.

③ 반쇄신적 성향 : 만족모형에 따르면 만족할 만한 정책대안이 나타나는 경우 더 이상의 대안에 대한 탐색이 중단된다. 이 경우 더 훌륭한 정책대안이 있어도 그대로 사장될 수밖에 없으므로 쇄신적 문제해결을 지향하기보다는 보수적인 성향을 띨 수밖에 없다. 따라서 이 모형의 적용은 발전을 위한 노력보다는 책임회피와 무사안일적인 정책결정행태를 조장할 가능성이 높다는 문제점을 지니고 있다.

3) 점증 모형

정책결정에 관한 점증모형(*incrementalis model*)은 린드블롬, 브레이브루크, 윌다프스키(Lindblom, 1959 ; 1969 ; Braybrooke and Lindblom, 1963 ; Wildavsky, 1979) 등이 주장하는 정책결정모형으로서 정치학, 사회학 등을 학문적 배경으로 하고 있다.

린드블롬(Lindblom, 1959 : 79~88)은 흔히 이상형으로 알려진 합리모형이 실제의 현실적인 정책결정에 적용되기 어렵다는 비현실성에 대해 신랄한 비판을 제기하면서, 현실적인 정책결정행태를 훨씬 잘 설명할 수 있고 동시에 정책의 실현가능성(*feasibility*)을 높이기 위한 정책결정에 관한 이론모형으로서 점증모형을 제시한다.[8)]

곧, 정책결정과정은 과거의 정책결정을 기초로 하여 점증적 차이가 있는 정책대안을 검토하고 과거의 정책을 약간 수정한 정책결정이 이루어지며, 이루어진 정책결정에 대한 여론의 반응을 보고, 또다시 정책을 수정하

8) 점증모형이 합리적 정책결정모형의 비판에서부터 출발한다는 점에서 보면 사이몬의 만족모형과 아무런 차이가 없다. 곧, 고전적인 합리적 정책결정모형에 대한 대안적 모형으로서는 만족모형과 점증모형을 들 수 있다. 그러나 사이몬의 만족모형이 인간의 인지과정(*cognitive process*)의 제약에 관심을 쏟아 개인적 의사결정의 기초를 쌓은 데 비해서, 린드블롬의 점증주의는 이 기초 위에서 정치적 결정에 내재된 가치판단 및 사실판단의 상호작용, 정책결정상황의 복잡성, 정책결정의 정치적 의미와 그로 인한 제약 등에 커다란 관심을 기울임으로써 정책결정 자체에 관심을 둔다.

여 이전과는 약간 다른 정책결정을 내리는 과정이 반복하여 이루어진다고 본다. 이 모형의 특징을 살펴보면 다음과 같다.

① 비합리성 : 정책결정에 관한 점증모형은 인간의 비합리성을 전제로 하여 정책결정행태를 설명한다. 곧, 이 모형에서는 만족모형에서 이야기하는 것만큼의 합리성도 정책결정과정에 존재하지 않는다고 본다.

또한 이 모형에서는 문제를 해결하기 위한 유일한 결정이나 '올바른' 해결책을 찾는다는 것은 불가능하다고 본다.[9] 뿐만 아니라, 인간의 지적 능력과 정보의 제한을 인정하는 까닭에 복잡한 문제를 간소화하여 인식하고, 현재의 정책과 약간의 차이가 있는 정책만 비교하게 된다. 따라서 합리적 기준에 의한 대안의 평가는 실제로 불가능하다. 반면에 정책에 대한 관계자 사이의 합의가 높을수록 우수한 정책대안이라고 본다.

② 정책목표와 수단의 조정 : 어떤 조직이든 다수의 목표가 존재하며, 이들 사이에는 일관적인 체계가 없다고 본다. 곧, 목표들 사이에는 상반된 성질이 있다고 본다. 또한, 정책목표는 시간이 흐름에 따라 변화한다. 특히 정책대안의 탐색과정이나 선택과정에서 재조정 내지 수정된다. 다시 말해서 일반적으로 결정짓기 과정은 목표와 수단의 관계를 검토하는 것으로 인식되어 있으나, 현실은 전혀 그러하지 않다. 목적이나 목표의 선택과 이들을 달성하는 데 필요한 수단 및 행위는 서로 분리되어 있는 것이 아니고 밀접하게 얽혀 있다. 실제의 정책결정과정을 보면 목표(가치)의 선택과 정책대안의 선택은 동시에 상호 혼합된 가운데 이루어진다.

다시 말해서, 점증모형에서는 합리모형과 달리 항상 수단을 목적에 맞추는 것이 아니고 목적을 수단에 맞추기도 하는 이른바 수단과 목적 사이에 서로 조정이 이루어진다. 따라서, 끊임없이 목적과 수단 또는 수단과 목적에 대한 조정이 가능하게 되며, 이러한 조정을 통해서 문제가 다루어

9) 따라서, 점증모형에서의 정책결정은 수정적 성격을 띠게 되며, 장래의 이상적인 사회목표를 추구하기보다는 현 사회의 구체적인 결함을 경감시키는 데 목적을 둔다. 이런 점에서 볼 때 점증모형에서의 분석과 평가는 비교적 처방적 정향을 띤다.

진다. 바로 이러한 점에서 볼 때, 합리모형이 정태적인 데 비해 점증모형은 동적 모형(*longitudinal model*)인 셈이다.

③ 연속적 제한적 비교 : 점증모형에서 정책결정자는 비교적 한정적인 수의 정책대안만 검토하며, 각 대안에 대하여도 한정된 수의 중요한 결과만 분석한다. 왜냐하면, 점증모형에서의 정책결정자는 제기된 문제를 해결할 수 있는 모든 대안들에 대한 종합적 분석을 수행하는 데 필요한 시간, 정보, 그리고 다른 여러 자원들을 충분히 가지지 못한다는 사실을 인식하기 때문이다. 뿐만 아니라, 정치적 제약은 명백한 사회적 목적을 흐리게 만들거나, 정확한 비용과 편익의 계산을 방해하기도 한다.

더욱이 일반적으로 볼 때, 사람들은 문제를 가장 잘 처리할 수 있는 최선의 대안만을 추구하지 않고, 그저 '문제를 어느 정도 해결할 수 있는 해결방안'이 있으면 그에 만족하는 경향이 있다. 따라서, 정책결정자의 분석능력 및 시간이 부족하고 정보도 제약되어 있으며, 대안 비교의 기준으로 사용할 가치기준마저 불분명한 상태에서는 현존의 정책에서 소폭적인 변화만을 대안으로 고려하여 정책을 결정하고, 시간이 흐름에 따라 되돌이(*feedback*)되는 정보를 보아 잘못된 점이 있으면 수정 보완하는 식으로 연속적인 정책결정을 하는 것이 가능하면서도 바람직한 정책결정방법이라고 본다.

④ 정치적 성격 : 조직은 환경 또는 다른 조직과 경쟁관계에 있으며 꾸준히 이들에 맞추어 적응할 필요성이 있다. 따라서 정책대안의 선택에는 기술적 고려뿐만 아니라 다른 조직과의 상호작용 등 정치적인 배려가 포함된다.

다시 말해서, 정책결정자는 다른 정책결정자의 결정과 이익을 고려하면서 자신의 결정을 끊임없이 조정하게 된다는 것이다. 이와 같이 결정은 다양한 행위자들에 의한 상호조정(*mutual adjustment*) 과정을 통해서 이루어진다. 곧, 정책은 행정부나 정부가 독자적으로 만드는 것이 아니라 사회를 구성하고 있는 여러 세부적 구성 단위에 의해 분석되고 평가된다고 할 수 있다. 이런 점에서 볼 때 점증모형은 다원주의적 사회의 정책결정행태를 잘 설명해 주며,[10] 정치적 실현가능성이 높은 정책대안을 산출한다.

⑤ 점증적 결정 : 이 모형에 따르면 정책결정자는 모든 대안을 포괄적으로 분석 평가하기보다는 현존 정책에 비하여 약간 향상된 정책에만 관심을 가진다. 결국 선택되는 정책대안의 내용은 시간 간격을 짧게 두고 계속적으로 조금씩 변화된다.

이런 점에서 볼 때, 정책의 변화는 약간의 차이밖에 없으며, 이전의 정책결과를 통하여 다음의 정책결과를 어느 정도 예측할 수 있다. 결국 이러한 점증모형에서는 정책의 개념을 과거의 정부 활동을 통해 계속 조금씩 증가하거나 수정(*modification*)되는 것으로 본다. 곧, 이루어지는 정책결정은 이전의 정책으로부터 크게 벗어나지 않는다.

실제로 정책결정자들이 기존 정책의 정통성을 받아들여 점증적 결정을 행하는 이유는 완전히 새로운 정책이나 또는 상이한 정책의 영향에 대한 불확실성 때문이다. 이와 같이 미래의 불확실한 상황을 고려할 때, 점증적으로 이루어지는 결정은 불확실성의 위험을 감소시킨다.

⑥ 보수적 성격 : 이 모형에 의하면, 이전의 정책과는 전혀 다른 정책결정이란 현재까지의 정책활동이 잘못된 것임을 자인하는 것이므로 있을 수 없다고 본다. 곧, 이 모형에서는 새로운 혁신적인 정책결정이란 거의 나타나지 않는다. 더욱이 새로운 정책결과에 대한 불확실성이 높을수록 정책결정자는 그 실효성이 입증된 바가 있는 과거의 정책이나 사업계획을 계속하게 된다. 이런 점에서 볼 때, 이 모형은 지극히 보수적 성격을 띤다.[11]

10) 린드블롬은 정책결정에 관한 점증모형이 미국과 같은 다원주의적 사회에서의 전형적 정책결정을 대표한다고 주장하고 있다. 왜냐하면 다원적 사회에서 결정되는 정책은 그 과정에 참여하는 수많은 참여자들 사이의 협상이나 동의의 산물로 볼 수 있기 때문이다. 점증모형은 정치적으로 매우 유용한데, 이는 다양한 집단 사이에서 분쟁이 되는 문제가 상당한 충격을 가져 오거나, 혹은 '전부 또는 전무'와 같은 성격을 지닌 정책문제가 아니고 단지 기존의 사업을 다소 수정하는 정도일 경우, 합의를 이루기가 훨씬 더 쉽기 때문이다.

11) 여기서 점증모형이 보수적이라 함은 기존의 사업계획, 정책, 그리고 세출이 새로운 사업이나 정책의 기반이 되고, 여기에 약간의 증감 또는 수정을 가하기 때문이다. 곧, 정책결정자들은 전반적으로 기존의 사업계획의 정통성을 수용하고

그러나, 정책결정에 관한 점증모형은 다음과 같은 한계와 문제점들이 있다.

① 평가 기준의 부재 : 점증모형에 대한 가장 신랄한 비판 가운데 하나는 '점증'에 대한 확고한 기준이 없다는 것이다. 점증모형에서는 정책결정의 계획성이 결여되고, 그 평가 기준이 뚜렷하지 않다. 곧, 점증모형에 입각한 정책결정은 과거나 기존의 정책에 기반을 두고 약간의 수정 또는 변화를 가하는 것이므로 기준이 되는 과거나 현재의 정책이 존재하여야 할 뿐만 아니라 좋은 것이어야만 점증된 정책도 좋게 된다는 것이다. 그러므로 제기된 문제와 관련된 과거나 현재의 정책이 존재하여야 할 뿐만 아니라 좋아야 되는데, 그렇지 못할 경우 점증주의는 성립될 수 없다. 또한 기존 정책이 없는 경우의 정책결정은 방향 없는 행동이 될 가능성이 있다.

② 형평성의 문제 : 점증모형에서는 사회적 가치의 근본적인 재분배를 필요로 하는 정책보다는 항상 정치적으로 실현가능한 임기응변적 정책을 모색하는 데 치중하게 된다. 따라서, 권력적 영향력이 강한 집단이나 강자에게 유리하고 약자에게는 불리하게 작용하며, 그 결과 소득재분배 정책의 경우에 적용하기에는 바람직하지 못하다.

③ 반쇄신적 성격 : 점증모형은 보다 합리적인 정책결정방법을 시도하지 않는 구실로 사용될 수 있다는 비판이 있다. 점증모형의 보수성은 효과적인 정책에 꼭 필요할지도 모르는 혁신에 대한 장애가 되며, 쇄신이 강력히 요구되는 사회에는 적합하지 않다. 예컨대, 과감한 정책변환이 요구되고 경제 사회의 발전이 시급한 개발도상국의 경우에는 그 적용이 적절하지 않다. 결국 이러한 점에서, 점증모형은 인간사회에 존재하는 반쇄신적 경향을 심화시킨다고 비판된다.

④ 적용의 제한 : 점증모형은 위기 상황시의 정책결정에 지침을 제시하지 못하기 때문에 그 대처 능력을 의심받고 있다. 점증모형은 과거나 현재의 사업에 근거를 두고 이를 약간만 변화시키는 것이기 때문에, 새로운 대안을 과감히 기용하는 데 미흡할 수밖에 없다.

이전의 정책을 계속할 것에 묵시적으로 동의하게 된다.

이 이외에도, 점증모형은 외부압력이 약하고 이익집단이 발달되지 않은 사회, 곧 정책결정자의 판단이 큰 비중을 가지는 사회에서는 그 적용이 제한될 수밖에 없으며, 점증모형을 강조하다 보면 주로 단기 정책에만 관심을 가지게 되고, 장기적 안목이나 장기적인 정책을 등한시하게 된다는 단점이 있다.

4) 혼합 모형

에치오니(Etzioni, 1968 ; 1967)가 주장한 혼합모형(*mixed scanning model*)은 합리모형과 점증모형의 절충이라 할 수 있는 정책결정모형으로서 합리모형의 이상주의적 성격에서 나오는 단점과 점증모형의 보수성이라는 약점을 극복할 수 있는 전략으로 제시된 모형이다. 곧, 혼합모형이란 종합적 합리성(*comprehensive rationality*)을 바탕으로 하여 큰 범위에서의 기본적인 결정은 합리적으로 이루어지지만, 세부적 결정은 기본적 결정을 보완 수정하여 점증적으로 이루어진다고 주장하는 정책결정모형이다. 이 모형의 특징을 살펴보면 다음과 같다.

① 종합적 합리성 : 이 모형은 기본적인 결정에서는 합리성이 작용하지만 세부적인 결정에서는 점증적인 결정이 이루어진다고 본다. 곧, 정책결정에는 합리성만 작용하는 것도 아니며, 비합리적인 결정만 이루어지는 것도 아니다. 결정의 범위에 따라 이 두 가지가 다 적용된다고 본다. 이를 일컬어 종합적 합리성이라 부른다.

② 결정의 구분 : 이 모형에서는 점증적인 정책결정이 기본적인 결정의 범위 내에서 이루어진다고 본다. 곧, 이 모형의 특징은 결정과정을 기본적 결정과 세부적 결정으로 나눈다는 점이다. 곧, 기본적 결정은 전체적이고 기본적인 방향을 설정하기 위해 중요한 대안을 탐색한 후에 이루어지는데 세세한 내용이나 구체적인 것들은 의식적으로 제외하고 개괄적으로 검토한다. 반면에, 세부적인 결정은 기본적 결정의 범위 속에서 점증적으로 구체화한다고 본다.

③ 사회의 조직원리 : 이 모형은 결정행태에만 국한되는 것이 아니라 에

치오니(Etzioni, 1968 : 4~5)가 이야기하는 능동적 사회(*active society*)에서의 조직원리로 발전시킬 수 있다고 주장한다. 곧, 합리모형이 개발도상국가의 계획지향적인 정책결정에 적합하고, 점증모형이 다원주의 사회의 정책결정에 적합하며, 혼합모형은 능동적 사회에 적합한 결정모형이라고 주장한다. 에치오니가 말하는 능동적 사회란 개인이 능동적 정향(*active orientation*)을 띠고 스스로 책임을 지는 사회를 의미한다. 능동적 정향이란 자의식 및 행위에 대한 인식, 의지, 그리고 능력에 의하여 뒷받침된다(자세한 것은 Etzioni, 1968을 볼 것).

그러나, 이 모형에 대해서는 두 개의 대립되는 극단의 모형들을 혼합절충한 것에 지나지 않으며, 현실적으로 그가 주장한 바와 같이 될 수 있겠는가에 대해서는 비판이 있다.

5) 최적 모형

드롤(Dror, 1964)이 주장한 최적모형(*optimal model*)은 정책결정을 체계론적 시각에서 파악하고 정책성과를 최적화하려는 정책결정모형이다. 여기에서 정책성과를 최적화한다는 의미는 정책결정과정에서 투입보다 산출이 커야 한다는 의미이다. 곧, 최적모형은 정책결정에 드는 비용보다는 효과가 더 높아야 한다는 것을 전제로 한다. 이와 같은 정책결정에 관한 최적 모형의 특징은 다음과 같다.

① 질적 모형 : 최적모형은 합리적 요소와 초합리적 요소, 곧 경제적 합리성(*economic rationality*)과 초합리성(*extra-rationality*)을 바탕으로 하는 질적 모형이라는 점에 그 특징이 있다. 드롤(Dror, 1964 : 156~157)에 따르면, 정책결정상의 문제를 합리모형이나 점증모형 가운데 어느 하나만으로 설명하거나 적용하는 것은 잘못이며 위험한 것이라고 주장한다. 그는 이들 대신에 현실의 정책결정에 사용할 수 있는 경제적 합리성과 초합리성을 띤 규범적인 모형으로서의 최적모형을 주장한다.

② 경제적 합리성과 초합리성 : 경제적 합리성이란 합리적 결정의 효과가 합리적 결정에 드는 비용보다 많은 경우를 말한다. 따라서 경제적 합리

성에 입각한 정책결정에서는 완전분석적 합리모형의 작용이 불가능하다. 이와 같은 점에서 볼 때 드롤의 정책결정에 관한 최적모형은 정책결정비용과 정책결정효과를 감안한 불완전분석적 합리모형이라 할 수 있다.

초합리성이란 직관, 판단, 통찰력 등 인간 의식의 밑바탕에 깔려 있는 아래의식적(*sub-conscious*) 요소를 뜻하는데, 이들이 정책결정에 도움이 된다고 본다. 그러나 전적으로 초합리성에 입각한 정책결정을 주장하는 것은 아니고 정보에 입각한 직관 또는 과학적 근거를 바탕으로 하는 짐작, 곧 합리성과 초합리성을 융합적으로 이용하는 정책결정을 주장한다(Dror, 1964 : 149~158).

③ 정책결정단계 : 최적모형에서 드롤(Dror, 1964 : 163~196)은 정책결정과정을 세 단계 18개 국면으로 나누는데, 정책결정윗단계 및 정책결정뒷단계에서의 되돌이(*feedback*) 작용을 중요시한다.

정책결정과정의 첫 단계는 정책결정윗단계(*meta-policymaking*)인데, 이 말은 '정책결정을 위한 정책결정'을 뜻한다. 곧, 정책결정을 어떻게 해야 할 것인가에 대한 정책결정이며, 이 단계에서는 가치, 현실, 문제, 자원에 대한 조사 및 배분, 정책결정체제의 설계, 평가, 재설계, 그리고 정책결정 전략 등에 관한 결정이 이루어지는 단계이다. 둘째 단계는 보통 이야기하는 정책결정단계(*policymaking*)로서 자원의 아래배분(*sub-redistribution*), 우선순위에 입각한 구체적 목표 및 가치 설정, 대안의 마련, 평가, 예측 및 결정이 이루어지는 단계이다. 셋째 단계는 정책결정뒷단계(*post-policymaking*)로서 정책집행을 위한 동기부여, 집행, 집행 후의 평가, 의사전달 및 되돌이에 따른 새로운 정책결정이 포함된다.

정책결정윗단계와 정책결정뒷단계에 관한 드롤의 주장은 정책결정과정의 여러 국면을 종합화하는 가운데 제시된 것으로서 매우 중요한 의미를 띤다. 특히 정책결정윗단계는 많은 사람들이 간과하고 있던 부분으로서 정책결정체제와 관련시켜 논의하였다는 점에서 기존의 정책결정모형과는 확연히 구분되며, 정책학 전반에 관한 기본틀로서 제시되었다고 볼 수 있다.

④ 적용의 문제 : 드롤의 최적모형은 그 동안 무시되었던 초합리적 요소

를 정책결정모형에 삽입함으로써 이들이 실제 정책결정과정에서 사용되고 있음을 밝혀냈다는 점에서 크게 이바지하였으나, 초합리성의 달성방법이 명확하지 않으며(윤재풍, 1981 : 124), 이러한 요소를 강조하게 되면 신비주의에 빠질 가능성이 있고 주먹구구식 정책결정에 대한 변명거리로 사용될 수 있다는 비판을 받는다.

6) 쓰레기통 모형

쓰레기통모형(*garbage can model*)은 코헨, 마치, 올슨, 킹돈 등이 고안한 모형으로서 합리성이나 협상 타협 등을 통해서 정책결정이 이루어지는 것이 아니라, '조직화된 무정부상태'(*organized anarchies*) 속에서 나타나는 몇 가지 흐름에 의하여 우연히 이루어진다고 보는 정책모형이다(Cohen, March and Olsen 1972 : 1~25 ; Kingdon, 1984). 이 모형이 설명하는 정책결정의 특징은 다음과 같다.

① 정책과정을 구성하는 흐름(*stream*) : 정책과정은 몇 가지의 흐름으로 구성되어 있으며 이러한 흐름이 합쳐질 때 정책결정이 이루어진다고 보는 것이 이 모형의 특징이다.

코헨과 마치와 올슨(Cohen, March and Olsen, 1972)은 정책결정에 필요한 네 가지 흐름으로서 ㉠ 정책결정이 이루어질 수 있는 기회를 뜻하는 선택기회(*choice opportunity*)의 흐름, ㉡ 해결되어야 할 문제(*problem*)의 흐름, ㉢ 문제에 대한 해답으로서의 해결방안(*solutions*)의 흐름, ㉣ 정책결정에의 참여자(*participants*)의 흐름을 들고 있는데, 이들 네 가지 흐름이 우연히 쓰레기통 속에서 만나게 되면 그때 정책결정이 이루어진다고 본다.

킹돈(Kingdon, 1984)은 이들의 이론을 발전시킨 쓰레기통모형을 제시한다. 곧, 정치의 흐름(*political stream*), 문제의 흐름(*problems stream*), 정책(대안)의 흐름(*policy stream*)이라는 세 가지 흐름이 각각 따로 따로 존재하며, 각 흐름의 주요 참여자도 각각 다르다고 본다[12](〈그림 5-2〉 참조).

12) 정책결정에 관한 쓰레기통모형, 특히 킹돈의 모형은 문제의 흐름과 정책(대안)

〈그림 5-2〉 킹돈의 정책결정모형

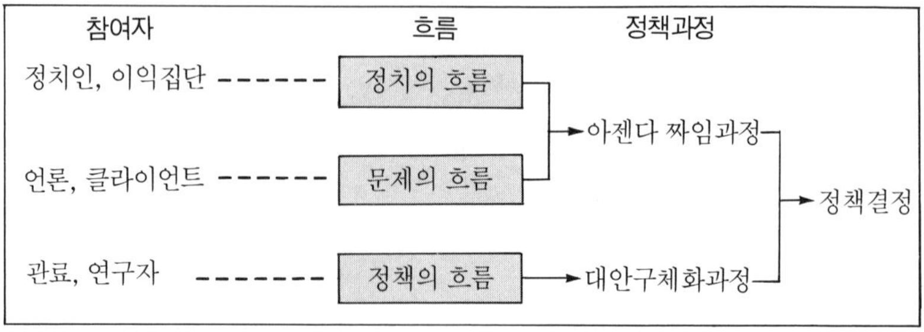

② 독립적인 흐름 : 킹돈이 주장하는 정치의 흐름, 문제의 흐름 그리고 정책의 흐름은 각각 독자적으로 형성되며, 그 과정의 참여자도 다르다고 본다. 이런 점에서 킹돈은 올슨과 코헨과 마치 등의 쓰레기통모형에서 상정하는 '일시적 참여자'(*part-time participants*)의 아이디어를 발전시켰다고 할 수 있다. 곧, 정치의 흐름은 정치인 및 이익집단들에 의하여, 문제의 흐름은 언론 및 클라이언트들에 의하여, 그리고 정책의 흐름은 관료나 전문가의 참여에 의하여 활성화되며, 평상시에는 각각 독자적으로 흘러간다고 본다.

③ 흐름의 결합 1 : 킹돈이 주장하는 쓰레기통모형에서는 정치의 흐름 및 문제의 흐름 각각에 의하여 또는 이들의 결합에 의하여 정책아젠다가 형성된다고 본다.

④ 흐름의 결합 2(정책의 창문) : 정책아젠다가 형성되면 그 해결책으로서의 정책대안을 찾게 되며, 이때 정책의 흐름 속에 떠다니던 정책대안이 연결되는 경우 정책의 창문(*policy window*)이 열리며 정책결정의 기회를 맞는다고 본다. 곧, 어떤 문제에 대한 해결책으로서의 정책대안들은 그 문제가 이슈화하여 정책아젠다에 오르건 않건 간에 학자들이나 관료들에 의하여 계속 연구되면서 일정한 정책의 흐름을 형성하고 있다가 정치의 흐름 및 문제의 흐름에 의하여 정책아젠다가 형성될 때 이들과 재빨리 결합

의 흐름, 정치(참여자)의 흐름을 독자적인 과정으로 보고 있으며, 그 과정에의 참여자도 각각 다르며, 일시적이라는 것을 가정함으로써 보다 현실적인 정책결정 모형을 제시하였다고 생각한다.

함으로써 정책결정으로 연결된다는 것이 이 모형의 특징이다.

다시 말해서, 킹돈은 정책과정에 있어 아젠다 짜임과정과 대안형성과정을 시간적인 앞뒤 관계로 보지 않고 서로 다른 참여자들에 의해 나타나는 각각의 흐름으로 파악하였으며, 이들 세 가지 흐름이 우연히 만날 때 정책의 창문이 열리며, 이때 정책결정을 하지 않으면 정책의 창문은 닫히게 되고 세 개의 흐름은 다시 제각각 흘러가게 된다는 것이다.[13]

⑤ 정책결정의 기회 : 또한 이 모형은 사회복지문제 해결을 위한 정책결정을 위해서 사회복지전문가가 어떻게 해야 할 것인지에 관하여도 많은 시사점을 준다. 곧, 문제의 흐름 속에서 사회복지문제 자체가 곪아터지거나, 정치적 흐름 속에서 그 문제와 관련된 정치적 사건 또는 참여자의 의도 등이 결합함으로써 그 사회복지문제는 정책아젠다 위에 올라가게 되고, 그때 준비해 두었던 정책대안을 결합시킴으로써 정책결정의 기회를 놓쳐서는 안 될 것을 시사해 준다.

3. 사회복지정책 결정에 영향을 미치는 요인들

사회복지정책의 결정에 영향을 미치는 요인들은 크게 나누어 정책과정에의 참여자, 정책결정구조, 정책대안의 존재 여부, 다른 정책과의 관계, 당시의 정치·경제·사회적 상황 등이다. 이들을 간단히 살펴보면 다음과 같다.

13) 기존의 정책결정모형들이 정책문제가 제시되면, 그에 대한 정책대안이 탐색되고, 정책결정이 이루어진다는 시간적인 앞뒤 관계를 상정하는 데 반하여, 쓰레기통모형은 정책문제의 흐름, 정책대안의 흐름, 정치의 흐름, 또는 참여자의 흐름이 독자적으로 흘러가다가, 이들이 우연히 결합됨으로써 합쳐져 선택 기회의 흐름을 이루게 되고 그때 정책결정이 이루어진다고 본다.

1) 정책과정에의 참여자

정책결정에 영향을 미치는 가장 큰 요인은 인적 요인이다. 곧, 정책꾼(*policy actor*)들이 정책결정에 많은 영향을 미친다. 특히 이들 가운데 정책결정자의 의지가 가장 큰 영향을 미친다고 할 수 있다.[14] 또한 정책결정자를 둘러싼 정책참모들의 정책 성향이나 능력 및 의지 역시 많은 영향을 미친다. 한편 이익집단이나 클라이언트들 및 사회복지전문가 역시 정책결정에 영향력을 행사하기는 하지만 이들보다는 못하며, 비교적 간접적으로 영향력을 행사한다. 곧, 정책결정보다 정책의제 형성에 영향을 미침으로써 정책결정에 영향을 미친다.

2) 정책결정 구조

정책결정에 영향을 미치는 또 다른 요인으로서는 정책결정이 이루어지는 조직의 구조이다. 조직이 가지는 구조적 특성이 정책결정을 제약한다. 예컨대, 조직 내 표준운영절차(SOP : Standard Operation Procedure)가 존재하며 지금까지의 정책이 표준운영절차에 따라 이루어졌다면 새로운 변화에 부응하는 쇄신적 정책결정은 이루어지기 어려울 것이다. 또한 조직 내 권한의 집중과 분산 정도, 의사전달의 행태, 분화나 전문화 등 행정적 요인들은 모두 정책결정에 영향을 미치는 요인들이다.

3) 정책대안의 존재

사회복지정책의 결정에 영향을 미치는 또 다른 요인으로 들 수 있는 것은 정책대안의 존재이다. 사회복지에 관한 정책대안은 사회복지 실무를

---

14) 예컨대, 미국의 1960년대 사회복지정책의 발전에 관한 연구는 그 어느 정책꾼들보다도 정책결정자인 케네디와 존슨 대통령이 사회복지정책을 주도해 온 것으로 분석하고 있다(Song, 1987 및 1989).

담당하는 관료나 사회복지전문가, 또는 사회복지정책을 연구하는 학자들의 활동에 의하여 제시되는 것이 보통이다. 만약 사회복지문제에 관한 정책대안이 준비되어 있는 경우와 그렇지 않은 경우를 비교해 보면 정책결정이 정책대안의 존재에 의하여 영향을 받는다는 것을 알 수 있다.

4) 다른 정책과의 관계

사회복지정책의 결정과정에 영향을 미치는 또 다른 요인으로 들 수 있는 것은 다른 정책과의 관계이다. 지금까지 연구된 바에 의하면, 특히 사회복지정책의 형성과 밀접한 관계에 있는 정책분야는 경제정책과 국방정책이다. 예컨대, 경제정책과 사회복지정책의 관계에 관하여는 두 가지 학설이 있다. 곧, 경제적으로 호황인 경우에는 복지재원이 충분한 까닭에 사회복지정책이 촉진되고 경제적으로 불황이면 사회복지정책은 뒷전으로 밀리고 경제정책이 촉진된다는 학설과, 이와는 반대로 경제적으로 불황일 때 정치체제는 위기를 느끼고 그것을 무마하기 위하여 사회복지정책의 형성을 촉진시킨다는 학설이다. 또한 국방정책과 사회복지정책의 관계는 서로 경쟁적 관계에 있다고 할 수 있다.[15] 예컨대, 사회복지정책의 지표로 사용되는 사회복지예산이 증가하면 국방예산이 감소하고, 국방예산이 증가하면 사회복지예산이 감소하는 경향이 있다(Mok, 1991 ; 1989 ; Mosley, 1985).

15) 사회복지정책과 경제정책 및 국방정책 등 다른 정책들과의 관계는 경쟁적 관계라고 표현되지만, 실제로 사회복지정책은 다른 정책들과의 우선순위 경쟁에서 열악한 위치에 있다고 보는 것이 사실일 것이다. 곧, 사회복지정책이 다른 정책들보다 우선적으로 고려되는 경우는 거의 없고, 다른 정책이 먼저 고려된 다음에야 사회복지정책이 정책결정자의 관심권으로 떠오르는 것이 보통이다.

5) 정치, 경제, 사회적 상황

사회복지정책의 결정에 영향을 미치는 또 다른 요인들로 들 수 있는 것은 당시의 정치, 경제, 사회적 상황이다.[16] 곧, 정치이념을 포함한 사회의 지배적 이념, 정치 행정문화, 정치체제의 성격 및 권력구조, 정책환경으로부터의 지지와 압력, 기타 정치적 환경의 변화 따위들은 정치적 요인으로서 사회복지정책의 결정에 많은 영향을 미치며,[17] 국민소득, 가구소득, 실업률, 물가지수 등 경제적 상황에 관한 변수들 및 중앙정부로부터의 보조금 수준, 다른 정책에 배정된 예산 등에 관한 변수들 역시 사회복지정책의 형성에 많은 영향을 미치고, 인구구성 비율, 인구밀도, 산업화 수준, 도시화 수준, 주택 보급률, 문맹률, 교육수준, 노조 조직률 따위의 사회적 변수들 역시 사회복지정책의 결정과정에 많은 영향을 미친다.

---

16) 지금까지의 연구결과를 보면, 경제, 사회적 변수들이 정치적 변수보다 사회복지정책의 결정에 훨씬 많은 영향을 미치는 것으로 나타난다. 특히 경제학적 배경을 가진 학자들이 경제, 사회적 변수들이 사회복지정책에 미치는 영향을 계량분석적 방법을 통하여 입증하고 있다(Fabricant, 1952 ; Brazer, 1959). 반면에 정치적 변수들 역시 사회복지정책의 결정에 영향을 미친다는 주장을 계량적으로 증명하려는 시도는 정치학적 배경을 가진 학자들에 의하여 많이 이루어지고 있으나, 그렇게 크게 성공하지는 못하고 있다(Ranney and Kendall, 1954 ; Key, 1956 ; Schelsinger, 1955 ; Golembiewski, 1958, Dawson amd Robinson, 1963 ; Dye, 1966 ; Hofferbert, 1966 ; Cutright, 1965 ; Wilensky, 1975). 이러한 연구결과에 대해 정치적 변수들의 영향을 주장하는 학자들은 이들의 연구에서 나타나는 변수 선정상의 문제점이나 측정상의 문제점 때문으로 풀이하기도 한다.

17) 예컨대, 미국의 사회복지정책이나 제도가 영국이나 스칸디나비아 여러 나라의 그것과는 다른데, 그 이유는 그 사회를 지배하는 주요 정치이념이나 가치가 다른 까닭이다.

제 6 장

사회복지정책의 집행

1. 사회복지정책 집행의 의미와 성격

사회복지정책이 결정되면 그것은 사회복지문제를 해결하기 위하여 일선 기관을 통해 구체화하는 것이 보통이다. 이와 같이 결정된 정책을 구체화 시켜 나가는 과정이 정책집행과정이다. 여기에서는 사회복지정책 집행과정의 의미와 성격을 알아보자.

1) 정책집행의 의미

정책집행이란, 일반적으로 볼 때, 의도된 정책목표를 달성하기 위하여 결정된 사항들을 구체화시키는 활동을 의미한다.[1] 그러나 이러한 일반적

1) 예컨대, 프레스만과 윌다프스키(Pressman and Wlidavsky, 1973 : xv)는 정책집행을 정책이 의도한 결과를 달성하기 위하여 인과적인 순서에 따라 차례로 진행하는 것이라고 정의한다. 판미터와 판호른(Van Meter and Van Horn, 1975 : 447)은 미리 설정된 목표를 달성하기 위하여 정부나 민간부문의 개인이나 집단이 수행하는 활동이라고 규정한다.

인 개념 이외에도 관리행태적 측면만을 강조하는가, 아니면 정책집행의 정치적 성격을 인정하는가에 따라 정책집행의 의미는 달라진다.

(1) 관리기술적 의미

정치행정 이원론적인 시각에서는 정책집행을 관리기술적 측면에서만 파악한다. 이런 시각에서는 정책결정과 정책집행의 경계가 분명하며, 이들이 시간적인 선후관계에 있다고 본다. 곧, 정책결정은 가치가 개재되는 정치적 과정이지만, 정책집행은 가치가 배제되는 기술적 과정으로서 결정된 집행을 기계적으로 수행하는 것으로 본다. 이런 점에서 볼 때, 정책집행은 정치적으로 중립적인 과정이며, 과학적 합리성에 입각하여 계층제를 통하여 분업이 이루어지는 기술적 과정이다.[2)]

(2) 정치적 과정으로서의 의미

한편, 정치행정 일원론적인 시각에서 보는 정책집행은 결코 가치중립적인 것도 아니며, 단지 기술적인 과정에 그치는 것도 아니다. 곧, 정책집행과정은 정책에 규정된 정책수단을 통하여 정책목표를 달성하는 단순한 기계적 활동들만으로 구성되는 것은 아니다. 정책집행과정은 여러 참여자들 사이의 상호작용 과정이며, 참여자들 사이의 협상과 타협을 통해서 원래의 정책목표를 왜곡시키기도 하고, 정책집행을 지연시키기도 하며, 때에 따라서는 정책목표를 전혀 실현시키지 않기도 한다.

이런 점에서 볼 때, 정책의 집행은 여러 사회세력들의 세력관계를 반영

2) 이러한 의미에서 제시된 것이 고전적 정책집행모형인데, 이 모형에서는 정책결정과 정책집행을 엄격하게 분리하며, 정책결정자가 수립한 정책을 정책집행자가 주어진 정책지침에 따라 실천하는 것으로 본다. 이 모형은 정책집행이 정책결정과는 분리된 비정치적 성격을 띤 기술적(技術的) 과정으로 보며, 정책집행이 단일방향적으로 이루어진다고 보는 단순한 모형이라는 점에서 비판을 받는다. 곧, 정책집행은 고전모형에서와 같은 기술적 과정의 성격만 띠는 것은 아니며, 정책결정자로부터 주어진 정책을 지침에 따라 시행하는 단일방향적 과정이 아니라 정치적 성격을 띤 훨씬 복잡한 과정이라는 것이다.

해 주는 과정이라고 볼 수 있다. 정책집행과정은 이와 같이 정치적 성격을 띤다는 점에 그 특징이 있다.[3)]

여기에서는 정책집행의 의미를 단순한 기술적 과정으로서의 의미뿐만 아니라 정치적 과정으로서의 의미를 포함하여 사용하고자 한다. 그 이유는 특히 사회복지정책의 경우 정책집행과정에 정치적 성격이 강하게 나타나는 까닭이다.

2) 정책집행의 성격

사회복지정책의 집행은 정책집행자인 관료들과 클라이언트의 직접적인 상호작용을 통하여 정책목표를 구체화시켜 나가는 과정이다. 그러나 이 과정에는 해결하려는 복지문제와 관련된 이해집단들이 역시 관여하게 된다. 따라서 이 과정은 복지정책의 목표를 달성하기 위한 기술적 과정이며, 동시에 정치적 과정이기도 하다는 점에 그 특징이 있다.

① 관리기술적 성격 : 정책집행과정은 주어진 목표를 구체화시키는 데 그 목적이 있다. 따라서 이 과정은 정책의제 형성과정이나, 정책대안 형성과정, 또는 정책결정과정과는 달리 관리기술적 성격을 띤다. 예컨대, 정책의 집행에는 집행조직의 문화나 선례, 표준운영절차 등이 많이 작용한다. 또한 그렇기 때문에 새로운 아이디어나 쇄신적인 집행을 기대하기는 어렵다. 곧, 관료들은 결정된 정책을 주어진 것으로 놓고 그 범위 안에서 소극적으로 해석함으로써 책임을 회피한다든지, 절차에 얽매인다든지, 형식주의에 치우친다든지 하는 관료제의 병리현상을 보여주기도 한다.

② 정치적 성격 : 그러나 한편으로는 결정된 정책이 그대로 다 집행되는

---

3) 잉그램(Ingram, 1977)은 정책집행을 협상(*bargain*) 과정으로 보며, 바르다크(Bardach, 1977)는 정치적 게임(*implementation game*)으로, 맥로린(McLaughlin, 1976)은 상호적응 과정(*mutual adaptation*)으로 보는데, 이들의 견해는 집행의 정치적 성격을 지적한 것이라 할 수 있다. 자세한 것은 이들을 참고할 것.

것은 아니다. 정책의 집행과정에는 그 정책의 시행으로 인하여 손해를 보는 집단들이 집행과정에 정치적 압력을 넣어 집행을 무산시키거나 변질시키려고 시도하기도 한다. 따라서 때로는 정책집행이 정책 의도대로 이루어지지 않고 약화되거나, 아예 없집행(*non-implementation*) 현상이 나타나기도 한다.

특히 사회복지정책의 집행은 사회복지정책이 재분배정책에 속하는 것이어서 이러한 정치적 성격이 아주 강하게 나타난다. 곧, 사회복지정책은 정책형성이나 정책결정단계에서뿐만 아니라 정책집행단계에서도 이념적 논쟁과 의견의 불일치가 지속되며 재분배적 목적에 대한 정치적 반대도 심하다.

이러한 정치적 과정으로서의 사회복지정책의 집행과정 속에서 클라이언트인 사회적 약자들은 불리한 입장에 서는 것이 보통이다. 이들은 정치적으로나 경제적으로나 사회의 다른 세력들에 비하여 사용할 수 있는 권력자원이 빈약한 까닭이다. 따라서 이들은 사회복지정책의 집행과정에서 큰 영향력을 발휘하지 못하는 것이 보통이다. 따라서 사회복지전문가는 사회복지정책이 의도한 원래의 목표가 변질되지 않고 실현될 수 있도록 클라이언트들을 압력집단으로 조직화하고, 이들이 정책집행과정에 적극적으로 참여하여 지킴개(*watch-dog*) 역할을 할 수 있도록 도와줄 필요가 있다.

2. 사회복지정책의 집행에 관한 이론모형

정책학자들이 정책의 연구에서 가장 많이 관심을 기울인 분야가 정책의 성공과 실패에 관한 것이라 할 수 있는데, 정책이 실패하는 원인을 혹자는 결정된 정책이 잘못되었기 때문이라고 주장하기도 하고, 혹자는 정책집행과정상에 문제가 있는 까닭이라고 주장하기도 한다. 여기에서는 효과적인 정책집행을 위해서 고려해야 할 요인들에 초점을 두고 개발된 정책집행에 관한 이론모형을 소개하려 한다.[4)]

---

4) 사회복지정책의 집행에 관한 이론모형은 졸저 송근원(1994c)을 기초로 하여 확

1) 프레스만과 윌다프스키의 정책집행에 관한 이론 모형

1970년대에 프레스만과 윌다프스키(Pressman and Wildavsky, 1984)가 행한 '오클랜드 프로젝트'(Oakland Project)의 집행에 관한 연구는 정책집행을 정책학의 중요한 한 분야로 인식시키는 데 크게 공헌을 한 체계적인 정책집행 연구이다. 이들의 연구는 정책의 설계와 집행의 밀접한 관계를 파악하고 있으며, 뒤이어 이루어진 정책집행 연구의 출발점이 되었고 많은 영향을 미쳤다는 점에서 정책집행 연구의 발전에 이바지하였다. 프레스만과 윌다프스키의 연구 결과를 요약하면 다음과 같다.

① 정책의 목표와 정책의 집행활동을 분리시켜 생각해서는 안 된다. 왜냐하면, 정책의 목표는 집행활동에 영향을 미치고 집행활동은 정책의 목표에 영향을 미치는 까닭이다.

또한 결정된 정책의 내용에 문제가 있을 경우 그것은 효과적인 정책집행을 방해한다. 예컨대, 정책프로그램을 시행할 때 예산 및 직원의 부족, 권한의 분산, 이익집단의 부재, 업무 조정상의 문제나 기획상의 문제, 그리고 기술적 문제 등이 정책결정시에 해결되지 않는 경우 정책집행은 실패할 수밖에 없다. 따라서 정책설계를 집행과 독립시켜 생각하는 것은 잘못이다.

② 정책에 규정된 정책 수단대로 정책을 집행한다 하더라도 정책활동의 근거가 되는 이론상의 결함이 있는 경우 정책의 목표는 달성할 수 없다. 예컨대, 오클랜드 프로젝트의 경우 임금 부분에 보조금을 지원하지 않고 대상 기업의 자본에 지원을 하는 경제이론상의 잘못을 범하였다. 따라서 정책설계시 적절한 이론의 사용이 필요하다.

③ 오클랜드 프로젝트의 경우, 정책집행의 중간개입자들(*intermediaries*)이 많을수록 연대행동(*joint action*)이 필요하고 결정점(*decision*)－거부점(*veto point*)과 청산점(*clearance point*)－이 많아지기 때문에 정책목표의 달성이 어려워졌다. 따라서 중간개입자들을 줄일 필요가 있다.

대발전된 것이다.

④ 오클랜드 프로젝트의 정책집행을 지연시킨 요인으로서 밝혀진 것은 정책집행과정에서 나타나는 기술적 문제, 조정의 결핍, 비용의 증가, 복잡한 절차, 지도자와 직원의 변동, 새로운 정치적 환경, 지지집단의 결핍 등이다.

⑤ 또한 정책집행과정 중에 책임자와 직원의 교체는 바람직하지 않다. 따라서 성공적인 정책집행을 위해서는 리더십의 지속이 요구된다.

2) 판미터와 판호른의 정책집행에 관한 이론모형

판미터와 판호른(Van Meter and Van Horn, 1975)은 정책이 정책성과로 전환되는 과정을 정책집행으로 파악하면서 이에 관한 정책집행모형을 제시하고 있다(〈그림 6-1〉 참조). 이 모형을 간단히 설명하면 다음과 같다.

① 정책의 기준과 목표 : 정책의 기준과 목표는 조직간의 의사전달 및 추진활동에 직접적인 영향을 미치며, 이를 통하여 집행자의 성향에 간접적인 영향을 미친다.

② 자원 : 정책집행에 소요되는 자원은 조직간의 의사전달 및 추진활동과 집행자의 성향에 직접적인 영향을 미친다. 이러한 자원에는 필요한 인적 물적 자원 및 각종 유인(*incentives*) 등이 포함된다.

③ 조직간의 의사전달 및 추진활동 : 조직간의 의사전달을 통해서 정책

〈그림 6-1〉 판미터와 판호른의 정책집행에 관한 이론모형

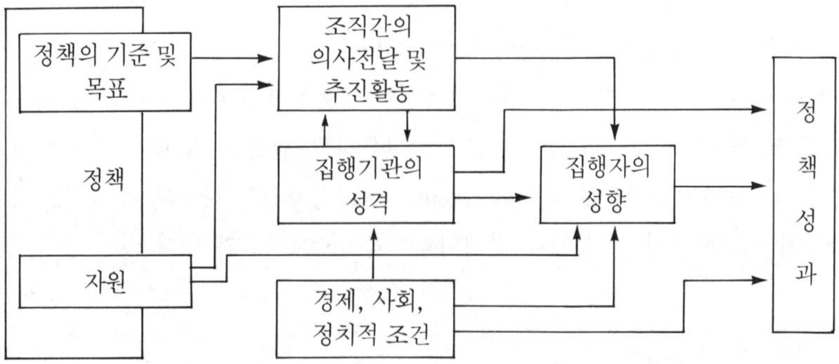

의 기준과 목표가 전달되며, 집행기관은 전달된 정책의 목표를 달성하기 위해서 전달된 기준에 맞추어 정책을 집행하게 된다. 따라서 조직간의 의사전달 및 추진 활동의 특성은 집행자의 정책성향에 영향을 미칠 뿐만 아니라, 집행기관의 성격에 영향을 미치기도 하고 반대로 영향을 받기도 한다.

④ 집행기관의 성격 : 정책집행기관의 성격은 여러 가지로 나누어 볼 수 있다. 곧, 집행기관의 크기와 구성원의 자질, 계층적 통제의 정도, 동원가능한 정치적 자원의 규모, 조직의 활성도, 개방적인 의사전달의 정도, 정책결정체(*policy-making body*)와의 공식적 비공식적 연계 정도 따위이다. 이러한 기관의 성격은 정책집행 성과에 직접적으로 영향을 미치기도 하고, 집행자의 정책성향에 영향을 미침으로써 집행결과에 간접적으로 작용하기도 한다.

⑤ 정치, 경제, 사회적 조건 : 정책이 집행되는 당시의 정치적, 경제적, 사회적 상황은 정책집행에 많은 영향을 미친다. 예컨대, 정책집행을 뒷받침할 수 있는 경제적 자원의 유무, 여론의 반응, 정책문제의 현저성, 정책에 대한 엘리트의 태도, 정책을 지지하는 이익집단의 수 등은 정책집행기관이나 정책집행자의 정책추진 활동에 직접적인 영향을 미친다. 또한 정책집행시의 정치, 경제, 사회적 조건들은 정책집행자나 정책기관을 통하지 않고 직접적으로 정책성과를 높이기도 하고 제약 요인으로 작용하기도 한다.

⑥ 집행자의 성향 : 집행자의 성향은 정책의 전반적인 의도에 대한 정책집행자의 인식 정도, 구체적인 목표와 기준에 대한 태도 따위에 관한 것으로서 정책의 성과에 직접적인 영향을 미친다.

판미터와 판호른의 집행모형은 정책집행을 정책과 성과를 연결해주는 매개변수로 보고 있으며, 집행과정에서의 인간적 심리적 요인을 강조한 점이 특색이라 할 수 있으나(Nakamura and Smallwood, 1980 : 14), 분석요소들간의 인과관계에 대한 설득력은 약하다고 생각한다.

3) 매츠매니한과 사바티에의 정책집행에 관한 이론모형

매츠매니한과 사바티에(Mazmanihan and Sabatier, 1983 : 18~48)는 정책집행 분석의 주된 역할이 정책집행과정 속에서 정책목표의 달성에 영향을 미치는 변수들을 찾아내는 데 있다고 주장하며, 정책집행과정에 영향을 미치는 주요 변수들을 체계화시킨, 정책집행과정의 분석에 유용한 개념틀을 제시하고 있다.

이 개념틀은 문제와 관련된 변수, 정책에 내재되어 있는 변수, 정책집행에 영향을 미치는 비정책적 변수의 세 가지 범주에 속하는 변수들로 나뉘어 구성된다. 이들을 하나씩 살펴보면 〈그림 6-2〉와 같다.

(1) 문제 관련 변수 : 문제의 취급가능성(*tractability of the problems*)

이 범주에 속하는 변수들은 정책문제 자체와 관련된 변수들이다. 예컨대, 여러 사회문제들 가운데 어떤 문제는 다루기 쉬우나 어떤 문제는 다루기 어려운데, 그 이유는 그 문제의 기술적 성격, 정책이 규제하는 행태의 다양성, 규제 대상집단의 인구구성비, 바람직한 행태변화의 정도가 다른 까닭이다.

① 기술적 문제점(*technical difficulties*) : 정책이 해결하려는 문제에 따라 기술적 선행조건이 필요한 경우와 그렇지 않은 경우가 있다. 예컨대, 미국 남부지방의 인종차별 관행을 없애는 정책의 하나로서 이중학교체제의 폐지에는 별 기술이 요구되지 않지만, 대기오염 방지정책은 기술상의 많은 문제점들이 존재한다.

② 금지된 행태의 다양성(*diversity of proscribed behavior*) : 정책이 규제하는 행태나 제공하는 서비스가 다양하면 다양할수록 그 집행이 어려워지고 일선 집행자들이 행사하는 자유재량은 더욱 커지는데, 이러한 자유재량은 정책집행에 상당한 영향을 미친다.[5)]

---

5) 예컨대, 1972년 개정된 미국의 연방수질오염통제법의 집행이 효율적으로 이루어지지 못한 원인은 배출시설에서 발생하는 수질오염의 정도나 유형이 너무나 다

〈그림 6-2〉 정책집행의 단계 및 영향을 미치는 변수에 관한 펼친 그림[6)]

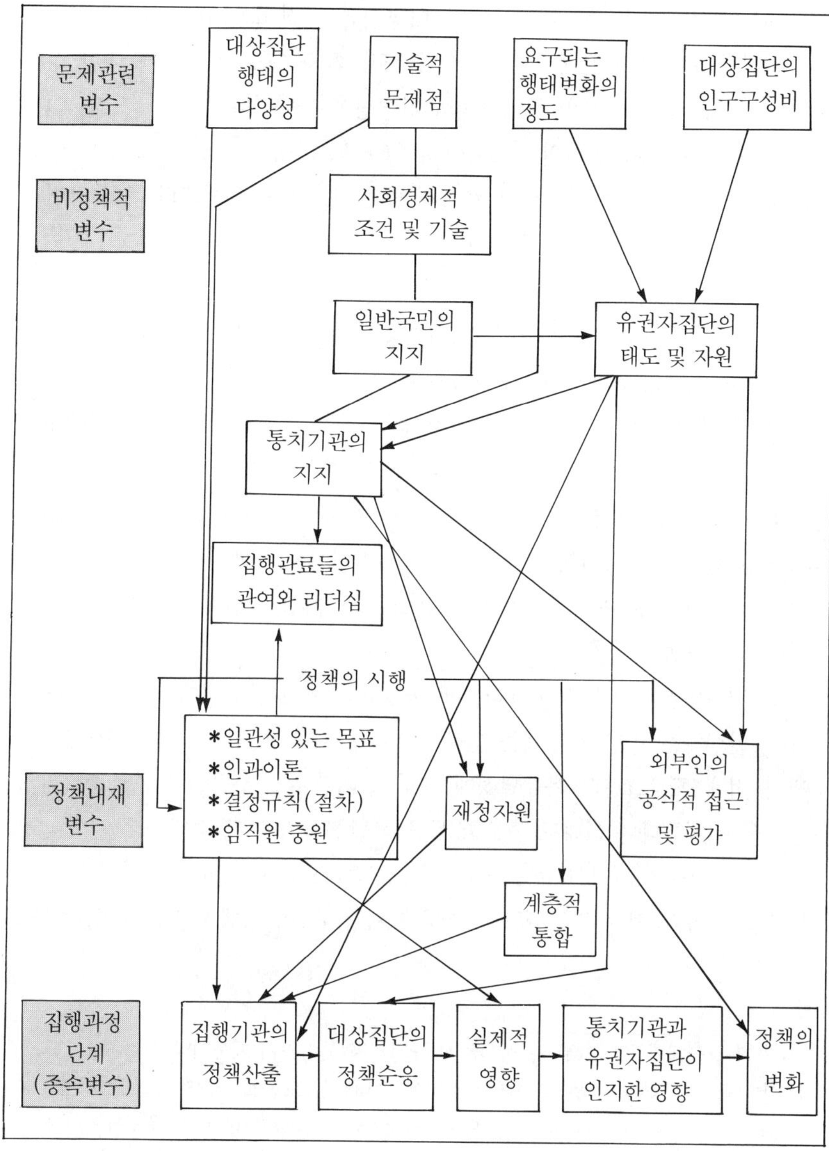

6) 괄호 속의 용어는 매츠매니한과 사바티에의 용어들을 직역하지 아니하고 의역한 것임(Mazmanihan and Sabatier, 1983 : 40).

③ 대상집단의 인구구성비율(*target group as a percentage of the population*) : 일반적으로 볼 때, 정책의 대상집단이 작으면 작을수록 그리고 (격리시킬 수 있기 때문에) 규정하기 쉬우면 쉬울수록, 그 정책에 대한 정치적 지지를 얻기 쉬우며 목표달성의 가능성이 높아진다.

④ 요구되는 행태변화의 정도(*extent of behavioral change required*) : 일반적으로 볼 때, 정책이 변화시키고자 하는 대상집단의 행태의 폭이 크면 클수록 성공적 집행은 어려워진다.

(2) 정책내재 변수 : 정책집행을 구조화할 수 있는 정책결정 능력(*ability of policy decision to structure implementation*)

정책집행에 영향을 미치는 정책 자체에 규정되어 있는 변수들을 정책내재 변수 또는 법규적 변수라 부르는데 다음과 같이 나눌 수 있다.

① 법적 목표의 명백성과 우선순위(*precision and clear ranking of legal objectives*) : 정책 자체에 정책목표들이 얼마나 자세하게 규정되어 있으며, 그 중요성에 따른 우선순위가 어느 정도로 명백한 것인가에 따라 정책집행은 영향을 받는다.[7)]

② 인과이론의 타당성(*validity of the causal theory*) : 정책목표와 그 목표를 달성하는 방법 사이에는 인과이론이 존재한다. 만약 정부의 개입방법과 정책 프로그램의 목표달성에 관한 인과관계가 부적절하다면 충실히 정책을 집행한다 하더라도 충분히 목표를 달성하지 못할 것이다.

③ 재정자원의 할당(*initial allocation of financial resources*) : 사회적 서비스를 목표로 하는 정책 프로그램에서 재정자금이 정책집행에 큰 영향을

양해서 규제기준을 전부 다 상세하게 규정하지 못하였기 때문이라 한다.

7) 법규적 목표들은 정책프로그램의 평가에 절대적인 도움을 줄 수 있고, 집행자들에게는 뚜렷한 지침이 될 수 있으며, 지지자들에게는 자원으로 사용될 수 있다. 따라서 법(정책)이 집행자들이나 다른 사람들에게 자세하고 명백하게 순위를 정하여 지침을 제공하면 할수록 집행기관의 정책결과 및 대상집단의 행태는 그러한 지침과 일치할 수 있을 것이다.

미친다는 것은 의심할 여지도 없다.

④ 집행기관 내부 및 상호간의 계층적 통합(*hierarchical integration within and among implementing institutions*) : 이것은 한마디로 말해서 조정에 관한 문제이다. 곧, 집행기관 내부 또는 집행기관들끼리의 업무 협조가 잘 이루어지면 정책집행은 순조롭게 될 수 있으나, 그렇지 못하면 정책집행은 난항에 부딪친다. 이와 같은 집행기관들의 관계가 법규에 얼마나 명백하게 정해져 있는지 여부는 정책집행에 많은 영향을 미친다.

⑤ 집행기관의 결정규칙(*decision rules of implementing agencies*) : 정책집행에 영향을 미치는 또 하나의 변수는 집행기관의 공식적인 결정규칙이다. 즉 이것은 집행과정에서 이루어지는 집행절차에 관한 법적 규정을 말한다.

⑥ 법적 목표에 대한 직원들의 관여(*officials commitment to statutory objectives*) : 아무리 정책결정이 잘 이루어졌다고 해도 집행기관의 직원들이 목표달성에 적극적인 성의를 보이지 않는 한 정책의 목표달성은 어려울 것이다. 따라서 정책집행 담당자들이 정책프로그램에 적극적으로 관여할 수 있도록 정책 자체에 규정되어 있는지의 여부는 정책집행에 영향을 미친다.

⑦ 외부인들의 공식적인 접근(*formal access by outsiders*) : 정책에 규정되어 있는 정책 참여자들의 참여방법이나 참여기회의 범위는 정책의 집행에 많은 영향을 미친다. 여기에서 참여자들은 잠재적 수혜자 또는 대상집단 및 입법부, 사법부, 행정부의 관련 기관을 말한다.

(3) 비정책적 변수 : 집행에 영향을 미치는 비법규적 변수들(*nonstatutory variables affecting implementation*)

정책문제 자체와 관련된 변수 및 법규에 규정되어 있는 정책내재적인 변수 이외에도 정책집행에 영향을 미치는 변수들로서는 상황적 변수 및 집행기관 안팎의 정책꾼들의 행태와 관련된 변수들이 있는데, 이를 비정책적 변수라 부른다. 비정책적 변수들은 다음과 같다.

① 사회경제적 조건 및 기술(*socioeconomic conditions and technology*) :

사회경제적 상황의 변화는 특정 정책의 상대적 중요성에 대한 인식에 영향을 미친다. 예컨대, 시간이 흐름에 따라 상대적으로 볼 때 다른 사회문제가 더 중요한 것으로 인식되면, 원래의 정책에 대한 정치적 지지는 감소할 것이며, 정책집행도 그 영향을 받게 된다.

② 공공의 지지(*public support*) : 일반 국민들의 관심의 변화는 정책집행에 필요한 예산의 배정이나 헌법기관으로부터의 지속적인 지지에 영향을 미치는 상황적 변수이다.

③ 관련 이해집단의 태도와 자원[8] : 정책목표에 대한 지지자의 태도 및 자원의 변화는 정책집행에 영향을 미친다. 일반적으로 볼 때, 정책목표에 찬성하는 집단들은 시간이 흐름에 따라 약화되는 경향이 있고 반대집단들은 강화되는 경향이 있다. 따라서 정책의 지지자들은 구성원들과 재정자원을 조직화하고 행동화함으로써 정책집행에 계속해서 영향을 미칠 필요가 있다.

④ 통치기관의 지지(*support from sovereigns*) : 통치기관은 감독, 예산의 지원, 새로운 법규의 제정 등을 통하여 정책목표를 지지함으로써 정책집행에 영향을 미친다.

⑤ 집행자들의 리더십 기술 및 관여(*commitment and leadership skill of implementing officials*) : 정책목표에 대한 집행기관 임직원들의 태도와 기술은 정책집행 결과에 직접적인 영향을 미치는 변수이다. 집행자들의 태도는 그들이 가지고 있는 전문 규범 및 가치관, 그리고 정치적 환경을 구성하는 이익집단이나 통치기관의 정책에 대한 지지도 따위에 의하여 다르게 나타난다. 한편, 집행자들이 아무리 적극적으로 관여한다 하더라도 목표 달성을 위하여 유용한 자원을 사용하는 기술, 곧 '리더십'이 없으면 아무런 소용이 없다.

---

8) 매즈매니한과 사바티에(Mazmanihan and Sabatier, 1983 : 32~33)는 유권자 집단의 태도 및 자원(*attitudes and resources of constituency groups*)을 상황적 변수로 들고 있는데, 여기에서는 관련 이해집단의 태도 및 자원으로 의역하여 설명한다.

매즈매니한과 사바티에의 정책집행에 관한 이론모형은 변수들을 ㉠ 다루어야 할 정책문제 자체와 관련된 변수와 ㉡ 정책에 규정되어 있는 변수 및 ㉢ 정책집행과정에서 작용하는 변수들로 나누어 체계화한 집행모형을 제시함으로써 정책집행에 관한 일반적 분석틀을 제시하였다는 점에 그 의미가 있다.

4) 불록과 램의 정책집행에 관한 이론모형들

불록과 램(Bullock and Lamb, 1984 : 4~19)은 정책집행의 성공 및 실패에 영향을 미치는 중요한 변수로서 다음의 열 가지를 들고 있다.

① 정책의 명확성(*clarity of the policy*) : 정책의 목표가 명백하고 구체화할수록 정책집행은 성공할 가능성이 높다.

② 기준의 구체성(*specificity of standards*) : 정책순응을 평가할 수 있는 기준이 구체적으로 구비되어 있을수록 정책집행은 성공할 가능성이 높다.

③ 모니터링(*monitoring*) : 정책집행에 관한 모니터링은 정책순응을 얻어낼 수 있다. 예컨대, 표본을 뽑아 현장 조사를 한다면 조사된 곳 이외의 지역에도 그 영향을 미쳐 정책순응을 확보할 수 있고 정책집행의 성과를 높일 수 있다.

④ 집행기관의 존재(*presence of enforcement agency*) : 정책을 책임지고 수행해 나갈 기관이 있는가 여부는 정책집행의 성과에 영향을 미친다. 실제로 정책목표와 평가기준은 정책집행과정에서 구체화하는 경우가 많기 때문에 정책 프로그램을 책임질 수 있는 기관의 존재 여부는 정책의 성공 및 실패에 많은 영향을 미친다.

⑤ 집행자의 관여(*enforcer commitment*) : 정책목표에 대한 정책집행 담당자들의 태도는 집행 담당자 개인의 관심, 기관의 이해관계, 대상집단과의 관계 등 여러 가지 요인들에 의하여 결정되는데, 이들의 태도가 정책집행의 성과에 영향을 미침은 물론이다.

⑥ 집행자의 상급기관의 관여(*commitment of the enforcer's superiors*) : 대통령이나 의회 등 집행 담당자의 상급기관이 실현하려는 정책의 목표를

지지하느냐 반대하느냐에 따라 정책집행은 큰 영향을 받는다.

⑦ 수혜자의 태도(*attitudes of those who benefit from the policy*) : 수혜자의 태도 역시 정책집행에 영향을 미친다. 잠재적 수혜자들의 정책에 대한 지지는 상급자나 상급기관의 반대에도 불구하고 정책을 계속 집행하려 하는 집행기관에게 심리적으로 큰 도움이 될 것이다. 반면에 이들은 정책 집행자들을 감시하는 역할도 한다. 따라서 성공적인 정책집행을 위해서는 이들을 조직화할 필요가 있다.

⑧ 행정적 조정(*administrative coordination*) : 효과적인 정책집행이 이루어지지 못하는 이유 중의 하나는 중복되어 있는 정책집행활동을 조정하지 못하기 때문에 나타난다.

⑨ 비용과 편익(*costs and benefits*) : 여기에서 비용이란 정책불응시에 치러야 할 대가를 의미하고, 편익이란 정책순응시에 생기는 이익을 말한다. 곧, 정책순응을 확보하기 위한 수단으로서의 제재수단이나 유인수단이 존재하느냐 여부는 정책집행에 많은 영향을 미친다.

⑩ 연방정부의 직접적 관여(*direct federal involvement*) : 연방정부가 정책의 집행에 적극적이면 적극적일수록 그 정책은 성공적으로 집행될 가능성이 높다.

5) 볼만의 정책집행에 관한 이론모형

볼만(Wolman, 1981)은 정책 프로그램의 성과를 설명하거나 이해할 수 있는 포괄적인 분석틀을 제시하는데, 이 모형은 크게 정책형성과정과 정책집행과정의 두 부분으로 나눌 수 있다.[9] 정책의 실패는 이와 같은 두 부분 가운데 어느 한 부분(또는 두 부분)을 구성하는 여러 요인들 가운데 한 가지 이상의 요인들이 부적절하거나 문제점을 띠는 경우 나타난다. 이들 두 부분을 구성하는 요인들을 간단히 살펴보면 다음과 같다.

---

9) 이러한 점은 매츠매니한과 사바티에의 정책내재 변수와 비정책적 변수의 구분과 비슷하다.

〈그림 6-3〉 정책의 성공 및 실패에 영향을 미치는 요인 : 불만

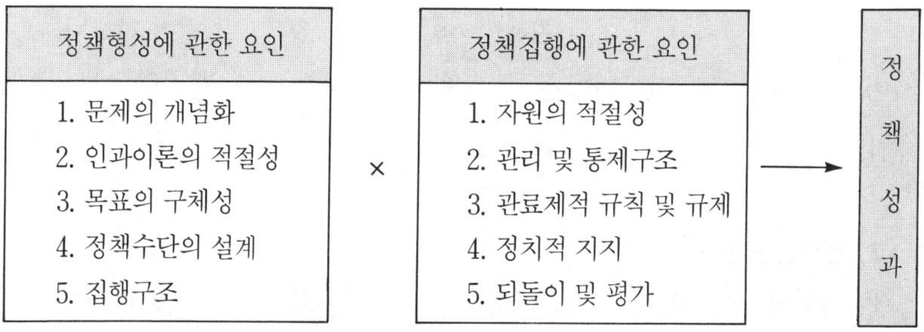

(1) 정책형성과정

① 문제의 개념화(*problem conceptualization*) : 정책에서 다루는 문제를 어떻게 규정하는가 여부는 정책집행에 영향을 미친다. 예컨대, 문제의 개념화가 부적절하면 정책은 실패하기 쉽다.

② 이론평가 및 선정(*theory evaluation and selection*) : 정책에 내재해 있는 인과이론이 적절한가 그렇지 않은가에 따라 정책집행은 영향을 받는다. 부적절한 인과이론은 정책실패의 원인이 됨은 물론이다. 특히, 인간의 행태를 변화시키는 정책 또는 이론이 발전되지 못한 분야의 정책일 경우, 이 요인은 정책실패의 주 요인으로 나타난다.

③ 목표의 구체성(*specification of objectives*) : 정책의 목표가 뚜렷하고 구체적이면 그 정책은 성공하기 쉽다. 그러나 정책의 목표가 구체성을 띠기는 어렵다. 왜냐하면, 목표가 구체성을 띨수록 관련된 여러 집단으로부터 지지를 획득하기 어려운 까닭이다. 반면에 목표가 흐려지면 정책에 대한 정치적 지지는 확보하기 쉬우나 정책집행은 어려워진다.

④ 프로그램 설계(*program design*) : 실제로 실행할 정책프로그램이 잘 규정되어 있느냐 여부에 따라 정책의 성공 또는 실패가 결정된다.[10)]

10) 정책프로그램을 설계할 때 고려해야 할 요인으로서는 문제와 해결책과의 인과관계의 효과성, 정치적 실현가능성, 기술적 실현가능성, 이차적인 효과, 정책수단으로서의 제재와 유인의 적절성, 집행과정에서 나타날지도 모르는 문제들 따위이다.

⑤ 프로그램 구조(*program structure*) : 정책집행을 담당하는 행정구조가 프로그램 속에 얼마나 잘 규정되어 있는가가 정책의 성과에 영향을 미친다. 정책을 담당하는 새로운 집행기관이 생기는 경우, 그리고 집행기관들 사이의 조정이 잘 이루어지는 경우에 정책프로그램은 성공할 가능성이 높다.

(2) 정책집행과정

① 자원의 적절성(*resource adequacy*) : 정책집행의 성공 및 실패에 영향을 미치는 요인으로서 들 수 있는 중요한 것은 자원의 적절성이다. 여기에서 자원이란 재정적 자원 및 인적 자원을 모두 포함한다.

② 관리 및 통제 구조(*management and control structure*) : 정책집행기관은 정책프로그램을 효과적으로 관리하거나 통제할 수 있는 구조를 갖추어야 한다.

③ 관료제적 규칙 및 규제(*bureaucratic rules and regulations*) : 관료제적 규칙이나 규제는 정책목표에 맞추어 집행활동을 하는 경우에 꼭 필요한 것이지만, 너무 여기에 의존하다 보면 동조과잉, 형식주의, 수단과 목표의 대치 등 병리적 행태가 나타난다. 이와 같이 관료제적 규칙이나 규제는 정책의 성공 및 실패에 영향을 미치는 요인이다.

④ 정치적 효과성(*political effectiveness*) : 집행기관이 가지고 있는 정치적 자원이나 기술은 정책프로그램의 성공에 필수적이다. 예컨대, 대통령, 의회, 이익집단의 지지가 없으면 정책 프로그램은 성공하기 힘들다.

⑤ 되돌이 및 평가(*feedback and evaluation*) : 정책프로그램의 집행 및 그 영향을 평가할 수 있는가, 그리고 평가된 결과를 정책집행과정에 되돌려 반영시킬 수 있는가는 정책의 성공 및 실패에 영향을 미치는 주요 요인이다.

6) 기타 정책집행에 관한 이론모형

이 이외에도 레인과 라비노비츠(Rein and Rabinobitz, 1977 ; Rein, 1983 : 118~123)는 집행과정에 영향을 미치는 세 가지 기본적인 요소로서 ① 법규의 형태를 띤 정책의 의도와 같은 법적 요소, ② 조직의 유지와 작업능력 등과 같은 합리적-관료적 요소, ③ 이익집단의 활동과 같은 동의적 요소를 들고 있으며, 나까무라와 스몰우드(Nakamura and Smallwood, 1980)는 순환적 정책과정모형을 제시하면서 정책형성, 정책집행, 정책평가가 각각 정책환경을 구성하고 있으면서 서로 영향을 미친다고 보고, 이들 각각이 포함하고 있는 여러 요소들이 정책의 성공과 실패에 영향을 미친다고 본다.

3. 사회복지정책의 집행에 영향을 미치는 요인들

지금까지 정책집행에 영향을 미치는 요인들에 관하여 여러 학자들이 제시하는 이론모형들을 간단히 소개하였다. 그러나, 이러한 여러 모형들 속에서 제시된 여러 요인들은 사회복지정책의 집행에 다 그대로 작용하는 것은 아니다. 그렇다면 사회복지정책의 경우에는 어떠한 요인들이 정책의 성공과 실패에 작용하는가?

지금까지 이야기한 정책집행에 작용하는 요인들 가운데 사회복지정책의 성공과 실패에 영향을 미치는 요인들로서 중요하다고 생각하는 것들을 정책내재적 요인, 정책행태적 요인, 정책환경적 요인으로 나누어 그 관계를 살펴보면 〈그림 6-4〉와 같다(송근원, 1994c : 237~247).

〈그림 6-4〉에 따르면 정책환경적 요인은 결정되는 정책 자체의 내용에 영향을 미치거나 정책집행과정과 관련된 정책참여자들의 행태에 영향을 미침으로써 간접적으로 정책집행에 영향을 미친다. 반면에 정책내재적 요인은 정책환경과 정책참여자들에 의하여 영향을 받으며 정책집행에 직접적인 영향을 미친다. 또한, 정책꾼들의 행태적 요인들은 정책환경 및 정책

자체의 규정에 의하여 영향을 받으며 정책집행에 직접적인 영향을 미친다. 이들 요인들을 나누어 보다 구체적으로 설명하면 다음과 같다.

〈그림 6-4〉 사회복지정책의 집행에 영향을 미치는 변수들

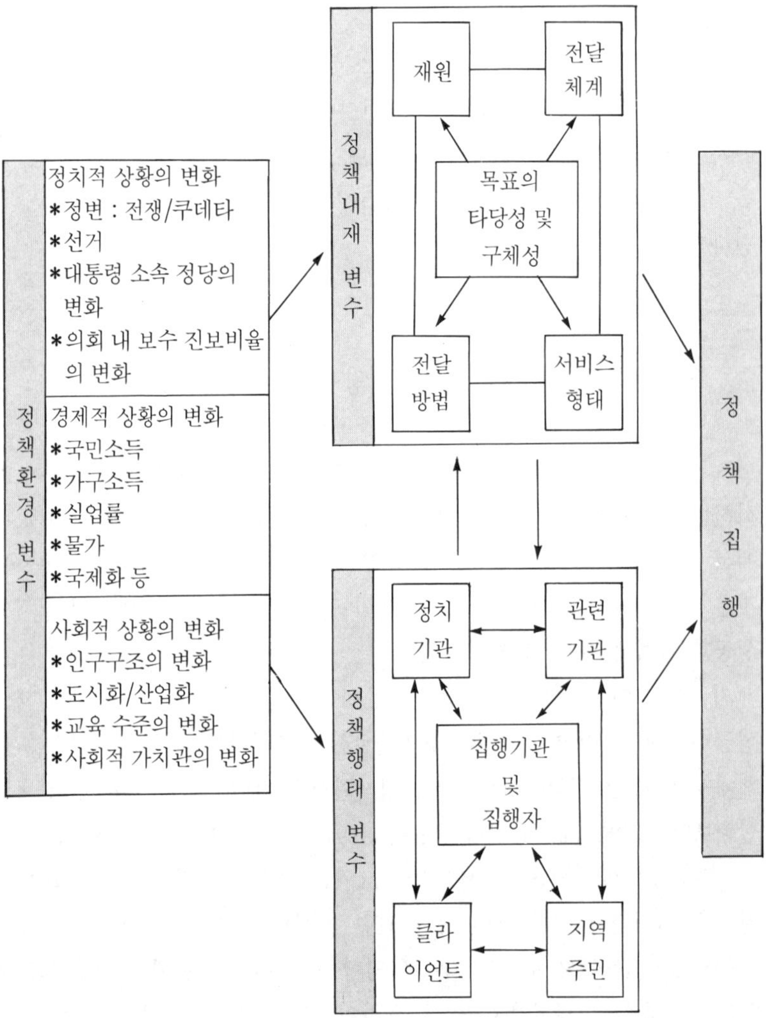

1) 정책환경적 요인

정책환경적 요인은 사회복지정책의 형성 및 정책참여자의 행태에 영향을 미치는 환경적 변수로서 정치, 경제, 사회적 상황의 변화와 관련된 변수들로 구성된다. 이 변수들은 정책집행과정에 직접적으로 영향을 미치기보다는 정책 자체와 정책꾼들에게 영향을 미침으로써 간접적으로 정책집행에 영향을 미친다고 볼 수 있다. 그러나 정책을 둘러싼 상황의 변화가 정책집행에 미치는 영향은 그것이 비록 간접적인 것이라 하더라도 때로는 사회복지정책의 성공과 실패에 결정적으로 작용하기도 한다.

이 변수들은 또한 정책결정자나 정책담당자가 의도적으로 통제하기 어려운 까닭에, 많은 정책학자들은 사회복지정책의 집행에 영향을 미치는 요인으로 거론하는 경우가 드물다. 그렇지만 이들 상황적 변수를 전혀 통제할 수 없는 것은 아니다. 왜냐하면, 이들 가운데 대부분은 예측을 통하여 그 변화의 정도를 어느 정도 예견하여 대책(사회복지정책)을 세울 수도 있고, 사회복지정책 이외의 국가정책을 통하여 그 변화를, 완전히 통제할 수는 없지만, 어느 정도 통제할 수도 있는 까닭이다. 여기에서는 정책환경과 관련된 변수들을 간략히 살펴보려 한다.

(1) 정치적 상황의 변화

정치적 상황의 변화는 사회복지정책의 성공 및 실패에 많은 영향을 미친다. 예컨대, 극단적으로는 전쟁이라든가 쿠데타라든가 하는 정변이 발생하게 되는 경우를 상정할 수 있으나 그 영향은 속단할 수 없다. 이러한 정치적 위기는 사회복지정책의 실현을 약화시킨다는 주장도 있으나, 일반적으로 볼 때, 강화시키는 방향으로 작용하는 것이 보통이다. 곧, 정치적 정통성이 위협을 받거나 국민들의 불만이 팽배하면 사회복지정책은 강화되는 경향이 있다.

뿐만 아니라, 평시에도 선거가 있는 해와 없는 해의 사회복지정책의 시행결과는 달라진다는 연구결과도 있다(송근원, 1989b). 또한 의회 의원의 의석비율 변화나 대통령의 당적에 따라 사회복지정책의 시행은 영향을 받는다.

이와 같이 전쟁, 쿠데타, 선거주기, 대통령의 소속 정당, 의회 내 보수와 진보 의원들의 세력비율의 변화 등 정치적 상황의 변화는 사회복지정책의 내용과 정책꾼들의 행태에 영향을 미침으로써 집행과정에 많은 영향을 미친다.

(2) 경제적 상황의 변화

경제적 상황의 변화 역시 사회복지정책의 집행에 많은 영향을 준다. 예컨대, 최근의 개방화, 국제화, 세계화 추세는 사회복지정책보다는 경제정책에 보다 많은 관심과 정력을 기울이게 만듦으로써 사회복지정책의 실현을 지연시키는 요인으로 작용할 것이다. 반면에 외국의 사회복지제도나 정책이 유입됨으로써 다른 한편으로는 사회복지정책의 내실화에 이바지할 수도 있다. 보기를 든다면, 개방화, 국제화, 세계화로 인하여 열악한 상태의 노동복지정책은 수정될 수밖에 없고, 결국 선진국 수준의 노동복지정책을 지향하도록 영향을 미칠 것이다.

한편, 사회경제적 조건이나 기술의 발전 역시 사회복지정책의 성공 및 실패에 영향을 미칠 것이다. 예컨대, 국민소득, 가구소득, 실업률, 물가지수 등은 사회복지정책의 형성에 영향을 미치고(송근원, 1989a ; 1989b ; 1990a 참조), 정책꾼들의 사회복지정책에 대한 가치와 태도에 영향을 미침으로써 그 집행결과에 많은 영향을 미친다.

(3) 사회적 상황의 변화

사회적 상황의 변화 역시 사회복지정책의 집행에 영향을 미치는 요인이다. 예컨대, 인구구조의 변화, 산업화 및 도시화, 교육수준의 변화, 노조조직률의 변화 따위는 사회복지정책의 형성 및 정책꾼들의 태도에 영향을 미침으로써 사회복지정책의 집행결과에도 영향을 미친다. 보기를 든다면 노령인구의 증가, 독신가구의 증가, 이혼의 증가, 생활의 질의 향상은 사회복지 욕구를 증대시키고, 따라서 그것은 사회복지정책의 내용을 강화시킬 것이고, 정책꾼들의 가치와 태도에도 영향을 미쳐 사회복지정책의 집행에 영향을 줄 것이다.

2) 정책내재적 요인

사회복지정책의 집행에 영향을 미치는 정책내재적 요인이란 형성된 정책의 내용과 관련된 요인들을 말한다. 곧, 구체적인 사회복지정책 프로그램에서 의도하는 정책목표의 타당성과 구체성, 그러한 목표의 달성을 위해 동원하는 정책수단 및 절차, 그리고 정책 산물이라 할 수 있는 복지서비스의 형태에 관한 규정들을 말한다. 이들은 정책상황적 변수 및 정책꾼들의 가치와 태도에 따라 영향을 받으며, 정책집행에 직접적인 영향을 미친다. 이들을 하나씩 간단히 살펴보면 다음과 같다.

(1) 정책문제의 정의와 관련된 변수

정책에서 해결하고자 하는 정책문제와 정책의 목표가 얼마나 잘 연결되어 있으며, 그러한 정책의 목표가 정책집행시에 평가 기준으로서 사용할 수 있을 만큼 구체화해 있는지 여부는 정책의 성공 및 실패에 많은 영향을 미친다.

① 정책목표의 타당성 : 이 변수는 사회복지정책에서 해결해야 할 사회복지문제를 얼마나 잘 파악하여 정책목표를 세웠는가에 관한 것이다. 만약 정책문제를 명백하게 파악하여 정책의 목표를 세운다면 그 정책은 성공할 가능성이 높아진다. 이 변수는 다른 정책내재 변수들, 곧 재원의 확보, 전달체계, 전달방법, 서비스의 형태 등을 규정하는 데 있어 전제가 되는 변수이다. 곧, 정책의 목표가 타당하게 세워져야 재원, 전달체계, 전달방법, 서비스 형태 등이 올바르게 결정된다(〈그림 6-4〉 참조).

정책의 목표는 정책문제를 어떻게 정의하느냐에 따라 달라지는데, 정책문제의 정의과정은 아젠다 형성과정에서 설명했듯이 정치적 과정이어서 사회복지정책의 경우 실제 문제를 겪고 있지 않는 보수 계층의 견해만 반영되고 실제 그 문제로 인하여 고통을 받고 있는 클라이언트인 사회적 약자들의 시각이 결여되기 쉽다. 따라서 많은 사회복지정책이 실패하는 근본적인 이유는 타당한 정책목표를 세우지 못했기 때문인 경우가 많다.

② 정책목표의 구체성 : 규정된 정책의 목표가 타당하다 하더라도 그것이 얼마나 구체적으로 표명되어 있는가는 정책의 집행에 많은 영향을 미친다. 이 변수 역시 다른 정책내재 변수들, 곧, 재원의 확보, 전달체계의 설정, 전달방법의 규정 및 제공하는 서비스의 형태에 영향을 주는 변수다.

일반적으로 볼 때, 정책의 목표가 구체적으로 규정되어 있으면 있을수록 정책의 집행이 용이해진다. 왜냐하면 정책의 목표가 측정할 수 있을 정도로 뚜렷하게 규정되어 있으면, 그것은 정책집행의 평가기준이 되는 까닭에 정책집행과정을 감시하기도 쉽고 집행의 촉진을 강제하기도 쉬운 까닭이다.

그러나 사회복지정책의 목표는 정치적 세력간의 타협의 산물인 까닭에 모호하게 표현되는 경우가 많다. 따라서 이와 같은 정책목표의 구체성의 결핍은 효율적인 정책집행을 방해하는 요인으로 작용한다.

(2) 정책수단 및 절차의 확보와 관련된 변수

정책의 목표가 아무리 잘 세워졌다 해도 그 목표를 달성할 수 있는 효율적인 정책수단 및 절차가 규정되어 있지 않다면 그 정책은 성공하기 어려울 것이다. 곧, 정책의 성공을 위해서는 정책집행을 강제하거나 촉진시킬 수 있는 정책수단이 필요하며 합리적인 정책집행절차가 필요하다.

① 재원의 확보 : 정책집행에 가장 중요한 요인 가운데 하나가 정책집행에 사용되는 재원이다. 예컨대, 정책의 목표달성에 소요되는 예산이 충분히 확보되지 않는다면 그 정책의 집행은 결코 성공할 수 없을 것이다. 사회복지정책의 경우에도 정책이 실패한 것으로 평가될 때, 정책담당자들은 그 원인을 예산부족의 탓으로 돌리는 경우가 흔히 있다. 곧, 충분한 예산의 뒷받침이 이루어지지 않는 한 정책은 성공하기가 어렵다. 따라서 수립된 정책에 그 정책의 집행에 필요한 재원의 확보를 강제하는 규정이 있느냐 없느냐는 정책의 성공과 실패에 큰 영향을 미친다.

② 복지서비스 전달체계 : 정책집행에 재원과 마찬가지로 중요한 또 하

나의 요인은, 정책의 집행에 책임을 질 수 있는 정책집행기관의 존재이다. 만약 정책에 정책집행기관이 뚜렷하게 명시되어 있는 경우 정책의 집행 책임은 명확해지고 정책의 목표달성 가능성은 높아진다.

일반적으로 볼 때 그 정책프로그램을 시행하기 위하여 새로운 집행기관을 설립한다든가, 또는 업무집단의 형성을 규정하는 경우, 기존의 집행기관에 정책집행을 맡기는 것보다 성공할 가능성이 높다.

특히 사회복지서비스의 제공을 담당하는 일선기관은 사회사업실천에 관한 전문지식이 요청되므로 사회복지정책의 내용에 따라 전문적인 민간사회복지기관이나 지방정부의 대민기관에 복지서비스 전달을 위임할 필요가 있는 경우도 많다. 이 경우, 공공기관과 민간기관 또는 중앙부서와 지방정부간의 권한 위임 및 조정의 문제가 나타나는데, 사회복지서비스의 전달체계가 너무 길어지면 협의점이 많아지고 매몰비용이 높아지는 까닭에 복지서비스의 효율적인 집행이 어려워진다.

따라서 정책에 권한 및 책임의 소재가 분명하게 규정되어 있지 않은 경우, 또는 복지서비스 전달체계가 잘못 규정되는 경우 그 정책은 정책집행에 차질을 빚어 실패하기 쉽다. 이런 점에서 볼 때, 정책 자체에 복지서비스 전달체계에 관한 권한 및 책임의 분배, 조정 및 감시 감독기관 등이 명백하게 제대로 규정되어 있는가 여부는 효율적인 정책집행에 영향을 미치는 요인이다.

③ 복지서비스 전달방법 : 사회복지정책의 집행에 있어 복지서비스의 전달방법에 관한 규정이 정책에 명백하게 규정되어 있는 경우, 정책집행은 보다 순조롭게 이루어질 수 있을 것이다. 왜냐하면, 사회복지서비스의 전달 방법에 관한 구체적인 규정은 복지서비스를 집행하는 서비스전달자의 가치나 의도를 사회복지 지향적으로 변화시키고 적극적 태도를 갖게 하며, 전문적인 지식과 기술을 갖추고 정책집행에 임하도록 함으로써 복지서비스의 효율성을 높이는 데 이바지할 수 있는 까닭이다.

따라서 사회복지서비스의 전달을 일선 행정기관의 행정직원들이 담당하는 경우 사전에 복지서비스 전달에 관한 전문 훈련을 받거나 교육을 통하여 자질을 높일 필요가 있다. 또한 전문지식을 갖춘 사회복지전문가라 하더라도 끊임없는 교육훈련을 통하여 자질과 능력을 개발할 필요가 있다. 따라서 이러한 규정이 정책 자체에 제시되어 있다면 복지서비스 전달의 효율성을 높일 수 있고 정책의 성공적 집행을 결과할 수 있다.

(3) 정책산물에 관한 변수 : 사회복지서비스의 형태

사회복지서비스의 유형은 복지서비스의 효율성에 직접적인 영향을 미친다. 곧, 복지서비스의 형태가 현물(*benefits in kind*)인가 현금(*benefits in cash*)인가에 따라, 또는 기회(*opportunity*)의 형태를 띠는지 용역(*services*)의 형태를 띠는지 아니면 신용(*credit*)의 형태를 띠는지에 따라 정책의 효율성은 달라진다. 이러한 복지서비스의 유형 이외에도 정책문제에 따라 공신력의 형태를 띨 수도 있고, 공공권력의 형태를 띨 수도 있다.[11]

---

11) 사회복지서비스를 현금과 현물로 나누는 것은 고전적인 분류방법이며, 기회, 용역, 재화, 신용, 현금, 권력의 여섯 가지 범주로 나누는 것은 길버트와 스페치트(Gilbert and Specht, 1974 : 81~89)의 분류이다.

길버트와 스페치트의 분류에 따르면, 기회란 바람직한 목표의 달성을 위하여 사용되는 유인(*incentives*) 및 법적 강제력(*sanctions*)과 관련된 상황을 의미하며 궁극적으로는 다른 수익물(*benefits*)을 얻을 수 있게끔 해주는 모호한 개념으로서 시민의 권리에 관한 규정(*provision of civilrights*)이나 특별한 기회(*extra chance*) 등이 포함된다. 그리고 용역(*services*)은 교육(*teaching*), 상담(*counseling*), 기획(*planning*), 의술(*healing*) 및 훈련(*training*) 등 클라이언트의 태도와 관련된 어떤 기능의 수행을 말하며 수혜자(*recipients*)에 대한 직접적 시장가치라는 점에서 비이전적 성격을 띤다. 또한 재화(*goods*)란 식량, 의류, 주택과 같은 물질적 수익물을 뜻하며 제한적 이전성을 띠고, 신용(*credits*)이란 재화나 서비스를 보증하는 무료증서나 비용감면증(*tax credits*)의 형태를 띤 수익물로서 구체적인 교환가치를 가지고 있기 때문에 기록된 부문 내에서의 자원들에 대한 선택권을 보장해 주는 융통성을 띤 복지서비스이다. 현금(*cash*)이란 보편적 교환가치를 띠기 때문에 클라이언트의 선택권 행사에 가장 많은 자유를 주는 형태로서 공적 부조, 아동수당, 사회보험 등 여러 정책 프로그램을 통해 제공된다. 권력(*power*)의 형태는 재화나 자원들의 통제에 관한 영향력의 재분배에 관한 것으로, 사회복지수익물을 분배해 주는 사회복지기관의 이사회 구성에 빈민이나 클라이언트 또는 불이익을 받는 사람들의 대표권 이러한 복지서비스의 유형은 정책프로그램이 해결하고자 하는 정책문제의 속성과 깊이 연결되어 있는 까닭에 이들 유형 가운데 어떤 형태를 선택할 것인지에 관하여는 구체적인 정책문제에 따라 달라지겠으나, 각각의 복지서비스의 유형에 따른 성격이 고려되어야 한다. 예컨대, 현금, 신용, 재화의 형태를 띤 복지서비스는 그 내용이 구체적으로 파악되며 따라서 효과의 측정도 용이하다. 이에 비해 기회, 용역, 권력은 그 실체가 대단히 가변적이며 모호하다. 곧, 용역이 복지서비스로 제공되는 경우, 서비스 제공을 담당하는 사회복지전문가의 자질, 태도, 그리고 주변 여건 등에 따라 개별 클라이언트가 제공받는 서비스는 그 내용이나 효과가 판이하게 달라질 수 있다. 따라서 기회, 용역, 권력을 복지서비스로 채택할 경우 이들의 내용을 상세히 규정하지 않으면 원래의 프로그램이 의도했던 목표와는 벗

(*representation*)을 인정하는 정책 속에서 찾아볼 수 있다. 따라서 이 형태의 수익물은 재화나 현금의 형태를 띤 수익물과 같은 방법으로 '소비'될 수는 없지만 다른 형태보다는 더 자유로운 사회적 경제적 선택권(*social and economic choices*)을 행사할 수 있다.

한편, 필자는 공공복지행정기관에서 제공해 주는 구체적인 공공복지서비스의 형태를 공공행정기관이 가지고 있는 자원과 관련하여 다음과 같이 네 가지로 분류한다. ① 현금의 형태 : 예를 든다면 연금, 구호금, 보험금 등이 이에 해당한다. ② 현금 이외의 물질적 형태 : 이는 정부가 공공주택이나 교통 시설, 상하수도 시설, 어린이 놀이터, 기타 복지시설의 설치 운영을 통하여 요구호자나 일반국민에게 현물의 형태를 띤 서비스의 제공을 의미한다. ③ 공신력의 형태 : 예를 든다면 주민등록증의 교부 등 민원행정의 분야에서 국민들의 요구에 대응하여 제공해 주는 정부의 공신력을 토대로 하는 서비스를 의미한다. 사회복지정책의 분야에서는 민간복지기관 등 다른 복지기관의 복지서비스를 받을 수 있도록 공신력을 토대로 하여 요구호자(생활무능력자, 빈곤)의 자격을 인정해 주는 경우가 이에 해당한다. ④ 공공권력의 형태 : 대부분의 정책이 공공권력의 사용을 전제로 하고 있지만, 이러한 형태의 공공복지서비스는 현대 사회문제의 해결에 효과적인 수단으로 나타난다. 예를 든다면, 노동문제의 해결에 노동청이나 노사협의회 등 공공기관을 통한 중재 조정이라든가, 공해문제의 해결에 필요한 공해방지시설의 의무화를 규정한 정책의 제시 또는 입법 등의 활동은 공공권력의 형태를 띤 공공복지서비스의 특수한 형태라 할 수 있다.

어난 복지서비스가 제공될 수 있고, 그것은 사회복지정책의 실패를 초래할 가능성이 높다.

따라서 사회복지정책이 실패하지 않으려면 사회복지서비스의 형태가 그 정책이 해결하고자 하는 정책문제와 정확하게 연결되어 있어야 한다. 곧, 정책문제와 그 해결책이 인과적으로 연계되어 있는 경우 정책은 성공할 가능성이 높아진다. 그럼에도 불구하고 복지서비스 제공을 규정한 사회복지정책은 대개 그 내용이 모호하거나 앞에서 제시한 여러 형태의 복지서비스를 우선순위의 규정없이 모두 열거하고 있는 경우가 많으며, 결국 정책집행의 효율성을 떨어뜨리고 정책실패의 원인(遠因)이 되기도 한다.

(4) 정책행태적 요인

이 요인은 정책 자체의 규정과는 관련이 없는 변수들로서 실제로 정책의 형성이나 집행에 관여하는 정책참여자들의 정치행태와 관련된 변수들을 말한다. 정책행태적 요인들은 정책상황에 의하여 많은 영향을 받는다. 또한 규정된 정책 내용에 의하여서도 영향을 받기도 하고 결정되는 정책내용에 영향을 미치기도 한다.

정책에 관여하는 정책참여자들은 크게 대통령, 국회, 법원 등의 정치기관, 정책집행의 담당자라 할 수 있는 정책집행기관, 정책집행기관을 둘러싼 상급관청 및 경쟁부서, 복지서비스를 받을 권리가 있는 클라이언트와 비용부담자라 할 수 있는 이익집단이나 지역사회의 주민 또는 일반 국민의 정치행태 따위로 나눌 수 있는데, 이들 가운데 정책집행에 가장 많은 영향을 미치는 것이 정책집행 담당자 및 집행기관의 가치와 태도이다. 이들 요인들은 서로 영향을 미치면서 정책집행의 실제에 작용한다.

① 정치기관의 지지

정치기관의 지지 여부는 사회복지정책의 성공과 관련된 행태적 변수 중의 하나이다. 특히 대통령의 사회복지정책에 대한 관심과 지지는 정책의 성공에 많은 영향을 미친다(Song, 1987). 대통령 이외에도 국회, 법원, 유권자 등의 정치기관이 그 정책을 지지하느냐 아니면 반대하느냐에 따라 정책은 영향을 받는다. 만약, 정책프로그램이 이들 정치적 기관의 지지를 받는다면 성공하기 쉽고, 무관심 속에 있거나 반대를 받는 정책은 성공하기가 어렵다. 따라서 정책을 성공적으로 이끌려고 의도하는 사람은 평상시에 이들 정치기관의 정책정향을 사회복지정책에 호감을 가질 수 있도록 유도할 필요가 있다.

② 정책집행자와 집행기관

정책의 집행자나 정책기관의 가치와 이해관계, 그리고 이들이 가지고 있는 전문성이나 능력 및 자질이 정책의 성공 및 실패에 막대한 영향을 끼친다는 사실은 말할 나위도 없다. 정책 자체에는 정책집행자나 집행기관에 관하여 자세히 규정하고 있다 하더라도, 실제로 사회복지서비스의 전달과정에 그 규정이 지켜지지 않는다면 정책은 실패할 것이다.

정책집행자의 부정적인 가치정향이나 이해관계는 정책집행과정에서 없집행(*non-implementation*)이나 정책집행의 지연 또는 정책내용의 변질을 초래할 수도 있고, 전문지식의 결여나 자질의 부족은 효율적인 정책집행의 질을 떨어뜨릴 것임이 틀림없다.

③ 상급관청 및 경쟁부서의 관여

정책의 성공 및 정책의 실패에 영향을 미치는 또 다른 행태적 요인으로서 들 수 있는 것은 정책집행기관의 상급관청과 경쟁부서의 태도이다. 상급관청이나 다른 부서가 그 정책의 시행에 협조적이라면 정책은 성공적으로 집행될 수 있을 것이지만, 만약 비협조적이거나 부정적이라면 정책의 성공은 어려울 것이다. 협조적인가 비협조적인가는 상급기관이나 경쟁기관의 사회복지문제 해결에 대한 의지나 문제에 대한 인지도를 파악함으로써 판단할 수 있다. 흔히 경쟁기관이나 부서는 인력이나 예산 등의 자원확보 때문에 부정적인 태도를 보이기 쉽다.

④ 클라이언트의 가치 및 태도

정책 가운데에서도 특히 사회복지정책의 성공 여부는 클라이언트들의 태도와 활동에 달려 있다고 해도 과언이 아니다. 곧, 클라이언트의 문제해결에 대한 욕구의 강도 및 복지의식의 정도는 클라이언트의 조직화에 영향을 미치고, 이들의 정치적 활동에도 영향을 미친다. 클라이언트가 문제의 심각성을 깊게 인식하고 사회복지서비스를 절실히 원한다면, 이들은 사회복지의 모든 정책과정에 적극적으로 관여함으로써 정책을 성공적으로 이끄는 데 이바지할 것이다. 예컨대, 그들의 욕구에 보다 적절한 사회복지 정책을 형성하거나 집행하도록 정치적 압력을 행사하고, 정책이 제대로 시행되도록 정책의 전과정을 감시함으로써 정책의 성공에 기여할 것이다.

그러나, 일반적으로 볼 때 사회복지정책 과정에서 나타나는 클라이언트들의 활동은 지극히 미약한 것이 보통이다. 따라서 이러한 클라이언트의 무관심과 미약한 활동은 사회복지정책의 실패를 방관하는 요인으로 작용한다.

⑤ 이익집단, 지역사회 주민, 그리고 일반 국민의 행태

사회복지정책의 성공 및 실패에 영향을 미치는 또 다른 변수로는 사회복지정책을 시행함으로써 손해를 본다고 생각하는 이익집단의 활동이나 지역사회 주민들의 저항적 태도 및 일반 국민들의 무관심 등이다. 만약 그 사회복지정책의 시행을 적극 지지하는 이익집단이 있다면, 그리고 지역사회의 주민이나 일반 국민들이 그러한 정책에 대해 호의적이라면 그 사회복지정책은 성공할 가능성이 높다. 그러나, 만약 사회복지정책의 시행을 극력 저지하려는 이익단체나 압력집단이 존재하거나 지역사회 주민들의 저항적 태도가 뚜렷하다면 그 정책은 실패하기가 쉽다. 예컨대, 장애인 복지관을 건설하는 정책에 대한 지역주민의 반대와 저항은 이러한 정책의 성공적 시행을 어렵게 하는 요인으로 작용한다.

제 7 장

사회복지정책의 평가

1. 사회복지정책 평가의 의미와 성격

사회복지정책은 그것이 형성되면서부터 집행이 이루어진 결과까지 계속 평가되고 평가된 내용은 정책과정에 되돌이[還流]된다. 여기에서는 정책평가의 의미와 성격을 알아보자.

1) 정책평가의 의미

정책평가란 정책활동에 관한 평가를 말한다. 평가란 어떤 활동에 관해 정보를 수집하고 분석하며 해석함으로써 그 가치를 판단하는 것을 뜻한다. 따라서 정책평가란 정책활동의 가치를 따져보기 위해서 정보를 수집, 분석, 해석하는 활동이다(송근원, 1994c : 251). 여기에서 정책활동의 범위를 어떻게 잡느냐에 따라 좁은 의미의 정책평가와 넓은 의미의 정책평가로 나눌 수 있다.

(1) 좁은 의미의 정책평가

좁은 의미로 쓰이는 경우에는 정책집행의 결과에 대한 평가, 곧 정책이 원래 의도한 문제의 해결에 얼마만큼 영향을 미쳤는가에 대한 평가 활동을 의미하면서 사용된다.[1)]

이런 점에서 볼 때, 정책대안을 개발하고 선택하기 위한 분석 활동인 좁은 의미의 정책분석의 개념과는 뚜렷이 구분된다. 곧, 좁은 의미의 정책평가는 정책 실시 이후에 이루어지는 데 반하여 좁은 의미의 정책분석은 정책 실시 전에 이루어진다는 점에서 이 두 개념은 뚜렷이 구분된다.

한편, 좁은 의미의 정책평가의 개념은 구체적인 하나의 정책이 미치는 여러 가지 영향들에 초점을 두며, 결국 그 정책이 성공하였는지 실패하였는지에 대한 평가연구를 의미하는 경우가 많은데, 이 경우 앞에서 설명한 정책집행 연구의 분야와는 많은 부분이 중복되기도 한다. 이때, 정책은 독립변수로 취급된다. 이렇게 볼 때, 정책집행 연구와 정책평가 연구가 뚜렷이 구분되는 것은 아니다. 실제로 정책집행과정 속에서도 정책평가가 이루어지고 그것은 곧 정책집행과정에 되돌이된다. 그러나 한편으로는 집행과 평가를 분리함으로써 '견제와 균형'의 원리를 적용할 수 있기 때문에 정책집행과 정책평가를 뚜렷이 구분하여야 한다는 주장도 있다(Brewer, 1983 : 15~27).

(2) 넓은 의미의 정책평가

한편, 넓은 의미의 정책평가란 정책과정 전반에 걸친 평가활동을 뜻한다. 곧, 정책결정 이전부터 정책집행 이후까지의 모든 정책 과정 속에서 이루어지는 정책활동에 대한 평가를 의미한다. 이러한 관점에서 볼 때 정책평가란 정책활동이 시작되면서부터 정책이 종결된 이후의 모든 평가활

1) 예컨대 홀리(Wholey, 1979 : 1)는 정책프로그램 평가를 정책프로그램의 성취도를 측정하는 것이라고 정의하며, 나크미아스(Nachmias, 1979 : 4)는 정부의 정책이나 공공사업이 달성하고자 하는 목표를 얼마나 효과적으로 달성하였는가에 관한 객관적이고 체계적이며 경험적인 분석 연구라고 정의한다.

동을 의미하며, 언제 평가활동이 일어나느냐에 따라 정책의제 평가, 정책대안 평가, 정책결정과정 평가, 정책집행과정 평가, 정책결과의 평가, 정책의 영향 평가 및 정책평가의 평가 따위로 나눌 수 있다. 이 가운데 정책대안의 평가는 좁은 의미의 정책분석의 개념과 일치한다. 이러한 평가의 결과는 각각의 정책단계에서 정책담당자에게 되돌이된다.

이와는 달리, 정책평가란 말이 정책평가 방법이나 기법을 총칭하여 사용되기도 한다. 곧, 정책평가를 위한 논리나 기법의 개발 및 적용을 의미하기도 하는데 실제적으로는 정책분석의 기법과 많은 부분이 중복된다.

2) 정책평가의 중요성

정책평가는 여러 가지 이유에서 그 필요성이 논의된다. 그러나 정책평가의 결과가 얼마나 유용하게 쓰이는가에 대해서는 이견이 존재한다. 곧, 정책평가가 여러모로 쓸모가 있을 뿐만 아니라, 평가 연구의 결과가 유용하게 되돌이되어 쓰일 수 있다고 보는 견해와, 정책평가가 필요하긴 하지만 그 평가 연구의 결과가 실제적으로 활용되지 못하기 때문에 비용만 낭비한다는 비판이 있다. 여기에서는 정책평가의 필요성에 관하여 간단히 살펴보고 정책평가의 유용성 논쟁을 소개한다.

(1) 정책평가의 필요성

사회복지정책에 대한 평가가 필요한 이유는 여러 가지가 있는데,[2)] 이를 간략히 설명하면 다음과 같다.

① 사회복지정책의 효과성 증진 : 사회복지정책의 개선에 필요한 정보를

2) 예컨대, 빅맨(Bigman, 1961 : 99)은 정책평가가 다음과 같은 점에서 유용하다고 본다. 곧, 정책평가는 정책목표가 얼마나 달성되었는가를 알려 주며, 정책 성공과 실패의 원인을 제시해 주고, 정책프로그램의 성공을 위한 원칙을 제공하며, 정책효과를 높이기 위한 여러 가지 실험과정을 제안하며, 목표달성에 유용한 수단 및 아래목표들을 구체화시켜 주는 데 기여한다.

얻기 위해서 정책평가가 필요하다. 사회복지정책의 평가를 통해 시행된 정책의 성공 및 실패 원인을 밝혀 냄으로써 기존의 정책을 지속할 것인가 중단할 것인가 또는 확장할 것인가 축소할 것인가, 그리고 그 내용을 어떻게 변경할 것인가를 결정짓는 데 필요한 정보가 제공된다. 이런 점에서 볼 때 사회복지정책의 평가는 정책의 성공을 위한 원칙, 자원, 수단, 방법 등을 제시해 주며, 이러한 정보는 사회복지정책 프로그램의 결정에 기초적인 자료가 되고, 그 정책프로그램의 효과성을 높이는 데 사용된다.

뿐만 아니라 사회복지정책의 평가를 통해서 그 정책프로그램의 시행에 필요한 정보를 얻을 수 있으며, 이러한 정보를 활용하여 사회복지정책 프로그램의 시행이나 관리방법 등을 개선함으로써 정책프로그램의 효과성을 증진시킬 수 있다.

② 책임성의 확보 : 정책평가는 정책활동에 대한 책임성이나 근거를 확보하기 위하여 필요하다(Rossi and Freeman, 1982 : 47~8). 곧, 정책평가를 통하여 사회복지정책 프로그램의 목표를 어느 정도나 달성하였는지를 파악할 수 있고, 그에 대한 책임의 소재를 찾아낼 수 있다. 반면에 실제로 정책평가 결과 나타난 정책의 영향이 원래 목표를 달성하는 데 유용한 것이 증명된 경우, 그러한 정책평가는 정책프로그램의 존립 근거가 되기도 한다. 한편, 정책활동을 통제하거나 감사하기 위해서 정책평가를 하기도 한다.

③ 연구의 기초 : 사회복지정책에 관한 평가는 정책 연구의 밑거름이 되기도 한다. 곧, 사회복지정책의 평가를 통하여 제시되는 자료를 기초로 하여 기존의 정책이론이 수정되거나 강화되기도 하며, 사회복지정책의 형성이나 집행에 관한 고유 이론을 개발하는 데 이바지하기도 한다.

(2) 정책평가의 유용성 논쟁

정책평가가 사회복지정책의 분야에서도 필요하다는 사실에는 이의가 없으나, 이루어진 정책평가의 결과가 잘 쓰일 수 있는가 여부에 대해서는 이론(異論)이 있다. 곧, 정책평가의 유용성에 관한 논쟁이 그것이다.

정책평가 결과가 유용하게 쓰일 수 있으려면 우선 질적으로 우수한 정책평가가 이루어져야 하며, 적시에 되돌이될 수 있도록 정책평가가 이루어져야 한다. 또한, 정책결정자나 집행자가 정책평가의 결과를 이해하고 그것을 반영시키려는 의지가 있어야 하며, 정책 시행을 담당하는 조직이나 기관이 정책평가 결과를 되돌이할 수 있도록 제도화되어 있는가 여부도 정책평가 결과의 사용에 영향을 미친다. 정책평가의 유무용성 논쟁은 이러한 조건들이 충족될 수 있느냐 없느냐에 관하여 견해가 엇갈림으로써 나타난다. 이러한 조건들을 간단히 살펴보면 다음과 같다.

① 정책평가의 질적 문제 : 정책평가의 질적 문제는 정책평가 결과가 되돌이되어 사용할 수 있도록 타당성을 띠는가 여부에 관한 것이다. 만약 정책평가의 내용이 부실하다든가, 현실성이 없다면 그러한 평가 결과는 되돌이되어 쓰일 수 없을 것이다.

② 시간적 적절성의 문제 : 우수한 정책평가가 이루어졌다고 하더라도 그것이 되돌이되어 쓰일 수 있도록 정책담당자에게 적시에 전달되어야 하는데, 일반적으로 볼 때, 정책평가는 정책이 시행된 다음에 이루어짐으로써 그 시기를 놓치는 경우가 흔하다. 특히 정책평가가 긴 시간을 요하는 평가인 경우 그것이 아무리 잘 만들어진 정책평가라 하더라도 되돌이되어 쓰일 가능성은 적어진다.

③ 정책담당자의 의지 : 정책평가가 아무리 잘 된 것이라 하더라도, 그리고 그것이 적시에 정책담당자에게 전달되었다 하더라도, 정책결정자나 집행자가 그것을 사용하고자 하는 의지가 없다면 정책평가의 결과는 무용지물이 될 것이다. 또는 정책평가의 결과를 왜곡하여 적용하는 경우가 있다면 정책평가를 행해야 할 필요성이 없어진다.

정책담당자가 의도적으로 정책평가 결과를 되돌이시키지 않거나, 왜곡적용하는 까닭은 다음과 같은 몇 가지 이유를 들 수 있다. 첫째, 정책평가 보고서가 난해하거나 정책담당자가 평가기법 등에 관하여 잘 알지 못하기 때문에 평가 보고서를 잘 이해하지 못하는 경우이다. 또는 정책담당자가 바쁘기 때문에 정책평가 결과를 되돌이시키지 못하는 경우가 있다. 둘째, 정책담당자가 정책평가 결과를 이해하기는 하지만 평가연구자와는 신념체계나 문화가 다르기 때문에 의도적으로 정책평가 결과를 무시하는 경우이다. 셋째, 정책담당자가 평가 결과를 반영하는 경우 정책실패에 대한 책임을 져야 할 때 정책평가 결과를 왜곡하여 적용하거나 평가 결과를 사장시키는 경우이다.

④ 되돌이 장치의 문제 : 정책평가가 되돌이되어 쓰이려면 정책담당자에게 정책평가 결과 보고서가 전달되어야 하는데, 일반적으로 볼 때 정책연구자들은 정책담당자와 떨어져 있는 경우가 많다. 따라서 정기적인 회합이나 평가 결과를 되돌이시킬 수 있는 공식적인 통로가 제도화하는 경우 정책평가 결과는 잘 쓰일 수 있을 것이다.

정책평가의 유용성을 주장하는 사람들은 이와 같은 조건들이 충족될 수 있다고 보지만, 정책평가의 무용성을 주장하는 사람들은 이와 같은 조건들이 충족되지 않기 때문에 정책평가가 비용만 낭비할 따름이라고 주장한다.

3) 정책평가의 성격

정책평가는 좁은 의미로 쓰이든 넓은 의미로 쓰이든 간에 기술적 성격, 실용적 성격, 개별 사례적 성격, 가치지향적 성격, 종합학문적 성격, 정치적 성격 등을 띠고 있다.

(1) 기술적 성격

정책을 평가하기 위해서는 평가기법 등의 기술을 필요로 한다. 곧, 통계기법 및 그것을 분석하는 기법 등이 요구된다는 점에서 정책평가는 기술적(技術的) 성격을 띤다.

(2) 실용적 성격

정책평가는 주로 정책결정에 필요한 유용한 정보의 제공을 그 목적으로 한다. 이런 점에서 볼 때, 정책평가는 기초 연구이기보다는 응용연구로서의 성격을 많이 띤다. 정책평가의 연구결과는 정책의 실제에 유용하게 사용될 수 있어야 한다. 따라서 정책평가는 실용적인 성격을 띤다.

(3) 개별 사례적 성격

정책평가의 결과는 정책결정자에게 제공되는데, 이때 제공되는 정보는 구체적인 개별 사례에 한정되는 것이 보통이다. 왜냐하면 일반적으로 정책평가는 구체적인 정책 프로그램이나 그 프로그램이 적용된 개별 사례를 연구 대상으로 하여 이루어지는 까닭이다. 이런 점에서 볼 때, 정책평가는 개별 사례적인 성격을 가진다.

(4) 가치지향적 성격

정책평가의 결과는 본질적으로 무엇이 잘되고 무엇이 잘못되었는지에 대한 가치판단을 포함한다. 이러한 가치판단은 정책평가 기준에 따라 내려진다. 또한, 대부분의 정책평가에서는 평가 결과를 제시할 때, 이러한 가치판단뿐만 아니라 앞으로 어떻게 하는 것이 바람직한가를 포함시키는 것이 보통이다. 곧, 평가연구는 정책프로그램의 문제점을 지적할 뿐만 아니라, 정책프로그램이 나아가야 할 새로운 방향을 제시해 주는 역할을 한다. 이런 점에서 볼 때 평가연구는 가치지향적인 성격을 띤다.

(5) 종합학문적 성격

정책을 평가하기 위해서는 전문적 지식을 필요로 한다. 이때 사용되는 전문 지식은 정책문제에 관한 이론적 지식뿐만 아니라 정책평가의 실제에 사용되는 여러 가지 통계기법들이 포함된다. 또한, 정책문제에 관한 전문 지식이나 통계기법 이외에도 정책과정에 관한 지식, 정치적 상황이나 행정적 환경에 관한 지식 및 사회 윤리에 관한 지식 등이 요구된다. 이러한 점에서 볼 때 정책평가연구는 종합학문적이다.

(6) 정치적 성격

어떠한 정책평가든 결코 가치중립적인 입장만을 고수하면서 정책평가가 이루어지는 경우는 드물다. 곧, 정책평가는 정책결정자, 정책프로그램의 집행자, 정책프로그램의 자금을 지원하는 집단, 그 정책에 의하여 영향을 받는 이해집단 및 클라이언트 등의 영향을 받는다.

일반적으로 볼 때, 정책결정자나 시행자는 그 정책프로그램이 값어치가 있다고 결론짓기를 원하며, 그렇게 함으로써 자원배분에 영향을 미치려고 하는 경향이 있다(Weiss, 1976 : 311). 한편, 그 정책프로그램을 폐지할 것을 주장하는 계층이나 그 정책프로그램의 효율성을 높이기 위해 개선을 원하는 계층은 그 정책프로그램에 대해 부정적인 평가를 내리기를 원한다. 정책평가과정은 이들의 영향을 피할 수 없으며, 이런 의미에서 어느 정도 정치적 성격을 띨 수밖에 없다.

2. 사회복지정책의 평가자와 평가기준

정책평가에서 정책평가자를 누구로 결정할 것인가는 매우 중요한 사항이다. 왜냐하면 평가자에 따라 영향을 받는 까닭이다. 또한 무엇을 평가기준으로 삼느냐에 따라 평가결과는 판이하게 달라질 수 있다. 그렇다면, 사회복지정책의 평가에 있어 누가 평가자가 되어야 하며, 어떠한 평가기준을 채택하여야 하는가? 여기에서는 사회복지정책을 평가하는 정책평가자의 일반적 자질 및 누가 평가자가 되느냐에 따른 장단점 등을 논의하고, 사회복지정책의 평가기준을 정책단계 및 평가목적에 따라 살펴보자.

1) 사회복지정책의 평가자

사회복지정책의 평가자는 정책평가의 질에 많은 영향을 미친다. 일반적으로 볼 때, 타당한 정책평가를 하기 위해서는 정책평가자가 다음과 같은 자질을 갖추고 있어야 한다.

① 정책평가의 의뢰자가 원하는 것을 잘 파악할 수 있는 능력 : 정책평가자에게 제일 먼저 요구되는 것이 정책평가를 의뢰한 사람이 원하는 것을 파악할 줄 알아야 한다. 예컨대, 사회복지정책의 평가의뢰자가 원하는 것이 정책집행의 효과성이나 능률성에 관한 정보인데도 불구하고, 정책결정의 공정성에 관하여 평가한다면 그 평가는 방향 자체가 잘못된 것이다.

정책평가의 의뢰자가 원하는 것이 무엇인지를 제대로 파악하기 위해서는 평가의뢰자와의 면담 및 토론 등이 필요하며, 때에 따라서는 관련 문헌이나 서류 등의 검토 등이 요구되기도 한다.

② 정책평가 기법 및 분석기법에 관한 지식 : 훌륭한 정책평가자는 정책평가 기법 및 분석기법에 관하여 잘 알고 있어야 하며, 획득할 수 있는 자료에 그러한 기법을 제대로 적용할 줄 알아야 한다.

③ 정책문제에 관한 지식 : 사회복지정책의 평가자는 평가하고자 하는 정책프로그램에 관해 잘 알고 있어야 함은 물론이다. 정책평가자가 정책프로그램을 담당하고 있거나 사회복지정책 전문가인 경우 정책문제에 관하여 잘 알고 있을 것이므로 평가자로서 적절할 것이다. 그러나 이 경우 정책프로그램에 너무 집착하게 되면, 다른 정책과의 관계 등에 관하여 간과하기 쉽고, 따라서 근시안적 평가를 행할 가능성이 있다. 정책평가를 행하는 사람이 국외자인 경우 적어도 정책평가의 대상이 되는 정책프로그램의 이론적 배경, 목적, 수단 등에 관하여 잘 파악하여야 타당한 정책평가를 행할 수 있다.

④ 정책과정에 관한 지식 : 정책평가자는 정책과정에 관한 지식을 갖추어야 한다. 곧, 정책의제 형성, 정책대안 형성, 정책결정, 정책집행 등의 정책과정의 특징 및 각 과정에서의 참여자 등에 관하여 잘 알고 있어야 정책평가를 원활하게 수행할 수 있다.

⑤ 설득능력 : 정책평가자는 타당한 정책평가 결과를 산출할 수 있어야만 할 뿐 아니라, 정책담당자로 하여금 정책평가 결과를 사용할 수 있도록 설득할 수 있어야 한다. 그러기 위해서는 정책평가 결과보고서를 작성할 때의 수사 기법 및 쉽게 표현할 수 있는 문장능력 등이 필요하다.

⑥ 협력을 받아 낼 수 있는 능력 : 훌륭한 정책평가자는 정책평가를 행하기 전이나 행하는 동안에 정책담당자들의 협력을 얻어 낼 수 있어야 한다. 만약 평가 연구에 필요한 자료를 얻지 못한다면 그 정책평가는 잘 이루어질 수 없을 것이다.

한편, 정책평가자가 누구냐에 따라 정책평가의 유형은 자체평가, 내부평가, 외부평가로 분류된다(안해균, 564 ; 송근원, 1994c : 265). 곧, 사회복지정책 프로그램을 담당하는 사람들의 자체 평가, 그 기관의 상급기관이나 동료들이 행하는 내부평가, 그리고 정책담당기관 외부의 평가자가 행하는 외부평가로 나눌 수 있다.[3)]

이들은 각각의 장단점을 가지는데 이를 간단히 살펴보면 다음과 같다.

자체평가는 정책프로그램을 담당한 사람들이 스스로 하는 평가이기 때문에 정책프로그램에 관한 정보를 많이 가지고 있고, 따라서 평가 비용을 절약할 수 있으며 장기적으로 일관성 있게 계속 평가할 수 있다는 장점이 있으나, 평가의 공정성을 확보하기 어렵다는 단점, 곧 정책프로그램의 실패를 호도하거나 왜곡시킬 가능성이 있다. 내부평가의 경우에도 자체평가의 장단점이 나타날 가능성이 있으나 자체평가보다는 그 정도가 약하다. 한편 외부평가의 경우에는 평가의 공정성을 확보하기 쉬우나, 평가비용이 많이 들며 정기적으로 일관성 있는 정책평가를 하기가 어렵고, 정책프로그램에 대해 잘 모르는 경우 적절한 평가를 하지 못할 가능성이 있다.

따라서 사회복지정책의 평가를 위해 누구를 평가자로 선정할 것인지는 이와 같은 장단점을 고려하여 결정하여야 한다.

2) 사회복지정책의 평가기준

정책의 시행에 따른 변화를 일정한 기준에 따라 견주어 보는 것이 정책평가이다. 곧, 정책의 성공 및 실패는 평가기준에 비추어 가름할 수 있는 것이다. 그러나, 평가기준은 그것을 설정하는 입장이나 관점에 따라서 다를 수 있는 까닭에 어떠한 것을 평가기준으로 삼느냐에 따라 평가결과는 판이하게 달라질 수 있다.[4)]

---

3) 사회복지정책의 경우, 정부 내의 내부평가 기관으로서는 감사원, 보사부의 기획관리실 등이 있으며, 외부평가 기관으로서는 언론기관, 국회, 이익집단, 학자들이 있다.

4) 예컨대, 정책결정자는 공식적 목표가 어느 정도로 달성되었는가, 그리고 그 이유는 무엇인가에 주로 관심을 두지만, 일선 정책집행자는 정책환경 속에서 어떻게

따라서 평가기준의 설정은 정책평가에서 매우 중요하다. 그렇다면 사회복지정책의 평가기준은 어떻게 잡을 것인가?

일반적으로 사회복지정책의 평가기준으로 많이 쓰이는 것은 정책프로그램의 목표나 클라이언트의 요구 또는 만족도와 관련된 기준들이다. 예컨대, 능률성, 효과성, 사회적 형평, 반응성 따위이다.[5)]

한편, 정책의 평가기준은 정책평가의 목적이 어디에 있느냐에 따라 논의할 수도 있다. 사회복지정책의 평가유형은 정책과정이나 목적에 따라 정책문제 평가, 정책의제 평가, 정책설계 평가, 정책결정 평가, 정책집행 평가, 정책영향 평가, 평가가능성 평가, 정책평가에 대한 평가 등으로 나눌 수 있는데(송근원, 1994c : 266~268, 284 참조), 이러한 평가유형에 따라 평가를 내리는 목적이 다르기 때문에 정책평가의 기준도 자연히 달라진다. 이들 각각의 유형에 따른 평가기준을 간단히 살펴보면 다음과 같다.

① 정책문제 평가 : 정책문제의 형성을 위한 평가는 사회복지문제를 정책문제로 이슈화시키기 위해 이루어지는 까닭에 정책문제의 평가에는 탐색적인 기준이 사용된다. 곧, 문제의 내용, 대상집단의 특성, 문제의 인지도, 문제의 심각성 등이 그 기준으로 사용된다.

② 정책의제 평가 : 한편 정책의제 형성에 대한 평가는 사회복지문제가 정책꾼들에 의하여 어떻게 다루어지는가를 평가하는 것이므로 반응성, 사

반응하였느냐에 관심을 두며, 대상집단인 클라이언트는 제공된 사회복지서비스가 그들의 생활에 얼마나 도움이 되었는지에 관심을 둔다(Mazmanihan and Sabatier, 1983 : 11~12 참조). 따라서 정책의 평가기준은 평가자의 이념이나 시각 또는 관심에 따라 달라질 수밖에 없고, 그 평가결과도 다르게 나타날 수밖에 없다.

5) 이들 중 대부분은 정책대안의 비교분석 기준에서 논의되었기에 여기에서는 이를 생략한다(4장 참조). 반응성에 관하여는 송근원, 1994c : 273을 참조할 것. 한편, 안해균(1984 : 512~516) 교수는 정책평가 기준으로서 효과성, 형평성, 능률성, 대응성, 적절성 등 다섯 가지를 들고 있고, 박성복·이종렬(1993 : 536~539)은 노력, 능률성, 효과성, 적절성, 형평성, 대응성, 체제유지, 과정 등 여덟 가지 기준을 제시하고 있다.

회적 형평, 공정성 등이 중요한 기준으로 나타난다.

③ 정책설계 평가 : 정책설계를 위한 평가라면 정책의 능률성, 효과성, 사회적 형평, 공정성, 반응성, 정치적 실현가능성 및 기술적 실현가능성 등이 평가기준으로 사용된다.

④ 정책결정 평가 : 정책결정에 대한 평가는 정책결정 내용에 대한 평가와 결정과정에 대한 평가로 나눌 수 있는데, 능률성, 효과성, 사회적 형평, 공정성, 반응성, 합법성 따위가 주요 평가기준으로 사용된다.

⑤ 정책집행 평가 : 정책집행에 관한 평가는 정책이 계획된 대로 시행되느냐에 관한 평가이기 때문에 정책집행의 일관성, 공정성, 반응성, 능률성, 효과성, 사회적 형평 등이 주요 평가기준이다.

⑥ 정책영향 평가 : 정책영향에 관한 평가는 사회복지정책의 효과에 대한 평가인 까닭에 효과성(목표달성도), 능률성, 클라이언트의 만족도, 사회적 효과성, 사회적 형평 등이 중요한 평가기준이다.

⑦ 평가가능성 평가 : 평가가능성 평가란 정책평가를 할 것인지 여부를 결정하기 위해 이루어지는 평가인 까닭에 비용효과성, 정치적 제약점, 방법론적 제약점 등이 그 평가기준이 된다.

⑧ 정책평가에 대한 평가 : 정책평가에 대한 평가는 정책평가가 잘 이루어졌는지에 대한 평가로서 평가가능성 평가가 정책평가가 이루어지기 이전에 이루어지는 평가전 평가라 한다면, 이 평가는 정책평가가 이루어진 이후에 행하는 평가후 평가이다. 따라서 이 평가의 기준으로서는 평가하려는 정책평가가 제대로 평가기준을 갖추었는지, 방법론상 문제점은 없는지, 분석과 해석상의 타당성이나 신뢰성이 있는지 등을 평가기준으로 삼는다.

3. 사회복지정책의 평가절차

사회복지정책의 평가는 어떠한 과정을 거쳐 이루어지는가? 일반적으로 볼 때 정책평가는 평가의 목표설정, 평가범위의 설정, 정책프로그램의 내용파악, 평가 설계, 자료수집, 분석 및 해석, 평가보고서의 작성 및 제출이라는 과정을 거치면서 이루어진다. 이들을 구체적으로 살펴보면 다음과 같다.

1) 사회복지정책 평가의 목표설정

사회복지정책의 평가를 위해서 제일 처음 해야 할 일은 평가목표를 설정하는 일이다. 평가목적이 어디에 있느냐에 따라 정책평가자가 결정되고, 평가의 기준 및 평가의 범위가 뚜렷해진다. 따라서 정책평가의 목표를 뚜렷이 하는 것은 정책평가의 방향을 결정해 주는 나침반의 역할을 한다. 곧 정책평가의 목표가 뚜렷하지 않은 경우에는 지리멸렬한 정책평가가 될 수밖에 없다.

정책평가를 하는 목적은 여러 가지로 분류할 수 있다. 우선 정책평가의 필요성에서 논의한 바와 마찬가지로 평가의 목적이 정책프로그램의 효과성을 향상시키기 위한 것인지, 책임성을 확보하기 위한 것인지, 아니면 정책이론의 형성을 목표로 하는 것인지를 분명히 할 필요가 있다. 이 경우 정책평가자는 정책평가를 의뢰한 사람들이 원하는 것이 무엇인지를 정확히 파악하여야 한다. 왜냐하면 그들이 원하는 정보를 제공할 수 있을 때, 그러한 정책평가는 유용하게 정책과정에 활용될 수 있는 까닭이다.[6)]

---

6) 평가의뢰자의 욕구가 무엇인지를 파악하게 되면 정책평가의 목표가 뚜렷해진다. 사회복지정책 평가의 의뢰자는 정책결정자나 정책집행자일 수도 있고, 클라이언트일 수도 있으며 관련 이익단체일 수도 있으며, 이들의 욕구를 정확하게 파악함으로써 평가의 목표를 명백히 할 수 있고, 이들을 충족시켜 줄 수 있는 정보나

또한 바로 앞 절에서 논의한 바와 같이, 정책문제나 의제의 형성을 목표로 하는 것인지, 정책결정을 위한 정보의 제공에 그 목적이 있는 것인지, 정책집행이 어떻게 이루어지는지를 파악하기 위한 것인지, 정책의 영향이나 효과를 측정하기 위한 것인지, 아니면 정책평가를 할 필요성이 있는지를 알아내기 위한 것인지 따위를 명백히 하여야 한다. 이 같은 평가목적을 뚜렷이 함으로써 그에 알맞는 평가기준을 잡을 수 있고, 평가범위 및 평가기법을 정할 수 있는 까닭이다.

평가의뢰자의 욕구가 무엇인지를 파악하게 되면, 정책평가의 목표가 뚜렷해진다. 예컨대, 정책평가자가 평가하고자 하는 사회복지 프로그램의 어느 부분에 초점을 둘 것인지가 명백해진다. 곧, 해결하고자 하는 문제의 욕구를 평가하는 것인지, 정책의제 형성과정이나 결정과정을 평가할 것인지, 정책대안들을 비교하려는 것인지, 집행과정의 문제점을 찾아내는 것인지, 집행된 정책의 영향을 평가하는 것인지가 명백해진다.

2) 사회복지정책의 평가범위 설정

사회복지정책의 평가목적이 결정되면 그에 따라 정책평가의 범위를 결정하여야 한다. 정책평가의 범위는 정책프로그램을 분석함으로써 이루어진다. 곧, 정책프로그램을 분석함으로써 정책프로그램이 의도하고 있는 여러 목표들을 찾아내고, 평가목적에 비추어 이들 가운데 어떤 것을 평가할 것인지를 결정하여야 한다.

또한, 사회복지정책의 평가가 이루어질 시공간적 범위를 확정지어야 한

자료를 산출할 수 있다. 이때, 이들의 욕구를 충족시켜 준다는 것은 이들이 원하는 종류의 정보를 산출하여 제공한다는 뜻이지, 이들이 원하는 대로 정보를 왜곡시키거나 이들의 행동을 합리화시킬 수 있는 정보만을 제공한다는 의미는 아니다. 예컨대, 정책결정에 필요한 대안의 효과성이나 능률성에 관한 정보를 필요로 하는 정책결정자에게는 이들에 대한 정보를 산출하여 제공해야지 정책결정의 공정성에 관한 정보를 제공한다면 그 정보는 유용성이 별로 없을 것이다(송근원, 1994c : 274~275).

다. 예컨대, 사회복지정책 프로그램이 시행되는 지역을 전부 다 평가대상으로 할 것인가, 아니면 가장 잘 시행된다고 판단하는 모범 지역 한두 군데만을 평가대상으로 삼을 것인가, 또는 실패하고 있는 대표적인 지역 몇 개만을 선택할 것인가를 정책평가의 목적에 비추어 결정하여야 한다. 그리고 사회복지정책이 결정되거나 시행된 시점부터 현재까지의 정책결과를 평가할 것인지, 아니면 특정 시점에서 특정 시점까지를 평가의 대상으로 삼을 것인지도 결정하여야 한다.

이 이외에도 사회복지정책의 평가범위를 결정할 때, 때에 따라서는 그 정책프로그램이 변화시키려고 하는 대상 집단인 클라이언트의 종류에 따라 그 범위를 한정시킬 수도 있다.

3) 사회복지정책 프로그램의 내용 파악

정책평가의 목표와 범위가 확정되면, 정책평가를 받을 정책프로그램의 내용을 파악하여야 한다. 곧, 정책평가의 대상이 되는 사회복지 프로그램의 목표, 정책 대상, 관련 이해단체 등에 관한 법적 내용과 정책결정과정 및 시행과정 등에 관한 전반적인 정보를 수집하여야 한다. 예컨대, 정책프로그램의 목표가 어느 정도로 구체화해 있는지, 그리고 그것을 달성할 수 있는 정책수단이나 자원은 어떠한 것이 있으며 활용할 수 있는 것인지 여부 등을 파악할 필요가 있다. 정책프로그램의 목표들은 필요에 따라 장기 목표, 중기 목표, 단기 목표로 나눌 수 있는데, 평가되는 구체적인 복지프로그램이 표방하는 목표들은 이들 가운데 어느 것에 해당되며, 이들 목표들과 복지프로그램에 구비되어 있는 정책수단과는 적절한 관계에 있는지, 그리고 이들의 구체적인 내용들은 무엇인지를 파악해야 한다.

또한 평가하고자 하는 정책프로그램과 다른 정책과의 관계 역시 파악되어야 한다. 곧, 다른 정책프로그램과의 관계를 살펴보고, 그 우선순위에 관하여 판단해 봄으로써 그 정책프로그램이 어느 정도로 실현 가능한 것인지에 대한 잠정적 결과를 예상하여야 한다.

이러한 작업결과는 정책평가의 필요성 여부를 결정하거나 본격적인 정책평가를 위한 전반적인 분석틀을 만드는 데 사용된다. 또한, 정책프로그램을 평가하는 데 필요한 측정기준이나, 자료수집 방법 및 평가 분석 기법을 결정하는 데 밑바탕이 되는 까닭에 본격적인 정책평가에 앞서서 반드시 이루어져야 한다.

4) 사회복지정책의 평가설계서 작성

정책평가를 위하여 사회복지정책 프로그램의 내용이 파악되면, 그 정책프로그램이 영향을 받거나, 그 정책프로그램이 영향을 미치는 과정에 관한 인과모형을 형성한다. 앞의 것은 정책프로그램의 내용을 구체화하거나 결정된 내용이 잘된 것인가를 파악하기 위하여 정책문제를 밝히기 위한 인과모형이고, 뒤의 것은 정책프로그램이 미치는 영향을 파악하기 위해 만드는 인과모형이다.

이러한 평가를 위한 인과모형은 우선 어떠한 결과가 나타났으며, 그 결과가 바람직한 것인가, 그리고 그러한 결과를 초래하는 데 영향을 미친 요인이 무엇인가 등을 규명하기 위한 분석틀로서의 의미를 띤다.

이러한 인과모형은 평가설계의 형태와 평가기법의 결정에 기초가 된다. 곧, 평가설계의 채택은 정책내용과 관련된 이론이나 그 이론에 바탕을 둔 인과모형에 입각하여 이루어진다.

평가설계는 보통 실험설계, 준실험설계, 비실험설계로 나누어지는데 이들 가운데 어떠한 형태로 평가설계를 하여야 하는가는 적용가능성, 구체적으로 말해서 시간적 제약, 인적 물적 비용, 정책꾼이나 클라이언트에의 접근가능성 따위를 고려하여 이루어진다. 일반적으로 볼 때, 사회복지정책의 경우에는 대체적으로 사람(클라이언트)의 행동변화를 연구대상으로 하는 까닭에 엄격한 의미에서의 실험설계가 채택되는 경우는 거의 없으며, 준실험설계나 비실험설계로 진행되는 경우가 흔하다.

평가설계의 형태를 간단히 살펴보면 다음과 같다(송근원, 1994c : 277~280).

(1) 실험설계

실험설계는 실험집단과 통제집단으로 나누고, 여러 변수들을 통제한 상태에서 조작화한 독립변수를 실험집단에 적용한 이후, 두 집단의 행태 변화를 비교함으로써 실험집단에 미친 독립변수의 영향을 찾아내는 설계이다(〈그림 7-1〉 참조).

(2) 준실험설계

준실험설계는 통제집단이 없거나 사전조사가 불가능한 경우의 설계모형이다(〈그림 7-2〉 및 〈그림 7-3〉 참조).

(3) 비실험설계

비실험설계는 통제집단도 없고 사전조사도 할 수 없는 경우인데, 클라이언트의 행태변화를 목적으로 하는 사회복지정책의 평가에는 이러한 비실험설계가 많이 쓰인다(〈그림 7-4〉 참조).

〈그림 7-1〉 실험설계의 기본 모형

		사전조사	독립변수	사후조사	차이(결과)
실험집단	R	O_1	×	O_2	$D_e=O_2-O_1$
통제집단	R	O_3		O_4	$D_c=O_4-O_3$
					$D=D_e-D_c$

〈그림 7-2〉 준실험설계 모형 : 단일집단 전후 비교

		사전조사	독립변수	사후조사	차이(결과)
실험집단	R	O_1	×	O_2	$D=O_2-O_1$

〈그림 7-3〉 준실험설계 모형 : 정태적 집단 비교

		독립변수	사후조사	차이(결과)
실험집단	R	×	O_2	
통제집단	R		O_4	$D=O_2-O_4$

〈그림 7-4〉 비실험설계 모형 : 단일사례연구

		독립변수	사후조사
실험집단	R	×	O_2

5) 자료수집 및 측정

평가설계가 끝나면 평가에 필요한 자료를 수집하여야 한다. 자료란 평가보고서에 직접 또는 간접으로 사용되는 일체의 정보를 말하는데, 조사를 통하여 직접 수집·작성되는 일차적 자료와 다른 사람이 다른 목적을 위하여 작성한 이차적 자료로 나눌 수 있다.

일반적으로 많이 쓰이는 일차적 자료수집 방법에는 관찰법, 면접법, 설문서를 사용하는 질문지법 등이 있다. 이들 가운데 어떠한 방법을 사용하여 자료를 수집할 것인지는 비용과 조사목적에 따라 이들의 장단점을 고려하여 결정하여야 한다. 여기에서는 이들 각각의 장단점을 간단히 살펴보자.

(1) 관찰법

인간의 감각기관을 사용하여 자료를 수집하는 기본적인 방법이 관찰법이다. 관찰법은 어떤 현상이 나타날 때 즉시 포착할 수 있으며, 표현 능력이 부족한 연구대상에게도 적용이 가능하고, 비협조자나 면접거부자에게도 활용할 수 있으며, 국외자가 관찰하는 경우 새로운 사실을 밝혀 낼 수 있다는 장점이 있다. 반면에 관찰대상이 되는 행위가 나타날 때까지 기다려야 하며, 성질상 외부로 표출되지 않는 문제는 관찰이 불가능하며, 관찰자의 주관이나 편견이 개재되기 쉽고, 선택적인 관찰을 할 수밖에 없다는 한계점을 띤다.

(2) 면접법

면접법은 언어를 매체로 하여 응답자의 반응을 얻어내는 자료수집 방법인데, 응답자의 상황, 특히 사회복지 클라이언트를 대상으로 하는 경우,

그들이 마음 속에 품고 있는 의견이나 견해를 파악하는 데 있어 질문지법보다 훨씬 유리하고 문맹자에게도 적용할 수 있다는 장점이 있으나, 시간과 비용이 많이 들고, 면접기술이 필요하다는 점이 한계로 지적된다.

(3) 질문지법

질문지법은 평가에 필요한 자료를 획득하기 위하여 설문으로 구성된 질문지를 이용하는 방법이다. 질문지를 이용하면 설문 어구 등을 표준화시킬 수 있으므로 질문의 통일성을 기할 수 있고, 응답자의 비밀을 보장해 줄 수 있으며, 응답에 시간적 여유를 줄 수 있는 까닭에 비교적 정확한 응답을 얻어낼 수 있으며, 시간, 비용, 노력이 면접법이나 관찰법에 비하여 적게 든다. 그러나, 문맹자에게는 적용이 어렵고, 정확한 응답인지 확인하기 어려우며, 질문지를 만드는 데에는 전문적인 기술이 요구된다는 한계가 있다.

한편 정책프로그램의 평가에는 이차적 자료도 많이 사용되는데, 예를 들면 관공서의 문서나 다른 평가연구자의 평가보고서, 정부에서 발간한 통계연감 등이 그러하다. 곧, 이차적인 자료로서 관련 문헌이나 서류 등의 내용을 분석하거거나, 이미 나와 있는 통계자료를 수집하여 정책평가에 활용하는 경우도 많다.

일차적 자료건 이차적 자료건 간에 정책프로그램을 정확하게 평가하기 위해서는 평가에 필요한 자료를 얼마나 잘 수집하느냐가 매우 중요하다. 불필요한 자료들은 아무리 많이 모아 보았자 도움이 되지 않고 혼란만 가중시킬 따름이다. 따라서 평가에 필요한 자료인지 아닌지에 대한 판단능력은 정책평가를 진행할 때 정책평가자가 갖추어야 할 기본적 능력이다.

평가에 필요한 자료를 수집할 때에는 평가에 필요한 부분을 정확하게 측정할 수 있어야 한다. 정책프로그램의 평가시에 평가대상이 되는 사회현상을 양적으로 정확하게 측정하기 위해서 보통 척도를 사용한다. 척도는 측정수준에 따라서 명목척도, 서열척도, 간격척도, 비율척도로 나눌 수 있는데 이들은 분석기법의 수준과 관련된다. 곧, 이러한 척도들은 명목척도, 서열척도, 간격척도, 비율척도의 순서로 고도의 통계기법을 적용할 수 있다.[7] 이들을 간단히 소개하면 다음과 같다.

(1) 명목척도

명목척도란 측정된 숫자가 분류와 일반화를 위해서 의미가 있을 뿐 다른 어떤 의미도 가지지 아니하는 경우의 척도이다. 예컨대, 남자는 1, 여자는 0이라는 숫자를 부여하거나, 불교는 1, 기독교는 2, 천주교는 3, 유교는 4, 종교를 믿지 않음은 5, 기타 종교는 9로 숫자를 부여하는 경우 이들은 분류를 위하여 사용되는 명목척도라 할 수 있다.

(2) 서열척도

서열척도란 측정된 숫자 사이의 순서가 의미를 가지지만 그 간격이 같지는 않은 경우의 척도이다. 따라서 측정된 현상들의 비교가 가능하다. 예컨대, 클라이언트가 현재의 사회복지서비스에 아주 만족하는 경우를 4, 만족하는 편인 경우를 3, 불만족스러운 경우를 2, 아주 불만족인 경우를 1로 표시하는 경우가 그러하다.

(3) 간격척도

간격척도는 측정된 숫자와 숫자 사이의 간격이 동일한 경우의 척도이며, 따라서 측정된 현상들 사이의 정도의 차이가 어느 정도인지를 파악할 수 있다. 예컨대, 온도계에 의해 측정된 온도가 그러하다. 어제가 섭씨 28도였고, 오늘이 섭씨 25도라면 어제보다 오늘이 섭씨 3도 낮다고 말할 수 있다.

---

7) 척도의 종류에 따라 사용할 수 있는 분석기법들은 다음 항목에서 언급하므로 다음 항목을 참조할 것. 척도에 관해 보다 자세한 것은 김호정, 1993 : 62~66 ; 김해동, 1982 : 281~302 및 409~469 ; Nachmias and Nachmias, 1981 : 6장 ; Babbie, 1983 : 5장 참조.

(4) 비율척도

비율척도는 측정된 숫자의 간격이 같을 뿐만 아니라 절대 영점을 가지고 있는 척도인 까닭에 곱하기 나누기까지 가능한 경우의 척도이다. 예컨대, 국민소득이 5,000달러에서 10,000달러가 되었을 때 국민소득이 두 배가 되었다고 말할 수 있다. 곧, 비율을 나타낼 수 있는 척도인 까닭에 고도의 통계분석기법을 사용할 수 있다.

그러나 사회현상은 양화시켜 측정하기 어려운 경우가 많다. 따라서 측정이 어려운 사회현상을 측정하기 위하여 그 현상을 구성하고 있는 관찰 가능한 속성들로 구성된 지표(*indicators*) 등 측정 도구 및 척도의 개발이 필요하다.[8)]

사회복지정책의 경우에도 다른 사회현상의 측정에서와 마찬가지로 사회복지지표의 개발 등이 요구된다. 예컨대, 빈곤지수를 개발한다든가, 문제의 심각성이나 만족도 따위를 나타내 주는 지표의 개발 등이 그러하다.

이 이외에도 사회복지정책에서 많이 사용하는 경제지표나 사회지표로서는 소득수준을 나타내 주는 국민소득에 관한 지표들(GNP / NNP 등), 소득의 불평등도를 나타내 주는 소득분배지수로서의 지니계수와 타일계수, 그리고 생활의 정도를 나타내 주는 엥겔지수 등이 있으며, 실업률, 물가지수, 영양률, 산업화율, 문맹률 등도 많이 쓰인다.

6) 분석 및 해석

자료의 수집 및 측정이 끝나면 그것을 분석하고 그 의미를 해석함으로써 정책평가는 어느 정도 마무리된다.

수집된 자료의 분석은 질적인 분석과 양적인 분석으로 나눌 수 있는데, 질적인 평가분석은 객관적 입장에서의 행태론적 접근이나 체제론적 접근

---

8) 비더만(Biderman, 1972 : 69)은 사회지표를 사회의 중요한 조건에 관하여 지수로 나타낸 계량화시킨 자료로 정의한다. 자세한 것은 조사방법론 책들을 참고로 할 것.

뿐만 아니라 정책행위의 주관적 의미를 찾아내는 해석적 접근이나 비판적 접근 또는 자연주의적 접근 따위에 의한 평가를 말한다.[9)]

이러한 접근방법을 통해 이루어지는 질적인 분석은 논증과 설득력을 바탕으로 하여 새로운 아이디어와 시각을 제시해 주는 데 유용하다.

한편, 양적인 분석은 통계적 기법을 사용하거나, 정책분석기법으로 개발된 여러 가지 분석기법에 의하여 이루어진다. 양적인 평가분석기법들 가운데 어느 것을 사용할 것인가는 정책평가의 목표와 자료측정 수준 등에 의하여 결정된다. 예를 든다면, 정책대안의 비교 평가를 위해서는 비용편익분석(*cost-benefit analysis*), 비용효과분석(*cost-effectiveness analysis*), 결정나무분석(*decision tree analysis*), 마르코프 모형(*Marcov model*), 의사모형(*simulation*), 줄서기 이론(*queuing theory*), 선형계획(*linear programming*) 따위의 분석기법이 유용하게 사용된다. 한편, 변수들 사이의 관계를 밝히는 것이 정책평가의 목적인 경우에는 (1) 수집된 자료가 명목척도로 표시된 자료인 경우 변수 사이의 독립성 분석으로서 X^2 검증, 연관성 분석으로서 φ, Cramer's V, 또는 λ 등이, (2) 서열척도에 의하여 측정된 자료인 경우 연관성 분석으로서 Kendall's tau-a, tau-b, tau-c, Gamma, Sommer's d, Spearman's rho 등이, (3) 간격척도나 비율척도에 의하여 측정된 자료인 경우에는 Pearson's r, eta 따위가 사용된다.

또한 평가설계에 따라 평가분석기법은 달라진다. 만약에 사회복지 욕구나, 문제의 분포 상태를 찾아내거나, 대상별 지역별로 견주어 보기 위한 비실험설계인 경우에는 평균과 표준편차, 표준점수(Z score), 또는 빈도분포표(*frequency distribution*)나 분류표(*contingency table*) 따위가 동원되고, 인과관계의 추론이나 검증을 위한 준실험설계 또는 비실험설계의 경우에는 회귀분석이나 경로분석, 시계열분석 등이 사용된다.[10)]

---

9) 이들 접근방법에 관하여는 송근원, 1994c : 33~58 및 1991 : 1~18 참조.

10) 회귀분석기법이나 경로분석, 시계열분석 따위는 원칙적으로 비율척도에 의하여 측정된 자료인 경우에 적용할 수 있는 분석기법이다. 그러나 사회과학에서는 계량화의 문제 때문에 비율척도로 측정된 자료가 많지 않다. 따라서 간격척도

통계기법들을 사용하여 정책을 평가하는 경우, 정책으로 인한 행태변화는 통계적인 유의성에 의하여 판단된다. 통계적 유의성이란 확률상으로 보았을 때 그러한 행태변화가 의미가 있는지 여부를 판단하는 것이다. 보통 사회과학에서는 1종 오류를 범할 확률로서 0.05나 0.1을 기준으로 삼는다. 이는 그러한 행태변화가 거짓으로 판명될 확률이다. 곧, 어떠한 정책 효과가 0.05 수준에서 통계적으로 의미가 있다고 한다면, 그것은 약 95% 수준에서 그 정책효과를 확신할 수 있다는 것을 의미한다.[11)]

7) 정책평가보고서의 작성 및 제출

정책평가보고서의 작성 및 제출은 정책평가과정의 가장 마지막 부분이다. 그러나 평가보고서의 작성은 평가내용의 정확성을 확보하는 것 못지않게 중요하다. 만약 정책평가보고서가 읽히지 않는다면 무슨 소용이 있겠는가? 사회복지정책의 평가는 사회복지정책 프로그램의 개선을 위해서 되돌이될 때 그 의미가 있는 것이다.

(1) 평가보고서의 작성

정책평가보고서의 작성은 읽는 이를 염두에 두고 이루어져야 한다. 왜냐하면, 평가결과를 정책에 반영시키기 위해서는 읽는 이들이 정책평가보고서를 읽고 이해할 수 있어야 하는 까닭이다. 일반적으로 정책평가보고서를 작성할 때 다음과 같은 사항을 유념하여야 한다.

나 서열척도로 측정된 자료도 회귀분석이나 시계열분석에 사용되기도 하지만, 그것은 어디까지나 예외이며 그 분석결과에서의 한계를 인정하면서 사용된다.

11) 통계적으로 유의하다고 하여 항상 이론적으로 유의한 것은 아니다. 이론적인 유의성은 논리에 의하여 이론적으로 의미가 있는지 여부에 관한 것이다. 따라서 이론적으로는 의미가 있으나 통계적으로는 검증이 안 될 수도 있고, 이론적으로는 의미가 없으나 통계적으로 유의할 수도 있다. 이러한 경우가 생기는 것은 통계기법상의 한계나 이론상의 결함 때문인 경우가 많다. 특히 후자의 경우에는 인과관계가 거짓관계일 가능성이 높다.

① 정책평가보고서의 양식은 쉽게 눈에 띌 수 있도록 예쁘게 만들 것.
② 정책평가보고서의 내용은 쉽고 간결하게 쓸 것.
③ 정책평가보고서에는 그림이나 도표 등을 활용할 것.
④ 정책평가보고서는 맞춤법에 맞추어 쓸 것.

(2) 평가보고서의 내용

정책평가보고서는 형식뿐만 아니라 그 내용이 더욱 중요하다. 정책평가보고서의 내용에는 일반적으로 다음과 같은 사항들이 차례로 포함되어야 한다(송근원, 1994c : 287~296 참조).

① 평가결과의 내용 요약
② 평가된 프로그램에 관한 배경 설명
③ 평가목적 및 평가방법
④ 자료수집 방법
⑤ 분석결과 논의
⑥ 결론 및 제안사항

(3) 평가보고서의 제출

정책평가보고서가 아무리 잘 만들어졌다 하더라도 효과적으로 전달하지 않으면 아무 쓸모가 없다. 따라서 정책평가 결과를 발표하거나 제출할 때에는 다음과 같은 사항을 유념할 필요가 있다(송근원, 1994c : 297~310).

① 평가정보를 필요로 하는 사람들에 관하여 미리 알아둘 것.
② 평가결과를 취해야 할 행동 대책과 연결시켜 전달할 것.
③ 가장 중요한 정보부터 제시할 것.
④ 발표는 재미있고 변화 있게 할 것.
⑤ 기자들에게는 보도자료를 만들어 배포할 것.

4. 사회복지정책의 평가에 영향을 미치는 요인들

사회복지정책의 평가가 순조롭게 잘 진행되지 못한다든가, 평가내용이 잘못되면 그 평가결과의 실용성은 떨어진다. 실제로 정책프로그램을 평가하는 경우에 여러 가지 요인들이 평가활동에 영향을 미친다. 예컨대, 정책평가자의 이념이나 정책결정자의 의도 또는 클라이언트나 환경으로부터의 압력, 평가시간의 부족, 평가능력이나 기술의 부재, 되돌이 장치의 부재 및 복잡한 행정절차 등 여러 요인들은 정책평가를 지연시키거나 왜곡시킴으로써 그 쓰임새를 떨어뜨리는 데 작용한다. 또한 정책프로그램 자체가 정책평가를 원활하게 수행할 수 있도록 규정되어 있는지 여부도 정책평가에 영향을 미친다. 여기에서는 정책평가에 영향을 미치는 요인들을 인적 요인, 시간적 요인, 기술적 요인, 제도적 요인 및 정책 자체 요인으로 나누어 간단히 살펴보자.

1) 인적 요인

사회복지정책의 평가에 영향을 미치는 인적 요인이란 정책평가 활동에 작용하는 정책꾼들의 영향력을 의미한다. 정책평가에 영향을 미치는 정책꾼들은 정책평가의 내용이나 방향은 정책을 직접 평가하는 사람, 정책평가를 의뢰한 사람, 정책프로그램에 의하여 영향을 받는 사람 등으로 나눌 수 있다. 이들을 하나씩 살펴보자.

(1) 정책평가자

사회복지정책을 직접 평가하는 정책평가자가 정책프로그램의 평가에 영향을 미침은 물론이다. 특히 정책평가자의 이념이나 신념 또는 가치는 사회복지정책 프로그램의 평가 방향을 결정하는 데에 많은 영향을 미친다.

이러한 정책평가자의 정향성 이외에도 평가자가 가지고 있는 사회복지에 관한 전문지식이나 평가능력이 평가내용에 영향을 미침은 물론이다.

이런 점에서 볼 때, 사회복지정책의 평가자는 사회복지에 관한 전문지식 및 평가기술과 방법에 관한 활용능력을 갖추어야 한다.

(2) 정책담당자

정책결정자나 정책집행자 역시 정책평가에 영향을 미친다. 이들의 의도나 관심은 정책평가에 작용한다. 특히 정책결정자나 정책집행자가 정책평가를 의뢰하는 경우, 이들은 정책프로그램을 존속시킴으로써 그 정책프로그램의 정당성을 인정받고 싶어하는 경향이 있다. 따라서 이들은 긍정적인 정책평가가 이루어지도록 압력을 넣기도 한다.

(3) 클라이언트

때로는 사회복지정책 프로그램의 클라이언트가 정책평가의 의뢰자일 수 있다. 사회복지정책의 클라이언트는 정책프로그램의 수혜자들인 까닭에 정책평가의 의뢰자이든 아니든 간에 사회복지정책 프로그램을 확대하는 방향으로 정책평가를 내리기를 원한다. 곧, 사회복지정책 프로그램의 평가결과가 긍정적이든 부정적이든 간에 그것을 근거로 하여 정책프로그램의 확대를 원한다. 따라서 이들은 정책평가의 해석에 영향을 미치기 위해 영향력을 행사하기도 한다.

(4) 주민, 일반 국민 등

한편 그 사회복지정책 프로그램에 의하여 직접적인 영향을 받는 지역주민들이나 이해관계자, 그리고 일반 국민들의 여론도 사회복지정책의 평가에 영향을 미친다. 무릇 어느 정책이든 환경으로부터의 지지가 없이는 존재할 수 없다. 사회복지정책의 경우 다른 정책 분야보다는 환경으로부터의 지지가 비교적 약하다.

2) 시간적 요인

정책평가에 영향을 미치는 또 다른 요인으로 들 수 있는 것은 시간적 제약이다. 곧, 정책의 평가에는 시간을 요하는데, 충분한 시간적 여유가 없이 이루어지는 정책평가는 내용의 부정확성을 초래하는 까닭에 실패하기 쉽다. 반면에 정책평가를 충분한 시간을 가지고 하는 경우, 그 정책프로그램은 정확하게 평가될 수 있을지 모르지만 되돌이시킬 수 있는 시점을 놓치기 쉽다.

3) 기술적 요인

정책평가를 잘 하려면 평가를 위해 수집된 자료를 적절히 분석할 수 있는 기법이 있어야 한다. 만약 어떤 사회복지정책 프로그램을 평가하는 데 사용할 수 있는 좋은 분석기법이 이미 개발되어 있다면, 그 정책평가는 성공적으로 이루어질 수 있을 것이다. 그러나, 어떤 경우에는 평가기법이 아무리 좋다고 하더라도 자료가 뒷받침되지 않는 까닭에 그 평가기법을 적용할 수 없는 경우도 있다. 또한 부적절한 자료를 사용한다든가, 부적절한 평가기법을 사용하는 경우 정책평가의 결과는 신뢰할 수 없게 된다.

4) 제도적 요인

한편, 사회복지정책의 평가가 잘 이루어지려면 정책평가에 필요한 정보나 자료의 획득이 보장되어야 하고, 원활한 평가활동을 지지해 줄 수 있도록 행정적인 뒷받침이 있어야 하며, 평가된 평가결과가 활용될 수 있는 되돌이장치나 제도가 마련되어야 한다. 예컨대, 법규나 행정규칙에 의하여 정책평가 자료의 제공이 제한되는 경우 정책평가가 제대로 이루어질 수 없을 것임은 당연하다. 또한 되돌이장치가 없는 경우에는 아무리 잘된 정책평가라 하더라도 그것이 유용하게 쓰이기 어렵다.

5) 정책 자체 요인

정책평가가 잘 이루어지기 위해서는 평가되는 정책프로그램의 목표가 뚜렷하고 그 목표를 달성하는 연계 수단이 명확하여야 하고, 평가될 내용에 관한 측정이 가능해야 한다. 만약 정책프로그램 자체가 측정할 수 있는 기준을 제시하고 있고, 그 측정 방법을 구비하고 있다면 정책평가는 쉽게 이루어질 수 있을 것이다. 그러나, 만약 평가되는 정책프로그램의 목표가 모호하고 평가기준이나 측정수단을 제시하지 않는다면, 평가자는 그 정책프로그램의 목표를 파악하고, 그 목표달성을 측정할 수 있는 지표를 개발하는 데 정력과 시간을 쏟게 되고, 따라서 평가 자체는 지연되거나 등한시되기 쉽다.

제 2 부
정책목표 : 가치

제2부는 사회복지정책을 분석하는 데 기준이 되는 제반 가치들에 관한 것이다. 사회복지정책의 내용들은 일반적으로 다음과 같은 네 가지 요소들을 공통적으로 가지고 있다. (1) 누구를 그 대상으로 할 것인가? 즉 누구에게 급여를 할 것인가? (2) 무엇을 얼마나 급여할 것인가? (3) 급여의 전달체계는 어떻게 할 것인가? (4) 정책의 재원은 어떻게 마련할 것인가?

그런데, 이러한 네 가지 요소들을 분석하고자 할 때는 당연히 특정한 기준들을 필요로 하는데 이러한 기준들이 바로 그 정책의 목표이다. 즉 정책분석은 위의 사회복지정책의 네 가지의 요소들을 정책목표라는 기준에 의하여 분석하는 것이라 볼 수 있다.

사회복지정책들은 매우 다양한 형태로 존재하고 따라서 그 정책들의 목표들도 매우 다양할 수밖에 없다.[1)] 그러나 이러한 다양한 목표들에 깔려 있는 보다 큰 개념인 사회적 가치는 목표에 비해서는 상대적으로 제한적일 수 있다. 사회복지정책과 관련된 대표적인 가치들로서는 평등, 자유,

1) 예를 들어 미국의 경우 사회복지정책에 포함되는 프로그램들의 숫자는 수백 가지나 되고 또한 이러한 정책들의 목표들도 수백 가지에 이른다(Lawrence and Leeds, 1980).

효율, 욕구(*need*), 사회적 적절성, 인간의 존엄성 등을 들 수 있는데, 사회복지정책을 분석하는 경우에 이러한 정책들이 근거하고 있는 가치를 분석하는 것은 이러한 작업이 사회복지정책의 중요한 분석도구가 될 수 있다는 점에서 중요하다. 제 2부에서는 먼저 정책목표에 관한 일반적 논의를 한 후 이어서 사회복지정책 분석에서 중요한 네 가지의 가치－평등, 효율, 욕구 그리고 자유－를 차례로 논의하고자 한다.

제 8 장

정 책 목 표

우리가 정책을 구상하거나 혹은 분석하고자 할 때 가장 먼저 그리고 가장 자주 직면하는 질문은 '이 정책의 목표가 무엇인가?' 하는 것이다. 이러한 질문이 가장 먼저 등장하는 이유는 정책의 목표가 명확해야만 그 정책의 내용 혹은 그 정책의 결과를 명확하게 판단할 수 있기 때문이다. 즉, 특정 정책의 목표가 명확하지 않으면 정책의 내용도 혼란스러워지고 정책의 결과에 대한 평가도 어려워진다. 따라서 정책을 분석하는 과정에서 가장 먼저 요구되는 것은 정책의 목표를 명확히 밝히는 작업인데, 이를 위해서는 다음의 세 가지 측면의 이해가 필수적이다.

1. 목적과 목표의 혼란

정책의 목표가 명확하지 못하게 되는 중요한 이유 중의 하나는 많은 사람들이 정책의 목적(*goal*)과 목표(*objective*)를 혼용해서 사용하는 데 있다. 대개 정책의 목적은 일반적이고 추상적이며 광범위한 반면에, 정책의 목표는 세부적이고 구체적이며 조작적(*operational*)이어서 직접 측정가능한 것들이다(Gallagher, 1981 ; Chambers, 1993). 따라서 정책의 목표를 설정할 때 추상적인 목적으로 구체적인 목표를 대신한다면 해당정책의 분석에 많은 혼란이 발생할 수 있다. 예를 들어, 어떤 정책의 목표를 '저소득층의 경제적 안정'으로 설정한다면 이 정책의 내용이나 효과를 분석할 때 많은 혼란이 발생한다. 왜냐하면 이 정책에서는 그 대상으로 하는 '저소득층'에 대한 정의가 불명확할 뿐만 아니라 '경제적 안정'의 정도에 대해서도 구체적인 언급이 없기 때문이다. 이러한 목표의 불명확성은 사람들로 하여금 '저소득층'과 '경제적 안정'에 대한 상이한 정의를 불러일으키고 이는 결국 정책분석에도 상이한 평가로 나타나게 된다. 따라서 이 경우에 정책의 목표는 '월 소득 80만 원 이하의 소득계층 사람들을 대상으로 하여 그들의 소득을 80만 원 이상으로 높인다'처럼 구체적으로 정의되어야 하는 것이다. 이렇게 정책의 목표가 구체적이고 측정가능하게 설정된다면 정책의 내용이나 평가시에 혼란이 줄어들게 된다.

일반적으로 정책의 목표는 그 정책의 대상집단(*target group*)을 구체적으로 기술하고 그 정책이 의도하는 결과의 변화정도(*performance standard*)를 명확히 하여야 한다. 사회복지정책은 일반적으로 전국민을 직접적인 대상으로 하는 것은 드물고 대개 특정 집단들을 주요한 대상으로 삼는다(예외적인 것으로는 영국의 의료보장제도인 NHS를 들 수 있다). 따라서 정책을 분석할 때 그 대상이 누구인가가 중요한 쟁점으로 상정되며 특히 그 정책의 목표에서 구체적인 대상집단의 명확성이 가장 중요한 것이다. 또한 어떠한 사회복지정책도 특정한 사회문제를 완전하게 해결하지는 못한다. 따라서 정책의 목표를 설정할 때 그 정책이 추구하는 목표를 달성할 수 있는 기간, 그 목표의 질과 양 등을 구체적으로 정의하여야 한다. 예를 들어 주택정책의 경우 목표는 '5년 내에 상, 하수도와 난방시설을 갖춘 2인거주 주택 10만 호를 건설해서 월 80만 원 이하의 소득자 30%를 입주하게 한다'라고 설정되어야 하는 것이다.

2. 정책수단과 목표의 혼란

우리가 정책목표라고 하는 것은 그 정책이 추구하고자 하는 궁극적인 '목표'(*end*)를 말하는 것으로서 이 정책목표를 달성하기 위해서 사용되는 각종의 수단 혹은 방법들(*means*)과는 구별되는 것이다. 그런데 많은 사람들은 이러한 수단과 목표를 혼동하는 경향이 있다. 예를 들면 아동복지를 위한 다양한 프로그램들의 목표는 아동의 복지증진과 관련된 구체적인 목표들로 구성되고 이 목표를 달성하기 위한 상담서비스, 현금, 현물 제공 등은 목표가 아니라 수단이다. 그런데, 많은 사람들이 이 경우에 상담 서비스, 물건 또는 현금을 얼마나 제공하는가 등을 이 프로그램의 목표로 삼는 경향이 있다(Gil, 1992).

특정 정책의 성공여부를 판단할 때에는 그 정책의 목표가 얼마나 달성되었는가가 중요한 것이지 이러한 목표달성을 위하여 투여된 자원의 양과 질, 목표달성과정 등은 그다지 중요하지 않다. 물론 정책수단인 자원의 양이 많고 그 질이 우수하면 정책의 목표를 효과적으로 달성할 수 있는 가능성은 커지게 될 것이다. 그러나, 아무리 많은 자원을 투여했다 할지라도 정책이 추구하는 목표를 이루지 못했다면 그 정책은 실패한 것으로 판단짓게 되는 것이다. 예를 들어 미국에서는 1960년대 빈곤층의 주택문제를 해결하기 위하여 기존의 주택을 철거하고 대규모의 공공주택을 건설하였지만 실제로 빈곤층으로 하여금 이 공공주택으로 이주하게 하는 데는 실패함으로써 결과적으로 빈곤층의 주택문제는 오히려 악화된 정책사례가 있다(Friedman, 1977).

즉, 이 경우 정책의 목표가 빈곤층을 주택에 거주하게 만드는 것이기 때문에 아무리 공공주택을 많이 건설하여도—즉 수단이 좋아도—빈곤층이 실제로 이러한 주택에 거주하지 못한다면 이 정책은 실패한 것으로 평가되는 것이다. 최근 우리나라의 대규모 공공임대주택 정책도 이러한 양상을 보이는데 주택은 많이 건설하였으나 원래 의도했던 빈곤층의 거주에는 실패하였기 때문에 공공임대주택 정책은 실패한 정책이라는 평가를 내릴 수 있다. 이러한 목적전치(*goal displacement*)는 많은 정책에서 나타나는 현상이므로 정책분석에서 정책의 수단과 목표는 명확하게 구분되어야 한다.

3. 목표의 다양한 형태

1) 장기적 목표와 단기적 목표

목표가 불명확하게 되는 또 하나의 이유는 정책목표의 형태가 다양한 데 있다. 정책의 목표는 우선 단기적인 목표와 장기적인 목표로 구분할 수 있고 대부분의 정책들은 이러한 두 가지 목표를 동시에 가지고 있다. 그런데 문제가 되는 것은 이러한 두 가지 목표가 흔히 혼동됨으로써 정책의 내용에서 이 두 가지 목표가 명확하게 구분되지 못하는 데 있다. 특히 장기적 목표는 일반적으로 정확히 예측하여 설정하기가 어렵기 때문에 정책 내용의 장기적 효과분석에는 많은 논란이 존재할 수 있다.

예를 들어 빈곤층 가족의 아동들을 대상으로 하여 그들의 인지능력을 높이는 정책을 상정해 보자(대표적으로는 미국에서 '빈곤과의 전쟁' 시기에 실시되었던 Head Start 정책). 이러한 정책의 단기적인 목표는 빈곤층 아동들이 처해 있는 여러 가지 환경적인 문제를 극복하여 학교교육에서의 학습능력을 높이는 데 있다. 반면에 이 정책이 가지는 궁극적이고 장기적인 목표는 그들이 성인이 되었을 때의 소득능력을 향상시켜 빈곤에서 벗어나게 만드는 데 있다. 그러나 이 정책의 장기적인 목표를 달성하기에는 많은 어려움이 존재한다. 왜냐하면 이 정책을 통해 단기적으로 인지능력이 높아졌다 하더라도 이후 성인이 될 때까지는 많은 시간이 경과해야 하는데 이 동안에 여러 가지 요인으로 인하여 성인이 된 후의 소득능력이 높아지지 않을 가능성이 존재하기 때문이다. 실제로 많은 연구들은 이러한 정책의 장기적인 목표는 실패한 것으로 평가하고 있다(Levin, 1977). 따라서 특정한 정책의 결과는 그 정책의 장기적, 단기적 목표를 명확히 구분하여 적절하게 판단해야만 한다.

2) 공표된 목표와 숨어 있는 목표

정책의 목표는 명확하게 공표된 목표(*manifest objectives*)와 잠재적으로 숨어 있는 목표(*latent objectives*)로 나누어질 수 있다. 정책의 목표를 분석할 때 흔히 공표된 목표만을 분석하는 경향이 있는 데 이러한 경우 그 정책의 성격을 명확히 이해하는 데는 상당한 한계를 지닐 수밖에 없다. 따라서 유능한 정책분석가는 겉으로 드러나지 않은 정책목표 역시 정책분석의 내용으로 포함시켜야 할 것이다. 커다란 시각으로 본다면 저소득층을 위한 전반적인 사회복지정책의 공표된 목표는 저소득층의 인간다운 생활보장이라고 할 수 있는데 반해, 숨어 있는 잠재적인 목표는 자본주의 경제질서를 유지하기 위한 사회통제가 목적일 수 있다(Piven and Cloward, 1971). 공표된 목표와 숨어 있는 목표 사이의 괴리는 사회복지정책에서 많이 확인할 수 있다.

가장 널리 알려진 예로서 미국의 Food Stamp 프로그램을 들 수 있다. 이 정책의 공표된 목표는 저소득층에게 음식물을 공급함으로써 그들의 영양상태를 높이는 것이다. 그러나 이 정책의 뒤에 숨어 있는 목표들 중 하나는 대규모 농산물 생산업자들의 이익을 위하여 잉여생산물의 소비를 높이는 데 있다. 이 두 가지 목표 가운데 어느 것을 강조하는가 하는 것은 그 정책의 구체적인 내용을 살펴봄으로써 알 수 있다. 즉, 이 프로그램의 경우 음식물을 구입할 때만 유효한 증서를 수급자에게 지급하는데 많은 경우 실제로 그 음식물을 구입하는 데 필요한 현금량을 초과하는 증서를 필요 이상으로 지급함으로써 농수산물의 소비를 부추기는 경향이 있음을 확인할 수 있다.[2] 따라서 이 프로그램은 전자의 목표보다는 후자의 목표에 치중한다고 할 수 있다.

---

2) 수급자가 증서 대신에 현금으로 받을 경우 대부분의 사람들이 강제적으로 지급받는 음식물의 양보다는 적은 양의 음식물을 구입할 것이라는 의미이다.

또 하나의 예로서 도심지 빈곤지역에 거주하는 빈곤층을 위한 주택정책을 들 수 있다. 이 정책의 공표된 목표는 빈곤층으로 하여금 쾌적한 주택에 거주하게 하는 데 있는 반면, 숨어 있는 목표는 건설업자나 부동산업자 혹은 도심지에 위치한 기업인들의 이익에 있다. 이 경우에도 숨어 있는 목표를 '진정한' 목표로서 평가할 수 있는 근거로는, 실제로 도심지 재개발을 통하여 건설업자나 부동산업자가 큰 이익을 보고 빈곤층은 새로이 공급된 공공정책에 입주하지 못하는 경우가 많음을 들 수 있다. 이 정책의 세부적인 내용 또한 도심지 빈곤지역을 헐고 교외에 새로운 공공주택을 얼마나 짓는가에만 한정되어 있을 뿐, 실제로 빈곤층을 이러한 주택에 입주케 하는 구체적인 방법은 결여되어 있다.

3) 의도한 목표와 의도하지 않은 목표

정책의 목표는 또한 의도한 목표(*intended objectives*)와 의도하지 않은 목표(*unintended objectives*)로도 구분할 수 있다. 의도한 목표는 특정한 정책의 대상, 효과 등과 관련하여 정책입안 초기에 미리 의도했던 목표를 말하는 것이고, 의도하지 않은 목표는 정책의 목표설정 당시에는 예상하지 못한 것으로 정책의 집행과정에서 나타난 부수적인 결과로서 확인가능한 것이다. 전술한 숨어 있는 목표와 공표된 목표는 정책결정자의 입장에서 볼 때 의도적인 것이기 때문에 도덕적이고 윤리적인 문제를 내포하게 되지만 의도하지 않은 목표는 이러한 문제점은 없다고 볼 수 있다. 어떤 의미에서 이것은 진정한 '목표'라고 할 수 없다. 그러나 정책분석가의 입장에서는 의도한 정책목표가 가져오는 정책효과를 분석하는 것과 동시에 이러한 의도하지 않은 정책목표가 가져오는 간접적인 부수효과(*side-effect*)를 분석하여야 할 필요가 존재한다.

많은 사회복지정책들은 이러한 의도하지 않은 효과를 가지고 있다. 예를 들면, 국가에 의한 노인복지정책을 보자. 이 정책이 실시되기 이전에는 대개 노인의 성인자녀가 노인의 복지를 책임지게 된다. 국가에 의한 노인복지정책이 실시됨으로 인한 일차적이고 직접적인 수혜의 대상자는 노인이다. 그러나 보다 자세히 분석해 본다면 지금까지 노인의 복지를 책임져 왔던 성인자녀도 이 정책의 수혜자가 됨을 알 수 있다. 왜냐하면 이 정책의 실시로 인해 자녀들은 더 이상 노인을 위한 복지지출을 할 필요가 없어 실제적으로 성인자녀들의 가처분소득이 상승하였기 때문이다. 또한 노인복지를 위한 새로운 세금이 설정되고 징수될지라도 이 경우 성인자녀를 포함한 모든 국민들이 그것을 부담하기 때문에 성인자녀들은 정책실시이전보다는 순이익자가 될 수 있다. 따라서 이러한 경우의 성인자녀들을 이차적 수혜자(*secondary beneficiary*)라고 한다(Lampman, 1984).

지금까지 제반 사회복지정책들의 정책목표를 분석하는 데 있어 야기되는 일반적인 쟁점들을 논의하였다. 그러나 위에서 살펴본 바와 같이 사회복지정책의 목표들이 매우 다양하기 때문에, 정책내용을 분석할 때 사용되는 기준들도 다양할 수밖에 없다. 따라서 분석의 현실성을 고려한다면 정책분석에 사용할 기준들을 몇 가지로 한정할 필요가 있는데 이를 위해서 다양한 목표들에 깔려 있는 가치를 중심으로 하여 분석기준을 정리하여 보는 것이 유용하다. 왜냐하면 사회복지정책의 목표들은 매우 다양할지라도 그들이 추구하는 가치는 몇 가지로 제한할 수 있기 때문이다. 사회복지정책과 관련된 가치들을 논의하는 데 있어 자주 거론되는 것들로는 평등, 효율, 자유, 욕구, 사회적 적절성 등을 들 수 있다. 지금부터는 이러한 가치들에 관해서 차례로 논의하고자 한다.

제 9 장

평 등

사회복지정책들에 깔려 있는 가치들 가운데 가장 중요한 것 중 하나는 광범위한 의미의 평등이다. 그러나 사람들에 따라서 평등의 개념을 달리 사용하고 있고 이에 따라 많은 논란이 있는 것이 사실이다. 실제로 사회복지정책을 둘러싼 많은 논쟁들은 바로 이러한 평등의 개념에 대한 논란에서 비롯된다고 해도 과언이 아니다. 우선 평등의 개념은 일반적으로 크게 세 가지로 나누어진다. 수량적 평등(*numerical equality*), 비례적 평등(*proportional equality*) 그리고 기회의 평등(*equal opportunity*)이 그것이다. 이와 같은 평등의 개념 가운데 가장 적극적인 것은 수량적 평등이다. 이는 흔히 결과의 평등(*equality of result*)으로 불리는 것으로서 모든 사람을 똑같이 취급하여 사람들의 욕구나 능력의 차이에는 관계없이 사회적 자원을 똑같이 분배하는 것을 의미하는 개념이다. 그러나 수량적 평등의 개념이 의미하는 결과의 완전한 평등은 아직까지 인류역사상 어떠한 사회에서도 존재하지 않았으며 또한 현실적으로 존재할 수도 없다.

비록 결과의 완전한 평등은 아니더라도 많은 사회복지정책이 이러한 수량적 평등의 가치를 반영함으로써 결과의 평등을 부분적으로나마 목표로서 삼고 있는 것은 사실이다. 많은 사회복지정책들이 소득재분배의 목표를 달성하기 위해서 빈자들에게 그들의 능력과 기여에 상관없이 사회적 자원을 할당해 줌으로써 부자들과의 소득의 격차를 줄이려고 하고 있음을 예로 들 수 있다.

또 다른 평등의 개념 중의 하나인 비례적 평등은 위에서 살펴본 수량적 평등과는 달리 개인의 욕구, 노력, 능력, 기여에 따라 사회적 자원을 상이하게 배분하는 것을 평등의 개념으로 상정하는 것인데 흔히 공평(*equity*)이라고 불린다. 따라서 결과의 평등과 비교한다면 상대적으로 많은 불평등이 존재할 수 있다. 그러나 수량적 평등의 비현실성을 고려한다면 자본주의사회에서 실질적으로 가장 널리 사용되는 개념은 바로 이러한 공평의 개념이다.

사회복지정책이 수량적 평등의 가치를 강조하지만 또한 비례적 평등의 가치도 강조하고 있다. 예를 들어 사회보험의 경우 보험료를 많이 낸 사람에게 많은 급여를 하는 것은 바로 공평의 가치를 반영하는 것이고, 역사적으로 가장 오래된 공적 부조정책의 기본원칙인 열등수급의 원칙(*less eligibility*) 역시 이러한 공평의 원칙을 강조한 것으로서 공적부조 급여액이 근로를 통하여 얻을 수 있는 가장 낮은 임금액보다 높아서는 안 된다는 것이다.

세번째 평등의 개념은 이른바 '기회의 평등'이다. 이것은 세 가지 평등 개념 가운데 상대적으로 가장 소극적인 것이라고 할 수 있는데 이 개념에 의하면 결과가 평등한가 아닌가의 측면은 완전히 무시한 채 결과를 얻을 수 있는 과정상의 기회만을 똑같이 해주는 개념이다. 따라서 과정상의 기회만 평등하다면 그로 인한 결과의 불평등은 아무런 상관이 없다는 것이다. 결과적으로 이러한 평등개념을 취한다면 기회의 평등이라는 이름 아래 수 많은 결과의 불평등의 존재를 합법화할 수 있을 것이다. 사회복지정책들 중에서도 '기회의 평등'의 가치를 강조하는 것이 많다. 대표적인 것들로서, 1960년대의 미국에서 이른바 '빈곤과의 전쟁' 시기에 강조되었던 각종의 빈곤층 대상 교육, 훈련 프로그램들을 들 수 있다. 그러나 이러한 '기회의 평등' 프로그램은 대부분 '결과의 평등'을 달성하는 데는 대부분 실패한 것으로 평가되고 있다.

지금까지 평등의 개념을 크게 세 가지로 구분하여 각각의 내용들을 간략하게 살펴보았다. 그러나 실제 사회복지정책과 관련한 구체적이고 세밀한 분석을 위해서는 위에서 살펴본 평등의 개념을 보다 세부적이고 심도 있게 고찰할 필요성이 존재한다. 이러한 작업을 위해서 평등을 우선 크게 세 가지 차원으로 해부해 볼 필요가 있다. 즉, 첫째, 누구를 평등하게 할 것인가? 둘째, 무엇을 평등하게 할 것인가? 셋째, 어떻게 평등하게 할 것인가? (Rae et al, 1981 ; Aaron and Lough, 1986).

1. 누구를 평등하게 할 것인가

평등의 개념을 둘러싸고 진행되는 논쟁 가운데 가장 많은 부분이 바로 평등의 대상에 관한 것이다. 즉 평등의 대상에 누구를 포함시켜야 하는가의 문제이다. 달리 표현하여 본다면 평등이 누구와 누구 사이의 평등을 의미하는가이다. 이러한 의미의 대표적인 예가 바로 남녀 사이의 불평등이다. 오늘날 정도의 차이는 존재할지라도 어느 사회에서나 남자와 여자는 여러 가지 면에서 불평등하다. 만일 이때 남자와 여자가 모든 측면에서 차이가 없다면 남녀 모두를 대상으로 하여 평등을 추구하는 것이 바람직하겠지만, 반면에 생물학적인 측면 등과 같이 남자와 여자 사이에 차이가 있다면 남자와 여자들을 분리하여 남자들 사이에서의 평등과 여자들 사이에서의 평등만을 추구하는 것이 논리적으로 바람직할 것이다. 평등의 대상에 관한 논의는 크게 다음의 세 가지로 나눌 수 있다. (1) 특정지역에의 소속 (2) 사회적 위치의 차이 (3) 특정집단에의 소속.

1) 특정지역에의 소속

특정지역에의 소속의 여부는 평등의 대상을 분석할 때 비교적 논란이 적은 것이다. 이는 특정지역에의 소속여부에 따라 평등의 대상을 결정하는 것이다. 따라서 크게는 한 국가에 소속된 모든 사람을 평등의 대상으로 할 수도 있고 작게는 국가 내의 특정지역(*community*)만을 대상으로 할 수도 있다. 그 대상을 국가로 하든 혹은 지역사회로 하든 중요한 점은 평등의 대상은 다른 어떠한 조건에 상관없이 이 속성에 의해서만 결정된다는 것이다. 그러나 여기에서도 '소속'의 정의를 둘러싼 논란이 존재한다. 즉 한 국가에 살고 있는 모든 사람을 평등의 대상으로 할 때 그 기준을 단순히 국경 내에 거주하는 사람으로 할 것인가 혹은 국적소유자로 할 것인가 하는 논란이 있을 수 있다. 대부분의 국가들에서는 후자로 제한하는 경향이 있다(예를 들어 투표권, 사회복지수급권). 특히 평등 대상의 판단기준인 지역단위가 적을수록 이러한 소속의 정의는 복잡해지거나 까다로워지는 경향이 있다. 예를 들어 지역단위가 중앙정부에서 지방정부단위로 적어지거나 혹은 더 작은 규모의 지방정부로 축소될수록 그 지방정부에서의 거주기간, 납세기간 등이 기준으로 첨가되어 단순히 그 지역에 거주한다는 것만으로는 평등의 대상에서 제외되는 경향이 있다.

특정 지역에 대한 소속의 여부로 평등의 대상을 결정하는 것은 사회복지정책에서 중요한 쟁점이 되어 왔다. 전통적인 사회복지정책의 논쟁 중의 하나인 '보편주의'(*universalism*) 대 '선별주의'(*selectivism*) 논쟁이 바로 그 실례이다. 즉 보편주의적인 관점을 취한다면 사회복지급여는 한 국가에 소속된 모든 사람에게 다른 추가적인 조건 없이 제공되는 것이 바람직하겠지만, 선별주의적 관점을 취한다면 사회복지급여는 다른 추가적인 조건－예를 들어 개별적인 욕구의 정도－을 고려하여 선택적으로 제공되는 것이 바람직할 것이다. 이 두 관점의 장, 단점에 관해서는 후술할 정책내용 분석에서 자세히 다루어질 것이다.

특정지역에의 소속여부만을 자격조건으로 하는 사회복지정책은 역사적으로 볼 때 가장 늦게 도입되었으며 그 수도 가장 적다. 그러나 사회복지수급권을 하나의 기본권으로 간주한다는 측면에서 평가한다면 가장 발달된 형태라고 볼 수 있다. 대표적인 예가 영국에서 시행하고 있는 의료정책인 NHS(National Health Service)인데 이것은 영국국민이면 누구나 질병이 발생했을 때 보험료의 납부여부나 소득수준에 관계없이 의료서비스를 받을 수 있는 제도이다.

특정지역에의 소속여부만을 고려하는 사회복지제도도 그 기준인 '소속'

의 정의에 따라 제한이 주어질 수 있고 특히 사회복지에 사용할 수 있는 자원이 적은 상황에서는 이러한 제한들이 확대되는 경향이 있다. 가장 많이 사용되는 제한은 거주기간에 관한 것으로서, 이는 단순히 특정지역에 거주하는 것만으로는 사회복지정책의 급여자격조건을 충족시키지 못하는 것으로 간주하며 일정기간의 거주기간을 조건으로 하는 것이다. 예를 들어 캐나다에서 실시하고 있는 보편적 연금(*universal pension*)은 최소한 10년 이상의 거주기간을 수급자격조건으로 정하고 있으며, 연금급여액도 거주기간에 따라 차등적으로 지급된다. 특히 사회복지정책이 국가단위보다 더 작은 지방정부 혹은 그 이하의 단위에서만 제한적으로 실시될 때 거주기간 등의 제한은 더욱 중요해지는데 이러한 엄격한 제한의 주된 이유는 사회복지급여가 낮은 지역에서 높은 지역으로의 인구이동을 막고자 하는 데 있다.

이상적으로 본다면 특정지역에의 소속여부만을 자격조건으로 하는 사회복지정책들을 확대해 나가는 것은 평등대상의 포괄성, 인간의 존엄성 유지 등의 측면에서 바람직하나 현실적으로 대부분의 국가에서 이러한 형태의 사회복지정책들의 확대가 쉽지 않은 것이 보통이다. 그 이유는 이러한 형태의 제도확대는 대상의 포괄성으로 인하여 정책의 유지에 엄청난 양의 자원을 필요로 하기 때문이다(Gordon, 1988).

2) 사회적 위치의 차이

평등의 대상을 정하는 경우에 사용되는 두번째의 속성은 '사회적 위치'이다. 사회적 위치란 사람들이 가지고 있는 능력, 노력, 사회적 역할, 사회적 기여도 등에 따라 결정되는 것으로서 이러한 사회적 위치에 따라 사회적 자원이 분배되게 된다. 즉 사회적 위치에 따른 분배란 동일한 위치에 있는 사람들 사이의 평등을 의미하는 것으로서 위에서 살펴본 공평(*equity*)의 개념과 동일하다. 사회적 위치에 따라 평등의 대상을 정하는 것은 자본주의 사회의 순조로운 작동에 필요한 가장 중요한 가치이며, 대부분의 사람들에게 평등은 이러한 의미로 받아들여지고 있다.

사회적 위치에 따른 평등은 자본주의 사회에서 현실적으로 필요한 것으로 보이나 몇 가지 문제점을 내포하고 있다. 우선 동일한 위치의 개념과 그것의 측정방법을 둘러싼 논쟁이 있을 수 있고 설사 동일한 위치에 대한 합의가 존재한다 할지라도 그러한 위치에 이르기까지의 과정상의 정당성이 문제가 될 수 있기 때문이다. 사회적 위치에 따른 평등을 강조하는 사람들은 '위치'의 차이를 구분하는 기준으로 흔히 그 위치의 사회적 중요성과 그 위치에서 역할을 수행할 수 있는 사람들의 숫자를 사용하고 있다. 한 사회에서의 여러 가지 기능들은 그 중요성에서 차이가 있고 또한 그러한 기능을 수행할 수 있는 사람들의 숫자도 차이가 존재하기 때문에 수행하기가 어렵고 중요한 기능일수록, 그리고 그 기능을 수행할 수 있는 사람들의 숫자가 적을수록 보상을 많이 해주어서 그렇지 못한 기능과는 차별을 두어야 한다는 것이다(Davis and Moore, 1945). 이러한 맥락에서 자주 인용되는 사례는 의사와 청소원의 경우이다. 위의 관점에서 본다면 의사의 역할을 수행할 수 있는 사람들의 숫자는 적지만, 의사가 수행하는 기능은 사회적으로 매우 중요한 반면 청소원의 역할을 할 수 있는 사람들의 숫자는 많고 청소원의 사회적 기능은 상대적으로 덜 중요하기 때문에 의사에 대한 보상은 청소원에 대한 것보다는 높아야 한다는 것이다.

반면에 '사회적 위치'에 의한 평등의 관점을 반박하는 입장에서는 사회적 기능들의 사회적 중요성은 객관적으로 비교불가능한 것으로 간주하고 그 중요성이 특정사회의 지배적인 가치에 따라 달라진다는 점을 지적한다. 또한 이러한 상이한 기능들을 수행하는 사람들의 숫자에서도 별반 차이가 존재하지 않는다고 주장한다. 의사와 청소원의 사례에서 의사와 청소원이 기능이 가지는 사회적 중요성은 비교불가능하며 의사의 기능을 수행할 수 있는 사람과 청소원의 기능을 수행할 수 있는 사람들 사이의 수적인 차이가 그다지 크지 않다는 것이다. 즉 청소원들에게도 의사를 할 기회가 주어지고 그들에게 충분한 훈련만 받는다면 누구나(?) 의사의 기능을 수행할 수 있다는 것이다(Tumin, 1953).

설사 '사회적 위치'의 차이를 인정한다 하더라도 그러한 '위치'에 이르는 과정이 정당하지 못하다면 '위치'의 차이에 의한 '평등'의 정당성은 약화된다. 대부분의 사회에서 '사회적 위치'를 점유하는 과정에는 한편으로는 개인들의 노력, 능력 등에 의한 업적(*achievement*)이 중요하기도 하지만, 다른 한편 유전이나 가족배경 등의 귀속적(*ascrived*)인 요인도 중요하기 때문에 사회적 위치에 따른 평등의 정당성에는 한계가 있다. 위의 예에서 본다면 의사들은 청소원들에 비하여 좋은 부모에게서 태어나 유전적이나 가족배경에서의 유리함으로 인하여 의사가 되었기 때문에 단순히 위치에 따른 평등을 추구하다 보면 사회적 정의에서 멀어질 수 있다.

이러한 두 가지의 논리는 하나는 기능주의적인 관점으로 다른 하나는 갈등주의적 관점으로 사회현상을 설명하는 것인데 어느 쪽이 옳다고 단정하기가 쉽지 않다. 그러나 설사 사회적 '위치'들의 기능상의 중요성 차이를 어느 정도 인정한다 하더라도 현실세계에서의 소득이나 부의 불평등은 너무 크다. 오늘날 이른바 복지국가라고 하는 선진산업국가들에서도 약간의 정도의 차이는 있으나 잘사는 계층과 못사는 계층의 소득격차는 매우 크다. 예를 들면 미국의 가장 못사는 20%의 사람들이 전체소득의 3.8%를 점유하는 반면, 가장 잘사는 20%의 사람들이 44.5%를 점유하여 10배 이상의 차이를 나타낸다. 복지선진국이라는 스웨덴도 가장 못사는 20%가 전체소득의 6.6%를 점유한 반면 가장 잘 사는 20%는 39.9%를 점유한다(Smeeding et al., 1990). 잘사는 사람들과 못사는 사람들의 소득에서 약 10배의 차이를 사회적 위치의 기능상의 차이로 설명하는 것은 한계가 있어 현실세계에서는 공평하지 않은 많은 불평등이 존재한다고 볼 수 있다.

오늘날 복지국가들의 많은 사회복지정책들도 공평의 가치를 반영한다. 대부분의 복지국가들에서 그것의 수혜자의 숫자, 지출액 등에서 가장 중요한 프로그램들은 각종의 사회보험들인데 이러한 것들은 기본적으로 공평의 가치를 반영한다고 볼 수 있다. 오늘날의 사회보험은 일반적으로 두 가지 형태를 갖고 있다. 하나는 보험수리원칙(*actuarial principle*)을 강조하여 보험료 납부에 비례하여 급여액을 결정하는 소득비례방식이다. 다른 하나는 기여액에 상관없이 일정액의 급여를 주거나 혹은 저소득층에게 급여액을 높여 주는 형태가 있다. 대부분의 복지국가들은 오늘날 이 두 가지 형태를 모두 갖고 있다(이른바 이중체계, *two-tiered system*). 전자의 경우는 '공평의 가치'를 강조하는 반면 후자의 경우는 '결과의 평등'의 가치를 반영한다고 볼 수 있다. 그러나 전체적으로 보면 결국 보험료를 많이 낸 사람은 급여액을 많이 받기 때문에 사회보험은 결과적으로 '공평'의 가치를 반영한다고 말할 수 있다.

'공평'의 가치를 강조하는 사회복지정책은 시장경제에서 결정된 위치의 변화를 가져오지 않아 시장경제에서의 '불평등'을 유지시키는 한계를 갖고 있다. 에스핑 앤더슨(Esping-Andersen, 1990)은 복지국가의 성격과 발전 정도를 분석하기 위해서 시장경제에의 예속에서 벗어나는 정도를 나타내는 탈상품화(*decommodification*)의 개념과 복지국가정책의 사회계층체제의 유지 정도를 사용하였는데 이러한 개념들은 사회복지정책들이 '공평'의 가치를 얼마나 강조하는가를 측정하기 위한 것이다. 비록 스웨덴을 비롯한 스칸디나비아 국가들의 사회복지정책들은 '탈상품화'의 효과가 높고 또한 사회계층체제의 변화의 정도가 높지만 어떤 나라도 완전히 '공평'의 가치를 무시하지는 못한다. 이것은 자본주의 사회에서의 복지정책의 한계인 것이다. 즉 자본주의의 활성화를 위해서는 '공평'의 가치가 강조되어야 하고 그러기 위해서는 복지정책도 그 가치를 강조하기 때문에 필연적이라 할 수 있다.

사회복지정책(특히 공적 부조정책)에서 전통적으로 강조해 온 'less eligibility'의 원칙도 이러한 '공평'의 가치를 강조하는 것이다. 이것은 사회복지급여액이 일해서 벌어들이는 최저임금액보다 많아서는 자본주의가 작동하기 위한 가장 큰 요소인 근로동기가 약화되기 때문이다. 사회복지가 고도로 발전된 몇 개의 국가들에서는 이러한 'less eligibility'의 원칙을 어느 정도 무시해서 사회복지급여액이(특히 여러 개의 사회복지급여를 받을 때) 최저임금보다 많아 근로동기 등에서 몇 가지 문제점이 발생할 수 있다. 복지국가발전의 한계는 어떤 의미에서 자본주의에서 '공평'의 가치를 강조할 수밖에 없는 한계이지만 앞에서 언급했듯이 어떤 복지국가도 진정한 '공평'한 분배가 이루어지지 않고 지나친 소득 불평등이 있는 한 그 발전의 여지는 매우 넓다고 할 수 있다. 즉, 사회복지정책으로 시장경제에서 결정된 위치의 변화를 가져올 수 있는 여지는 크다고 볼 수 있다.

3) 특정집단에의 소속

평등의 대상을 결정하는 세번째의 방법은 특정집단에의 소속여부이다. 이것은 성별, 나이, 인종, 종교, 빈곤 정도 등으로 구분될 수 있는 집단들 사이에서의 불평등을 줄여야 한다는 점을 강조한다.

이것은 자본주의 사회의 상기의 사회적 '위치'에 따른 '공평'한 분배는 잘못된 것으로 전제한 후 이러한 잘못을 시정하려고 하는 것이다. '공평'한 분배가 이루어지기 위해서는 개인의 노력, 능력, 기여 등에 따른 보상이 되어야 하나 자본주의 사회의 구조적인 이유로 사회에서는 많은 '부정적인 차별'(*negative discrimination*)이 존재하여 특정집단에 소속되었다는 이유로 '공평'한 배분이 안 되는 것이다. 대표적인 예가 임금에서의 남녀의 차별이다. 오늘날 선진 산업국가들에서 정도의 차이는 있으나 여자는 남자에 비하여 비슷한 역할을 수행하는 데도 불구하고 임금이 낮다.

'집단별' 평등의 개념에서는 '진정한' 평등을 위하여는 이러한 불이익 집단들에게 '긍정적인 차별'(*positive discrimination*)을 하여 '불공평'한 배분을 시정해야 한다는 것이다. 그래서 여자, 장애인, 저소득층, 특정인종 등의 특정집단들에게 일자리, 진급, 대학입학 등에서 유리하게 대우해 주는 것이다. '집단별' 평등의 개념은 상기의 '공평'의 평등개념보다 결과의 평등을 이루기 쉽다. 사회복지정책에서 집단별 개념의 평등을 구현하려고 하는 것의 대표적인 것으로 범주적 공적 부조(*categorical public assistance*)를 들 수 있다. 이것은 단순히 일정한 소득 이하일 뿐만 아니라 특정 범주(예, 노인, 아동, 여자)에 속해야만 사회복지급여를 한다. 이 경우에 논란이 되는 것은 이른바 '자격 있는 빈자'(*deserving poor*)의 논쟁이다. 즉, 어떤 집단에 소속되어야 공적 부조를 받을 자격이 있느냐 하는 문제이다. 전통적으로 노인이나 아동, 장애인 집단은 인종별 집단이나 성별 집단에 비해서 더 많은 자격이 있다고 여기는데, 이유는 근로능력의 여부, 과거의 사회에 대한 공헌(노인), 미래에 사회에 대한 공헌가능성(아동), 자발성의 정도 등의 기준 때문이다.

'집단별' 평등을 추구하는 사회복지정책은 사회의 불이익집단들에 집중적으로 혜택을 주기 때문에 이른바 목표효율성(*target efficiency*)이 높아 소득재분배 효과가 크나 몇 가지 단점을 갖고 있다. 첫째는 수평적 평등(*horizontal equality*)의 문제다. 사회복지정책의 대상은 일정한 소득 이하에 있는 모든 사람을 대상으로 해야 하는데, 범주적 공적 부조는 특정집단에 속한 사람들에게만 급여하기 때문에 이 집단에 소속되지 않은 사람들에게는 불평등할 수 있다.

또한 집단별 평등을 지나치게 추구하다 보면 복지정책의 문제점—근로동기 약화, 가족해체 등—이 많이 발생할 수 있다. 또한 집단별 복지정책을 강조하다 보면 사회구성원 모두를 대상으로 하는 포괄적인 사회복지정책발전을 방해할 수 있다. 예를 들면 미국의 경우 이러한 집단별 복지정책이 상대적으로 발전되었는데 이로 인해 전체적인 사회복지발전에 장애를 가져왔다(김태성, 1989). 집단별 평등을 너무 강조하다 보면 또한 집단들끼리의 사회복지혜택을 둘러싸고 첨예한 이익집단 정치가 발생해서 특정집단은 불필요하게 많은 혜택을 받고 다른 집단은 손해를 볼 수 있다. 예를 들면 미국의 경우 노인들을 위한 사회복지정책은 크게 발전되어 오늘날 미국 노인들의 빈곤율은 미국 평균 빈곤율보다 더 낮고 반면에 아동들의 빈곤율은 과거보다 오히려 더 늘었다(1964년의 노인들의 빈곤율은 28.5%인데 이것이 1983년에는 14.1%로 줄어든 반면－미국 전체의 평균 빈곤율은 15.2%－아동들은 20.7%에서 22.2%로 증가하였다). 이것은 아동을 키우는 여성세대주의 빈곤율이 크게 높아진(1983년의 이러한 세대의 빈곤율은 40.2%), 이른바 '빈곤의 여성화'(*feminization of poverty*) 현상 때문이다(Ellwood, 1988). 이러한 현상의 이유는 여러 가지가 있을 수 있으나 중요한 이유 중의 하나는 노인들의 숫자의 증가와 이들의 정치적 권력의 증가 때문인 것으로 볼 수 있다.

2. 무엇을 평등하게 할 것인가

평등의 또 다른 차원은 평등의 범위나 수준 혹은 평등을 이루는 수단에 관한 것이다. 전술한 평등의 대상의 차원이 거시적이라면 이 차원은 좀더 미시적이고 세부적인 측면을 이야기한다고 할 수 있다. 따라서 이 차원과 관련된 사회복지정책들은 정책의 구체적인 내용—예를 들면 급여의 형태, 수준 등—과 관련된 많은 쟁점들을 갖고 있다. 여기서는 이러한 쟁점들을 크게 다섯 가지로 나누어 논의하기로 한다.

첫째, 사회복지정책의 급여수준에 관련된 것이다. 전술했듯이 자본주의 사회에서 사회복지정책은 완전한 평등을 추구하지 않는다. 그렇다면 사회복지정책은 어느 정도의 평등을 추구하는 것이 적절한가? 복지국가 발전의 역사를 볼 때 가장 오래되었고 가장 널리 이용된 평등의 수준은 이른바 '절대적 빈곤선'이다(대표적인 것이 Rowntree, 1901).

이러한 빈곤선은 대개 살아가는 데 있어 최소한의 기본적인 욕구를 충족시키는 선에서 결정된다. 따라서 사회복지정책은 이러한 빈곤선 이하의 사람들을 위로 끌어올리는 것을 목표로 한다. 절대적 빈곤선을 사회복지정책의 기준으로 하면 평등을 이루는 데 한계가 있다. 왜냐하면 이러한 빈곤선은 일반적으로 경제성장으로 인한 대다수의 사회구성원의 소득수준의 향상은 고려하지 않고 결정되기 때문에 절대적 빈곤선을 기준으로 하는 사회복지정책의 평등의 효과는 점차 적을 수밖에 없다. 예를 들면 미국은 절대적 빈곤선을 사회복지정책의 기준으로 하고 있는데, 이러한 빈곤선은 1965년대에는 미국사람들의 중위소득의 46% 정도를 유지하였는데 1986년에는 그 동안의 경제성장으로 인하여 32%의 수준으로 떨어졌다(Sawhill, 1988). 오늘날 미국이 선진 산업국가들 사이에서 소득불평등의 정도가 가장 높은 것의 직접적인 이유는 바로 미국의 사회복지정책이 절대적 빈곤선을 기준으로 하기 때문이다.

이러한 문제를 해결하는 것이 이른바 상대적 빈곤선이다 이것은 절대적 빈곤선과 달리 대다수의 사회구성원들의 소득변화를 고려하여 정해진다.

즉, 대다수의 사회구성원의 생활수준이 높아지면 이러한 빈곤선의 수준도 높아져 이러한 수준에 사는 사람도 다수의 사람들의 수준에 크게 떨어지지 않는다. 오늘날 고도로 발전된 복지국가들의 사회복지정책들은 이러한 수준을 평등의 목표로 삼기 때문에 그것들의 평등효과는 상대적으로 높다. 예를 들면 스웨덴이나 노르웨이 등의 사회복지정책들의 빈곤제거율은 매우 높은 반면 미국은 낮다(Smeeding et al., 1990).

둘째, 사회복지정책의 급여의 종류와 형태에 관한 것이다. 급여형태는 분류에 따라 여러 가지로 나눌 수 있겠으나 (예를 들면, 분야별로는 교육, 의료·소득보장 등으로, 기능별로는 사회보험, 공적 부조 등) 크게 보면 현금의 형태와 현물(*in-kind*)의 형태로 나눌 수 있다. 이 둘 가운에 어느 것을 강조하느냐에 따라, 사회복지정책의 평등효과가 다르기 때문에 논란이 많다.

현금 형태의 사회복지급여의 최대의 장점은 사람들의 합리적인 판단을 전제로 해서 수급자의 만족(효용, *utility*)을 극대화할 수 있고, 또한 개인의 자기결정(*self-determination*)—다른 말로는 수급자 주권(*consumer sovereignty*)—을 존중한다는 면의 높은 가치를 실현할 수 있고, 따라서 수급자의 선택의 폭을 넓힐 수 있다. 반면에 현물급여의 장점은 제한된 사회복지자원에서 정책의 목표를 달성하는 효과(흔히 목표효율성, *target efficiency*라고 불린다)를 높여, 사회복지자원의 낭비를 줄일 수 있다. 즉, 사회복지자원이 욕구가 적은 사람에게 가는 것을, 혹은 정책목표와 다른 용도로 사용되는 것을 막을 수 있다. 이러한 것은 현금급여의 가장 큰 단점이라 할 수 있다. 그러나, 현물급여는 수급자에게 치욕을 줄 가능성이 높고, 또한 이러한 프로그램의 운영비용이 높을 수 있어 이른바 운영효율성(*administrative efficiency*)이 낮아진다.[1)]

셋째, 사회복지정책의 수급자 단위에 따른 평등효과의 정도의 차이에 관한 것이다. 즉, 사회복지정책의 수급단위를 개인으로 할 것이냐, 아니면 가족이나 가구로 할 것이냐에 따라 정책이 추구하는 평등의 정도가 달라질

1) 이 문제에 관한 자세한 논의는 16장의 급여의 형태에서 다룬다.

수 있다. 한 나라의 소득 불평등의 정도는 완전히 개인단위로 측정할 때 가장 높고 단위가 커질수록 작아진다. 이것의 이유는 단순하여 개인으로 측정할 때는 많은 수의 소득이 전무한 사람들(아동, 가정주부 등)이 있기 때문이고, 단위가 커지면 가족 혹은 가구 내의 소득분배(*intra-family transfer*) 때문에 이러한 현상은 나타나지 않기 때문이다(Atkinson, 1983).[2)]

넷째, 사회복지정책의 급여 수준을 결정할 때, 수급자의 소득의 측정기간에 관한 문제이다. 일반적으로, 사람들의 소득은 측정기간이 짧을수록 변동이 심한 반면, 길면 단기간 내의 소득의 변동을 평균화할 수 있기 때문에 안정적이다. 즉, 월소득간의 편차는 연소득간의 그것보다 크다. 따라서, 한 사회의 소득불평등도 월소득으로 측정할 때가 연소득으로 측정할 때보다 크다. 대부분의 국가들에서, 소득불평등을 측정하거나 사회복지정책 급여수준을 결정할 때 사용하는 측정기간은 연 단위이다. 그러나, 이러한 연간소득도 변동이 크다. 예를 들면, 미국의 한 조사에 의하면 1969년에서 1978년 사이 10년간 사람들의 연간 소득의 변동을 보여주는데, 10년 내내 빈곤선 이하의 연간 소득자는 전체 인구의 0.7%인 반면, 10년 기간 동안 어느 한 해 빈곤선 이하의 소득자는 전체의 24.4%이다(Duncan et al, 1984). 이러한 연간 소득들의 커다란 변동의 문재점을 해결하기 위하여 나온 소득 개념이 평생소득(*life-time income*)이다. 평생소득은 사람들이 생애 기간 동안 전체의 소득을 말한다. 이것은 연간소득의 변동을 평균화하기 때문에 안정적인 경향이 있어, 평생소득으로 소득불평등을 측정하면 더 평등적이 되는 경향이 있다(Paglin, 1975).[3)] 소득의 측정기간에 관한 논의는 13장 급여자격에서 자세히 다룬다.

다섯째, 사회복지정책의 수급자들이 여러 개의 사회복지 프로그램을 동

2) 수급자단위에 관한 자세한 논의는 13장 급여자격에서 다룬다.

3) 이러한 입장은 생애주기(*life-cycle*)상에서 기인한 불평등-이른바 나이와 관련된 소득불평등-은 진정한(?) 소득불평등이 아니라고 본다. 즉 노인이나 미성년자의 소득이 적은 것은 생애주기상 필연적이기 때문에 소득불평등을 측정할 때 이 부분은 빼야 한다고 주장한다.

시에 받는 경우에 비롯되는 문제이다. 일반적으로 발전된 복지국가들에서 사회복지 수급자들은 여러 개의 사회복지 프로그램을 동시에 받는다. 예를 들면, 공적 부조 프로그램의 수급자들은 일반적으로 의료서비스도 받고, 공공주택에 살고, 아동교육도 무료로 받는 등 여러 형태의 사회복지 프로그램으로부터 혜택을 받는다. 따라서 수급자의 소득이 빈곤선 수준 이상으로 높아져 공적부조를 못받게 되면, 일반적으로 다른 프로그램들의 혜택도 동시에 못받게 된다. 이렇게 될 경우 시장소득[사회복지소득 이전의 소득(*pre-transfer income*)]이 높아졌음에도 불구하고, 총소득(사회복지소득을 합한 소득)은 오히려 이전보다 줄 수 있다. 이러한 현상 때문에 많은 사람들(여러 프로그램의 동시 수급자들)은 시장소득을 빈곤선 이상으로 올리기를 꺼리는 경향이 있다. 이러한 현상을 흔히 'poverty-trap'이라 하는데, 이것 때문에 사회복지정책의 부정적인 측면—근로나 저축 동기 약화—이 나타나게 될 수 있다.

이러한 문제를 근본적으로 해결하는 방법은, 소득이나 자산조사를 통한 프로그램을 가능한 한 줄이고, 보편적인 프로그램을 확대할 수밖에 없다. 그러나, 이러기 위하여는 많은 자원이 필요하고, 또한, 목표 효율성이라는 측면에서 문제점이 있기 때문에 확대의 한계가 있다. 따라서 현실적인 방법은 공적 부조를 유지한 채, 다른 프로그램들을 이것과 연계시키지 말아야 한다. 즉 의료서비스, 주택, 교육 프로그램들은 보편적으로 제공하고(이러한 프로그램들은 현물급여를 하기 때문에 앞에서 언급했듯 목표 효율성이 약화될 가능성이 적다), 소득보장의 측면만 소득과 자산조사를 통해서 제공하면 된다.

사회복지 프로그램들간의 상호 연계에 있어 최근 논란이 되고 있는 것은 공적 연금과 사적 연금(*private pension*)의 연계다. 오늘날 대부분의 복지국가들의 사적 연금은 국가로부터 세제상의 혜택을 받거나 연금기금의 안정을 보장받는 대신 국가의 통제를 어느 정도 받게 되어 준 공적 연금화하는 경향이 있다. 이러한 상황에서, 두 프로그램의 연계가 가능할 수 있다(ISSA, 1987). 가장 중요한 연계방법은 급여수준을 결정할 때 두 가지 프로그램의 급여액 모두를 고려해서, 어느 한쪽의 급여액이 높으면 다른 한쪽의 급여액을 줄여 지급할 수 있게 하는 방법이다. 이것은 사람들의 시장경제에서의 행위에 어떤 왜곡을 가져와 문제점을 발생시킬 수 있는 반면, 제한된 사회복지 자원을 평등의 목표를 이루기 위하여 효율적으로 사용할 수 있다는 장점이 있다.[4)]

3. 어떻게 평등하게 할 것인가

지금까지 논의한 두 가지의 평등의 차원은 모두 '결과의 평등'에 초점을 맞추었다면, 이 차원은 '평등'을 이루는 과정을 강조한다. 따라서, 이러한 개념에서는 '평등'을 이루는 과정이 자발적 의사에 의한 것이고 공평하게 이루어지면 그것의 결과는 불평등하더라도 정당한 것으로 인정된다(Nozick, 1974). 이것은 과정의 방법으로 볼 때 세 가지로 나누어 논의할 수 있다. 즉 기회의 평등을 통한 자유경쟁, 투표, 그리고 추첨이 그것이다.

첫째, 과정상의 평등의 개념 가운데 가장 많이 사용하는 것은 이른바 '기회의 평등'이다. 모든 사람에게 기회를 평등하게 주어 자유경쟁을 통하여 그것의 결과를 배분하는 방법이다. 자본주의 사회에서 대부분의 사람들에게 '평등'의 개념으로 쉽게 떠올리는 것이 이것이다(Hochschild, 1981). 이러한 기회의 평등은 정책적으로 추구하는 것은 비교적 쉽고, 또한 현실적이다. 그리고, 무엇보다도 '결과의 평등'을 추구하는 데서 나오는 자본주의 경제의 왜곡(효율상의 문제—근로, 저축동기 등)의 문제가 발생할 가능성이 적다(Okun, 1975). 또한, 이상적으로 볼 때 시장경제체제가 충분히 작동되기 위해서는 모든 사람들의 잠재능력이 충분히 발휘되어

4) 이와 유사한 것으로 공적 부조와 사회보험의 연계방법도 있다. 최근 미국에서는 공적 부조인 SSI와 사회보험인 국민연금을 연계시켜 어느 한쪽의 급여액을 다른 쪽의 급여액계산에 고려하여 조정하는데, 궁극적으로는 하나의 프로그램(SSI를 없애는)으로 통합하려는 시도가 있다.

야 하는데 이를 위해서도 모든 사람들에게 기회가 평등하게 주어져야 된다.

그러나, 이러한 이상적인 측면에서의 '기회의 평등'과는 달리, 현실세계에서는 이러한 평등의 개념이 개념적인 측면과 정책적인 측면에서 많은 문제점을 갖고 있다. 우선 '기회'의 개념이 모호하다. 어떤 기회를 언제, 어떻게 평등하게 할 것이냐는 문제다. '기회'는 무수히 많은 형태가 있고, 또한 그러한 기회를 언제, 어떻게 주느냐에 따라 무수히 많은 방법이 있을 수 있다. 이상적인 '기회의 평등'은 이러한 모든 방법들을 고려하여 모든 '기회'들을 평등하게 해야 하는데 이것은 현실적으로 불가능한 것이다. 대표적인 것이 사람들이 갖고 있는 유전인자를 평등하게 할 것이냐의 문제이다. 사람들은 태어나면서 서로 다른 유전인자를 갖고 있는데, 이러한 유전인자의 차이(기회의 불평등)는 이후의 결과의 불평등에 상당히 기여할 수 있다.[5] 따라서 유전인자를 평등하게 하지 않는 한 '기회의 평등'의 개념은 커다란 한계를 갖고 결과의 불평등은 필연적일 수밖에 없다.[6]

유전적인 측면에서의 '기회의 평등'은 불가능하다고 하더라도, 환경적인 측면의 '기회의 평등'도 대부분 이루기 어렵다. 사람들은 태어나서 어떤 가족 환경에서 자라느냐에 따라 달라지고 이로 인한 많은 '결과의 불평등'이 발생한다(Taubman, 1976). 따라서 진정한 '기회의 평등'이 이루어지기 위해서는 이러한 '가족환경' 평등을 이루어야 하나 이것도 현실적으로 불가능하다.[7]

---

5) 유전인자가 결과의 불평등에 미치는 영향이 어느 정도인가는 많은 논쟁이 있다. 널리 알려진 유전 대 환경(*nature vs nurture*) 논쟁이 그것이다. 예를 들면 Jensen(1969) 등은 유전적인 면이 더 중요하다고 하고 Kamin(1974)은 환경적인 면을 강조한다. 어느 쪽이 더 중요한지는 판단하기 어려워도, 적어도 유전인자가 결과의 불평등에 영향을 준다는 것은 인정이 된다.

6) 어떤 사회도 정책적으로 이러한 유전인자의 평등정책(?)을 추구하지 않는다. 예를 들면 100M 달리기 시합에서 달리기 잘못하는 유전인자를 갖고 있다 해서 10M 앞에서 출발시키지는 않는다.

7) 가족환경이 좋지 않은 곳에서 태어난 아이를 태어나자마자 좋은 가족환경에서

이러한 두 가지 근본적인 측면에서의 '기회'의 불평등이 존재하는 한 그 밖에 다른 '기회'의 평등을 준다고 해도, 그 결과는 실질적인 평등을 이루기 어렵다. 따라서, '기회의 평등'을 강조하는 사람들의 이른바 '과정상의 평등' 개념은 한계가 있다. 즉 이것은 사회의 기득권자들이 자기들의 위치를 합리화하기 위한 구호에 그칠 뿐이다(Bowles, 1972).

사회복지정책들 가운데도 이른바 '기회의 평등'을 강조하는 것들이 많이 있다. 이러한 정책들은 특히 시장경제 기능을 강조하는 국가들—예를 들면, 미국—에서 선호된다. 이러한 것들의 대표적인 것은 사회의 불이익집단들의 아동들을 대상으로 한 각종 교육과 훈련 프로그램들 및 그들의 건강과 주거환경의 개선을 위한 프로그램들이다. 미국의 1960년대 중반의 '빈곤과의 전쟁'(War on Poverty)의 대표적인 프로그램들이 바로 이러한 기회의 평등을 위한 프로그램들이다.[8)]

그러나, 대부분의 이러한 프로그램들을 10~20년 후 평가를 한 결과 실패한 것으로 나타난다(Levin, 1977 ; Glazer, 1988). 그것의 가장 큰 이유는 전술한 두 가지의 근본적인 '기회'의 평등이 이루어지지 않았기 때문이다. 즉, 대부분의 이러한 프로그램들은 저소득층의 학령기 아동들의 '기회'의 평등을 목표로 하였기 때문에, 시기적인 면에서 늦은 것이다. 이때는 이미 많은 '기회'의 불평등을 갖고 있었기 때문에, 보상적 차원(*compensation education*)의 교육과 훈련 프로그램은 한계가 있는 것이다. 심지어는 보다 빠른 시기에 기회의 평등을 추구한 프로그램들—대표적으로 Head Start로 빠르면 2~3세의 아동을 위한 프로그램—도 대부분 실패한 것으로 평가된다.

이러한 한계를 고려하면 자본주의 사회에서 사회복지정책이 '기회의 평등'을 지나치게 강조하는 것은 사회복지정책이 추구하는 기본가치를 약화

키우도록 해야 하나 이것은 현실적으로 불가능하다.

8) 이러한 프로그램을 위한 법령 자체의 제목도 Equal Opportunity Act이고 또한 이러한 프로그램을 집행하는 부서의 이름도 Office of Equal Opportunity Act이다.

시킬 수 있기 때문에, 사회복지정책은 '결과의 평등'을 추구하는 것을 강조해야 하고 '기회의 평등'을 위한 정책은 보조적으로 이용되어야 한다.

두번째의 과정상의 평등을 이루는 방법은 투표에 의한 것이다. 상기의 '기회'의 평등의 방법은 '기회'를 똑같이 주어 '경제적 시장'(*economic market*)에서 자유경쟁을 통하여 사회적 자원을 배분하게 하는 것이라면, 투표에 의한 방법은 '정치적 시장'(*political market*)에서 '기회'(1인 1표)를 똑같이 주어 정치적 경쟁을 통하여 배분하는 것을 말한다. 원론적으로 말하면, 이상적인 민주주의 제도하에서는 사회적 자원의 배분은 '경제적 시장'을 통해서보다 '정치적 시장'을 통해서 이루어지는 것이 더 많을 때 결과의 평등을 이루기가 쉽다. 왜냐하면 1인 1표 제도라는 '정치적 시장'에서의 평등을 통하여, 사회적 자원의 배분은 사회계층의 숫자의 크기에 따라 배분될 가능성이 높기 때문이다. 비록 이러한 원론적인 형태와는 다르지만, 고도로 발전된 복지국가들에서는 사회적 자원의 배분이 '정치적 시장'을 통하여 많이 이루어져 전통적인 '경제적 시장'을 통한 심한 결과의 불평등을 상당히 완화시켰다. 복지국가의 발전은 어찌보면 '경제적 시장'을 통한 배분과 '정치적 시장'을 통한 배분의 갈등의 역사라고 할 수 있다(Esping-Andersen, 1985).

그러나 이러한 투표에 의한 평등추구의 방법은 몇 가지 한계를 가지고 있다. 오늘날 대부분의 민주주의 제도를 갖고 있는 국가들은 국민들에 의하여 뽑힌 대표들에 의하여 국민들의 이익을 대변하는 대표민주주의(*representative democracy*: 의회민주주의) 제도를 갖고 있다. 이 제도하에서는 어떤 집단들의 이익이 잘 대변되느냐가 중요해지는데 이때 단순히 숫자가 많은 집단의 이익이 잘 반영되는 것이 아니다. 이러한 제도에서는 잘 조직화되고, 적극적이고, 자원이 풍부한 집단의 이익이 비록 숫자는 적다 하더라도 잘 반영될 수 있다(Olson, 1982). 이러한 측면에서, 사회복지정책의 주대상집단인 불이익집단의 이익이 대변될 가능성이 적을 수 있다. 특히 이러한 '이익집단정치'(*interest group politics*)에 의하여 정책이 결정되는 경향이 비교적 큰 국가들에서는 이러한 투표의 방법을 통한 결과의 평등을 이루는 것은 매우 어렵다고 할 수 있다(미국이 대표적인 예).

불이익집단을 위한 정책이 채택되기 어려운 또 하나의 이유는 이른바 '중위투표자 법칙'(*median voter rule*)의 원리 때문이다. 대표민주주의 제도하에서는, 대표자들은 득표극대화가 최대의 목표이기 때문에 다수가 선호하는 정책을 채택하는 경향이 있는데, 이때 정치적 성향의 측면에서 양극단에 위치한 사람들보다 중간에 위치한 사람들이 일반적으로 다수를 점하게 되어, 결국 중간층을 위한 정책이 채택될 가능성이 높다(Downs, 1957 ; Stigler, 1970). 이러한 원리는 분배정책의 실질적인 분배상황에 대한 많은 실증적인 연구들이 뒷받침한다(Page, 1981). 즉, 사회복지정책의 큰 수혜자는 불이익집단이 아니라 중간층이라는 것이다.

불이익집단의 이익을 대변하기 위해서는 이러한 집단의 정치적 힘이 커야 한다. 따라서 어떤 국가들에서는 사회복지정책적으로 여러 가지의 프로그램을 실시하여 이들의 정치적 힘을 높이는 것을 시도하였다. 예를 들면 1960년대 미국의 많은 시민참여(*citizen participation*)를 위한 지역사회운동(*community action*) 프로그램들이다. 이러한 프로그램들은 불이익집단의 사람들이 주요 사회복지정책 과정에 참여하게 하여 불이익집단의 이익을 위한 정책을 만들려고 한 것이다. 그러나 이러한 프로그램들의 결과는 일반적으로 부정적인 것으로 나타났다(Peterson and Greenstone, 1977). 이것의 가장 큰 이유는 불이익집단들의 정책결정과정의 참여가 대개 명목적(*nominal*)이고 형식적인 것에도 그치기 때문이다(이러한 현상을 흔히 '*tokenism*'이라 부른다). 결국 이러한 한계들로 인하여 투표라는 과정상의 평등의 방법도 결과의 평등의 목표를 이루는 데 뚜렷한 한계를 보인다.

세번째의 과정상의 평등을 이루는 방법은 추첨에 의한 것이다. 이것은 상기의 두 방법이 과정상의 평등을 이루는 것에 한계가 있는 것과는 달리, 과정상의 평등은 확실히 보장한다. 즉, 사회적 자원의 배분을 추첨에 의해서 결정하기 때문에 그 결과가 어떻게 되었건 그 결과를 얻을 수 있는 통계적 확률(*probability*)만큼은 모두에게 똑같이 해주기 때문이다. 비록 이 방법이 상기의 두 방법에 비하여 결과의 평등 측면에서 어떻게 나타날지는 모르겠으나, 적어도 앞의 두 방법보다 결과의 불평등을 합리화(정당화)

하기가 유리하다(Hochschild, 1981). 특히 사회의 불이익집단의 입장에서 보면 이 방법이 차라리 유리할 수 있다. 왜냐하면 이들 집단에게는 '기회'의 평등이나 '투표'의 평등을 통한 결과의 평등을 추구하기가 현실적으로 불리하기 때문이다. 문제는 사회구성원 어느 누구도(불이익집단 구성원들도 포함하여) 이러한 방법을 통한 사회적 자원의 배분을 원하지 않는다는 데 있다.

제 10 장

효 율

사회복지정책을 분석할 때 기준이 되는 또 하나의 가치는 효율이다. 전술한 평등의 가치를 논의할 때 반드시 거론되는 것이 바로 이 효율의 가치이다. 특히 사회복지 영역에서 이 두 가치의 관계와 관련하여 수많은 논의가 있어 왔고 그 가운데에서도 두 가치의 대체적(*trade-off*) 관계에 대하여 많은 논쟁이 있다(Okun, 1971 ; Kuttner, 1984 ; Stone, 1988 ; Le Grand, 1991). 즉, 평등의 가치를 추구하다 보면 반드시 효율의 가치가 희생될 수밖에 없는가? 예를 들어 사회복지정책의 확대는 경제성장을 저해할 수밖에 없는가? 라는 의문을 둘러싼 논쟁이 바로 그것이다.

그런데 평등과 효율의 관계를 논의하면서 대부분의 논자들이 피상적이고 추상적인 수준에 머무는 경향을 보이고 있다. 앞에서 살펴본 평등의 개념이 여러 차원으로 구성되어 있는 것과 마찬가지로 효율의 개념 역시 다양한 차원이 존재할 수 있다. 따라서 평등과 효율의 관계를 보다 정확하게 파악하기 위해서는 두 가치의 다양한 차원들의 개념들을 보다 구체적으로 분석할 필요성이 있다. 이러한 작업을 위해서 먼저 효율의 개념을 명확히 할 필요가 있다.

1. 수단으로서의 효율

일상생활에서 혹은 학문사회에서 효율이라는 말은 매우 자주 사용되고 있다. 이때 이 개념을 사용하는 사람들마다 또는 사용하는 용도에 따라 약간의 차이는 있을지라도 대부분 효율의 핵심적인 의미는 최소한의 자원을 투입하여 최대한의 결과(목표)를 얻는 것을 의미한다. 예를 들어 특정조직이 효율 있는 조직이라 할 때 이 조직은 최소한의 적은 비용으로 그 조직이 추구하는 목표를 최대한 달성할 수 있는 조직을 의미한다.

그런데 이러한 의미의 효율은 특정의 보다 큰 목표(일차적 목표, *primary objective*)를 달성하기 위한 수단 혹은 이차적 목표(*secondary objective*)를 의미하는 것이지 효율 그 자체가 주된 목표는 아니다. 따라서 이러한 의미의 효율은 평등과 같은 일차적인 목표와 동일한 수준의 개념이 아니기 때문에 평등과의 관계를 직접적으로 논하는 것은 무의미한 것이다(Le Grand, 1991). 즉 수단으로서의 효율은 평등을 추구하는 여러 정책 가운데 어느 것이 보다 적은 자원으로 보다 더 큰 평등을 성취할 수 있는가를 판단하는 기준일 뿐이다. 따라서 평등을 추구할 경우 너무 많은 자원을 필요로 하여 비효율적이라고 하더라도, 비효율이라는 것이 바로 평등이라는 일차적 목표 그 자체를 희생할 수 있게 만드는 기준이 될 수는 없는 것이다.

사회복지정책에서도 수단으로서의 효율 개념은 중시되고 있다. 특히 사회복지정책에 사용할 수 있는 자원이 상대적으로 적은 상황에서는 더욱 그러하다. 왜냐하면 이러한 상황하에서는 가능한 한 적은 자원으로 낭비나 중복 없이 정책이 추구하는 목표를 달성하는 것이 중요해지기 때문이다. 사회복지정책 분석에서 흔히 거론되는 목표효율성(*target effiency*)이나 운영효율성(*administrative efficiency*) 등의 개념들은 바로 이러한 수단으로서의 효율을 의미하는 것이다. 목표효율성이라는 것은 정책이 목표로 하는 대상들에게 그 정책에 사용되는 자원이 얼마나 집중적으로 할당되는가의 여부를 판단하는 기준이다. 예를 들면 저소득층의 소득향상을 목표로 하는 대표적인 두 가지 정책들인 사회보험과 공적 부조 가운데 공적 부조제도가 상대적으로 주어진 자원을 저소득층에게 보다 집중적으로 할당하는 결과를 보이는데 이 경우 공적 부조정책은 사회보험보다 목표효율성이 높은 것이다. 반면에 운영효율성은 정책을 운영하는 데 있어 얼마나 적은 비용을 사용하는가가 기준이 된다. 위의 예에서 본다면 공적 부조정책은 비록 목표효율성은 높아도 운영효율성은 낮다. 왜냐하면 공적 부조제도는 대상을 선정하는 과정에서 개별욕구 조사나 자산조사 등의 막대한 행정비용을 수반하기 때문이다.

목표효율성이나 운영효율성과 같은 수단으로서의 효율 개념이 사회복지정책을 분석하는 데 중요한 것은 사실이지만 현실적으로 어떤 정책이 효율적인가를 판단하는 것은 그렇게 간단한 것은 아니다. 그 이유는 다음과 같다.

첫째, '효율적인' 정책이란 가능한 한 적은 비용으로 사회구성원들이 중요하게 여기는 가치나 목표를 가능한 한 많이 달성할 수 있는 정책을 의미한다. 이때 문제가 될 수 있는 것은 사회구성원들이 중요하게 여기는 가치들이 상이할 뿐만 아니라 그 상이한 가치들의 상대적인 중요성을 비교하기가 용이하지 않기 때문이다(Dye, 1981). 이렇듯 합의된 가치가 없고 가치들간의 비교가 불가능하다면 과연 어떤 정책이 효율적인가를 판단하기는 어렵다. 예를 들어 10억 원의 예산으로 저소득아동 1,000명의 빈곤을 해결할 수 있는 정책과 100억 원의 예산으로 식물인간이 된 노인 100명의 생명을 연장하는 정책 가운데 어느 것이 효율적인가를 판단하는 것은 용이하지 않다. 이 경우 미래사회의 중요한 인적 자원인 아동의 복지라는 가치와 과거에 사회에 기여한 노인의 고귀한 생명의 보존이라는 가치가 대립하고 있는 것으로서 그 중요성의 판단은 쉽지 않다.

그렇다면 추구하는 정책의 목표가 보다 유사한 정책을 예로 들어보자. 버려진 아동 100명을 대상으로 하는 정책 가운데, 한 정책은 5억 원의 예산으로 아동의 부모가 양육할 수 있도록 하는 것을 내용으로 하고 있고, 다른 하나는 1억원의 예산으로 시설에 수용하는 것을 내용으로 하는 정책을 상정해 보자. 과연 어느 정책이 더 효율적인가? 이 경우 역시 바람직한 아동양육방법이 무엇인가를 판단하는 가치에 따라 상이하다. 왜냐하면 아이는 어떤 경우라도 부모가 있는 가정에서 키워야한다는 것에 가치를 두고 있는 입장은 비록 비용이 5배가 더 들더라도 전자를 선택할 것이고, 반면에 시설에서 자라도 별반 차이가 없다고 생각하는 입장은 후자를 택할 것이기 때문이다.

둘째, 어떤 정책이 효율적이냐의 여부는 이론적으로 볼 때 투입한 자원에 대하여 달성된 결과를 대비하여 그 비율이 높을수록 효율적인 것이다. 그런데 이 비율을 얻기 위해서는 투입한 자원과 달성된 결과들의 수량화가 이루어져야 한다. 그런데 대부분의 사회복지정책의 경우 이러한 수량화가 어렵다. 왜냐하면 대부분의 사회복지정책은 인간의 복지를 목표로 하고 있는데 인간의 복지라는 개념 속에는 수량화가 상대적으로 용이한 물질적 측면뿐만 아니라, 정신적, 윤리적, 사회적 측면도 다양하게 고려되어야 하기 때문이다. 예를 들면 상기의 예에서 식물인간이 된 노인의 생명에 대한 가치를 수량화하기에는 어려움이 많다. 보험회사에서 주로 사용되는 계산방법인 소득능력(*earnings capacity*)의 기준에 의하면 노인의 생명의 가치는 0에 가까운데 이럴 경우 노인에 대한 사회복지정책은 대단히 비효율적인 정책이 되는 것이다. 반면에 인간생명의 가치를 무한대로 본다면 대단히 효율적인 정책으로 평가될 것이다. 마찬가지로 아동은 부모가 있는 가정에서 양육하는 것이 구체적으로 얼마의 가치가 있는지 계산하는 것도 불가능하다.

셋째, 정책의 효율성 여부를 파악하기 위해서는 정책이 달성할 수 있는 결과의 이득(*benefit*)을 모두 파악할 수 있어야 하는데 현실적으로 이것도 불가능하다. 왜냐하면 어떤 정책의 결과가 가져올 수 있는 이득은 직접적인 것과 간접적인 것, 개인적인 것과 사회적인 것, 현재이득과 미래이득, 시장가격으로 평가할 수 있는 것과 그렇지 못한 것 등 여러 차원으로 나타날 수 있기 때문이다. 위의 예에서 본다면 저소득아동을 대상으로 하는 정책은 대상아동을 빈곤으로부터 탈피시키는 것이 직접적인 목표이나, 간접적으로는 아동의 인적 자본을 향상시키거나 범죄행위를 감소시키는 것 등의 이득이 있고, 이는 또한 아동 개인뿐만 아니라 아동이 속한 가족에게도 여러 가지 측면의 이득을 가져다준다. 또한 이 아동이 건전한 시민으로 성장해서 미래사회에 여러 가지 형태로 기여한다면 사회구성원 전체가 그 이득을 향유할 수도 있을 것이다. 즉 하나의 정책이 가져오는 이득은 무수히 많을 수 있기 때문에 모든 이익을 완전하게 파악한다는 것은 매우 어려운 일이다(Knapp, 1984).

지금까지 언급한 것과 같이, 사회복지정책의 영역에서 어떠한 정책이 효율적인가를 판단하는 수단으로서 효율의 개념은 정책선택이나 분석의 기준으로서 현실적인 한계를 가진다. 정책들의 효율성 여부는 매우 세부적인 측면에서 동일한 목표를 추구하는 정책들 사이에서만 판단할 수 있기 때문이다. 그러나 동일한 목표를 추구하는 정책들의 효율성을 비교하는 것도 어렵다. 예를 들어 입양정책들 사이의 효율성을 결정할 경우에도 엄밀히 따진다면 입양대상 아동들이 동질적이어야 한다. 왜냐하면 어떤 정책은 장애아 입양을 주로 하고 어떤 정책은 정상아 입양을 주로 한다면 이 두 가지 정책의 효율성 판단은 다시 어려워지기 때문이다. 따라서, 현실세계에서의 사회복지정책의 쟁점은 서로 다른 목표를 추구하는 정책들 사이의 선택의 문제이기 때문에 정책의 효율성의 문제는 그 의미가 축소될 수밖에 없다. 따라서 대부분의 사회복지정책은 사회구성원들이 갖고 있는 가치의 크기, 다시 말하여 다양한 가치를 추구하는 집단들 사이의 정치적 힘의 차이에 의하여 결정된다고 보는 것이 더 현실적이다. 이러한 상황에서는 특정한 목표에 대한 사회구성원들의 합의만 있다면 그 목표를 달성하는 수단이 비효율적이더라도 그 목표를 추구하는 정책은 채택될 수 있는 것이다.

2. **배분적 효율**(파레토 효율)

위에서 살펴본 수단으로서의 효율의 개념이 특정한 목표를 달성하는 데 가능한 한 적은 자원을 투입하여 최대한의 효과를 얻는 것에 초점을 두는 반면, 파레토 효율(*pareto efficiency*)의 개념은 사회적 자원의 바람직한 배분이라는 보다 포괄적인 측면에 초점을 두고 있다. 따라서 파레토 효율의 개념을 사용한다면 평등과 효율의 대체적인 관계는 수단으로서의 효율의 경우보다 중요한 쟁점이 될 수 있다.

파레토 효율적인 사회적 자원의 배분은 원론적으로 볼 때 완전경쟁의 시장에서 개인의 효용을 극대화하려고 하는 이기적인 사람들이 충분한 정보를 바탕으로 합리적이고 자발적인 선택에 의한 교환이 이루어질 때 자동적으로 달성된다고 본다. 즉 각자가 개인의 이익을 극대화하고자 하는 선택을 하게 되면 시장의 경쟁논리에 의하여 모든 사람의 효용을 높이는 방향으로 사회적 자원이 배분될 수 있다는 것이다. 따라서 파레토 효율적인 사회적 자원의 배분은 다른 사람의 효용을 저해하지 않고서는 특정 사람의 효용을 높이는 것이 불가능한 상태를 의미한다. 달리 표현하자면 어떠한 자원의 배분이 특정 사람들의 효용을 줄이지 않으면서도 다른 사람들의 효용을 높일 수 있다면 그러한 배분은 파레토 효율의 정의상 효율적인 것이 된다.

기본적으로 사회복지정책은 시장기제에서 결정된 배분을 수정하여 평등의 가치를 구현하는 것을 그 목표로 하고 있기 때문에, 이러한 목표를 추구하는 과정에서 특정한 사람들의 효용을 높이기 위해서는 다른 사람들의 효용을 줄여야 하기 때문에 파레토 효율의 정의상 이러한 재분배는 비효율적인 것이 된다. 따라서 사회적 자원의 배분이 평등적이면서 동시에 파레토 효율적이지 않는 한 사회복지정책이 추구하는 평등의 가치와 효율의 관계는 대체적(*trade-off*)일 수밖에 없다. 만일 타인의 효용의 증가가 직접적으로 자신의 효용증가를 가져오는 순수한 의미에서의 이타적인 사람들이 사는 사회에서는 평등과 효율을 동시에 달성할 수 있는 사회적 자원의 배분이 가능할 것이나(Hochman and Rodgers, 1969) 이는 현실세계의 인간관에 비추어 볼 때 불가능하다.

현실세계에서는 위와 같은 원론적 의미의 파레토 효율적인 사회적 자원의 배분은 불가능하여, 시장기제를 통한 자원의 배분이 비효율적인 경우가 많이 있다. 왜냐하면 현실세계에서는 파레토 효율을 충족시키는 여러 조건들이 성립하기가 불가능한 경우들이 많이 존재하기 때문이다. 이러한 이유로 인해 국가가 사회복지정책과 같은 방법들을 통하여 시장기제에 개입함으로써 사회적 자원의 재분배를 이루는 것이 보다 더 효율적일 수 있다.

시장기제를 통한 자원의 배분이 비효율적일 수 있는 이른바 '시장의 실패'(*market failure*)의 원인들은 다양한데 여기서는 사회복지정책과 관련 있는 몇 가지만 간략히 논의하고자 한다(김태성·성경륭, 1993).

첫째, 일반적으로 시장기제를 통한 자원의 배분이 효율적이 되기 위해서는 배분되는 재화의 소비가 경쟁적이고 배타적이어야 한다. 즉 이러한 특성을 가지는 재화를 사유재(*private good*)라고 하는데, 이러한 재화를 사용하고자 사람은 반드시 비용을 지불하여야 하고, 또한 비용을 지불하지 않은 사람들에 대해서는 그 재화의 소비를 통제할 수 있어야 한다. 그래야만 개인의 이익을 극대화할 수 있는 교환이 성립 가능하고 효율적인 자원배분이 이루어질 수 있다(Rosen, 1988).

반면에 이와 같은 사유재와는 달리, 재화를 소비하는 데 있어 비경쟁적이고 비배타적인 특성을 가지는 공공재는 일단 그 재화가 제공되면 다른 사람들이 그 재화를 소비하는 데 있어 추가적인 비용을 필요로 하지 않을 뿐만 아니라, 실제 그러한 사람들이 재화를 사용하는 것을 통제하기도 어렵기 때문에 시장기제를 통하여 이러한 재화를 분배하는 것은 비효율적으로 되기 쉽다. 기본적으로 사회구성원들이 이러한 재화를 필요로 하고 있고 일단 이 재화가 제공되기만 하면 사회구성원들에게 이익을 줄 수 있으나, 개인들은 이 재화의 특성을 이용하여 일단 자신들의 선호를 숨긴 채 재화가 공급되기를 기다려 비용을 전혀 지불하지 않고서 혜택을 누리려고 할 것이다. 이것은 흔히 무임승차현상(*free-rider phenomenon*)이라 불린다.

따라서 개인의 효용을 극대화하고자 하는 합리적인 사람이라면 모두 이러한 무임승차행위를 할 것이므로 이러한 특성을 가진 재화의 공급을 시장기제에만 맡겨둔다면 아예 그 재화가 공급되지 않거나, 공급되더라도 사회구성원의 욕구에는 훨씬 못 미치게 공급되어 사회 전체적인 자원배분은 비효율적인 것이 된다. 다시 말하여 공공재의 성격을 갖는 재화나 서비스가 제공되면 사회구성원 모두에게 효용의 증가를 가져오나, 시장기제를 통해서는 이러한 재화에 대한 사회구성원의 욕구나 선호를 완전하게 드러나게 할 수 없기 때문에 그 재화의 공급에 필요한 비용을 추징하기가 힘들어진다. 따라서 이러한 재화를 사회적으로 바람직한 수준으로 공급하기 위해서는 국가가 조세의 형태로 강제적으로 그 재화 공급비용을 추징할 필요가 있는 것이다. 사회복지정책이 국가에 의하여 주도되어야 하는 강한 논리적인 근거는 바로 사회복지정책에 의해 제공되는 재화나 서비스가 이러한 공공재적인 속성을 많이 가지고 있기 때문이다(김태성·성경륭, 1993).

둘째, 시장기제에 의한 재화의 배분이 효율적이기 위해서는, 사람들이 재화의 교환행위를 하면서 특정한 사람의 복지에 영향을 주게 된다면 시장에서 재화가격의 변화라는 형태로 그 대가를 지불해야만 한다. 그러나 어떤 경우에는 특정한 사람들의 행위가 전혀 시장가격의 변동 없이 다른 사람의 복지에 영향을 주거나 받을 수 있다. 이것을 특정 사람의 행위가 시장기제 외부에서 다른 사람의 복지에 영향을 준다는 의미에서 외부효과(*externality*)라고 부른다.

어떤 재화를 사용하는 경우에 이러한 외부효과가 존재한다면, 시장기제에서는 이러한 재화가 불필요하게 많이 사용되거나 혹은 필요 이하로 적게 공급될 것이다. 전자를 부정적인 외부효과, 후자를 긍정적인 외부효과라고 부른다. 대표적인 부정적인 외부효과의 사례로는 환경오염을 들 수 있고, 긍정적인 외부효과는 사회복지정책에서 제공되는 재화와 서비스에서 많이 나타난다. 예를 들어 우리 주위의 가난한 사람들이 이웃의 누군가의 도움에 의하여 빈곤을 벗어나게 된다면 전혀 그러한 행위에 기여하지 않은 사람들도 빈곤이 감소함으로써 범죄율의 감소, 집값 상승 등과 같은 여러 가지의 이익을 볼 수 있기 때문이다. 이러한 것을 흔히 이웃효과(*neighborhood effect*)라고 부른다(Friedman, 1962).

특정재화의 제공에 긍정적인 외부효과가 존재하게 되면 시장기제에서는 이러한 재화의 공급이 불충분하게 되는데, 그 이유는 자신이 이러한 재화를 공급하지 않더라도 타인의 공급에 의하여 이득을 볼 수 있으므로 모두

가 이러한 재화의 제공을 안 하려고 하기 때문이다. 사회복지정책의 재화나 서비스를 국가가 제공해야 된다는 논리적인 근거는 바로 이러한 재화들의 긍정적인 외부효과가 크기 때문에 시장기제의 공급에만 맡겨둘 수 없기 때문이다.

셋째, 시장기제에 의한 배분이 효율적이기 위한 또 하나의 전제는 개인들이 자신들의 이익을 극대화할 수 있는 합리적인 선택이다. 이러한 선택을 위해서는 그 재화에 대한 충분한 정보를 필요로 한다. 따라서 충분한 정보가 없는 상황에서의 불합리한 선택에 의한 자원의 배분은 파레토 효율의 정의상 비효율적인 것이 된다.

오늘날 고도로 발달된 산업사회에서 교환되는 재화나 서비스는 종류도 많고 기술적으로 복잡하기 때문에 수요자나 공급자 공히 그 재화들의 형태, 가격, 질 등에 관한 충분한 정보를 구하기 어려워 합리적인 선택이 이루어지기 어려운 경향이 있다. 대표적인 예가 의료서비스이다. 의료서비스에 대한 정보는 매우 복잡하고 전문적인 것이어서 의료서비스의 제공을 시장기제에만 맡겨둔다면 일반 소비자들은 서비스에 관한 정보가 적어 불합리한 선택을 할 가능성이 높다. 이런 경우에는 상대적으로 정보가 많은 공급자인 의료종사자에 의하여 독점적으로 서비스의 형태, 가격, 질, 양 등이 결정될 가능성이 높기 때문에 의료서비스의 공급이 불필요하게 많아지거나 혹은 적어지게 되어 비효율적인 자원배분이 발생하게 된다. 대부분의 국가에서 의료서비스의 공급을 시장기제에 맡겨두지 않고 국가에 의하여 통제하는 것은 바로 이러한 이유에서이다.

넷째, 파레토 효율의 또 하나의 전제는 개인의 자발적인 선택이다. 그런데 현실세계에서 사람들이 행하는 시장기제에서의 선택이 순수하게 자발적이지 않은 경우가 많다(Goodin, 1988). 개인의 선택은 경우에 따라서 동료나 가족 혹은 여론의 압력(?)에 의해 결정될 수도 있고 어떤 경우에는 역사적인 관습과 전통에 의하여도 결정될 수 있다. 또한 개인의 선택은 절망적인 상황에서의 강제적인 선택일 수도 있다. 예를 들면 굶어죽기 일보 직전의 노동자는 사용자가 제시하는 최저임금을 택할 수밖에 없는 것이다. 또한 개인의 선택은 현재적이고 단기적인 관계만을 고려해서 이루어지기도 하지만 충성심, 단골손님 등과 같은 장기적이고 특별한 관계를 고려해서도 이루어질 수 있다. 이러한 여러 가지의 이유로 인하여 재화들의 교환이 개인들의 자발적인 선택에 의하여 이루어지지 않는다면 시장에서의 재화의 배분은 비효율적인 것이 된다.

다섯째, 시장기제를 통한 자원의 효율적인 배분은 기본적으로 시장에 참여하는 개별 개인행위자들의 효용증대 측면만을 고려의 대상으로 하고 있을 뿐만 아니라 시장에서 상품의 형태로 제공가능한 재화만을 분석대상으로 상정한다. 따라서 전체 사회의 집합적인 효용, 즉 사회적 효용은 고려하지 않는다. 그러나, 특정한 재화의 경우, 시장논리에 의하면 개인들의 효용을 저해하기도 하고 또한 현실 시장기제에서는 공급될 수는 없지만 사회 전체적으로는 본다면 대단히 큰 효용을 가지며 효율적일 수 있다. 대표적인 예가 사회안정이나 사회연대감의 증대로 인한 전체 사회의 효용증가이다. 이러한 정책목표들은 개인들의 효용을 증가시킨다고 달성되는 것이 아니기 때문에 시장기제에만 맡겨둘 수 없고 국가가 사회복지정책과 같은 방법을 통하여 이루는 것이 효율적이다(Stone, 1988).

지금까지 시장기제를 통한 사회적 자원의 배분이 효율적이지 못한 이유들과 이러한 상황에서 사회복지정책과 같은 시장기제 외부에서의 수정을 통한 사회적 자원의 배분이 보다 더 효율적일 수 있음을 강조하였다. 그렇다고 평등추구를 목적으로 하는 사회복지정책이 모든 경우에 자원배분을 효율적으로 하는 것은 아니다. 사회복지정책을 지나치게 추구하다 보면 경제적 효율을 해칠 수도 있다.

평등과 효율의 대체적 관계에 대한 명확한 이해는 사회복지정책을 분석하는 경우에 매우 중요한 것이다. 왜냐하면 사회복지정책이 효율을 저해하는 정도는 사회복지정책의 종류와 형태에 따라 상이하기 때문이다. 사회복지정책의 대상에 누구를 포함할 것인가, 정책상의 급여형태나 수준을 어떻게 결정하는가, 급여의 전달방법과 재원조달방법은 어떠한가에 따라 상이한 결과를 가져오기 때문이다.

3. 평등과 효율의 관계

평등추구를 목표로 하는 사회복지정책의 확대가 효율을 저해한다는 것은 여러 가지 다양한 관점에서 설명될 수 있으나 여기서는 다음과 같이 크게 다섯 가지의 쟁점을 중심으로 논의하고자 한다. (1) 근로동기의 약화 (2) 저축과 투자동기의 약화 (3) 소비자선택의 왜곡 (4) 생산부분에 사용될 자원의 축소 (5) 정부의 실패(*government failure*).

1) 근로동기의 약화

평등을 추구하는 사회복지정책은 기본적으로 소득이 높은 계층에서 소득이 낮은 계층으로 소득을 재분배하는 것을 목표로 한다. 따라서 재분배정책을 실시하게 되면 당연히 어떤 사람은 소득이 증가하게 되고 어떤 사람들은 소득이 감소하게 된다. 이때 만일 소득이 증가된 사람들의 소득증가분과 소득이 감소한 사람들의 소득감소분이 정확히 일치하여 사회전체적으로는 아무런 소득의 증감이 발생하지 않는다면 단순히 소득의 이전(*transfer*)만 발생할 뿐 효율은 문제되지 않는 이른바 제로섬 게임(*zero-sum game*)의 상황이 된다. 따라서 이러한 경우에는 재분배에 대한 논쟁은 윤리적 혹은 철학적인 판단에 초점이 맞추어진다(Goodin, 1988).

그러나 문제가 되는 것은 소득재분배정책이 사람들의 소득 및 소득행위에 영향을 주어 사회 전체적으로 소득이 감소하는 결과를 발생시킬 수 있다는 점에 있다. 이 경우에는 평등과 효율의 대체적인 관계가 중요해진다. 소득재분배정책이 효율을 저해할 수 있는 가장 중요한 메커니즘 중의 하나는 이러한 정책이 사람들의 근로동기를 약화시킬 수 있다는 것이다.

경제학이론에서는 사람들의 근로동기를 소득과 여가를 적절히 선택함으로써 얻을 수 있는 효용의 극대화로 설명한다. 경제학에서는 이를 소득효과(*income effect*)와 대체효과(*substitute effect*)라는 개념을 사용하여 설명한다(Ehrenberg and Smith, 1982). 소득효과라는 것은 임금률의 변화

없이 소득이 올라가면(혹은 내려가면), 여가에 대한 선호가 높아져 근로동기가 약화되는 것(혹은 강화되는 것)을 말하고, 대체효과란 소득에는 변화가 없이 임금률이 올라가면(혹은 내려가면), 여가에 대한 선호가 낮아져 근로동기가 높아지는 것(혹은 낮아지는 것)을 말한다. 일반적으로 소득의 변화가 있으면 이러한 소득효과와 대체효과가 동시에 나타나는데 이때 어느 효과가 강한가에 따라 근로동기가 결정된다.

이러한 이론적 배경에 의하면 사회복지정책과 근로의욕은 어떠한 관계가 있을까? 사회복지정책의 확대는 사람들의 근로의욕과 관련하여 두 가지 측면에서 영향을 줄 수 있다. 하나는 이러한 정책의 실시에 필요한 재원을 위해 세금을 부담해야 하는 납세자의 측면이고 다른 하나는 정책의 수혜자의 측면이다.

사회복지정책의 확대로 인해 조세부담이 증가하면 납세자들의 근로의욕은 어떠한 영향을 받게 될까? 한편으로는 세금의 증가로 인하여 줄어든 가처분소득을 세금증가 이전의 수준으로 유지하기 위하여 더 많은 일을 하고자 하는 소득효과가 발생하고 다른 한편으로는 실질적으로 낮아진 임금률의 결과 여가의 기회비용이 낮아지게 되어 일을 하지 않으려고 하는 대체효과가 발생한다. 따라서 이 두 효과 가운데 어느 것이 지배적인가에 따라 납세자들의 근로동기가 결정될 것이다. 그런데, 이러한 결정에는 사람들 사이의 일에 대한 태도, 취향, 그리고 그들이 처한 환경 등 여러 가지 요인이 작용할 수 있으므로 보다 구체적이고 경험적인 조사연구를 필요로 한다. 많은 경험적인 조사연구에 의하면 조세의 증가는 일부 소수의 근로자, 예를 들어 가정주부, 청소년 등과 같은 2차 소득자(*secondary earner*), 최상위 고소득자, 최하위 저소득자 들을 제외하고는 대부분의 근로소득자들의 근로동기에는 영향을 별로 주지 않는 것으로 나타난다(김태성·성경륭, 1993).

반면에 사회복지정책의 수혜자들의 근로동기에는 어떠한 영향을 줄 수 있을까? 이것은 정책의 구체적인 내용에 따라 달라질 수 있다. 즉, 사회복지수혜자의 근로의욕은 정책의 내용에서 결정되는 기본급여액의 수준과 급여감소율(*benefit reduction rate*)의 정도에 달려 있다. 만일 기본 급여액의 수준이 높고 급여 감소율이 100%여서 수혜자가 근로소득이 있는 경우 근로소득만큼 전액 기본 급여액에서 삭감되는 경우 소득효과와 대체효과는 모두 명백하게 수혜자의 근로의욕을 감소하는 방향으로 작용한다. 반면에 기본 급여액의 수준이 낮고, 급여감소율도 낮다면 수혜자들의 근로의욕이 약화될 가능성은 낮다. 극단적인 형태로 급여감소율을 0으로 한다면 수혜자가 근로소득이 있을 경우에도 전혀 급여액이 줄어들지 않으므로 근로동기가 약화될 가능성은 없게 된다(김태성·성경륭, 1993).

오늘날의 사회복지정책들에는 다양한 형태가 있고 각각의 정책들에 있어 기본 급여액의 수준과 급여감소율은 다양하기 때문에 사회복지정책이 수혜자의 근로소득에 미치는 영향을 보다 정확하게 파악하기 위해서는 경험적인 조사연구를 필요로 한다. 다양한 경험적인 조사연구들을 종합한 자료에 의하면, 사회복지정책의 실시로 인한 수혜자의 근로동기는 약 5% 정도 감소하는 것으로 밝혀졌다. 사회복지정책 가운데에서는 사회보험 특히 국민연금이 이러한 감소에 가장 크게 기여하고 있고, 반면에 저소득층을 대상으로 하는 공적 부조제도에 의한 근로동기 약화는 상대적으로 적다(Danziger et al., 1981).

그런데 이 5%의 노동력 감소는 대부분 은퇴연령에 가까운 노인, 실업의 가능성이 높은 사람, 장애인, 여성근로자들에 의하여 주로 이루어지는데 이러한 사람들은 어차피 취업할 가능성이 적고 상대적으로 생산성이 낮은 사람들이기 때문에, 이러한 계층의 5% 노동력감소로 인한 경제적 효율성의 저하는 그다지 문제가 되지 않는 것으로 보인다. 특히 사회복지정책들이 교육과 건강향상을 통해 가져오는 인적 자본의 증대가 경제적 효율성을 높인다는 측면을 고려한다면 5%의 노동력 감소로 인한 효율성 저하는 무시해도 좋다고 볼 수 있다.

그러나 비록 사회복지정책으로 인한 수혜자들과 납세자들의 노동력감소가 심각한 문제가 안 된다 할지라도 사회복지정책을 분석, 입안할 때 근로동기의 문제는 분석의 중요한 기준이 되어야 한다. 따라서 사회복지정책을 통해 누구에게 무엇을 얼마나 어떻게 급여할 것인가를 구체적으로 결정할 때 근로동기의 문제는 충분히 고려되어야 한다. 이것에 관해서는 뒤의 정책내용 분석에서 자세히 논의할 것이다.

2) 저축과 투자동기의 약화

평등과 효율의 대체적 관점에 관한 두번째의 논쟁점은, 평등추구를 목적으로 하는 사회복지정책의 확대는 개인들의 저축 및 투자동기를 약화시켜 자본축적을 어렵게 하고 결과적으로 생산성을 저하하게 만든다는 것이다. 이러한 주장에 대한 구체적인 논리는 크게 다음의 세 가지로 나누어 살펴볼 수 있다.

첫째, 사회복지정책의 확대는 필연적으로 조세부담의 증가를 수반하게 되는데 그 결과 납세자들의 가처분소득이 감소하게 되어 저축을 할 수 있는 능력 자체가 줄어들어 개인저축이 줄어든다는 것이다. 이러한 논리는 부자들이 빈자들에 비하여 저축을 할 가능성이 크다는 가정을 바탕으로 한다. 즉 사회복지정책의 확대로 그 정책의 수혜자인 빈자들의 소득이 증가하여 저축할 수 있는 잠재력이 커지더라도 이들에게는 저축보다는 소비가 증가하는 경향이 있고, 반면 주요 납세자들인 부자의 저축능력은 감소하여 사회 전체적으로 볼 때 개인저축액은 감소할 수밖에 없다는 것이다(Browning and Johnson, 1986).

이러한 논리적 관점에는 적어도 두 가지의 한계를 가지고 있다. 그 하나는 부자가 빈자에 비하여 저축성향이 높다는 가정은 생애주기모델(*life-cycle model*)의 평생소득관점(*life-time income*)에 의해서 부정된다. 즉 평생소득의 개념을 도입한다면 부자와 빈자의 저축성향은 별반 큰 차이가 없다는 것이다(Freidman, 1957). 다른 하나는 사람들에 따라서는 미리 일정한 목표로서 저축량을 설정할 수 있다는 점이다. 이 경우 비록 가처분소득의 감소로 인하여 저축할 능력이 감소하여도 다른 소비를 줄여서라도 목표한 저축량을 이루기 위해 저축을 계속한다는 것이다(Aaron, 1982).

둘째, 조세의 증가는 대개 각종 자본소득에 대한 조세증가도 포함하게 되는데 이 경우 자본투자에 대한 이득률(*rate of return*)을 조세증가 이전보다 감소시키게 되어, 사람들로 하여금 미래의 소비보다 현재의 소비를 더욱 더 선호하게 만들어 저축성향을 저해할 수 있다는 것이다. 이 경우에도 사람들이 연간 자본소득에 대한 일정한 목표를 가지고 있다면 저축은 줄지 않고 오히려 증가할 수 있다. 왜냐하면 조세증가로 인하여 자본의 이득률이 낮아졌기 때문에 저축액을 더 증가하여야만 조세증가 이전과 동일한 소득수준을 유지할 수 있기 때문이다.

이상의 두 가지 관점은 모두 조세의 증가로 인한 일반적인 납세자들의 저축행위 변화에 초점을 맞추고 있는 반면, 다음의 세번째 관점은 사회복지정책의 현재적 혹은 잠재적 수혜자들의 저축행위를 분석의 대상으로 한다.[1] 실제로 사회복지정책과 저축과의 관계를 논의하는 대부분의 논자들은 이 세번째 관점에 주목하고 있다.

사회복지정책들에는 여러 가지 형태가 있으나 저축의 감소에 직접적이고 중요한 영향을 줄 수 있는 것은 국민연금(OASDI), 더 정확히 얘기한다면 노령연금이다. 왜냐하면 이 프로그램은 잠재적 수혜자가 가장 많을 뿐만 아니라 지출액도 가장 크고 무엇보다도 프로그램의 속성상 저축감소를 유발할 가능성이 가장 높기 때문이다. 사회복지정책의 다른 프로그램의 경우 상대적으로 잠재적 수혜자의 숫자나 지출액이 적고 또한 수급기간이 제한되어 있기 때문에 저축감소효과는 크지 않다. 따라서 여기에서는 국민연금제도로 인한 저축감소효과에 초점을 맞추고자 한다.

국민연금이 사람들의 개인저축액을 감소시킨다는 가장 기본적인 논리는 국민연금제도의 존재로 인하여 은퇴 후 생활이 상당 부분 보장되기 때문에 사람들로 하여금 국민연금을 위한 보험료부담금 이외의 별도의 개인저축을 해야 할 동기를 감소시킨다는 것이다. 특히 오늘날 대부분의 국가에서 국민연금제도는 부과방식(*pay-as-you-go*)으로 운영되기 때문에—즉, 사람들이 낸 보험료를 적립하지 않고 그대로 수급자에게 지출하기 때문에

1) 엄밀히 말한다면 오늘날의 선진 복지국가들에서는 거의 모든 국민들이 사회복지정책의 대상이 되기 때문에 납세자와 수혜자를 구분하는 것은 사실상 의미가 없을 수 있으나 여기서는 분석상의 필요에 의하여 구분한다.

—개인저축액의 감소는 곧바로 사회 전체의 저축량 감소로 이어질 수 있다는 것이다. 이러한 주장은 많은 실증적 연구에 의하여 뒷받침되고 있다(Feldstein, 1974). 펠트스타인(Feldstein)에 의하면 미국의 국민연금제도는 미국 국민들의 개인저축을 약 38% 정도 감소시키는 효과가 있는데, 이러한 감소는 결국 국민총생산의 약 15%를 감소시킨다고 주장하였다. 그러나 이러한 주장은 다음의 몇 가지 점에서 한계를 가진다.

첫째, 국민연금제도가 수혜자들의 개인저축을 감소시킨다는 주장은 대부분의 사람들이 미래에 받을 수 있는 연금을 현재의 부의 축적으로 간주한다는 생애주기 소득모형(*life-cycle income model*)에 입각한 것으로, 이러한 것을 흔히 국민연금의 '평생 부축적 효과'(*life-time wealth effect*)라고 부른다.

그러나 현실적으로 볼 때 대부분의 사람들은 그들의 미래의 상황을 염두에 두고 현재의 소비와 저축행위를 결정하기는 어렵다. 왜냐하면 이러한 결정에는 생애 소득수준, 이자율, 소비행태 변화 등과 같은 수많은 정보를 필요로 할 뿐만 아니라 일반적으로 사람들은 먼 미래의 상황보다는 가까운 현실을 고려하여 행동하기 때문이다. 오히려 국민연금제도가 도입되어 은퇴가 강제화되면서 은퇴 후의 생활에 대한 대비의 필요성이 더 높아진다든지 혹은 국민연금제도로 인하여 은퇴 후의 생활상 욕구에 대한 보다 광범위한 정보를 얻게 되어 저축의 필요성이 더 높아질 수도 있는데, 이것을 흔히 국민연금제도의 전시효과(*demonstration effect*)라고 한다(Danziger et al., 1981).

둘째, 사람들의 저축동기는 다양하기 때문에 단지 은퇴후의 생활만을 대비하는 저축동기 이외의 것도 있을 수 있다. 사람들은 살아가는 동안 예상할 수 없는 재난에 대비해서, 혹은 자식들에게 교육투자와 같은 인적인 면과 재산증여 혹은 상속과 같은 물적인 면으로 도움을 주기 위해서도 저축을 한다. 사람들의 저축행위가 이러한 다양한 동기에 의하여 이루어진다면 국민연금이 개인저축감소에 미치는 영향은 상대적으로 적을 것이다(Lesney and Leimer, 1985).

셋째, 국민연금을 통하여 은퇴한 사람들의 생활이 상당부분 보장된다면, 국민연금이 없을 때 노인들의 생활을 책임졌던 사람들의 소득이 실질적으로 증가하게 되는데 이렇게 증가된 소득이 모두 소비로 사용되지 않는 한 이러한 사람들의 저축은 증가할 수 있는 것이다(Lampman, 1984).

이상과 같은 세 가지 근거에 의하여 국민연금이 저축감소에 미치는 영향은 미약할 수 있다. 많은 실증적인 연구들이 이를 뒷받침하고 있다. 즉 국민연금이 어느 정도 개인저축을 감소시킨다 할지라도 이것은 통계적으로 무의미할 정도로 적다는 것이다(Barro, 1978 ; Danziger et al., 1981).

특히 국민연금이 개인저축을 감소시킴으로써 직접적으로 경제성장을 저해한다는 주장은 무리가 따른다. 왜냐하면 국민연금이 어느 정도 개인저축액을 줄인다 할지라도 경제성장에 필요한 자본축적은 개개인의 사적 저축뿐만 아니라 공공 저축행위에 의하여도 가능하기 때문이다. 즉 국민연금을 적립방식으로 운영한다든지, 정부예산을 흑자운영 한다든지, 혹은 투자액에 대하여 세제혜택을 주는 등 국가에 의한 금융, 재정정책을 통하여 국가 전체의 저축량은 유지 가능한 것이다(Okun, 1975).

3) 소비자 선택의 왜곡

사회복지정책의 급여형태는 크게 나누면 세 가지로 구분된다. 즉 현금, 현물, 서비스[2]이다. 오늘날 대부분의 복지국가들에서 제공되는 사회복지급여 형태의 반 정도는 음식물이나 주택과 같은 현물이거나, 의료, 교육 등과 같은 서비스의 형태이다. 그런데 이렇게 사회복지정책의 급여가 현물이나 서비스의 형태로 이루어질 때, 소비자의 선택에 왜곡현상을 일으킬 수 있으므로 시장기제에서 소비자들에게 적정하게 배분되는 양 이상으로 불필요하게 많이 배분되는 자원낭비(?)가 발생할 수 있다(Lampman, 1984).

만일 이러한 재화들이 현금으로 제공되고, 수혜자들의 합리적인 선택만

2) 현물은 음식물이나 주택과 같은 물질적 재화를 의미하는 것으로서 서비스와는 구분되나 통상 현물과 서비스를 묶어 'in-kind' 형태라 부르는 경향이 있다.

가능하다면 시장에서 자신들의 효용을 극대화하려는 방향으로 소비행위를 하게 되고, 재화의 공급자 역시 적정한 양과 가격으로 공급행위를 하게 되어 사회적 자원은 낭비 없이 사용될 수 있을 것이다. 그러나 현물이나 서비스로 제공될 때에는 수혜자의 선택의 폭이 제한됨으로써 불필요하게 특정한 재화나 서비스의 사용이 늘어날 가능성이 높아진다. 따라서 이러한 경우에는 현금으로 제공될 때보다 효용이 줄어들게 되어 사회 전체로 볼 때 사회복지정책의 실시로 인한 사회적 비용(*social cost*)이 사회적 이득(*social benefit*)을 초과하는 비효율을 유발하게 된다.

이러한 대표적인 사례가 미국에서 광범위하게 실시되고 있는 'Food Stamp' 프로그램이다. 이 프로그램은 저소득층의 적절한 영양섭취를 목적으로 반드시 식료품만 구입할 수 있는 '쿠폰'을 제공하는 제도이다. 그런데 저소득층 가운데 많은 사람들은 자신들의 효용을 극대화하기 위하여 이 쿠폰의 일부를 식료품 이외의 다른 용도로 사용하기 원한다. 따라서 이 제도에 투자된 실질비용에 비하여 수혜자들이 누리는 효용은 감소하게 된다. 경험적인 조사에 의하면 액면가 10＄의 쿠폰이 수혜자들에게는 10＄에 훨씬 미치지 못하는 효용을 가진 것으로 평가되고 있다(Smeeding, 1980). 결국 이러한 액면가와 실질효용 차이만큼 사회적 자원이 낭비되고 있는 것이다.

그러나 이러한 주장은 다음과 같은 두 가지 측면에서 한계를 가지고 있다. 하나는, 수급자에게 현금으로 지급할 경우 그 수급자가 합리적인 선택행위를 하지 않는다면 사회 전체적으로 사회적 이득은 감소하고 사회적 비용이 늘어날 가능성이 있다. 위의 예에서 저소득층 가정의 아동들의 영양섭취를 목적으로 Food Stamp 대신 현금으로 지급한다고 했을 때 만일 그 아동의 부모가 술과 도박에 이러한 현금을 사용한다면, 아동의 영양섭취를 통한 사회적인 이득은 감소하고, 술과 도박과 같은 사회적 일탈행위의 증가로 인한 사회적 비용이 증가하게 되는 것이다. 사회복지정책에서 지급형태를 현물형태 혹은 현금형태로 할 것이냐의 논쟁은 매우 복잡한데 이는 뒤에서 자세히 논의될 것이다.

또 다른 하나는 현물이나 서비스로 제공되는 재화들이 의료, 영양, 주택

등 대부분 국민들의 생산성 향상과 밀접한 관련을 가지는 것들이기 때문에, 설사 현물이나 서비스로 제공됨으로써 적정한 배분 이상으로 많이 사용된다고 하더라도 모두 낭비라고 할 수는 없다는 것이다. 즉 이론적으로 효용의 감소라는 측면에서는 낭비이지만 사회적으로 바람직한 쪽으로 쓰이는 낭비(?)는 어느 정도 감수할 수 있는 것이다. 특히 이러한 서비스를 통하여 긍정적인 외부효과가 많이 발생하여 장기적으로 국가 전체적인 이득이 존재한다면 소비자 선택의 왜곡으로 인한 비효율의 문제는 그리 심각한 문제가 아니다.

4) 생산부분에서 사용할 수 있는 자원의 축소

평등을 추구하는 사회복지정책이 효율을 저해한다는 또 하나의 관점은 사회복지정책의 확대로 인하여 생산부문에서 사용할 수 있는 자원이 줄어들게 되어 경제성장이 둔화된다는 것이다. 이 관점은 두 가지 측면으로 나누어 설명할 수 있다. 하나는 기회비용의 측면에서 상대적으로 생산성이 낮은 사회복지정책에 사용되는 인력과 자본이 생산성이 높은 부문에서 사용되지 못함으로써 발생하는 비효율의 문제이고, 다른 하나는 사회복지정책을 운영하는 경우에 발생하는 비효율의 문제이다. 후자는 뒤에서 별도로 설명될 것이기 때문에 여기서는 전자에 초점을 맞춘다.

사회복지정책이 생산부문에 사용되어야 할 자원을 축소시켜 경제성장을 둔화시킨다는 주장은 다음의 두 가지 가정에 그 근거를 두고 있다. 하나는 사회복지정책에서 사용되는 인력과 자본은 비생산적이라는 것이고, 다른 하나는 사회복지정책에서 사용되는 인력과 자본은 생산부문에서 사용될 수 있는 자본 또는 인력과 직접적인 대체가 가능하다는 것이다. 그러나 이러한 가정들은 다음의 측면에서 한계를 가진다.

첫째, 사회복지정책에서 사용되는 인력과 자본이 반드시 비생산적인 것은 아니라는 점이다. 많은 사회복지정책은 인적 자본 향상을 위한 투자의 성격을 가지고 있기 때문에 오히려 생산성을 높이는 역할을 한다(Denison, 1979). 대표적인 예가 일반 국민들의 건강과 교육을 위한 사회복지정책들인데 대부분의 복지국가에서 이러한 사회복지정책을 위한 지출은 전체 사회복지지출의 반 이상을 차지하고 있다(OECD, 1985). 구체적으로 보면, 데니슨(Denison)의 연구에 의하면 1948년에서 1973년 사이 미국 국민소득 증가의 약 11%는 근로자들의 교육수준의 향상에 기인하는 것으로 분석한다. 이러한 결과는 정책의 단기효과만을 고려한 것인데, 만일 아동들에 대한 건강, 교육투자의 장기효과까지 고려한다면 국민총생산에 대한 기여도는 더욱 늘어날 것이다.

둘째, 사회복지정책에 사용되는 자원 가운데 상당 부분은 생산부분에서 직접 사용할 수는 없다는 점이다. '생산부문축소' 논리의 핵심은 생산부문의 인력과 자본이 사회복지부문으로 이전된다는 것을 전제로 하고 있다. 그런데 위에서 살펴본 교육과 건강에 관한 인적 자본투자 성격의 사회복지정책을 제외하고는 대부분의 국가에서 가장 큰 사회복지정책은 국민연금이다. 이는 그 대상이 근로능력이 없는 노인, 장애자, 유가족 등이기 때문에 생산부문에서 요구하는 근로능력이 있는 인력과는 직접적인 관계가 없다. 다만 현재 근로하고 있는 생산능력의 일부가 국민연금제도의 실시로 인해 창출된 고용부문으로 이전될 수는 있으나, 실제 경험적인 연구에 의하면 새롭게 창출된 사회복지정책 부분의 고용은 기존의 생산부문인력이 유입된 것이라기보다는, 주로 여성과 같이 처음으로 노동시장에 참여하는 사람들에 의하여 채워지고 있다는 것이다(Klein et al., 1976).

국민연금, 건강 및 교육정책 등의 사회복지정책과 달리, 실지로 생산부문의 인력이 사회복지정책 부문으로 이전될 수 있는 잠재적인 위험이 큰 정책으로는 근로능력이 있는 사람들을 대상으로 하는 실업보험제도와 공적 부조제도이다.

그러나 이러한 정책들은 지출액과 대상자 숫자 등 그 규모면에서 위의 세 가지 정책들에 비하여 현저히 작을 뿐만 아니라(김태성·성경륭, 1993), 이러한 정책들의 경우 대개 급여조건이 까다롭기 때문에 생산부문의 인력이 이러한 부문으로 이전되는 것에는 한계가 있다.

셋째, 무엇보다도 중요한 것은 사회복지정책의 확대가 산업부문의 축소를 야기한다는 인과적인 논리가 사회복지정책의 역사적 발전과정을 분석하는 실증적 연구들에서 부정된다는 것이다. 즉 대부분의 복지국가들에서 사회복지정책의 확대는 노령인구의 증가, 인적 자본에의 낮은 투자 등 국가경쟁력의 약화요인의 결과로 인한 산업부문 위축에 그 원인이 있다는 것이다(Thirlwall, 1982). 즉 생산부문의 위축이 사회복지정책의 확대를 필요로 한 것이기 때문에 사회복지정책의 확대가 없었더라면 생산부문이 축소하지는 않았을 것이라는 논리에는 인과적인 오류가 존재하는 것이다.

5) 운영효율성 : 정부의 실패

사회복지정책을 운영하는 데에는 현실적으로 많은 비용을 필요로 한다. 즉 정책에 필요한 재원을 마련하는 과정이나, 급여를 하는 과정에서 대상자의 선정, 전달체계의 수립 등의 많은 운영비용이 필요한 것이다. 한 연구에 의하면 이러한 비용은 GNP의 약 3%에 이른다고 한다(Lampman, 1984). 이때 문제가 되는 것은 사회복지정책을 위하여 납세자들이 기여한 액수와 수혜자가 받은 액수 사이에 큰 차이가 발생하는 운영상의 비효율 문제이다. 예를 들어 빈자들을 위하여 부자들이 100원을 기여하였는데 기여한 100원 전액이 빈자들에게 돌아가지 않고 50원만 가고 나머지는 가지 않는다면 이른바 '새는 바구니 효과'(*leaky basket effect*)가 발생하여(Okun, 1975) 이러한 이전은 비효율적인 것이 된다.

오늘날 대부분의 복지국가들의 사회복지정책은 공공부문에서 제공된다(IMF, 1986). 1980년대 이후 이른바 '복지국가의 위기' 시대에 접어들면서 공공부문의 사회복지정책들이 민간부문에서 제공되어야 한다는 이른바 '민영화'가 강조되고 있지만 여전히 공공부문이 차지하고 있는 역할은 압도적으로 크다(김태성·성경륭, 1993). 사회복지정책을 둘러싼 운영의 비효율성 문제는 바로 사회복지정책이 공공부문에서 제공된다는 점에 초점이 맞추어진다. 사회복지정책이 공공부문에서 제공됨으로 인하여 발생하는 운영의 비효율성 문제는 흔히 '정부의 실패'(*government failure*)라는 개념으로 논의되고 있는데 그 구체적인 내용은 다음과 같다(Wolf, 1979).

첫째, 공공부문에서 제공되는 사회복지재화나 서비스가 많은 비효율적인 문제를 발생시키는 것은, 시장기제를 통해 제공되는 민간부문과는 달리 대부분 비경쟁적이고 관료적인 체계에서 이루어지기 때문이다. 이 경우 이러한 사회복지재화와 서비스는 비경쟁적인 형태, 즉 독점적으로 제공되기 때문에 재화와 서비스의 가격이 시장기구를 통해 결정되는 것보다 필요 이상으로 높을 수 있는 반면 공급될 수 있는 재화와 서비스의 양은 필요 이하로 감소될 수 있다. 또한 관료제적인 체계에서는 재화와 서비스의 공급자들이 해당 재화와 서비스에 대한 수요의 양과 질에서 신속하고 탄력적인 대응을 하기가 어려워 불필요한 재화나 서비스는 많이, 필요한 재화는 적게 제공될 수 있다. 뿐만 아니라 재화와 서비스의 개선에 대한 창의성과 혁신의 가능성이 적어지게 된다.

둘째, 공공부문에서 사회복지재화나 서비스가 제공될 경우에 이러한 재화의 공급이 불필요하게 '정치적'으로 결정됨으로써 비효율의 문제가 발생할 수 있는 가능성이 높다. 즉, 그 성격상 특정 이익집단들의 정치적 요구에 의하여 결정되기 쉽고 또한 이러한 방식으로 사회복지재화와 서비스가 공급될 경우 불필요한 재화와 서비스의 확대 및 낭비를 가져올 수 있는 것이다(Niskanen, 1971). 공공부문에서 제공되는 사회복지재화와 서비스를 둘러싼 이익집단들은 크게 세 부류로 나누어질 수 있다. 특정의 이익을 추구하는 소비자집단, 이들의 표를 획득하기 위하여 이들의 이익을 대변하는 정치가집단, 그리고 사회복지재화나 서비스를 제공하는 관료 및 전문가 집단들이 이에 해당하는데 이들의 이익이 결합되는 과정에서 재화나 서비스가 불필요하게 확대될 수 있다. 이러한 결합의 관계는 흔히 '철의 삼각관계'(*iron triangle*)(Rosen, 1988)라고 불릴 정도로 깨뜨리기가 힘든 것이다. 그 이유는 공공부문의 재화와 서비스가 상대적으로 조직적인 이익집단들에게 집중적으로 할당될지라도 이러한 재화와 서비스의 비용부담은 비조직화된 전국민에게 분산되어 분담되기 때문에 특정 개개인들에 할당되는 부담의 몫은 적을 수 있으므로, 대부분의 국민들이 이와 같은 관계에 대하여 저항할 동기가 약해지기 때문이다(Olson, 1982). '철의 삼각관계'를 통한 자원의 배분이 성공할 수 있는 또 다른 이유는 서로 다른 정치가들이 대부분 각각의 삼각관계를 갖고 있기 때문에 자신들의 삼각관계를 유지하기 위하여 다른 정치가들의 삼각관계의 유지를 지지하는 경향을 보이기 때문이다. 이러한 현상은 흔히 'pork barrel politics'라고 불린다.[3)]

사회복지재화와 서비스가 공공부문에서 제공될 때는 위와 같은 이유들로 인하여 어느 정도 비효율의 문제가 발생할 수 있다. 그러나 앞에서 설명했듯이 이것은 평등이라는 일차적인 목표를 이루는 과정에서 발생하는 비효율의 문제이기 때문에 이러한 운영상의 비효율문제는 어느 정도 감수할 수밖에 없는 것이다. 다만 공공부문의 효율을 높이기 위해서는 민간부문과의 역할분담이 필요하며 공공부문 내에서도 정책에 따라 재화와 서비스의 형태별로 효율성에 많은 차이가 발생하기 때문에 어떠한 것이 운영효율성을 제고할 수 있는가에 관해서는 보다 심도 있는 논의를 필요로 한다. 이것에 관해서는 제 15장의 사회복지 전달체계에서 자세히 논의될 것이다.

3) 이에 관한 자세한 논의는 Tullock(1983)를 참조.

제 11 장

욕구 : 사회적 적절성

사회복지정책의 분석기준이 되는 또 하나의 가치는 욕구(*need*)이다. 앞에서 얘기했듯이 사회복지정책은 기본적으로 시장기제를 통하여 일차적으로 결정되는 재화와 서비스의 배분을 수정하는 것을 목표로 한다. 그렇다고 하여 사회복지정책이 시장에서 결정되는 모든 재화와 서비스의 분배상태에 관여하는 것은 아니다. 사회복지정책에서 제공되는 재화와 서비스는 일반적으로 특별한 성격을 갖고 있거나 혹은 특별한 '욕구'에 대응하는 것이 대부분인데 이때 기준으로 사용되는 것이 욕구이다.

일반적으로 시장에서 이루어지는 자원의 배분이 사람들이 '원하는 것'(*wants*) 혹은 '바라는 것'(*desire*)을 만족시킴으로써 이루어진다면, 사회복지정책을 통한 자원의 배분은 욕구의 만족을 통하여 이루어진다(Goodin, 1988). 따라서 사회복지정책의 당위성은 욕구의 만족이 단순히 바라는 것의 만족보다는 더 중요하다는 데 있다. 따라서 욕구에 대한 논의에서는 '욕구'와 '바라는 것' 사이의 개념적 구분이 중요하다(Goodin, 1988).

1. '욕구'와 '바라는 것'의 차이 : 욕구의 속성

'욕구'(*need*)의 속성을 정확히 이해하기 위해서는 욕구와 유사한 개념인 '바라는 것'(*desire*)과의 차이를 개념적으로 구분하여 보는 작업이 유용하다. 이것은 크게 다음의 일곱 가지 관점을 중심으로 논의할 수 있다(Goodin, 1988).

첫째, '욕구'가 '원하는 것'과는 다를 뿐만 아니라 '욕구'의 만족이 '원하는 것'의 만족보다 더 중요할 수 있다는 것의 논리적 근거는 '욕구'의 만족을 통하여 사람들이 단순히 '원하는 것' 이상의 목표를 달성할 수 있다는 점과 아울러 이러한 목표를 달성한다면 '객관적인' 의미에서 가치가 있기 때문이다. 일반적으로 시장기제에서 자원의 배분은 사람들이 주관적으로(*subjectively*) 원하기 때문에 이루어지는데, 이때 분배되는 자원들이 실제로 그 사람들에게 만족을 주는지의 여부는 불확실하다. 특히 사회가 복잡해지고 시장에서의 선택에 정보가 중요해질수록 사람들이 가지고 있는 주관적 desire에 의한 자원의 배분이 진정한 복지를 충족시켜 줄 가능성은 적어진다. 따라서 욕구에 근거를 둔 자원의 배분이 desire에 의한 자원의 배분보다 더욱 중요해질 수 있다.

둘째, 욕구에 의한 만족이 desire에 의한 만족보다 더 중요한 또 하나의 이유는 다음과 같은 논리에 의해 주어질 수 있다. desire에 의한 만족이 주관적인 이득(*benefit*)을 얻고자 하는 것이라면, 욕구에 의한 해결이 기본적으로 목표로 하는 것은 사람들이 경험하고 있고 혹은 경험할 수 있는 해악(*harm*)을 줄이려는 것이라는 데 있다. 일반적으로 해악을 줄이는 것이 이득을 제공하는 것보다 사람들의 복지에 더 중요하기 때문이다. 즉 어떤 것들이 더 나쁘게 되어가는 것을 막는 것은 더 좋게 만드는 것보다 중요하다. 한편 이러한 논리적 주장은 한계효용 체감의 법칙(*law of diminishing marginal utility*)에 의해서도 지지가능하다. 왜냐하면 사람들이 어떤 재화를 새롭게 얻음으로써 얻는 이득(효용)의 증가는 사람들이 기존에 가지고 있던 재화를 잃게 됨으로써 사라지는 손실보다 작기 때문이다. 예를 들어 월 300만 원으로 생활하고 있던 가족이 50만 원의 소득상실이 발생함으로 인하여 입게 되는 생활의 불편함은, 이 가족의 소득이 50만 원의 소득이 증가한 350만 원의 생활이 가져다주는 편익(효용)보다는 큰 것이다.

셋째, 상대적 긴급성(*relative urgency*)의 측면에서 볼때 욕구의 만족은 단순한 desire의 만족보다 중요하다. 상대적으로 긴급하다는 것의 의미는 어떤 욕구가 늦게 충족될 경우 그 충족된 가치가 이전보다 크게 줄어들거나 아예 없어진다는 것을 말하고, 긴급하지 않다는 것은 충족이 늦게 이루어지더라도 그 가치가 별로 감소하지 않거나 단순히 연기될 뿐이라는 것을 뜻한다. 전자의 예로는 아사(餓死) 직전의 사람에게 음식을 제공하는 것이고, 후자의 예는 골프를 함으로써 누리는 효용이다. 그런데 어떠한 욕구가 더 긴급한가를 판단하는 것은 쉽지 않을 뿐더러 어떤 절대적인 기준이 있는 것도 아니다. 그러나 일반적으로 욕구의 만족이 desire의 만족보다 상대적으로 긴급성이 크다고 볼 수 있다. 왜냐하면 욕구는 많은 경우 생존(*survival*)의 문제와 더 밀접한 관계를 가지고 있고 이러한 생존에 필요한 재화 및 서비스들의 긴급성이 더 높기 때문이다.

넷째, 욕구의 해결은 사람들이 추구하는 바람직한 목표를 이루는 데 필요한 전제조건(*precondition*) 혹은 수단(*instrument*)이라는 측면에서 단순한 desire의 만족보다는 중요하다. 즉 욕구를 해결한다는 것은 사회구성원들이 원하는 목표를 달성하는 데 필요한 보편적이면서도 필수적인 수단(*universally necessary instrument*)들을 제공하는 것을 의미하는 반면에 desire의 충족은 비교적 제한적인 목표를 이루기 위한 수단에 불과할 뿐이다. 예를 들어 빈곤가구의 생존에 필요한 욕구를 해결하게 되면 빈곤가구 자체의 복지가 높아질 뿐만 아니라 빈곤가구의 인적 자본향상 및 범죄율의 감소, 나아가서는 생산성의 증가, 사회안정 등과 같은 이웃과 사회전체의 복지증가라는 목표를 부수적으로 달성할 수 있기 때문이다. 반면에 부자들의 여가만족과 같은 desire의 만족은 상대적으로 제한적인 목표만을 이룰 수 있는 것이다.

다섯째, 욕구의 해결은 자발적 선택이라는 측면에서도 desire의 해결보다 우선권이 주어질 수 있다. 욕구는 일반적으로 desire에 비해 '자발적 선택'의 여지가 적어 욕구를 '변경'하기가 쉽지 않다. 반면에 desire는 자발적인 선택의 여지가 커 어떤 desire가 만족이 안 되면 쉽게 다른 desire로 변경할 수 있다. 예를 들어 골프에서 desire의 만족이 용이하지 않다면 쉽게 테니스로 desire를 변경할 수 있으나 긴급한 의료서비스에 대한 욕구는 다른 욕구로 쉽게 대체하기가 쉽지 않다. 이와 같이 사람들에게 특정한 욕구가 발생하면 상대적으로 다른 대안이 적기 때문에 desire보다는 욕구를 우선적으로 해결할 필요성이 높은 것이다.

여섯째, 지금까지의 논의에서 욕구의 만족이 desire의 만족보다 우선적이어야 한다는 근거를 전자가 후자보다 보다 더 가치가 크다는 것(*valuable*)에서 구하였다. 그러나 오늘날의 사회와 같이 다원화된 가치가 존재하며 동시에 어느 가치가 더 중요한 것인가를 결정하기 어려운 상황에서는 욕구의 만족이 desire의 만족보다 더 중요하다고 말하기가 어려워진다. 그러나 이러한 상황에서도 욕구의 만족이 desire의 만족보다 우선적일 수 있는 것은 욕구의 만족이 desire의 만족보다 그 속성에서 상대적으로 가치중립적인 점을 많이 가지고 있기 때문이다. 따라서 욕구를 만족시키는 것을 둘러싼 가치상의 논쟁은 desire보다는 상대적으로 적을 것이다. 실제로 사람들의 생존과 관련된 욕구해결을 반대하는 가치체계가 존재하기는 힘든 것이다.

마지막으로, 욕구의 해결은 '자율'(*autonomy*)의 측면에서 볼 때 desire의 만족보다는 중요하다. 욕구의 해결을 통해 증가되는 자율은 실지로 desire 만족행위를 행할 수 있는 전제조건이다. 다시 말해서 욕구의 만족이 이루어지지 않으면 desire에서의 자율이 크게 훼손될 가능성이 높은 것이다. 생존과 관련된 기본적인 욕구가 해결되고 나서야만 시장을 통한 다양한 desire의 자율적인 선택이 가능해지기 때문이다. 예를 들어 긴급한 수술이 필요한 사람이 의사와 자율적인 거래행위를 기대하기는 힘들다. 이러한 상황을 흔히 '절망적 상황에서의 거래'(*desperate bidding*)라고 부른다.

2. 욕구의 차원

전술한 욕구의 일반적인 속성과는 달리 사회복지정책들의 분석에 더 중요한 것은 어떠한 욕구를 욕구로서 인정하는가의 문제이다. 이것은 뒤에서 설명할 사회복지정책의 내용분석에서 무엇을 얼마나 급여할 것인가와 누구에게 급여할 것인가라는 두 가지 중요한 쟁점과 밀접한 관계를 가지고 있다.

전통적으로 사회복지정책에서 욕구의 기준으로 가장 많이 사용되는 것은 '육체적, 생물학적인 생존'에 필요한 최소한의 수준이다. 오늘날 사회복지정책이 발달하지 못한 대부분의 국가들에서 사용되고 있는 욕구의 기준은 이러한 육체적 생존에 필요한 최소한의 수준이다. 예를 들면 미국에서 공식적으로 광범위하게 사용되고 있는 빈곤선(*poverty line*)은 기본적으로 육체적 생존에 필요한 최소한의 칼로리 양을 근거로 하여 결정된다.

'육체적 생존'에 필요한 최소한의 수준으로 욕구를 결정하는 것은 다음과 같은 여러 가지 장점을 가지고 있다. 첫째, 이러한 수준은 객관적이고 과학적인 측정이 가능하기 때문에 정확성을 높일 수 있고, 둘째, 비교적 측정방법이 쉽기 때문에 비용이 적게 들며, 셋째, 절대적인 수준으로서 존재하기 때문에 국가간 혹은 시대간의 비교가 가능하고, 마지막으로 사회복지정책을 집행하는 경우에 대상자를 선정하거나 급여수준을 결정하는데 편리하다는 것이다. 반면에 '육체적 생존'에 필수적인 '객관적'인 욕구는 여러 측면에서 한계를 가지고 있는데 지금부터는 이러한 한계점들을 중점적으로 살펴봄으로써 욕구의 다양한 차원들을 분석하고자 한다.

1) 상징적인 욕구

'육체적 생존'의 욕구는 단지 물질적인 면만을 강조하고 있는데 물질적인 것들은 또한 상징적인 의미를 갖는다. "사람들은 단지 욕구만을 가지고 있는 것이 아니라 이러한 욕구에 대한 생각(*idea*)들을 가지고 있는 것이다."(Walzer, 1983) 여기서 주장되는 것과 같이 물질적인 것들의 상징적인 의미가 물질적인 가치 그 자체보다 더 중요할 수 있다. 음식을 예로 들어 설명한다면, 음식은 단지 칼로리만으로 생각되는 것이 아니라 소속감, 사회적 지위, 정신적 의미 등의 상징성을 내포하고 있다(Stone, 1988). 다른 사람들과 같은 음식을 먹는다는 것은 소속감을 높이는 상징이다. 예를 들면 대부분의 사람들이 설날에 떡국을 먹는 데 반해 특정의 사람들은 먹을 수 없다면 그 사람들이 가지는 이 사회에 대한 소속감은 낮아지는 것이다. 즉 이러한 사람들에게는 소속감에 대한 욕구가 해결되지 않은 것이다.

음식은 또한 사회적 지위(*social status*)의 상징이다. 일반적으로 대부분의 사회에서 상류계급의 음식과 관련된 관행(음식형태, 외식장소와 빈도 등)은 하층계급의 그것과는 다르다. 예를 들면 오늘날의 미국사회에서 상류층의 사람들은 생선회를 즐겨 먹으나 하층계급의 사람들은 돼지족발을 먹는다. 이때 문제가 되는 것은 돼지족발과 생선회가 영양학적으로 어느 것이 우수하느냐가 아니라 사회적 지위를 나타내는 상징성이 중요하게 된다. 다른 말로 표현하면 여기서의 욕구는 생물학적인 필요(*biological necessity*)에서 나오는 것이 아니라 '사회적 필요성'(*social necessity*)에서 나오는 것이다.

음식은 또한 종교적, 문화적인 의식(*ritual*)에서 중요한 의미를 가진다. 서로 다른 문화를 갖는 사회에서 음식은 서로 다른 의미를 갖는다. 예를 들면 한국에서는 개고기를 음식으로 간주하나, 미국에서는 아무리 그것이 영양학적으로 우수하다 할지라도 음식이 아니다. 또한 힌두교들에게는 소고기가 음식이 아니고 유태인들에게는 돼지고기가 음식이 아니다. 즉 종교적 혹은 문화적 상이성에 의한 욕구의 차이가 인정되어야 하는 것이다. 여기서는 음식만을 예로 들어 물질적인 것의 상징적인 의미를 이야기했지만 음식 이외에도 '육체적인 생존'에 필요한 수많은 것들의 대부분이 상징적인 의미를 가지고 있기 때문에 모든 물질적인 것들의 상징적인 의미를 고려하여 욕구를 정확히 파악한다는 것은 현실적으로 불가능하다. 따라서 사회복지정책이 발전된 나라에서는 욕구의 상징적 의미를 고려한 상대적 욕구(*relative needs*)의 개념을 개발하여 정책에 사용하고 있다.

2) 상대적 욕구와 절대적 욕구

위에서 서술한 '육체적 생존'에 대한 욕구는 대개 절대적으로 결정된다. 여기서 절대적(*absolute*)이라는 의미는 욕구의 수준이 일정한 액수로서 결정되고, 이렇게 결정된 것은 시간과 공간의 차이에도 불변한다는 것이다.[1] 예를 들어 미국의 빈곤선은 절대적으로 결정되고 단지 물가상승만을 고려하여 조정될 뿐 사회 전체의 소득수준 향상은 고려하지 않는다.

반면에 상대적 욕구는 사회의 관습, 규범, 사회적 기준 등에 의하여 결정된다. 이것은 사람들의 욕구는 동일시대, 동일사회(지역)에서 다른 사람들과의 비교를 통해서만 비로소 판단된다고 본다. 예를 들어 절대적 기준으로 본다면 미국에서 '빈곤'한 사람들은 한국에서 '빈곤'하지 않고 또한 한국에서 '빈곤'하다고 하여 인도에서 '빈곤'한 것으로 판단될 수는 없는 것이다. 뿐만 아니라 100년 전의 한국 사람들 대부분은 오늘날 빈곤한 사람들로 판정할 수 있다.

따라서 사회의 전반적인 생활수준이 올라가면 상대적 욕구의 수준도 올라가서 결국 상대적 욕구가 만족되는 사람들의 비율은 자동적으로 높아지지 않는다. 반면에 절대적 욕구의 수준은 전반적인 생활수준의 상승에 비례하여 자동적으로 점점 낮아질 수 있다. 예를 들어 미국의 빈곤선은 절대적 욕구의 개념에서 만들어졌는데, 1959년의 빈곤선 소득은 그 당시 미국사람들의 중위소득(*median income*)의 55%를 차지했는 데 반해 1973년에는 38%로 줄어든다. 이것은 그 동안 미국사람들의 전반적인 소득수준이 향상되었음에도 불구하고 빈곤선 소득이 고정되어 있었기 때문이다(이두호 외, 1991).

---

1) 다만, 물가상승으로 인한 욕구의 수준 변화는 고려할 수 있다. 이 경우에도 해당 욕구의 절대적 가치가 변동하는 것이 아니라 다른 재화와 서비스의 상대적인 가치가 변동한 것에 불과한 것이다.

상대적 욕구의 개념은 발전된 사회복지정책에서 많이 사용되고 있다. 그 예로서 노령연금의 급여액을 산정하는 경우에 개인의 임금률뿐만 아니라 그 사람이 일하는 산업의 평균임금을 고려하는 것이나, 장애연금의 경우 장애여부를 판단하는 데 단지 육체적인 장애 정도만을 고려하는 것이 아니라 그 지역사회의 평균임금을 받지 못한다거나 장애가 되기 이전의 직업을 수행하지 못하는 것을 고려하여 장애자로 판단하는 것 등을 들 수 있다.

3) 직접적 욕구와 도구적 욕구

특정한 욕구는 직접적인 만족을 위하여 필요한 반면에 다른 욕구들 가운데에는 보다 큰 목표를 성취하기 위한 수단으로 필요한 것도 있다. 대표적인 예가 교육에의 욕구이다. 오늘날 대부분의 사람들이 교육을 받고자 하는 것은 교육 그 자체를 통한 직접적인 만족의 증대에 있다기보다는 교육을 받음으로써 다른 목표들을, 예를 들어 좋은 일자리를 획득하는 것 혹은 생산성을 향상시키는 것들을 쉽게 성취할 수 있기 때문인 것이 대부분이다.

롤즈(Rawls)는 이러한 도구적 욕구(*instrumental needs*)를 해결할 수 있는 재화들을 사회적 일차적 재화(*social primary goods*)라고 부르는데 이러한 재화들이 제공되어야만 사람들이 보다 높은 목표를 성취할 수 있다고 본다(Rawls, 1971). 이러한 도구적 욕구의 개념이 도입됨으로써 욕구의 개념이 확대될 뿐만 아니라 단순한 '육체적 생존에의 욕구'의 개념도 뛰어넘을 수 있다. 또한 이것은 평등주의적 정의관을 뒷받침하는 중요한 논리이다. 도구적 욕구는 미래에 발생할 욕구(*future needs*)를 미리 예방한다는 의미에서도 중요하다. 예를 들면 많은 사회복지정책이 빈곤가정의 아동들이 성인이 되어 가질 수 있는 욕구를 미리 예방하는 데 초점을 두고 있다. 미래의 욕구는 많은 경우 정확히 예측하기가 어렵기 때문에 이러한 욕구들을 고려한다면 욕구의 범위는 크게 확대될 수 있을 것이다.

4) 공동체적 욕구

사회 속의 인간들은 인간관계(*human relationship*) 속에서의 여러 가지 욕구를 가진다. 사람들은 소속감(*a sense of belongings*), 연대감(*solidarity*), 우정(*friendship*), 사랑, 존엄성(*dignity*) 등의 인간관계로부터 발생하는 욕구를 갖는다. 이러한 욕구는 특히 '육체적 생존'에의 욕구(*communal needs*)가 더 이상 중요하지 않은 사회에서 오히려 더 중요해질 수 있다. 많은 연구들이 공동체적 욕구의 중요성을 뒷받침하고 있다. 예를 들어 어떤 연구에 의하면 홍수로 인하여 자신들이 살던 지역을 떠난 사람들은 자기들의 재산을 잃은 것 보다 이웃과의 '관계'를 잃는 것을 더 아쉬워 한다고 한다(Erikson, 1976). 또한 일을 하는 동기에 관한 한 연구에 의하면 사람들이 일자리에서 얻을 수 있는 소득보다 일과 관련된 존엄성을 더 중요하게 고려한다고 한다(Turkel, 1974).

공동체적 욕구는 일반적으로 느끼는 것이지 실체가 나타나지 않기 때문에 측정하기 어렵다. 따라서 이러한 욕구를 해결하는 것과 관련하여 많은 논란이 발생한다. 예를 들면 어떠한 지역을 통과하는 고속도로를 건설할 때 해당 지역주민들이 단지 이로 인하여 발생하는 물질적, 생물학적, 경제적 손실 등을 계산하는 환경평가보고서(Environmental Impact Statement)뿐만이 아니라, 공동체적 욕구에 해당하는 보이지 않는 욕구를 계산한 지역사회 평가보고서(Community Impact Statement)도 고려한 손해 보상을 청구한다면 많은 논란이 발생할 것이다.

5) 공공의 욕구

지금까지 논의한 욕구들은 그 욕구가 상징적이든, 상대적이든, 도구적이든, 공동체적이든 간에 모두 개인들이 가질 수 있는 욕구이다. 반면에 공공의 욕구(*public needs*)는 집단적인 욕구이며 사회 전체로서의 욕구이다. 즉 공공의 욕구를 만족시키면 사회 전체의 이익(*public interest*)이 증가될 수 있는 것이다.[2)]

공공의 욕구는 이와 유사한 개념인 공공재(*public good*)보다 훨씬 그 범위가 넓을 수 있다. 공공재란 그 재화의 속성이 비배타적이고 비경쟁적이며 그 재화의 비용을 지불하지 않고도 사용할 수 있고 또한 이러한 사용을 통제하지도 못하는 것을 말한다. 즉 재화의 속성이 공공재를 결정하는 것이다. 반면에 공공의 욕구는 사회구성원들의 가치에 따라 정치적으로 결정되기 때문에 그 범위가 넓을 수 있고 시간적 혹은 공간적으로 차이가 있다(Stone, 1988). 즉 과거에는 공공의 욕구로 인정되지 않던 것이 오늘날에는 인정될 수 있는 것이다. 예를 들어 모든 국민들의 교육에의 권리를 보장하는 의무교육제도는 20세기 이전만 하더라도 대부분의 국가에서 공공의 욕구로 인정되지 않았으나 오늘날 대부분의 선진 산업국가들에서는 인정되고 있다. 또 공공의 욕구는 국가들의 정치적, 사회적, 경제적, 문화적 환경에 따라 차이가 있다. 예를 들면 사회 구성원들이 국방(*national security*)에 대하여 높은 가치를 두는 사회에서는 국방을 공공의 욕구로 간주하는 반면 사회보장(*social security*)을 강조하는 국가에서는 사회복지를 공공의 욕구로 인정한다.

사회복지정책이 발전해 온 역사는 공공의 욕구가 확대해 온 역사라고 할 수 있다. 오늘날 고도로 발전된 사회복지정책들을 갖고 있는 국가들에서 공공의 욕구로서 인정되는 욕구는 매우 광범위한 반면 사회복지정책이 발전하지 못한 국가들에서의 공공의 요구는 상대적으로 제한적이다. 그러나 한편 대부분의 국가들이 공공의 욕구에 포함시키는 욕구들의 우선순위를 보면 공통적인 유형을 발견할 수 있다. 예를 들면 사회복지 프로그램을 도입하는 데 있어 대부분의 나라들이 산업재해보상보험을 제일 먼저 도입하고 다음으로 노령연금, 질병보험, 실업보험 그리고 가족수당의 순으로 도입한다(Flora and Heidenheimer, 1983).

지금까지 욕구와 관련된 다양한 차원들을 논의하였는데 이것들이 개인

---

2) 물론 공익이 증가하면 그 사회에 살고 있는 사람들의 개인적인 이익도 증가하나 이것은 공익이 증가한 결과로 나타나는 것이며, 공공욕구의 해결이 개별 사람들의 욕구충족 그 자체를 직접적인 목표로 하고 있는 것은 아니다.

적 욕구이든, 사회적 욕구이든 욕구를 어디까지 인정해야 하는가는 사람들에 따라 다를 수밖에 없다. 따라서 이러한 다양한 욕구를 충족시키고자 하는 경우에 어떤 사회복지정책이 필요한가에 관하여도 다양한 의견이 존재할 수밖에 없기 때문에, 특정한 사회복지정책의 채택여부는 사람들의 욕구에 대한 상이한 가치관의 차이들이 합의되는 정치적 과정을 통하여 결정되는 경향이 있다.

그러나 사회복지정책을 분석하고자 하는 사람들은 욕구의 여러 차원들에 대한 이해를 높여서 어떠한 욕구에 어떠한 사회복지정책이 필요한 것인지 그리고 기존의 정책이 어떠한 욕구를 해결하지 못하고 있는지에 관한 분석능력을 제고시켜야 할 것이다.

3. 욕구의 대상 : 자격

지금까지 논의한 욕구의 속성과 욕구의 차원과 함께 욕구와 관련된 또 하나의 중요한 문제는 누구의 욕구를 사회복지정책의 대상에 포함시킬 것인가의 문제이다. 사회복지정책은 일반적으로 모든 사람의 모든 욕구를 대상으로 하지 않고 특정한 사람들의 특정한 욕구를 대상으로 하는 경향이 있다. 따라서 전통적으로 사회복지정책의 분석에서 '자격'(*deserveness*)의 문제가 중요하게 다루어지는 것은 당연한 일이다. 시장기제에서는 사람들이 어떤 것을 취득하기 위해서 무엇인가를 해야 하는 데 반해 사회복지의 영역에서는 많은 경우에 직접적으로 아무것도 하지 않고서도 어떠한 것을 받을 수 있기 때문에 자격의 문제가 중요해지는 것이다. 많은 나라에서 행해지고 있는 '자격 있는 빈자'(*deserving poor*)와 '자격 없는 빈자'(*undeserving poor*)의 구분이 좋은 예이다(Katz, 1989).

자격의 문제와 관련한 첫번째의 논쟁점은 자격의 개념과 관련된 것이다. 일반적으로 어떤 것에 대해 자격이 있기 위해서는 그것을 위해 의도를 가지고 자발적으로 어떤 행위를 하여야 한다. 이것은 자격의 적극적 개념(*positive notion*)으로서 시장기제에서 통용되는 개념이다(Goodin, 1988).

반면에 사회복지의 영역에서는 이러한 적극적 개념으로서의 '자격'이 사용되기 힘들다. 왜냐하면 사회복지의 영역에서는 아무것도 하지 않고서도 받을 수 있기 때문이다. 따라서 사회복지영역에서는 자격의 소극적 개념(*negative notion*), 즉 부자격이 될 만한 무엇을 했는가가 중요해진다. 예를 들면 노인이 국가로부터 사회복지급여를 받을 때 그 자격은 노인이 급여를 받을 만한 일을 적극적으로 했느냐의 문제가 아니라 의도적으로 고통을 받을 일을 했느냐의 여부가 중요한 것이다. 의도적으로 고통받을 일을 하지 않는 한 그 노인은 사회복지급여의 자격이 있는 것이다.

자격과 관련된 두번째의 쟁점은, 사회복지급여 여부의 결정과 관련한 책임의 문제이다. 즉 사회복지급여에는 자기 자신의 잘못으로는 '자격'이 없고 자신의 잘못이 아닌 이유로 받는 것은 자격이 있느냐의 쟁점이다.

책임의 여부에 따라 사회복지급여의 자격을 가리는 것은 일견 타당하게 보일지도 모른다. 실제로 20세기 이전의 대부분의 국가에서 사회복지급여는 개인의 '책임' 여부를 명확히 가려서 결정되었고 오늘날에도 사회복지가 발전되지 않은 국가에서는 중요한 기준이 된다. 그러나 복잡한 산업사회에서는 '책임'의 여부를 가리는 것이 무의미할 수 있다. 왜냐하면 어떤 하나의 문제가 발생할 때 그 원인은 여러 가지 요인들이 복합적으로 작용한 결과여서 각각의 요인을 분리하기가 힘들고 따라서 누구의 잘못인가를 가리는 것이 매우 어렵다. 예를 들어 자동차 사고가 발생했을 때 한편으로는 운전자의 잘못이 있다 하더라도 도로사정, 자동차 제조업자, 교통체계 등의 여러 다른 요인들이 작용하기 때문에 운전자만의 잘못이라고 단정하기 어렵다. 대표적인 사회복지정책 중의 하나인 산업재해 보상보험을 보더라도 오늘날 대부분의 국가들은 무과실원칙(*no-fault principle*)을 채택하여 사고에 대한 개인의 책임여부를 따지지 않는다. 이것은 근로자가 사고를 당했을 때 그 사고의 책임이 일부 본인에게 있다 하더라도 다른 한편 동료 근로자 및 사용자 모두의 책임일 수 있기 때문에 개인의 책임을 가리는 것이 무의미하다는 논리에 근거하고 있다.

개인의 잘못을 명확히 가리는 것이 어려운 상황에서는 사회복지급여에 대한 '자격' 여부를 판정하는 것이 어렵기 때문에 개인의 명확한(?) 책임이 밝혀지지 않는 한 일단 사회복지에 대한 욕구가 있다고 판단되면 대부분 사회복지급여의 자격이 있다고 판단하는 것이 합리적이다. 다시 말해 개인의 잘못을 파악하기 불확실한 상황에서는 '자격'을 따지는 것보다는, 사회복지정책으로 급여를 할 경우 사회적으로 얼마나 바람직한가를 따지는 것이 적절하다.

셋째, 위에서는 '개인의 잘못'의 여부가 불확실하기 때문에 사회복지급여에 대한 '자격' 여부를 따지는 것이 무의하다고 보았다. 그렇다면 '개인의 잘못'이 비교적 명확하다면 사회복지급여의 자격은 없는가?

이와 관련된 논의는 두 가지 측면으로 진행될 수 있다. 첫째는 비록 개인적인 잘못이 크다고 할지라도 그것으로 인한 손해가 매우 큰 경우에는 사회복지급여에 대한 '자격'이 될 수 있다는 논리이다. 즉 어떤 사람들이 어떤 잘못된 판단으로 특정한 행위를 했는데 확률적으로 예상했던 것보다 훨씬 더 큰 불행이 그 행위로 인하여 초래되었을 때 비록 그것이 그 사람의 '잘못'으로 이루어졌다고 하더라도 그 결과의 모든 것을 그 사람의 책임이라고 보는 것은 무리가 있다는 것이다. 예를 들어 실업 후의 비참한 생활을 충분히 예상하지 못하고 실업에 대한 대비를 못했다고 하더라도 실업 후의 불행한 상황에 대한 모든 책임을 본인이 져야 하기 때문에 사회복지급여를 하지 않는다는 것은 지나치다는 것이다. 사회복지정책들 가운데 많은 것은 바로 이러한 이유 때문에 존재한다.

둘째는, 사회복지급여에 대한 '자격'을 따지는 것보다 사회복지급여에 대한 '욕구'를 따지는 것이 바람직하다는 것이다. 예를 들어 가해자와 피해자가 명확히 구분되고 가해자가 피해자보다 부상을 더 당한 교통사고의 경우, 비록 가해자가 잘못했다고 하더라도 치료에 대한 욕구가 가해자가 더 크다면 가해자에 대한 치료를 먼저 하는 것이 합리적이다. 즉 이러한 경우에는 누구의 책임인가가 중요한 것이 아니라 누가 먼저 치료를 받아야 하는가의 기준이 중요해진다. 사회복지급여에서도 이와 같은 '욕구'가 '자격'보다 우선적인 기준이 된다.

제 12 장
자 유

사회복지정책을 논의하는 데 있어 고려되어야 할 또 하나의 중요한 가치는 자유(*freedom*)이다. 일반적으로 시장에서의 거래에 의한 자원의 배분은 거래 당사자들의 '자유로운 선택'(*free to choose*)의 결과인 반면, 사회복지정책에 의한 자원의 배분은 개인의 자유로운 선택을 제한하여 이루어지는 경향이 있다(Friedman, 1962). 따라서 사회복지정책에 대한 비판을 뒷받침하는 가장 중요한 논리 중의 하나는 사회복지정책을 통하여 개인의 자유가 침해된다는 것이다. 여기서는 이러한 주장에 관해서 논의하고자 한다. 이러한 작업을 위해서는 우선적으로 자유의 개념에 대해서 명확히 할 필요가 있다.

1. 자유의 개념

1) 소극적 자유와 적극적 자유

흔히 자유의 개념은 두 가지로 나누어 논의된다. 하나는 소극적 자유(*negative freedom*)이며, 다른 하나는 적극적 자유(*positive freedom*)이다

(Berlin, 1969). 소극적 자유란 한마디로 말해서 다른 사람의 간섭 혹은 의지(*will*)로부터의 자유를 말하는 반면, 적극적 자유는 자신이 원하는 것을 할 수 있는 자유를 말한다. 전자는 자유의 '기회'(*opportunity*)의 측면을 강조하는 반면, 후자는 자유의 '능력'(*capacity*)의 측면을 강조한다. 그런데 사회복지정책이 자유를 침해하느냐의 여부는 두 가지 자유의 개념 가운데 어떤 것을 사용하느냐에 따라 다르다. 사회복지정책이 시장기제에 개입하여 개인들의 자유로운 선택의 기회를 제한할 때는 소극적 자유를 침해하는 것이고, 반면에 사회복지정책을 통하여 빈자들이 자신이 원하는 것을 할 수 있는 능력을 갖게 되는 것은 적극적인 자유를 신장시키는 것이다. 즉 사회복지정책은 특정한 사람들의 소극적 자유를 줄이는 반면 다른 사람들의 적극적 자유를 증가시키는 것이다. 그렇다면 어떠한 상태가 바람직한 것인가 ?

이러한 문제는 기본적으로 사람들이 가지고 있는 자유에 대한 가치관에 따라 다를 수 있으나 적극적 자유를 높이는 것이 소극적 자유를 줄이는 것보다 사회적으로 더 바람직할 수 있다는 논리는 적어도 다음의 두 가지 측면에서 이야기될 수 있다. 그 하나는 적극적 자유가 소극적 자유의 가치를 높일 수 있다는 점이다(Rawls, 1971). 예를 들어 굶어죽기 일보 직전의 사람에게 자유롭게(?) 행동할 수 있는 '기회'를 주는 것은 무의미한 것이다. 즉 이러한 사람에게는 음식을 제공하여 자신이 원하는 것을 할 수 있는 적극적 자유를 먼저 높여야만 이들의 소극적 자유의 가치도 높일 수 있는 것이다.

다른 하나는 소극적 자유로부터 감소되는 효용(*utility*)이 적극적 자유로부터 증가되는 효용보다 적을 수 있다는 것이다. 이것은 자유로부터의 한계효용은 자유가 커질수록 줄어들 수 있다는 것에 근거하고 있다. 이것을 이른바 '자유의 한계효용체감의 원리'(*diminishing marginal utility of freedom*)라고 한다(Goodin, 1988). 위의 예에서 가난한 사람에게 음식을 지급하기 위해서 부자의 자유(소극적 자유)를 감소시켰을 때, 이때 늘어난 빈자의 자유를 통한 효용의 증가는 부자가 잃은 자유로 인한 효용의 감소보다 클 수 있다. 즉 많은 자유를 가진 사람이 자유를 조금 잃더라도 적은 자유를 가지고 있는 사람의 자유가 그보다 더 늘어난다면 사회 전체적인 자유의 양은 커지게 되어 사회적으로 바람직한 상태가 되는 것이다.

2) 자유의 한계

소극적 자유는 다른 사람의 간섭 없이 자신의 의지대로 행하는 것을 말한다. 그렇다고 자신의 의지에 의한 행위가 무제한으로 허용되는 것은 아니다. 즉 소극적 자유에도 한계가 있다. 이러한 한계를 결정하는 가장 중요한 기준은 다른 사람에게 해를 주느냐(*harm to others*)의 여부이다(Mill, 1974). 다른 사람에게 해를 주느냐의 기준도 크게 보면 두 가지로 나누어 볼 수 있는데 하나는 개인에게 미치는 해(*harm to individual*)이고 다른 하나는 사회에 미치는 해(*harm to community*)이다(Stone, 1988).

(1) 개인에게 미치는 해

개인에게 미치는 해 가운데 비교적 명확한 것은 어떤 사람의 행위로 인하여 다른 사람이 신체적인 해를 입는 경우이다. 이 경우 그 사람의 자유로운 행위에는 제한이 주어진다. 그런데 문제는 그 행위와 다른 사람의 신체적 해의 인과관계가 불명확할 경우 그 사람의 자유를 어느 정도까지 제한할 수 있느냐에 있다. 특히 오늘날과 같은 복잡한 산업사회에서는 사람들의 신체적인 해가 매우 복합적인 요인에 의해서 결정되기 때문에 누구의 행위(자유)를 제한시키느냐의 문제가 발생한다. 또한 설사 어떤 행위가 어떤 해를 줄 수 있다는 데 명확한 합의가 있다 하더라도 그 해를 막는 방법이 다양하기 때문에 그 방법에 따라 서로 다른 사람들의 서로 다른 자유가 제한될 수 있다는 것이다. 예를 들어 어떤 화학물질을 사용하는 것이 태아에게 나쁘다는 것이 명확히 밝혀졌을 때 이것을 예방하는 방법은 여러 가지가 있다. 그 화학물질의 제조, 판매를 완전히 금지시키거나 임산부는 그 화학물질을 사용하는 직장에서 근무하는 것을 막거나 혹은 잠재적인 해를 막기 위하여 그 직장에서 모든 여성의 근무를 막을 수도 있다. 따라서 방법에 따라 서로 다른 사람들의 자유가 제한될 수 있다.

신체적 해 다음으로 개인의 자유를 제한할 수 있는 근거는 물질적인 해이다. 이는 특정개인의 행위로 인하여 다른 사람에게 소득의 상실과 같이 물질적으로 손해를 주는 것을 말한다. 일반적으로 물질적 해는 신체적 해에 비하여 개인의 자유를 제한할 수 있는 근거가 상대적으로 약한 것이다. 왜냐하면 인간의 생명은 돈보다는 귀한 것이기 때문이다. 그런데 어떤 행위가 다른 사람에게 어느 정도의 물질적인 손해를 입힌다 하더라도 그 특정행위를 제한하는 데에는 많은 논쟁이 존재한다. 예를 들어 내집의 잔디를 깎지 않음으로써 옆집의 집값에 영향을 주었다고 해서 잔디를 깎지 않을 수 있는 자유를 제한하는 것에는 논란이 있을 수 있다.

신체적 해나 물질적인 해는 비록 그 해의 정확한 측정에 어느 정도의 논란이 있을 수 있으나 이러한 해들은 비교적 객관적으로 측정하기가 용이한 것이다. 반면에 특정의 행위가 다른 사람들에게 정서적 혹은 심리적으로 해를 준다면 이 해의 정도를 객관적으로 측정한다는 것은 거의 불가능한 것이다. 따라서 이 경우에 그 행위를 제한하는 것에는 상대적으로 훨씬 큰 논란이 따르게 된다. 대표적인 예가 '포르노'이다. 포르노를 금지하는 논리 가운데 가장 중요한 것 중의 하나는 이것이 여성 혹은 남성(?)들에게 정서적으로 또는 심리적으로 해를 준다는 것이다. 신체적 해나 물질적 해의 내용과 정도는 비교적 객관적이고 과학적으로 결정되는 반면 정서적 해는 정치적이고 문화적으로 결정되는 경향이 있다. 위의 예에서 포르노의 경우 국가에 따라 금지여부가 상이하다. 그렇다고 해서 정서적 해를 간과해서는 안된다. 고도로 산업화한 사회일수록 정서적 해는 보다 더 중요해질 수 있다. 예를 들면 미국과 같은 사회에서 어떤 사람이 다른 사람의 행위로 인하여 입은 피해를 계정할 때 정서적인 해가 차지하는 비율이 점점 커져가고 있다.

(2) 사회에 미치는 해

지금까지는 어떤 행위를 제한할 수 있는 근거로서 개인에게 미치는 해를 중심으로 논의하였다. 그러나 사회복지정책의 영역에서 특정한 행위를 제한할 수 있는 근거로서 보다 더 중요한 것은 '사회에 미치는 해'(*harm to community*)라는 개념이다. 이것은 본질적으로 한 개인의 자유가 사회 전체에 대하여 집합적으로 해를 줄 수도 있음을 전제로 하는 것이다. 대표적인 예로서 환경오염을 들 수 있다. 환경을 오염시키는 행위는 직접적으로 현재에 피해를 받는 개인에게뿐만 아니라 현재 혹은 미래의 사회구성원 전체에게 해를 줄 수 있기 때문에 제한을 두는 것이다. 전체 사회에 미치는 해는 크게 세 가지로 분류할 수 있다.

첫째, 어떤 행위가 공동사회로서 기능하는 능력에 훼손을 주는 경우를 들 수 있다. 즉 특정한 행위가 개별 사회구성원에게는 해를 주지 않더라도 사회 전체적으로 해가 될 수 있다. 만약 특정행위가 사회질서, 사회안정, 사회통합과 같은 사회 전체의 측면에서 해를 줄 수 있다면 제한되어야 한다는 것이다. 예를 들어 서로 다른 사회적 배경을 가진 아동들을 대상으로 하여 사회통합을 목표로 동일한 교육기회를 주기 위해서는 개별 사람들이 자기 자식만을 사립학교로 보낼 수 있는 자유는 제한될 수 있는 것이다. 사회복지정책을 통한 재화와 서비스의 제공도 이러한 전체 사회의 기능에 해를 줄 수 있는 것을 막으려는 것을 그 주된 목표의 하나로 하고 있다.

둘째, 개별적인 사람들의 행위가 개별적으로는 해가 되지 않는다고 하더라도 많은 사람들이 그러한 행위를 하게 되면 해가 되는 경우이다. 이러한 것을 흔히 '축적된 해'(*accumulative harms*)라고 한다. 예를 들면 소수의 사람들이 어떤 특정의 보험 프로그램에서 탈퇴한다고 해서 큰 문제가 되는 것은 아니지만 많은 수의 사람들이 집단적으로 탈퇴한다면 그 보험 프로그램의 존재는 위협받게 된다. 따라서 이렇게 축적되면 발생할 수 있는 해를 막기 위한 목적으로 사람들의 자유를 제한할 수 있다. 이것이 사회보험이 사람들의 보험가입을 강제화하는 가장 중요한 논거이다.

셋째, 개별적인 사람들에게 미치는 해의 결과가 집단 전체에 해를 주는 경우이다. 대표적인 예가 성(性)이나 인종의 차별이다. 어떤 여자가 취업을 하려고 하다가 여성차별정책으로 인하여 취업이 거부되었을 때, 그 해는 단지 그 여자 일개인에게 그치는 것이 아니라 모든 여자들에게 집단적으로 미칠 수 있다. 즉 이러한 차별의 결과로 인하여 다른 여자들이 취업을 포기하거나 혹은 여성취업을 목적으로 하는 교육에 대한 동기 등이 약화되거나 한다면, 개별여성에 대한 해가 전체 여성에 대한 해로 확대될 수 있는 것이다. 서구사회에서 불이익집단들의 권익보호를 위한 대부분의 정책들(예를 들면, 미국의 affirmative action law)은 바로 이러한 집단 전체에 미칠 수 있는 해를 중시하여 이루어진 것이다. 이러한 정책들에는 특정 집단에 소속되었다는 그 자체가 특정혜택의 자격기준이 된다.

지금까지 자유를 제한할 수 있는 중요한 근거들인 '개인에 미치는 해'와 '사회에 미치는 해'를 간략히 논의하였다. 이상 논의한 것 외에도 이러한 해에 포함될 수 있는 것은 매우 광범위할 수 있는데, 무엇보다도 중요한 것은 이러한 해를 인정하는 정도와 더불어 어느 정도까지 자유를 제한할 수 있는가의 문제이다. 이러한 인정과 제한의 정도는 사회마다 가지고 있는 사회적, 정치적, 경제적, 문화적 배경에 따라 매우 상이하다. 아주 일반적으로 이야기한다면, 사회정책이 발전된 사회에서는 그렇지 못한 사회보다 개인과 사회에게 미칠 수 있는 해의 범위를 포괄적으로 규정하고 개인의 자유를 상대적으로 더 많이 제한한다고 할 수 있다. 지금부터는 사회복지정책과 자유의 관계를 보다 구체적으로 논의하고자 한다.

2. 사회복지정책과 자유

사회복지정책과 자유의 관계는 여러 가지 관점에서 논의할 수 있다. 기본적으로 사회복지정책은 특정한 사람들의 자유를 제한할 수도 있는 반면 다른 한편으로 다른 사람들의 자유를 증진시킬 수도 있다. 따라서 사회복지정책과 자유와의 관계를 좀더 구체적으로 규명해야 할 필요가 있다.

첫째, 사회복지정책이 사람들의 자유를 침해한다는 논리 가운데 가장 중요한 것은 사회복지정책을 위한 목적으로 국민들에게 강제로 세금을 부과하는 것이 국민들의 재산권행사의 자유를 저해한다는 것이다. 개인이 가진 사유재산권의 행사에 제한을 두는 것은 분명히 그 소유자의 자유를 제한하는 것이다. 그러나 어떤 사람이 행사하는 사유재산권의 자유가 동시에 다른 사람의 자유를 제한 혹은 침해할 수 있다(예를 들면 좁은 길에서 큰 차를 몰고 다님으로써 사람들의 통행의 자유를 제한하는 것). 따라서 세금을 부과함으로써 특정한 사람이 가지고 있는 사유재산권 행사의 자유를 부분적으로 줄이는 반면 사회복지정책을 통해 다른 사람의 자유를 그만큼 증가시킨다면 사회 전체적으로 볼 때 자유의 총량(?)은 변하지 않는 것이 되어 손해득실은 없게 된다. 단지 이러한 자유제한 및 증가의 과정에서 효율이 떨어진다든가 혹은 평등의 가치가 구현된다든가 하여 다른 가치들과 관련된 논쟁이 발생할 수는 있겠지만 자유라는 가치 자체만을 고려한다면 사회 전체적으로 가치는 불변이며 이러한 관계에 관해서는 앞에서 논의한 바와 같다.

일반적으로 국가가 국민들에게 부과한 세금으로 마련된 재원은 국방과 사회복지정책 등과 같이 주로 공공재적 성격의 재화와 서비스의 형태로 다시 국민들에게 제공된다. 그런데, 이러한 공공재는 비배타적이고 비경쟁적인 성격을 가지고 있기 때문에 대부분의 사람들이 이러한 재화들을 자발적으로 구입하려는 경향은 약하다. 따라서 어느 정도의 강제적인 방법을 통하지 않고 순수하게 국민들의 자발적인 행위(자유의지)에만 맡겨둔다면 이러한 공공재는 국민들이 원하는 만큼 제공되지 않는다(김태성·성경륭, 1993). 따라서 이 경우 세금의 부과가 국민들의 자유를 줄인다고 평가하기보다는 국민들이 자신들의 자유를 집합적으로 줄이는 데 합의한 것으로 보아야 한다. 왜냐하면 국민 모두가 이러한 재화의 제공을 바라고 있고 또한 이러한 재화의 제공에 드는 비용을 부담해야만 한다는 사실에 암묵적으로 동의하고 있기 때문이다. 즉 이 경우에 '강제적인' 세금의 부과는 엄밀한 의미에서 강제적인 것이 아니라 상호 합의된 것으로 보아야 할 것이다(Olson, 1965).

둘째, 사회복지정책에서 제공되는 재화와 서비스 같이, 공공재적 성격을 가지고 있는 재화나 서비스는 그 보편적인 속성으로 인하여 이러한 재화를 이용하는 데 차별을 두지 않는다. 따라서 강제적(?)으로 내게 된 세금의 액수와 그 재화의 이용을 통한 이득 사이에는 차이가 존재할 수 있고, 세금을 많이 낸 사람들이 적은 이득을 보게 될 경우 그 차이만큼 불필요하게 그 사람의 자유를 제한하였다고 볼 수 있다. 즉 자기가 원하는 사회복지서비스나 재화의 양보다 더 많은 재화나 서비스가 강제적(?)으로 제공됨으로써 선택의 자유가 제한되는 것이다. 그러나 이러한 자유의 제한은 두 가지 측면에서 합리화될 수 있다. 하나는, 사회복지재화가 갖는 보편성(*uniformity*) 때문에 이러한 재화는 집합적으로 사용될 수밖에 없고, 집합적인 형태로 강제적으로 제공되는 것이 개인들의 자발적인 선택의 자유에 맡겨둘 때보다 그 재화의 양과 질을 높일 수 있다. 예를 들어 모든 사람들이 보편적인 공공의료 서비스만을 받을 수 있게 한다면, 의료서비스의 양과 질은 민간부문의 서비스도 사용할 수 있는 선택의 자유를 줄 때, 보다 높아지는 것이다. 왜냐하면 나에게 돌아올 수 있는 서비스의 양과 질의 증대는 모든 사람을 대상으로 하여 평균적인 양과 질이 높아져야만 가능할 수 있기 때문이다. 따라서 이러한 경우 사회구성원들이 누릴 수 있는 적극적 자유의 수준이 집합적으로 높아지는 것이다.

또한 선택의 자유는 더 바람직한 자유를 위해서 제한될 수 있다. 사람들은 종종 선택의 자유라는 이름하에 개인적으로나 사회적으로 바람직하지 않은 방향으로 특정한 행위들을 하는 경향이 있는데, 이 경우는 그 자유를 제한하는 것이 바람직하다. 극단적인 예가 자살이다. 어떤 사람이 가지고 있는 자살의 자유를 통제함으로써 그 사람이 다른 행위를 할 자유를 넓히는 것이다. 이른바 이러한 가치재(*merit good*)를 국가가 제공하는 것이 바람직한 것도 개인적 혹은 사회적으로 가치 있는 재화가 필요 이하로 적게 공급되기 때문에 강제적으로 제공하는 것이다(Musgrave, 1980). 특히 사회가 복잡해질수록 자신의 자유를 넓힐 수 있는 진정한(*true*) 선택이 무엇인지를 개인적으로 판단하기 어렵기 때문에 국가의 판단(?)에 의하여(*paternalism*) 사회복지재화를 제공하는 것이 사람들의 자유의 영역을 넓힐 수 있는 것이다. 이러한 주장은 사람들이 일반적으로 발생할 확률은 대단히 적으나 일단 발생하면 피해가 큰 사건들에 관하여 정확하게 판단하지 못한다는 논리에 근거하고 있다.

셋째, 사회복지정책은 한편으로 사람들의 욕구를 해결함으로써 자유의 영역(적극적 자유)을 넓히기도 하지만 다른 한편으로는 사람들로 하여금 사회복지정책에 예속(*dependency*)되게 만듦으로써 자유를 제한하기도 한다(Murray, 1984). 즉 사람들이 사회복지정책에 의존하면 할수록 그 사람의 자유는 그만큼 제한될 수 있는 것이다. 즉 대부분의 경우 사회복지급여를 받기 위해서는 요구되는 일정한 조건에 따라야 하기 때문에 그 사람의 자유는 제한될 수 있다. 예를 들어 미국의 AFDC 프로그램의 급여는 아동을 키우는 여성 세대주에게만으로 한정되는데 이 경우에 그 여성이 남성과 동거할 수 있는 자유는 제한되는 것이다.

어떻게 보면, 사회복지정책의 역사라는 것은 사회복지급여에 대한 수급권 제한의 발전역사라고 볼 수 있다. 즉 사회복지정책 발전의 초기에는 사회복지급여를 받기 위해서는 많은 자유의 제한이 있었으나, 오늘날 고도로 발전된 복지국가에서는 사회복지급여에 대한 수급을 하나의 권리(사회권)로 인정함으로써 수혜자의 자유는 상당히 확대되었다.

한편 사회복지급여의 형태 또한 수급자의 자유에 영향을 줄 수 있다. 즉 현물로 급여하는 것이 현금으로 급여하는 것보다는 수급자의 선택의 자유를 더 제한하는 것이다. 따라서 사회복지정책이 발전되지 않은 국가에서 현금보다 현물의 형태로 급여하는 것을 상대적으로 강조하고 있다. 물론 일반적으로 현물로 급여하는 것이 현금으로 급여하는 것보다 수급자의 자유를 더 많이 제한하지만, 현물급여가 앞에서 논의되었던 것과 같이 수급자의 더 많은 자유를 확보할 수 있는 측면도 존재하고 있다. 예를 들면 아동의 영양을 증대하기 위한 목적으로 현물의 형태로 음식을 제공하는 것이, 그 부모에게 현금을 지불함으로써 아동의 영양에 대한 자발적 선택을 하게 하는 경우보다 자유를 보다 더 확대하는 측면도 있다. 왜냐하면, 만일 그 아동의 부모가 이 돈을 아동의 영양증대에 사용하지 않고 사회적으로 바람직하지 않은 다른 용도로 사용한다면, 그 아동은 영양결핍상태에 처하게 되고 결국 궁극적으로 얻을 수 있는 목표를 이루지 못한다는 측면에서 자유의 제한이 있을 수 있다.

넷째, 사회복지정책은 기본적으로 평등 가치의 구현을 목표로 하고 있는데 이 목표를 추구하는 과정에서 어떤 사람의 자유가 필연적으로 제한될 수 있다. 사람들은 기본적으로 서로 다른 능력, 재능, 노력 등을 갖고 있기 때문에 부, 소득, 지위 등의 자원소유에서도 차이가 존재한다. 따라서 이 차이를 강제적으로 평등하게 만들기 위해서는 필연적으로 어떤 사람의 자원을 빼앗아 다른 사람에게 주어야 하는데 이때 특정 사람들의 소극적 자유가 제한될 수 있는 것이다. 반면에 사람들의 자유는 스스로 인생을 통제할 능력이 커질수록 많아질 수 있다. 통제할 수 있는 영역은 크게 보면 두 가지인데, 하나는 자신이 통제할 수 있는 대상의 영역이고 다른 하나는 자신의 의지대로 할 수 있는 물질적, 비물질적 자원의 영역이다. 이러한 두 가지 영역에서 자유를 증진시킬 수 있도록 하는 요소들은 크게 보면 정치적 권리(*power*), 부(*wealth*) 그리고 지식 등이다. 따라서 정치적 권리가 커져 자신이 결정할 수 있거나 혹은 영향을 줄 수 있는 대상이 커질수록 물질적 자원이 커지기 때문에 자유의지를 행사할 영역이 넓어진다. 또한 지식이 많아져서 자신의 자유를 제한하는 것에 대한 해결방법을 많이 알게 되면 될수록 자유는 커진다. 그러므로 권력, 부, 지식의 불평등은 바로 자유의 불평등을 낳기 때문에 이러한 자유의 전제조건(*prerequisites*)들을 평등하게 만들어 사람들이 통제할 수 있는 영역을 확대한다면 개인적으로나 사회 전체적으로 볼 때 자유는 커지는 것이다. 사회복지정책이 발달되지 않은 시대에는 권력, 부, 지식의 분배가 상당부분 주어진 것으로 보는 경향이 있어 주어진 자원 내에서의 자유를 당연한 것으로 여겼다. 그러나 오늘날과 같이 사회복지정책이 발전된 상황에서는 권력, 부, 지식 등이 단지 주어진 것이 아니라 '사회적'으로 결정될 수 있다고 보기 때문에, 사회복지정책을 통하여 인간이 통제할 수 있는 영역을 넓혀 자유를 확장할 수 있는 것이다.

제 3 부
정책 내용 분석

지금까지 2부에서는 사회복지정책을 분석할 기준으로 네 가지의 가치들에 관하여 논의하였다. 3부에서는 이러한 가치들을 바탕으로 사회복지정책의 내용들을 분석하고자 한다. 모든 사회복지정책의 내용들은 다음의 네 가지 공통적인 요소를 갖고 있다. 첫째, 누구에게 급여할 것인가? 둘째, 무엇을 급여할 것인가? 셋째, 어떻게 급여할 것인가? 넷째, 정책에 필요한 재원을 어떻게 마련할 것인가?

3부에서는 이러한 네 가지의 문제를 2부에서 논의한 가치들을 기준으로 하여 논의한다. 따라서 13장에서는 급여의 자격조건의 형태, 자격조건의 차이에 대한 개념적 근거, 그리고 가치에 근거한 자격조건들의 평가가 이루어진다. 14장에서는 사회복지정책에 사용되는 재원의 형태, 각 재원들의 장점과 단점을 사회적 가치에 의하여 평가한다. 15장에서는 사회복지 재화나 서비스를 전달하는 체계들의 유형과 각 전달체계의 장점과 단점을 분석한다. 16장에서는 급여의 형태들을 사회적 가치를 기준으로 비교평가하고 현물급여를 현금화하는 방법들에 관하여 논의한다.

제 13 장

급여의 대상 : 누구에게 급여할 것인가

사회복지정책의 내용을 분석하는 데 있어 가장 논란이 되는 것 중의 하나는 급여를 받을 수 있는 자격의 문제이다. 즉 누구에게 급여하고, 누구에게 급여를 안 하느냐의 문제이다. 일반적으로 사회복지재화나 서비스는 시장에서의 쌍방의 교환이 아닌 국가로부터 일방적 이전(*unilateral transfer*)의 형태로 제공되기 때문에, 재화에 대한 수요보다 공급이 적은 경향이 있다. 즉 사람들이 원하는 사회복지재화의 양보다 국가에서 급여할 수 있는 양이 적은 것이다. 따라서 이러한 상황에서는 어떠한 방식으로라도 사회복지재화나 서비스에 대한 수요를 제한할 필요성이 발생하고, 이때 그것의 기준이 무엇이냐가 쟁점이 되는 것이다.

급여자격과 관련된 논쟁은 크게 보면 전술한 사회복지정책과 관련된 가치들에 대한 논쟁에서 유래한다고 할 수 있다. 급여자격의 형태는 첫째, 어떤 종류의 평등을 어느 정도까지 추구할 것인가, 둘째, 사회복지정책으로 야기되는 비효율의 문제를 어느 정도까지 받아들일 것인가, 셋째, 사회구성원들의 자유를 어느 정도까지 제한할 것인가, 넷째, 욕구(*needs*)를 어디까지 인정할 것인가 등에 의하여 달라질 수 있는 것이다.

이러한 근본적인 사회적 가치의 측면에서뿐만 아니라, 급여자격의 문제는 현실적인 정책결정이나 분석에서 다음의 두 가지 이유로도 중요하다.

첫째, 한 나라의 사회적 자원은 제한되어 있고, 특히 사회복지에 사용할 자원은 더욱 그러하다. 특히, 요즈음 서구사회의 '복지국가위기'의 시대에서는 더욱 그러하다. 따라서 주어진 제한된 자원의 적정한 배분이 이루어져야 하는데 이때 급여자격의 문제는 기회비용의 측면에서 중요하다. 즉 특정한 자격조건으로 특정한 사람들에게 급여를 했을 때, 이러한 자원으로 다른 사회적 목표를 얼마나 이룰 수 있는가를 고려해야 하기 때문이다.

급여자격의 문제가 중요한 또 하나의 이유는 급여자격의 형태는 사회복지정책의 직접적인 대상자(*target group*)뿐만 아니라 비대상자들에게도 여러 가지의 측면에서 영향을 주기 때문이다. 일반적으로, 사회복지정책은 특정한 사람들을 대상으로 특정의 의도하는 그리고 직접적인 목표를 추구하지만, 이러한 정책들은 대상집단이 아닌 사람들에게도 간접적 혹은 의도하지 않는 영향을 크게 주는 경향이 있다. 예를 들면, 일정한 가족구조를 갖고 있거나 일정한 소득 이하의 사람들을 대상으로 하는 사회복지정책은 이러한 대상자뿐만 아니라 비대상자들의 여러 행위—근로·저축동기 혹은 가족구조 변화의 동기—에 많은 영향을 줄 수 있다.

급여자격에 관한 논의는 크게 보면 다음의 세 가지의 문제로 나눌 수 있다. 즉 (1) 자격조건의 형태 (2) 자격조건을 뒷받침하는 논리적 근거 (3) 자격조건을 평가할 기준과 각 자격조건들에 대한 평가가 그것이다.

1. 자격조건의 형태

오늘날 사회복지가 발전한 나라들의 세부적인 사회복지정책의 종류나 수는 무수히 많고, 또한 이들 각 정책들의 자격조건들도 매우 다양하다. 예를 들면, 미국의 사회복지정책에 포함될 수 있는 구체적인 프로그램의 숫자는 수백 가지이고 각각의 프로그램의 자격조건도 매우 다양하다(Lawrence and Leed, 1980). 또한 어떤 정책은 자격조건이 비교적 단순하여 하나의 자격조건만 갖추면 급여를 받는 반면, 어떤 정책은 여러 가지의 자격조건이 동시에 필요하기도 한다. 이렇게 다양한 세부적인 자격조건들을 크게 보면 몇 가지로 분류할 수 있는데 여기서는 여섯 가지로 분류하여 논의한다.[1)]

1) 거주여부, 거주기간, 그리고 시민권

사회복지정책의 자격조건 가운데 가장 기본적인 것은 한 나라 혹은 한 지역의 거주여부이다. 이것은 크게 다음의 두 가지로 나눌 수 있다. 하나는 거주여부가 유일한 자격요건인 경우와, 또 다른 하나는 거주여부가 다른 자격조건과 더불어 필요한 경우이다. 오늘날 대부분의 나라에서 대부분의 사회복지정책의 자격조건은 후자에 속하고, 전자의 경우는 드물다.

사회복지정책의 자격조건 가운데 가장 개방적인 것은, 한 나라 혹은 지역에 거주만 하면 누구에게나 급여자격을 부여하는 방법이다. 이것은 사회복지 수급을 하나의 권리—이른바, 사회권—로 인정하는 것으로, 사회복지정책의 역사적 발전과정을 통해 볼 때 가장 발전된 형태라 할 수 있다.

그러나 이 경우에도 '거주'의 정의에 따라 일정한 제한이 있다. 즉 거주기간과 시민권 혹은 영주권의 소지여부에 따라 제한된다. 사회복지정책에 자격이 있기 위해서는 일정한 거주기간이 필요하거나 영주권자 혹은 시민권자로 제한하는 경향이 있다. 대부분의 사회복지정책들은 여행자와 같은 단기간 거주자에게는 급여자격을 주지 않는다. 예를 들면, 캐나다의 보편적 연금 자격을 얻기 위해서는 18세 이후부터 최소한 10년 이상 거주해야 되고, 연금급여액도 거주기간에 따라 차등을 둔다(D. H. H. S., 1988). 또

---

1) 길버트와 스펙트(Gilbert and Specht, 1993)는 자격조건의 성격을 귀속적 욕구, 보상, 진단적 차별화, 소득/자산 조사 등의 네 가지로 분류하였고, 챔버스(Chambers, 1993)는 과거의 기여, 행정적 법규, 민간과의 계약, 전문가 진단, 행정가 판단, 사법적 판단, 소득/자산 조사, 그리고 노동시장에의 참여 등 여덟 가지로 분류하였다.

한 오늘날 유럽 복지국가의 사회복지정책도 대부분 일정기간 이상 거주해야만 자격이 주어진다. 반면에 미국의 경우는 '거주'의 개념이 더 제한적이어서, 대부분 공적 부조 프로그램의 자격은 영주권자 혹은 시민권자로 제한하고, 유학생과 같은 장기간 단순 거주자에게는 자격을 주지 않는다.

영국 국민이면 누구나 아무 조건 없이 의료서비스를 제공하는 NHS의 경우처럼 '거주'의 조건만으로 사회복지급여를 하는 경우는 매우 드물고, 거의 모든 사회복지정책에 '거주'는 급여를 받기 위한 필요조건이지 충분조건은 아니다. 상기의 예에서, 캐나다의 보편적 연금은 나이(65세)라는 조건을 갖추어야 급여를 받을 수 있다. 마찬가지로, 미국의 공적 부조 프로그램은 소득/자산 조사라는 조건이 따른다. '거주'의 조건은 가장 기본적이기 때문에 앞으로 논의할 다른 조건들의 설명에서는 '거주'의 요건은 더 이상 설명하지 않겠다.

2) 인구학적 조건

사회복지급여 자격의 두번째 조건은 인구학적 조건이다. 이것도 크게 둘로 분류할 수 있다. 하나는 인구학적 조건만 갖추면(물론, 거주조건도 갖추어야 한다) 급여를 받을 수 있는 경우이고, 다른 하나는 다른 조건을 갖추어야 자격이 되는 경우다.

전자의 대표적인 예로는 65세 혹은 70세 이상의 노인이면 누구나 급여자격을 주는 보편적 연금과 아동을 키우는 가구에게는 누구나 자격을 주는 아동수당(가족수당)이 있고, 후자의 예로는 소득/자산 조사의 조건도 필요한 범주적 공적 부조 프로그램(*categoral public assistance*)과 기여의 조건도 필요한 사회보험을 들 수 있다(예를 들면, 국민연금).

인구학적 조건 가운데 가장 중요하게—사회복지 지출 가운데 가장 크거나 혹은 수혜자의 숫자에서 가장 많거나—사용되는 것이 나이이다. 대부분의 국가에서 사회복지 프로그램 가운데 가장 중요한 국민연금(그 가운데 노령연금)으로부터 급여를 받기 위해서는 기여의 조건이 필요하든 안하든 일정한 나이에 도달해야 한다. 자격이 되는 나이는 국가에 따라 혹은 프로그램 종류나 급여내용(수준)에 따라 다르다. 예를 들면, 한국의 국민연금의 경우 60세에 자격이 주어지나, 대부분의 선진 산업국가들은 65세에 자격을 준다. 일본의 후생연금은 60세에 자격이 주어지나, 국민연금은 65세에 자격이 주어진다. 또한 65세 이전의 일정한 나이(62세)에는 비록 자격은 주나 급여액을 줄인다.

또한 선진산업국가들에서 시행하고 있는 아동수당(가족수당)의 자격조건도 나이이다. 이것도 국가에 따라 '아동'으로 정의되는 나이가 다르고 또한 나이 차이에 따른 급여수준도 다르다. 예를 들면, 독일의 경우 '아동'이 계속 학교에 다니면 27세까지 자격을 주고, 프랑스에서는 나이가 많은 아동에게 더 많은 급여를 한다(Gordon, 1988).

마지막으로 대부분의 국가들에서 범주적 공적 부조정책에서도 다른 조건—대개 소득/자산 조사 조건—과 함께 나이를 중요한 자격조건으로 한다. 예를 들면, 미국의 SSI(Supplemental Security Income)의 경우 나이(65세)가 소득/자산조사와 함께 중요한 자격조건이 된다.

가족수도 사회복지급여를 받기 위한 자격조건이 된다. 즉 일정한 가족수 이상이 되어야 급여자격이 주어지는 것이다. 예를 들면, 프랑스나 일본의 아동수당의 경우 2명 이상의 아동이 있어야 급여를 한다. 또한 급여액도 아동의 숫자에 따라 차등을 두어 어떤 국가는 아동의 수가 증가할수록 급여액이 커지는 반면, 어떤 국가는 그 반대이다.

사회복지 성격의 조세정책에서도 가족수에 따라 자격과 급여수준이 다르다. 국가에 따라 세금감면이 될 수 있는 가족수에 차이가 있다. 예를 들면, 한국은 2명까지의 아동이 있는 경우만 세금감면 대상이 된다.

결혼여부도 자격조건이 된다. 즉 결혼한 가정에게만 사회복지급여의 자격이 주어지거나—대표적인 예가 국민연금에서의 배우자 급여이다—, 반대로 결혼하지 않은 가정에게만 급여자격이 주어진다. 예를 들면, 미국의 AFDC(Aid to Families with Dependent Children)는 아동을 키우면서 남편 없이 혼자 사는 여성 세대주여야만 자격이 주어진다.[2] 한국과 같이 사

2) 미국의 약 50%의 주에서는 남편이 있어도 급여가 주어지도록 규정되어 있으나

회복지가 발전이 안 된 대부분의 국가들에서 공적 부조 프로그램은 이러한 여성 세대주가구를 중요한 자격조건으로 삼는다.

마지막으로 특정의 인구학적 집단(예컨대, 여성, 인종집단 등)에 속해야만 급여의 자격이 주어지는 경우가 있다. 대표적인 예가, 미국의 Affirmative Action 프로그램으로 여성과 소수집단에 대해 취업이나 임금을 유리하게 하는 것이다. 이것은 개념적으로 후술할 보상—과거의 차별에 대한 보상의 차원—의 조건에 더 가깝다고 할 수 있다.

3) 기 여

사회복지급여의 자격조건으로 또 하나 중요한 조건은 기여이다. 이것은 두 가지로 나눌 수 있는데, 하나는 사회보험 프로그램에 보험료 납부라는 형태의 기여이고 다른 하나는 사회에 대한 경제적 사회적 기여이다.

오늘날 대부분의 복지국가들에서 지출액이나 수혜자의 수적인 측면에서 가장 중요한 사회복지정책은 국민연금, 질병보험, 산재보험, 실업보험이라는 네 가지 사회보험이다. 이러한 사회보험의 가장 중요한 자격조건은 보험료 납부이다. 즉 보험료를 납부해야만 이러한 사회보험급여의 자격이 주어진다. 그렇다고 보험료 납부 그 자체만으로 자격이 주어지는 것은 아니다.

우선 사회보험이 해결하려고 하는 위험(*risk*)—노령, 장애, 질병, 작업 중 장애, 실업—이 발생하여야 한다. 둘째, 일정한 기간 동안 일정한 액수의 보험료 납부가 되어야 한다. 이것은 국가에 따라 그리고 프로그램에 따라 많은 차이가 있다. 예를 들면, 대부분의 국가에서 국민연금 가운데 노령연금에 자격이 되는 납부기간은 긴 반면에, 장애연금의 경우는 짧다. 또한 산재보험이나 질병보험 가운데 의료서비스는 납부기간의 제한이 없는 반면, 질병수당의 경우는 일정한 납부기간을 요한다. 실업보험의 경우는 대부분의 국가에서 '최근의' 일정기간의 납부를 조건으로 한다.

현실적으로 수혜자는 극히 드물다.

셋째, 위험의 발생 이외의 다른 조건도 갖추어야 한다. 예를 들면, 많은 국가의 노령연금은 은퇴를 급여의 조건으로 한다. 또한 질병수당의 경우 취업자에게만 자격을 준다. 산재보험의 경우는 '작업중' 장애의 조건이 필요하다. 가장 까다로운 자격조건을 필요로 하는 것은 실업보험이다. 실업보험의 자격이 주어지기 위해서는 여러 가지의 조건—비자발적 실업, 근로능력의 유지, 자기과실에 의하지 않은 실업, 파업으로 발생하지 않은 실업, 고용사무소에 등록, 정기적 보고 등—이 필요하다.

사회보험의 자격조건과 관련된 또 하나의 쟁점은 보험료 납부액과 급여액과의 관계이다. 즉 보험료 납부액에 비례하여 급여액을 줄 것인가의 문제이다. 민간보험의 경우는 보험수리원칙(*actuarial principle*)에 엄격히 입각하기 때문에, 급여액은 보험료 납부액에 비례한다. 반면에 사회보험은, 국가에 따라 정도의 차이는 있으나 대부분의 경우에 이러한 보험수리원칙에서 벗어나, 납부액과 급여액이 반드시 정비례하지 않는다. 따라서 여러 가지의 방법—급여계산 방식 등—으로, 사람들 사이의 납부액과 급여액의 차이를 줄여, 적게 납부한 사람들에게 상대적으로 더 많이 급여를 한다. 그렇다고 적게 납부한 사람이 많이 납부한 사람에 비해 절대액수에서 더 많은 급여를 받는 것은 아니다. 이렇게 되면 '기여'의 의미가 없어지게 되기 때문이다.

사회복지정책의 자격조건으로서 '기여'의 두번째 형태는 국가에 사회적 혹은 경제적으로 기여했느냐의 문제이다. 사회적 기여의 대표적인 예가 국가를 방위하다가 죽거나 부상당한 군인이나 그 유가족들에 대한 보상차원에 급여를 하는 프로그램이다. 이 밖에 공무원이나 교원과 같은 사람들을 위한 사회복지정책들도 사회적 기여(?)를 고려하는 경향이 있다. 예를 들면, 공무원연금은 일반 국민들을 대상으로 하는 국민연금에 비해 급여액 등 여러 가지의 측면에서 후한데, 이것은 공무원이 국가발전에 '기여'를 했다고 판단하는 데서 나온 것이다.

경제적 기여를 고려한 사회복지정책도 있다. 대부분의 국가에서 사회보험 프로그램의 발전역사를 보면, 철도나 광업과 같은 국가의 기간산업에 종사한 사람들을 위한 사회보험은 일찍 등장하였고, 프로그램 내용(자격,

급여수준 등) 등에서도 후하다. 오늘날에도 많은 나라에서는 이러한 프로그램들은 일반 프로그램과 달리 특별히 운영된다. 이유는 이러한 산업이 국가경제발전에 기여가 크다는, 더 정확히 말하면 하는 일은 힘든 반면 기여는 크다는 판단 때문이다. 오늘날 우리나라의 농어민을 위한 특별한 연금제도도 이러한 성격을 갖고 있다고 볼 수 있다.

4) 근로 능력

사회복지정책의 역사적 발전과정을 볼 때, 가장 먼저 그리고 가장 널리 사용된 자격조건은 근로능력 여부이다. 어느 정도 체계화한 최초의 사회복지정책이라 할 수 있는 1601년 영국의 구빈법(Elizabeth Poor Law)에서 가장 중요한 사회복지급여의 자격조건은 근로능력이다. 이것은 또한 '자격 있는 빈자(*deserving poor*) 대 자격 없는 빈자(*undeserving poor*)'의 구분의 핵심적인 기준이 되기도 한다.

근로능력과 관련된 쟁점들은 다음과 같다. 첫째, 국가에 따라 각 프로그램의 근로능력 여부에 대한 기준이 다르다는 점이다. 즉 국가에 따라 '근로능력이 없는 자'에 포함되는 집단이 다르다. 어떤 국가들(일반적으로, 사회복지정책이 발전되지 않은 나라들)은 '근로능력이 없는 자'를 좁게 보아 육체적으로 근로를 할 수 없는 사람들(장애인, 고령자)만을 포함시키는 반면, 어떤 국가들은 육체적인 근로능력은 있어도 여러 가지의 이유로(자녀양육 등) 실질적으로 근로를 할 수 없는 사람들은 포함시킨다. 예를 들면, 어떤 나라에서는 혼자서 아이를 키우는 여성 세대주 혹은 남성 세대주를 포함시키는 반면, 어떤 나라에서는 포함시키지 않는다. 일반적으로 사회복지정책이 발달한 나라일수록 '근로능력이 없는 자'에 포함되는 대상이 넓다. 예를 들면, 스웨덴의 경우 부인이 출산 후 직장을 다닐 때 아이를 돌보기 위해 남편이 일을 안할 경우 남편도 '근로능력이 없는 자'로 인정되어 사회복지정책—출산수당—의 대상이 된다.

둘째, 근로능력 여부가 사회복지정책의 급여자격이 될 수 있는 것도 두 가지로 나눌 수 있다. 하나는 근로능력이 없는 것이 자격의 유일한 조건이 되는 경우이고, 다른 하나는 다른 조건이 겸비되어야 하는 경우이다. 전자의 대표적인 예가 발전된 복지국가들에서 시행하고 있는 장애수당이다. 이것은 장애로 근로능력이 없다고 판단되면 누구나 자격이 되어 일정한 액수의 급여를 받는 것이다.

반면에 대부분의 국가들에서는 사회복지정책에 자격이 되기 위해서는 근로능력이 없을 뿐만 아니라, 보험료 납부, 소득/자산 조사, 전문가 혹은 행정적 판단 등과 같은 다른 조건을 갖추어야 한다. 예를 들면, 장애연금은 보험료납부의 조건이 있고, 미국의 SSI와 같은 범주적 공적 부조는 소득/자산 조사의 조건이 있어 근로능력이 없어도 일정한 소득/자산 이하의 사람들에게만 자격이 주어진다.

셋째, 위와는 반대로 사회복지정책 가운데는 '근로능력이 있어야만' 혹은 '근로능력이 있어도' 자격이 되는 것들도 있다. 근로능력이 있는 사람들에게만 자격이 주어지는 정책들의 대표적인 예가 각종의 노동시장 정책에 속할 수 있는 정책들이다. 예를 들면, 각종의 고용과 훈련프로그램, 실업보험, Earned Income Tax Credit, Wage Subsidy, 근로자를 위한 각종의 세제혜택 등이다. 실업보험의 경우 실업했을 뿐만 아니라 근로능력이 있어야 실업보험의 급여자격이 주어진다. 한편, 대부분의 공적 부조 프로그램은 근로능력이 없어야 급여를 받을 수 있는 데 반하여, 사회복지가 발전한 국가들에서는 다른 조건—대개, 소득/자산 조사—만 갖추면 근로능력이 있어도 급여를 받을 수 있다. 예를 들면, 영국의 Supplementary Benefit, 최근의 Income Support 프로그램, 실업부조 등이 여기에 해당된다(Gordon, 1988).

5) 소득/ 자산 조사

지금까지 논의한 네 가지의 사회복지급여의 자격조건은 모두 집단별 속성—노인집단, 여성집단, 기여한 집단, 근로 능력 있는 집단, 거주하는 집단 등—에 따라 혹은 집단적으로 결정되는 반면, 후술할 전문적 혹은 행정적 판단의 자격조건과 지금 논의할 소득/자산 조사의 기준은 개별적 속성 혹은 욕구(*need*)에 따라 결정된다. 즉 사회복지급여의 결정이 개별적으로 이루어지는 것이다.

개별적으로 자격을 판단하는 방법으로 가장 많이 사용되는 것이 소득/자산 조사이다. 오늘날 거의 모든 나라들에서 공적 부조 프로그램의 자격을 결정하는 가장 중요한 기준은 소득/자산 조사이다. 즉 일정한 소득/자산 이하의 사람들에게만 급여를 하는 것이다.

소득/자산 조사의 구체적인 방법은 여러 가지가 있고, 실제로 국가에 따라, 프로그램에 따라 다양한 방법이 적용된다. 여기서는 이러한 문제를 크게 다섯 가지로 나누어 분석하기로 한다.

첫째, 일반적으로 사람들의 경제적 능력(*economic capacity*)을 판단하는 방법은 크게 보면 부, 소득, 소비의 세 가지로 나눌 수 있다. 이 세 가지는 비교적 상관관계가 높아, 대체로 부를 많이 가진 사람들이 소득도 높고 또한 소비도 높은 경향을 보인다. 그러나 경우에 따라서는 부는 많은데 소득은 적거나, 혹은 소득은 많은데 소비는 적을 수가 있다. 예를 들면, 임대소득이 발생하지 않은 채 많은 부동산을 보유만 하고 다른 소득이 없는 경우나, 소득의 대부분을 저축하여 부만 늘리고 소비는 안 하는 경우이다.

어떤 사람들이 부는 많고 소득이 적거나, 소득은 많은데 소비가 적을 때 사회복지정책의 급여자격을 주어야 하는가? 대부분 국가들의 공적 부조정책은 '주지말아야 한다'는 입장이다. 그 이유는 부가 있다는 것은 잠재적 소득 혹은 소비능력이 높다는 것을 의미하고, 따라서 부의 소득화 혹은 소비화는 개인의 선호의 문제이기 때문에, 국가가 이러한 사람들에게까지 사회복지급여를 하는 것은 제한된 자원의 낭비(비효율적)라는 것이다. 따라서 대부분의 국가들에서는 부와 소득을 모두 조사하여 어느 한쪽이 일정한 수준 이상이면 급여를 하지 않는다.

반면에 사회복지가 발전한 국가들에서는, 부가 많아도 소득이 적으면 급여자격을 주는 경향이 있다. 따라서 이러한 국가들의 공적 부조는 소득만으로 자격여부를 결정하거나 부를 조사한다 하더라도 자기가 사는 집이나 자동차와 같이 생활에 필요하다고 판단되는 부는 조사에서 제외한다. 현실적으로, 공적 부조의 잠재적 대상자들이 이와 같은 부 이외의 다른 형태의 부를 축적하고 있는 경우는 거의 없다고 볼 수 있기 때문에 실질적으로 부의 조사는 무의미하다. 이렇게 소득조사만을 강조하는 주요 이유는 사회복지정책은 현재 최소한의 기본적 욕구를 해결하지 못하고 있는 사람이면 누구에게나 급여를 하여야 한다고 보기 때문이다.

한편, 소득도 구분하여 특정의 소득만을 고려하여 자격을 결정하는 경우가 있다. 소득은 여러 형태가 있으나 크게 보면 근로소득과 자본소득으로 나눌 수 있는데, 어떤 사회복지정책은 근로소득과 자본소득 중에서 하나만을 조사하여 자격여부를 결정한다. 예를 들면, 많은 국가들의 노령연금의 경우 퇴직연령(통상 65세)이 지나서도 일을 하여 근로소득이 발생할 때 일정한 근로소득 이상이면 노령연금 급여액을 줄이는데, 이 경우에 자산소득의 정도는 무시한다. 한편, 어떤 국가의 공적 부조정책에서는 소득조사를 할 때 일정한 액수의 근로소득은 소득으로 포함시키지 않고 자산소득 조사를 강조하는 경향이 있다.

둘째, 소득조사를 할 때 어떤 것들을 소득에 포함시켜야 하느냐도 중요한 쟁점이다. 많은 경제학자들은 이상적인 의미에서의 소득의 개념을 일정한 기간에 자신의 부를 줄이지 않으면서 소비할 수 있는—실제로 소비하거나 하지 않거나에 관계없이—화폐 양으로 정의내린다(Atkinson, 1983). 그런데 현실세계에서 특히 사회복지정책의 자격조건으로서 소득조사를 할 때 소득의 개념은 달라 많은 논쟁이 있는 것이다.

이상적인 소득의 개념에는 포함되어야 하나, 대부분 국가들의 사회복지정책에서 사용되는 소득의 개념에 포함되지 않는 것은 크게 보면 다음의 세 가지이다. 자본이득(*capital gains*), 전가임대료(*imputed rent*), 그리고 현물소득(*in-kind income*).

일정한 기간 내의 물가상승을 고려한 부의 실질가치의 상승은 비록 소득화를 하지 않았다고 하더라도, 그 기간의 소득으로 포함시켜야 한다는 것이다. 왜냐하면, 자본이득을 통하여 부에는 훼손이 없이 그 기간에 잠재적 소득과 소비능력을 높였기 때문이다. 특히 최근의 한국과 같이 자본이득이 많이 발생하는 국가에서는 자본이득을 소득에 포함시키느냐의 문제는 사회복지정책의 소득 /자산 조사에 주는 의미가 매우 크다.

소득/자산 조사를 통하여 사회복지정책의 대상자를 결정할 때 많은 논란이 발생하는 것은 집을 소유한 사람과 그렇지 못한 사람의 구분의 문제 때문이다. 같은 소득수준이라도 집을 소유하지 않은 사람은 임대료를 지불해야 하기 때문에, 집을 소유한 사람에 비해 상대적으로 소비능력(*purchasing power*)이 낮으므로 이 양 집단은 구분해야 한다는 논리이다. 즉 집을 소유한 사람의 소득에 전가 임대료를 계산해서 포함시켜야 한다는 것이다.

오늘날 선진 산업국가들의 공적 부조 대상자들 가운데는 집을 소유한 사람들이 많다. 특히 공적 부조의 주 대상자인 퇴직한 노인의 경우는 더욱 그러하다. 따라서 전가임대료를 소득으로 계산할 경우 많은 경우에 공적 부조의 대상에서 제외될 수가 있다. 따라서 복지선진국에서는 전가임대료를 소득에 포함시키지 않는 대신, 집이 없는 사람들에게 주택수당과 같은 프로그램들을 통해 집을 가진 사람들과의 소비능력 불평등의 문제를 해결하고 있다. 즉 전가임대료의 문제를 적극적으로 해결하는 것이다.

소득은 또한 그 형태로 볼 때 현금소득과 현물소득—각종의 부과급부(*fringe benefit*)—등으로 나눌 수 있는데, 오늘날 점차로 현물소득의 중요성이 높아지고 있는 추세이다. 이런 현상의 가장 중요한 이유는 현물로 받을 경우 과세대상에서 제외되기 때문이다. 공적 부조를 위한 소득조사에서 대개의 경우 현물소득은 소득에 포함시키지 않는데, 가장 중요한 이유는 의료서비스, 주택, 음식, 교육과 같은 현물은 대개 기본적 욕구충족에 필수불가결한 것이기 때문이다. 문제는 사람들의 소득에서 현물소득이 차지하는 비율이 크게 차이가 날 경우, 현물소득을 소득으로 포함시키지 않으면 경제적 능력—소비능력—이라는 측면에서 불공평하게 될 수 있다는 것이다. 따라서 복지선진국에서는 이러한 문제를 해결하기 위해 기본적 욕구충족에 필요한 현물서비스는 보편적으로 누구에게나 제공함으로써 사람들 사이의 현물소득의 차이를 줄인다.

셋째, 소득조사를 할 때 조사대상의 단위가 무엇이냐의 문제이다.

소득단위는 크게 보면 개인, 가족, 가구의 세 가지다. 개인을 단위로 조사하는 것이 소득의 정도를 가장 정확히 파악할 수 있기 때문에, 사회복지정책이 추구하는 욕구(*needs*)의 충족, 평등의 추구와 같은 목표를 가장 확실히 이룰 수 있다. 왜냐하면 개인단위로 조사했을 때의 소득불평등의 정도가 가장 크기 때문이다. 그러나 현실적으로 개인단위로 소득조사를 하여 사회복지급여를 하는 경우는 극히 드물다. 그 이유는 대개의 경우 실질적인 소비단위가 가족 혹은 가구이고, 또한 가족 혹은 가구 내의 소득분배(*intra-family transfer*)가 이루어지기 때문에, 개인단위로 조사했을 때 아동, 주부와 같은 많은 수의 무소득자의 의미가 약화되기 때문이다. 즉 아동이나 주부도 실질적(?)으로 소득이 있는 것이다.

따라서 현실적으로 가족이나 가구를 소득단위로 하여 소득조사를 하는데 이때 두 가지의 문제가 발생할 수 있다. 하나는, 가족 혹은 가구 내의 소득분배가 지나치게 불평등할 경우이다. 즉 가족소득은 높아도 가족 내의 어떤 특정의 구성원이 소득의 대부분을 사용한다면, 나머지 구성원들의 소비능력이 낮을 수가 있는 경우이다. 이러한 경우 가족 소득을 단위로 하게 되면, 이 가족은 사회복지정책 대상에서 제외되나, 일부 가족구성원들의 실질적인 복지에의 욕구를 충족시키지 못할 경우가 발생할 수 있다. 예를 들면, 미국의 대표적인 공적 부조 프로그램인 AFDC의 정책목표는 아동의 복지를 높이는 데 있다. 그러나 급여의 수급단위가 아동과 같이 사는 가구로 되어 있기 때문에 만일 그 아동의 가구주(대개, 아동의 어머니)가 아동복지를 등한시하고, 다른 용도로 급여를 사용하게 되면 이 프로그램의 실질적인 목표를 이룰 수 없게 된다.[3)]

다른 하나는 가족이나 가구를 단위로 할 때, 가족 숫자에 따라 급여의 자격조건에 차등을 두어야 하느냐의 문제와, 차등을 둔다면 어떻게 차등을 두어야 하느냐의 문제다. 일반적으로 가족 수에 따라 경제적 욕구의 차이가 있기 때문에 소득조사에서 가족 숫자를 고려하는 것이 바람직하다. 그러나 여기서도 두 가지의 문제가 나타난다. 하나는, 소득이 높은 가족일

3) 미국에서는 이러한 현상이 종종 발생하여, 이 프로그램의 실제 수급자—대개의 경우 아동의 어머니—를 'welfare mother' 혹은 'Cadillac mother' 등으로 불러 멸시하는 경향이 있다.

수록 가족 숫자가 많은 경우이다. 이 경우에 가족 숫자가 많다고 해서 사회복지급여를 많이 하는 것은 사회복지정책이 추구하는 평등의 목표에 위배될 수 있다. 대표적인 예가 국민연금의 배우자 급여제도이다. 배우자가 있는 가족은 기여를 하지 않아도 일정한 액수의 급여를 추가로 받을 수 있으나, 배우자가 없는 사람은 급여를 받지 못한다. 그 이유는 가족수가 많으므로 경제적 욕구가 크다고 보기 때문이다. 그런데 일반적으로 배우자가 있는 가족의 소득수준—배우자 급여이전이라도—은 배우자가 없는 사람보다 높기 때문에, 이런 제도는 평등의 목표를 희석시킬 수 있다.

또 하나는, 어떤 사람들은 비경제적 동기(예를 들면, 아이를 키우는 재미)로 가족수를 늘리는 것을 선호하는 반면, 어떤 사람들은 경제적 문제로 가족수를 늘리기를 원하지 않을 때, 단순히 가족수의 차이로 사회복지급여의 자격에 차등을 두는 것은 물질적, 비물질적인 측면 모두를 고려한 전체 효용의 맥락에서 공평하지 않을 수가 있다.

이러한 문제 때문에 대부분 소득조사를 통한 사회복지급여는 가족 숫자에 무조건 단순 비례하여 주어지지 않고 일정한 균등화지수(*equivalant scale*)에 따라 지급되거나 가족수당제도와 같이 지급의 대상이 되는 가족의 수를 제한한다. 또한 소득단위를 가능한 한 작게 하는 것도 하나의 방법이다. 오늘날 복지선진국에서는 소득단위를 핵가족으로 좁혀 이러한 가족수에 따른 문제들을 해결한다. 예를 들면, 노령의 부모들은 자식들의 소득수준에 상관없이 소득/자산 조사에 의해 프로그램에서 자격이 되는 것이다.

넷째, 소득조사를 통해 급여자격을 결정할 때 어떤 기간의 소득을 기준으로 할 것이냐의 문제이다. 소득은 기간별로 일일소득, 주간소득, 월소득, 연소득, 평생소득(*life-time income*) 등으로 나눌 수 있다. 일반적으로, 사람들의 소득은 측정기간이 짧을수록 변동이 심한 반면, 길 경우 소득의 변동을 평균화할 수 있기 때문에 안정적이다. 특히 평생소득의 개념으로 한 나라의 소득불평등을 측정하면, 연소득으로 측정할 때보다 훨씬 평등적이 된다(Paglin, 1975). 왜냐하면 평생소득이란 사람들이 생애기간 동안 벌 수 있는 총 소득을 말하는데 이것은 다른 소득(예, 연소득)에 비하여 생애주기(*life-cycle*)상 발생하는 불평등—예를 들면 노인시기의 저소득과 청·장년 시기의 고소득 사이의 불평등—을 평균화하기 때문에 소득불평등의 정도가 줄어들 수 있다.

어떤 소득으로 사회복지급여의 자격을 결정하는 것이 바람직한가? 일반적으로, 사회복지의 확대를 이념적으로 반대하는 사람들은 평생소득을 기준으로 하는 것이 제한된 사회적 자원을 낭비 없이 사용할 수 있어 정책의 대상효율성(*target efficiency*)을 높이기 때문에, 즉 욕구(*need*)가 많은 사람에게 집중적으로 급여를 할 수 있어 더 바람직하다고 본다. 왜냐하면, 평생소득은 기본적으로 소득을 벌어들이는 능력(*earnings capacity*)을 기준으로 하기 때문에 특정 시점에 실제의 소득은 적다 하더라도 소득능력이 높은 사람은 급여에서 제외할 수 있기 때문이다. 반면에 사회복지의 확대를 지지하는 사람들은 소득기간을 가능한 한 짧게 측정하는 것이 사회복지정책이 추구하는 근본 목표인 현재의 기본적 욕구해결을 이루는 데 더 바람직하다고 본다. 사람들이 일생을 살아가는 동안에 어떤 기간에는 소득이 높다하더라도 어떤 기간에는 소득이 낮을 수가 있어, 이렇게 낮은 기간에는 미래의 소득에 상관없이 급여가 이루어져야 된다고 본다.[4)]

예를 들면, 졸업 후에 소득이 높아질 수 있는 유수한 대학의 인기(?)학과에 다니는 학생이라도 학생시절에 소득이 낮으면, 평생소득의 개념으로 소득능력(*earnings capacity*)이 아무리 높다 하더라도 급여가 이루어져야 된다는 것이다. 현실적으로, 대부분의 복지선진국들에서는 이러한 이유로 가능한 한 측정기간이 짧은 단위(대표적으로는 월소득)의 소득을 기준으로 자격여부를 결정하는 경향이 있다.

다섯째, 지금까지 소득의 개념, 소득의 형태, 소득단위, 소득기간을 논의하였는데 마지막으로 중요한 것은 소득조사를 할 때 어느 정도의 소득수준에서 자격여부를 결정해야 하는가의 문제다. 이것은 기본적으로 사람

---

4) 사회복지 반대론자들은 이 경우 소득이 많았던 기간에 낭비하지 않고 저축해서 소득이 적은 기간에 사용해야 하는 것은 개인의 책임이라는 점을 강조하여, 이 때의 사회복지급여는 자원의 낭비라는 이유로 반대한다.

들의 욕구(*need*)를 어디까지 인정해야 되느냐의 문제와 직결된다(여기에 관하여는 제 11장 '욕구'를 참조할 것).

사회복지자격을 결정하는 소득수준은 시대와 국가 그리고 프로그램에 따라 많은 차이가 있다. 예를 들면, 한국에서의 소득기준은 1인 경우 월 약 10만 원 정도인 반면, 미국의 경우는 월 약 50만 원 정도이고, 한국이나 미국이나 소득보장 프로그램에 비하여 의료서비스 프로그램의 자격에 필요한 소득수준이 더 높다(이두호 외, 1991).

이렇게 다양한 급여자격의 소득수준들은 크게 보면 두 가지 형태로 결정되는데, 하나는 급여자격의 소득수준을 최소한의 '기본적 욕구'를 충족시킬 수 있는 수준으로 절대적으로 결정하는 것이고, 다른 하나는 사회구성원 대다수가 누리는 생활수준을 고려하여 상대적으로 결정하는 방법이다(이것에 관해서는 이두호 외, 1991을 참조). 절대적 수준의 형태는 전통적으로 대부분의 국가에서 선호되었고 오늘날에도 사회복지가 발전되지 않은 대부분의 국가에서 사회복지정책의 자격조건으로 사용된다.

절대적 수준에서 급여자격을 결정하는 것은 크게 보면 시장경제의 활성화—저축이나 근로동기의 강화나 억제된 사회복지 지출 등의 측면에서—에 도움이 되고, 적게는 사회복지 정책의 운영의 편리성—대상의 선정, 급여액의 결정 등—측면에서 장점을 갖고 있다. 반면에 이것은 사회구성원 대다수가 누리는 생활수준과는 분리되어 있어, 경제성장으로 대다수의 생활수준이 올라갈 경우에도 이 수준은 고정되어 있기 때문에—비록, 물가상승을 고려한다 하더라도—이 수준에 의해 급여를 받는 사람들은 사회적 경제적으로 소외되어 인간의 존엄성이 훼손될 수 있는 커다란 단점을 갖고 있다.

반면에 상대적으로 급여자격 수준을 결정하는 것은 사회의 관습과 소비형태 등 생활수준의 변화에 따라 변동이 있기 때문에 다수의 생활과 유리되지 않아 사회통합이라는 측면에서 장점이 있으나, 상대적 수준을 '정확히' 측정하기가 어려워 이것은 과학적으로 측정되기보다는 '정치적'으로 결정되는 경향이 있다. 그리고 무엇보다도 이 수준에 의한 급여대상자의 숫자는 경제성장이 지속적으로 이루어져도 줄어들기 어렵기 때문에 사회복지정책의 비용이 커지는 문제가 있을 수 있다.

6) 전문적 혹은 행정적 판단

사회복지정책의 마지막 자격조건은 전문적 혹은 행정적 판단이다. 이것은 사회복지가 발달되지 않은 국가에서 많이 이용되는 방법으로, 사회복지정책의 급여를 받기 위하여 다른 조건—대표적으로 소득/자산 조사—뿐만 아니라, 사회사업가, 의사와 같은 전문가나 행정관료의 판단이 필요하다. 예를 들면, 미국의 대표적인 공적 부조 프로그램인 AFDC에 자격이 되기 위해서는, 아동양육과 일정한 소득/자산 이하라는 조건 이외에 전문가(이 경우 사회사업가)에 의한 대상자에 대한 비경제적 측면의 조사(사회조사)를 근거로 한 전문적 판단에 의하여 결정된다.

오늘날 사회복지가 발달한 나라에서는 사회복지정책의 자격여부가 대개 법규에 명시되어서 자동적으로 그리고 기계적으로 결정되는 경향이 있다. 이것은 사회복지의 욕구는 '집단별'로 발생된다는 것을 반영한다고 볼 수 있다. 반면에 전문적 혹은 행정적 판단에 의한 자격결정은 욕구여부를 '개별적'으로 결정된다고 보는 것이다.

지금까지 사회복지정책을 통하여 급여를 받을 수 있는 여섯 가지의 자격조건들을 논의하였는데, 다양한 사회복지정책들은 이러한 여섯 가지의 자격조건들의 다양한 조합으로 〈표 13-1〉에서 보듯이 대략 열 가지로 유형화할 수 있다.

정책유형 Ⅰ은 거주만의 조건으로 급여하는 프로그램으로 영국의 NHS가 대표적인 예이다. 정책유형 Ⅱ는 거주와 인구학적 조건만으로 급여가 이루어지는데 복지선진국의 보편적 프로그램으로서 노령수당과 아동수당이 예이다. 유형 Ⅲ은 거주와 소득/자산 조사의 자격조건으로 급여가 이루어지는 것으로 부의 소득세(Negative Income Tax)와 미국에서 시행하고 있는 Food Stamp 프로그램이 이러한 유형에 속한다고 할 수 있다. 유형 Ⅳ는 사회보험으로서의 노령연금인데, 이것은 근로소득조사(은퇴 후의 근로소득이 일정한 수준 이상이면 급여에서 뺀다)를 하는 경우와 안 하는 경우로 구분이 된다. 유형 V는 거주와 기여 이외에 근로능력 유무를 자격조건으로 하는 것으로, 대표적으로 실업보험을 들 수 있다. 유형 Ⅵ은 거주와 근로능력이 없는 것만으로 자격조건이 주어지는 것으로, 복지선진국의 장애수당이 예이다. 유형 Ⅶ은 거주, 소득/자산 조사뿐만 아니라, 근로능력이 있는 사람에게만 자격이 주어지는 것으로 대표적인 예가 미국에서 시행하고 있는 E. I. T. C(Earned Income Tax Credit)이다. 유형 Ⅷ은 거주, 인구학적 조건(예, 노인, 아동복지 서비스), 그리고 전문적/행정적 판단의 자격조건을 필요로 하는 것으로 개별적 사회서비스가 이러한 유형에 속한다고 할 수 있다(개별적 사회서비스 가운데는 소득/자산 조사를 필요로 하는 것들도 있다). 유형 Ⅸ는 전형적인 범주적 공적 부조인데, 이러한 프

〈표 13-1〉

자격조건 / 정책유형	거주	인구학적 속성	기여	근로능력	소득/자산조사 (근로소득조사)	전문적, 행정적 판단	예
Ⅰ	○						NHS
Ⅱ	○	○					아동수당 노령수당
Ⅲ	○				○		N.I.T. Food Stamp
Ⅳ	○	○	○		(○)		노령연금
Ⅴ	○		○	○			실업보험 질병수당 장애연금
Ⅵ	○			○			장애수당
Ⅶ	○			○	○		E.I.T.C. Wage Subsidy
Ⅷ	○	○			(○)	○	개 별 적 사회서비스
Ⅸ	○	○		○	○	○	AFDC
Ⅹ	○	○		(○)	○		SSI

로그램은 대개 기여를 제외한 모든 조건을 필요로 한다. 대표적인 예가 미국의 AFDC이고, 한국의 생활보호 프로그램도 여기에 해당한다. 유형 X 은 전형적인 범주적 공적 부조보다는 좀더 발전된 형태라 할 수 있는 것으로 일정한 소득/자산 이하의 소득자이면 인구학적 조건(노인에게 급여하는 공적 부조)이나 혹은 근로능력 조건(장애인에게 급여하는 공적 부조)만 갖추면 급여하는 형태이다. 대표적인 예가 미국의 SSI(Supplemental Security Income)이다.

2. 왜 서로 다른 자격들을 필요로 하는가

지금까지 서로 다른 자격들을 필요로 하는 다양한 사회복지정책들을 유형화하였는데, 그렇다면 사회복지정책들의 자격조건들이 왜 이렇게 서로 다른가?

프로그램별로 자격조건들이 다른 이유는 각 국가들이 처한 경제적, 정치적, 사회적, 문화적인 측면의 서로 다른 배경에도 기인하고 혹은 프로그램 자체의 속성에도 그 이유가 있으나, 일반적으로 크게 두 가지로 설명할 수 있다.

1) 사회복지에 대한 '욕구'가 발생한 원인이 무엇인가

자격조건을 구분하는 가장 중요한 개념적 근거는 욕구(*need*)의 원인이다. 즉 누구의 잘못에 의해 욕구가 발생한 것인가의 문제다. 산업사회 이전의 단순한 사회에서는 욕구의 원인을 판단하기가 비교적 용이하여 '개인의 잘못'(*individual fault*)의 기준이 중요하였다. 따라서 이 당시는 '개인의 잘못'의 기준에 의하여 욕구는 특정한 사람들에게만 발생하고 그러한 욕구는 일시적이고 비정상적인 것으로 보는 경향이 지배적이었다(Wilensky and Lebeaux, 1965).

반면에 산업사회에 들어와서는 점차로 욕구의 발생원인을 가리기가 어려워져 '개인의 잘못'보다는 '사회의 잘못'(*social fault*)의 개념이 중요시 되었다. 예를 들면, 오늘날 실업에서 발생하는 욕구는 개인의 자발적인 잘못이라기보다는 개인의 의지와 상관없이 사회의 경제적, 사회적 상황—예를 들면, 경제성장 정도, 산업정책, 고용정책 등—에 따라 결정되는 경향이 높다. 따라서 사회에서 이런 욕구는 누구에게나 집합적으로 발생할 수 있고, 또한 그러한 욕구는 정상적이고 지속적이다(예를 들면, 어떤 시점의 산업구조의 성격에서 발생하는 구조적 실업). 즉 이러한 욕구는 산업사회의 속성상 필연적으로 발생한다고 본다.

상기의 여섯 가지의 자격조건 가운데, '사회의 잘못'의 개념을 가장 적극적으로 반영하는 것은 거주만의 조건으로 사회복지급여에 대한 자격을 주는 것이다. 즉 이것은 산업사회에서 산다는 것 그 자체가 욕구의 발생원인이라고 보아 누구에게나 자격을 주는 것이다. 두번째로 적극적인 '사회의 잘못'의 개념에서는 특정한 인구학적 속성을 가지면 누구에게나 욕구가 발생된다고 보는 것이다. 노인이나 아동에게 사회복지급여에 대한 자격을 주는 것은 산업사회의 노인이나 아동은 그들의 개인적 속성과 무관하게 누구에게나 욕구가 발생된다고 보기 때문이다.[5)]

반대로 '개인의 잘못'의 개념을 가장 적극적으로 반영하는 것은 전문적 혹은 행정적 판단에 의하여 자격을 결정하는 것이다. 이것은 대개 다른 개별적 기준—소득/자산 조사—과 더불어 어떤 정책에 대한 자격여부를 결정하는 데 사용되는데, 이 기준이 가장 '개별적'인 이유는, 소득/자산 조사는 개인의 경제적 측면의 '잘못'만 가리는 데 비해, 이것은 개인의 생활습관 등과 관련된 행위의 '잘못'을 고려하기 때문이다. 예를 들면, 이 기준에 의하면 어떤 사람이 소득/자산은 일정수준 이하라 하더라도 그 사람의 행위가 비윤리적이거나 반사회적이라고 판단되면 자격을 주지 않을 수가 있다.

---

5) 길버트와 스펙트(Gilbert and Specht, 1993)는 이러한 의미에서 이러한 욕구를 귀속적 욕구(*attributed need*)라 부르는데, 이러한 욕구는 집단적으로 그리고 규범적으로 정해 지는 것이다.

반면에, 기여와 근로능력의 조건은 상기의 양극단의 중간에 있어 개인의 책임과 사회의 책임 양자를 모두 반영한다고 볼 수 있다. 예를 들면, 사회보험의 경우 보험에서 해결하려고 하는 위험(*risk*)을 산업사회에서 필연적으로 발생하는 것으로 간주하여 강제적으로 누구나 가입시킨다는 측면에서 '사회의 책임' 개념을 반영하나, 다른 한편으로는 개별적으로 기여와 급여가 결정된다는 측면에서 '개인의 책임' 개념을 반영한다고 볼 수 있다. 한편, 근로능력의 경우도, 근로능력 여부를 집합적으로 결정할 경우는 '사회의 책임' 개념이 어느 정도 반영이 된다고 볼 수 있으나 개별적으로 결정되면 '개인의 책임'이 지배적이라고 할 수 있다.

2) 어떤 형태의 욕구를 해결하는가

자격조건이 서로 다른 또 하나의 이유는 각각의 자격조건들에서 해결하려는 욕구(*needs*)의 형태가 다른 데 있다. 11장의 '욕구'에서 논의했듯이 욕구는 여러 형태로 구분할 수 있다. 욕구는 개인적 수준에서는 육체적 생존욕구, 상징적 욕구, 상대적 욕구, 절대적 욕구, 직접적 욕구, 도구적 욕구로 구분할 수 있고, 사회 전체의 욕구로는 공공욕구가 있다. 사회복지정책이 서로 다른 자격조건을 필요로 하는 것은 상기의 서로 다른 욕구를 해결하려는 데 그 이유가 있는 것으로 볼 수 있다.

한 나라에 거주하는 사람이면 누구에게나 혹은 인구학적 속성만 고려하여 똑같은 사회복지급여를 하는 것은 상징적 욕구, 도구적 욕구, 그리고 공공욕구의 개념을 반영하는 것으로 볼 수 있다. 누구에게나 똑같이 급여함으로써 사회의 소속감이나 사회적 지위에서 격차를 좁히는 것은, 인간 존엄성의 증대라는 상징적인 의미를 갖고 있다. 이것은 또한 급여를 통한 직접적 만족보다는 보다 큰 목표들을 이룰 수 있거나 미래에 발생할 수 있는 욕구를 미리 예방할 수 있는 도구적인 성격이 강하다. 예를 들면, 누구에게나 의료서비스를 제공함으로써 단순한 질병의 치료뿐만 아니라, 사람들이 추구하려는 보다 큰 목표들—건강의 증대로 인한 생산성 향상, 삶의 질의 개선 등—을 광범위하게 이룰 수 있게 하는 것이다.

마지막으로, 이것은 급여를 받는 개인뿐만 아니라 사회 전체의 이득을 크게 높일 수 있다. 예를 들면, 모든 아동들에게 공공교육을 받게 하여 생산성을 증가시키거나, 건전한 시민으로 성장하게 하는 것은 경제성장이나 사회통합의 측면에서 사회 전체의 이익이 되는 것이다.

반면에, 소득/자산 조사나 전문적 혹은 행정적 판단에 의하여 급여를 결정하는 것은 상기의 욕구(상징적, 도구적, 공공욕구) 개념을 반영하는 성격이 약한 반면, 육체적 생존욕구, 절대적 욕구, 직접적 욕구의 개념을 크게 반영한다고 볼 수 있다. 예를 들면, 소득/자산 조사를 통하여 특정한 사람에게만 급여하면 치욕의 문제를 발생시켜 인간의 존엄성이 훼손되기 때문에 상징적 욕구를 해결하지 못한다. 또한 제한된 사람에게만 급여한다는 것은, 이러한 프로그램이 사회 전체에 이익이 된다는 공공욕구의 개념에서도 약하다고 볼 수 있다. 소득/자산 조사의 기준이 되는 빈곤선은 대개 육체적 생존에 필요한 재화의 양을 절대적으로 결정하고, 또한 이것은 현재의 최저 생활의 해결이라는 직접적인 욕구를 강조한다고 볼 수 있다. 이러한 프로그램은 대개 미래의 욕구에 대한 예방적 의미보다 마지막 '치료'의 개념이 강하다.

3. 자격조건들의 평가기준과 자격조건들의 평가

사회복지의 재화나 서비스를 급여하는 데 어떠한 자격조건을 요구하는 것이 사회적으로 바람직한가? 이것에 관한 판단을 내리기 위해서는 전술한 사회적 가치들과 이들과 관련된 여러 가지 사회적, 경제적 요인들을 고려해야 한다. 여기서는 다음의 여덟 가지의 측면에서 자격조건들을 평가하고자 한다.

1) 근로 동기

10장의 '효율'에서 논의했듯이, 일반적으로 사회복지정책은 납세자와 수혜자 양자 모두에게 근로동기의 측면에서 영향을 줄 수 있다. 그러나 사회복지정책은 자격조건에 따라 다양한 종류가 있기 때문에, 각 자격조건의 형태에 따라 근로동기에 주는 영향도 다르다.

거주나 인구학적 속성만을 고려하여 누구에게나 사회복지급여를 하는 것은 수급자의 근로동기의 약화에 영향을 적게 준다. 왜냐하면, 사회복지정책의 수급자가 근로동기가 약화될 수 있는 것은, 일을 해서 벌어들이는 소득이 사회복지급여 자격 혹은 급여액을 결정할 경우인데, 거주나 인구학적 속성만으로 급여를 하는 것은 소득에 상관없이 이루어지기 때문이다. 다시 말하면 이러한 프로그램은 수급자의 근로소득이 높아도 급여를 하기 때문이다. 그러나 이러한 프로그램도 그것의 급여액이 높으면, 소득효과가 발생하여 여가의 값이 상대적으로 낮아지므로 근로동기를 약화시킬 수 있다. 예를 들면, 아동이 있는 가족이면 누구에게나 급여를 하는 가족수당의 경우, 수당이 많을 경우 어떤 사람들—특히, 중상층—의 근로동기는 약화될 수 있다. 그러나 현실적으로 대부분의 국가의 가족수당 급여액은 프로그램의 전체 비용을 고려하여 그다지 높지 않고, 설사 높다 하더라도 조세제도를 통하여 고소득층에게 주어진 급여액은 상당부분 세금의 형태로 회수가 되기 때문에 근로동기의 문제는 무시할 수 있을 정도이다.

사회복지정책들 가운데 근로동기의 약화에 가장 큰 영향을 줄 수 있는 것은 소득 / 자산 조사를 통하여 급여하는 정책이다. 이것은 일정한 소득 / 자산 수준 이하의 사람에게만 급여하고 또한 수급자가 근로소득이 있을 때 급여감소율(*benefit reduction rate*)에 따라 일정한 액수를 급여에서 공제하기 때문에 수급자뿐만 아니라 잠재적 수급자—자격이 되는 소득수준보다 조금 더 높은 소득이 있는 계층—의 근로동기까지도 약화시킬 수 있는 것이다.

이러한 프로그램이 근로동기에 미치는 효과는 급여액과 급여감소율에 따라 크게 차이가 난다. 즉 급여액도 낮고 급여감소율도 낮은 프로그램은 근로동기의 약화가 적게 나타나는 반면, 급여액도 높고 급여감소율도 높은 것은 근로동기의 약화가 클 수 있다. 따라서 근로의욕의 문제만을 고려한다면, 전자의 프로그램이 바람직하다. 이 경우는 다른 가치—소득재분배, 사회적 적절성 등- 가 희생될 수 있어 어떤 사람들—특히, 근로능력이 없는 사람들—에게는 불리하다. 이 문제를 극복하기 위해서는 급여액은 높이고 급여감소율은 낮추어야 되는데 이 경우에는 이 프로그램의 잠재적 대상자의 숫자가 늘어나고 따라서 프로그램의 전체 비용이 커지는 문제가 발생한다(이것에 관하여는 뒤에서 다시 논의한다).

기여(보험료 납부)의 조건으로 노령, 질병, 장애, 실업이 발생했을 때 급여를 하는 사회보험의 경우도 근로동기에 영향을 줄 수 있다. 이것은 두 가지 측면에서 영향을 줄 수 있다. 하나는 보험료를 납부할 때이고 다른 하나는 급여를 받을 때이다. 근로자들에게 보험료납부는 강제적이기 때문에 일종의 세금과 같은 성격을 갖는데(실제로 미국에서는 노령연금의 보험료를 *pay-roll tax* 혹은 *social security tax*라 부른다), 이때 세금의 부과처럼 두 가지의 효과가 나타난다. 하나는 보험료납부로 인하여 가처분 소득이 줄어들어 이전의 소득수준을 유지하기 위해 더 많은 일을 해야 하는 소득효과가 발생하고, 다른 한편으로는 보험료납부로 실질임금률이 떨어져 여가의 값이 싸져 여가를 선호하는 대체효과도 발생한다. 따라서 이 경우 어느 효과가 지배적이냐에 따라 보험료납부로 인한 근로의욕의 감소여부가 결정되는데, 많은 실증적인 연구들에 의하면 이 경우의 근로의욕의 문제는 심각하지 않은 것으로 나타난다. 그것의 가장 큰 이유는 보험료납부는 순수한 세금과 달리 미래에 받을 수 있는 급여의 축적의 성격을 갖고 있기 때문이다. 다시 말하면, 보험료를 많이 납부하면 미래에 급여를 많이 받을 수 있기 때문에 현재의 근로동기에 별로 영향을 미치지 않는다는 것이다(Aaron, 1982).

반면에 상기의 경우에 비하여 현재의 사회보험 수급자의 경우에는 근로동기 약화효과가 크다고 할 수 있다. 대부분의 국가들의 노령연금은 조기퇴직제도와 근로소득조사(*earning test*) 혹은 퇴직조사(*retirement test*) 제도를 갖고 있는데, 이 두 가지가 노인들의 근로동기를 약화시킨다. 일반적으로 대부분 국가에서 완전급여를 받기 위해서는 65세가 되어야 하나, 급여액을 조정하면 62세부터 급여를 받을 수 있는데 많은 사람들이 급여를 받기 위해—비록 어느 정도 줄었더라도—조기 퇴직하는 경향이 있다. 실제로 노령연금 때문에 노인계층의 노동력 공급감소가 일어나는 데 가장 크게 기여하는 것이 바로 이러한 이유 때문이다. 이것은 비록 급여액은 줄었다 하더라도 조기 퇴직하게 되면 여가의 값이 상대적으로 낮아지기 때문에 발생하는 현상이다.

또한 62세가 지나서도 일을 해서 근로소득이 있을 경우 일정한 소득이상이 되면 급여액을 줄이기 때문에, 앞에서 논의했듯이 대체효과가 발생하여 근로의욕이 줄어든다. 이 경우는 급여액이 줄게 되는 소득상한선과 급여감소율의 정도에 따라 차이가 있을 수 있으나, 일반적으로 이 제도도 노인들의 노동력 공급을 감소시키는 경향이 있다(Danziger et al., 1981).

노령연금이 노령층의 노동력 감소를 비교적 크게 야기시키는 반면, 실업보험의 노동력 감소효과는 적다. 그 이유는 첫째, 실업보험이 노령연금에 비하여 급여를 받기 위한 자격조건—비자발적 실업, 일정한 대기기간, 고용사무소 등록과 통제 등—이 까다롭기 때문이고, 둘째는 실업보험의 급여기간—대개의 경우 6개월~1년—이 대개 짧다는 것이며, 셋째, 실업보험의 급여자격이 되기 위하여는 일정기간의 취업이 필요한데 이것은 오히려 노동력 증가효과를 가져올 수 있기 때문이다[이것을 '자격효과'(*entitlement effect*)라 부른다](Danziger et al., 1981).

'근로능력 여부' 자격조건의 경우, 근로능력이 없는 사람들에게 급여하는 것은 정의상 근로동기의 문제와 관계가 없는 반면에 근로능력이 있는 사람들에게만 자격을 주는 프로그램은 그 성격상 근로동기를 강화한다(예를 들면 전술한 E. I. T. C, Wage Subsidies).

2) 소득재분배

일반적으로 사회복지정책의 본질은 소득재분배에 있는데, 자격조건에 따른 정책들의 성격에 따라 소득재분배 효과는 다양하다. 소득재분배는 크게 수평적 소득재분배(*horizontal redistribution*)와 수직적 소득재분배(*vertical redistribution*)로 나눌 수 있는데, 자격조건에 따라 이 두 가지의 효과가 다르다.

거주와 인구학적 속성만의 자격조건으로 급여하는 것은 수평적 소득재분배의 효과는 크나 수직적 소득재분배 효과는 적다. 왜냐하면 이러한 정책들은 대개 건강한 사람으로부터 질병 있는 사람에게로—예를 들면, 모든 사람들에게 의료서비스를 제공하는 NHS—, 젊은 사람으로부터 노인에게로—보편적 연금—, 아동이 없는 가족으로부터 아동이 있는 가족에게로—가족수당—, 학생이 없는 가족으로부터 학생이 있는 가족에게로—공공의 무교육—재분배가 이루어져 소득수준에 상관없이 소득재분배가 이루어지기 때문이다.

다시 말해, 이것의 수직적 소득재분배 효과가 약한 것은 건강하거나, 아동이 없는 가족이거나, 젊은 사람이거나, 학생이 없는 가족들 가운데 소득수준이 낮은 사람들이 존재하고, 반면에 질병이 있거나, 아동이 있거나, 노인이거나, 학생이 있는 가족들 중에도 소득수준이 높은 사람들이 있기 때문이다.[6] 거주나 인구학적 속성만으로 급여하는 정책들이 수직적 소득재분배의 효과가 약한 점을 극복하기 위하여 어떤 국가들은 급여액을 과세소득으로 포함시켜 고소득층에게는 세금의 형태로 환수시킴으로써, 저소득층에게 실질적인 급여를 이루어지게 하여 수직적 소득재분배의 효과를 높인다. 예를 들면 보편적 연금, 가족수당 등이 그것이다(Gordon, 1988).

6) 어떤 정책의 수직적 소득재분배 효과를 정확히 분석하기 위하여는 그 정책의 자격조건뿐만 아니라 그 정책을 위한 재원에 대한 분석이 필요하다. 거주와 인구학적 속성의 정책들은 대개 정부의 일반예산에서 지출이 되는데 이것의 재원은 개인 혹은 법인소득세에서 주로 의존하고 이러한 세는 대개 누진성이 높아 부자들이 빈자들에 비하여 부담이 크다. 따라서 재원까지 고려해서, 정책의 수직적 재분배 효과를 분석하게 되면, 이러한 정책들의 수직적 소득재분배효과도 존재한다고 볼 수 있다. 그러나 여기서는 자격조건만을 고려한다(재원에서의 소득재분배 문제는 14장에서 다룬다).

기여의 자격조건으로 급여하는 사회복지정책들도 거주와 인구학적 속성의 자격조건처럼 수평적 소득재분배의 효과가 나타난다. 의료보험의 경우 건강한 사람으로부터 질병이 발생한 사람에게로, 국민연금의 경우 현재 보험료를 납부하는 사람으로부터 은퇴한 노인에게로, 혹은 배우자가 없는 사람으로부터 있는 사람에게로, 실업보험의 경우 취업자로부터 실업자에게로 소득재분배가 나타난다.

반면에 기여는 거주와 인구학적 속성의 자격조건에 비하여 수직적 소득재분배효과가 클 수 있다. 대부분의 사회보험(특히, 국민연금)의 급여계산 방식은 저소득층에게 유리하게 되어 있어, 고소득층과 비교해 볼 때 납부한 보험료 액수에 비해 급여액은 상대적으로 커서 수직적 소득재분배효과가 나타난다.[7)]

사회복지정책의 자격조건들 가운데 수직적 소득재분배효과가 가장 크게 나타나는 것은 소득/자산 조사이다. 이것은 재원도 누진성이 높은 정부의 일반예산에 의존할 뿐만 아니라 급여도 일정한 소득/자산 조사 이하의 사람들만 골라 주어지기 때문에 명확히 고소득층으로부터 저소득층에게로 소득이 재분배되는 것이다. 그러나 소득/자산 조사에 의한 정책에 대한 지출은 대부분의 복지국가들에서도 전체 사회복지지출 가운데 적은 부분을 차지하기 때문에(GNP의 3% 이내), 사회복지정책의 수직적 소득재분배효과를 분석한 연구—빈곤율의 감소, Gini 계수의 감소, 하위 20% 사람들의 소득점유율의 증가 등의 지표를 분석—에 의하면, 공적 부조와 같은 소득/자산 조사를 조건으로 하는 정책들은 국민연금과 같은 사회보험보다 수직적 소득재분배를 이루는 데 크게 약하다(Ozawa, 1983 ; Danziger et al., 1986).

이른바 범주적 공적 부조(*categorial public assistance*)와 같은 소득/자산 조사의 정책들은 대개 인구학적 속성의 조건도 필요로 하는데, 이 경우

---

7) 이 경우도 재원까지를 고려하면, 수직적 소득재분배효과는 약화될 수 있다. 왜냐하면 사회보험을 위한 보험료는 일반적으로 역진성이 강하기 때문이다. 즉 고소득층이 저소득층에 비하여 상대적으로 보험료부담이 적다는 것이다.

는 수평적 소득재분배도 발생한다. 예를 들면, 남성 세대주 가구로부터 여성 세대주 가구에게로, 아동이 없는 가구로부터 아동이 있는 가구에게로 수평적 재분배가 발생하는 것이다. 이러한 수평적 소득재분배는 많은 비판이 있다. 즉 일정한 소득/자산 이하의 사람들은 똑같은 경제적 욕구가 있음에도 불구하고 특정의 인구학적 속성에 속한다 하여 이 사람들에게만 급여를 하는 것은 수평적 불평등(*horizontal inequality*)을 초래한다는 점이다(Ozawa, 1983).

3) 인간의 존엄성과 사회통합

사회복지정책의 주요 목표는 인간의 존엄성을 높이고 사회구성원들을 통합하는 데 있다. 이러한 목표를 이루는 데는 그 자격조건에 따라 서로 다르다. 거주와 인구학적 속성만으로 급여를 하는 것은 인간의 존엄성과 사회통합의 목표를 가장 크게 이룰 수 있다. 왜냐하면 이것은 수급자에 대한 까다로운 조사 없이 누구에게나 똑같은 양과 질의 사회복지재화를 제공하기 때문이다. 다시 말해, 이러한 정책을 통해 급여를 받는 것은 하나의 권리로 생각되기 때문에 치욕이 발생하지 않고, 주는 자와 받는 자의 구분이 없어 계층간 반목과 대립이 없기 때문에 통합적이고, 공동체적인 사회를 이룰 수 있는 것이다.

기여의 자격조건에 의한 급여는 상기에 비해 인간의 존엄성 유지와 사회통합의 효과가 약하다. 비록 납부한 보험료만큼의 동일한 급여액을 받지는 않더라도, 기여에 의한 급여는 계층간 급여액에서 차이가 있기 때문에, 계층의 차이는 유지되어(Esping-Anderson, 1990) 사회통합의 효과가 약하다. 또한 이것은 거주와 인구학적 속성의 조건과 달리 급여할 때 다양한 심사가 이루어진다. 예를 들면, 노령연금의 경우 근로소득조사가 이루어지고, 장애연금의 경우 장애에 관한 심사, 실업보험의 경우는 까다로운 자격심사가 필요하다.

인간의 존엄성과 사회통합의 목표를 가장 크게 저해할 수 있는 조건은 소득/자산 조사와 전문적/행정적 조사이다. 이러한 정책에 자격이 되기 위해서는, 대상자들에 대한 경제적 측면의 조사뿐만 아니라 사회적, 문화적, 도덕적, 정신적인 여러 측면에서 직접적이고 개별적(*personal*)인 조사를 통과해야 하는데, 이 과정에서 많은 치욕의 문제가 발생하여 인간 존엄성의 훼손의 문제가 심각하다. 또한 이러한 정책들로 인하여, 한 사회에서 수급자와 납세자의 구분이 명확해지고, 납세자는 수급자들을 멸시하거나 적대시할 경향이 높으며, 심할 경우 조세저항이 발생하는 등 계층간의 대립현상이 크게 나타날 수 있다.

4) 가족구조의 변화

사회복지정책은 가족구조 변화에 영향을 줄 수 있어, 특정한 가족구조가 증가할 수 있다(이것에 관한 일반적이고 이론적인 논의는 김태성·성경륭, 1993 참조). 예를 들면, 사회복지정책으로 노인 단독세대 혹은 여성 세대주 가구가 증가할 수 있다. 그런데 이러한 효과는 어떤 자격조건에 따른 정책인가에 따라 다르다.

거주와 인구학적 속성의 자격만으로 누구에게나 급여하는 정책들은 가족구조 변화에 직접적으로 큰 영향을 미치지 않는다고 볼 수 있다. 예를 들면, 보편적 연금의 경우 일정한 나이에 도달한 노인이면 누구에게나 급여를 하기 때문에, 노인들이 따로 독립된 세대를 반드시 구성할 필요는 없다. 그럼에도 불구하고 서구의 노인들이 대부분 단독세대를 구성해서 살고 있는 것은 경제적 동기 이외의 독립된 생활의 편리성과 같은 다른 사회적, 문화적 동기 때문이다. 다시 말해 노인들의 단독세대의 증가가 급여에의 자격 때문에 이루어진 것이 아니라는 것이다.

가족수당의 경우는 두 가지 측면에서 논의할 수 있는데, 하나는 아동이 있는 가구면 누구에게나 급여가 이루어지기 때문에 여성 단독세대를 증가시키는 동기유발은 적은 반면, 다른 한편으로는 아동출산율의 증가를 유발할 수 있다는 점이다. 왜냐하면 아동이 많을수록 급여액은 커지기 때문이다. 그러나 아동출산의 동기가 경제적인 측면뿐만 아니라 많은 사회적, 문화적인 다른 동기에 영향을 받기 때문에, 가족수당이 아동출산율을 높인다는 가정은 많은 실증적인 연구에서 부정되었다(Fragonard, 1983).

기여의 경우도 가족구조의 변화에 큰 영향을 주지 않는다. 왜냐하면, 급여는 가족구조에 상관이 없고 기여여부에 따라 이루어지기 때문이다. 배우자급여제도를 갖는 노령연금의 경우는 오히려 정상적인 가족형태—부부가 둘다 존재하는 가족—의 유지동기를 줄 수 있다.

근로능력의 여부에 따라 급여를 하는 것은 두 가지의 서로 다른 방향에서 가족구조의 변화에 영향을 줄 수 있다. 하나는 근로능력이 없다고 판단되는 가족에게만 줄 경우, 근로능력이 없는 사람이 단독가구를 형성할 동기를 줄 수 있다. 다른 하나는 근로능력이 있고 현재 일하는 사람이 있는 가족에게 급여하는 정책은 정상적인 가족형태를 유지할 동기를 준다. 왜냐하면 일반적으로 자본주의 사회에서는 남자가 여자에 비하여 노동시장에서 유리하고, 여자는 아동양육의 책임이 있기 때문에 대개의 경우 주소득자는 남성이기 때문에, 이러한 정책에서는 여자가 독립세대를 구성하여 얻는 이득이 상대적으로 약하기 때문이다.

사회복지정책 가운데 가족구조의 변화를 가장 크게 유발시킬 수 있는 것은, 일정한 소득수준 이하의 특정한 범주에 속한 가구에게만 자격조건을 주는 것들이다. 대표적인 경우가 일정한 소득수준 이하의 노인 단독세대, 아동을 키우는 여성 단독세대 가구에게만 급여를 하는 것이다. 특히 후자의 경우는 이혼율의 증가, 나이 어린 미혼모의 증가, 사생아의 증가 등 많은 사회문제를 발생시킬 수 있다. 그러나 아동을 키우는 여성 단독세대 가구에게만 급여를 하는 정책이 여성 단독세대 가구의 증가에 직접적으로 얼마나 영향을 주었는가에 관한 실증적인 연구에서는 많이 논란이 있다. 어떤 연구는 직접적인 효과가 크다고 보는 반면, 다른 연구는 정책의 직접적인 효과는 크지 않다고 보는데, 그 이유는 여성 단독세대 가구를 결정하는 요인들은 경제적인 측면 이외의 많은 사회적, 심리적, 문화적 요인들이 작용하기 때문이라는 것이다.[8)]

---

8) 사회복지정책과 가족구조 변화의 관계에 대한 많은 실증적인 조사들을 정리한 최근의 연구는 모핏(Moffitt, 1992) 참조.

그럼에도 불구하고 상기의 다른 조건들에 비해 이러한 조건으로 급여를 하는 것은, 여성 단독세대 가구의 증가에 많은 영향을 미치는데, 이 가운데서도 특히 나이 어린 미혼모 단독세대 가구의 형성에 영향을 미치는 것이 문제이다. 즉 이러한 프로그램이 없었다면 부모, 친척과 같이 살 미혼모들이 대거 독립가구를 형성하도록 동기를 부여한다는 것이다. 사회복지정책이 여성 세대주 가구의 증가에 기여한 효과의 약 3/4은 바로 이러한 기제에 의한 것이라고 본다(Bane and Ellwood, 1984).

5) 사회적 적절성, 대상효율성, 그리고 총비용

일반적으로 사회복지정책에 사용할 수 있는 사회적 자원은 제한되어 있으므로, 정책을 선택할 때는 정책에 소요되는 총비용을 고려해야 한다. 또한 사회적 적절성(*social adequacy*)의 가치를 반영하는 사회복지정책은, 수급자가 인간다운 생활을 할 수 있는 최소한의 생활수준을 보장하는 것을 그 목표로 한다. 따라서 주어진 제한된 자원으로, 사회적 적절성의 가치를 이루기 위해 사회복지정책은 사회복지 욕구가 높은 사람에게 자원이 집중적으로 할당되도록, 즉 대상효율성이 높도록 만들어져야 된다. 주어진 자원 내에서, 사회적 적절성과 대상효율성의 가치들을 얼마나 이룰 수 있는가는 정책들의 자격조건과 밀접한 관계를 갖고 있다.

일반적으로 거주와 인구학적 속성만을 자격조건으로 누구에게나 급여하는 사회복지정책은 사회적 적절성이나 대상효율성의 목표를 이루기가 어렵다. 왜냐하면, 이러한 정책들은 대부분 정부의 일반예산에 의존하기 때문에 예산상의 한계로 인하여 대상자 모두에게 높은 수준의 급여를 하는 것이 어렵기 때문이다. 실제로, 보편적 연금이나 가족수당의 급여수준은 높지 않아 수급자들이 이러한 프로그램에만 의존해서는 '인간다운' 생활수준을 유지하기가 어렵다. '결과의 평등' 가치를 극대화하기 위하여, 모두에게 높은 수준의 급여를 해야 하는데 이렇게 되면 많은 비용이 필요하게 되고, 무엇보다도 불필요한(?) 사람들에게 아까운 사회적 자원이 배분되어 자원의 낭비(?)가 발생해 비효율적이 될 수 있다.

기여의 자격조건으로 급여를 하는 사회보험은 상기의 프로그램들에 비하여 사회적 적절성을 높일 수 있고, 대상효율성의 문제는 심각하지 않다. 일반적으로 대부분 국가의 사회보험은 급여를 하는 경우에 두 가지의 목표를 갖는다. 하나는 보험료를 많이 낸 사람에게 많은 급여를 하는 개별적 공평성(*individual equity*)의 목표이고, 다른 하나는 사회적 적절성의 목표로 보험료를 적게 납부했더라도 급여액은 상대적으로 많이 주는 것이다. 이 두 가지 목표 가운데 어느 것을 강조하느냐는 국가의 사회보험 형태에 따라 다르다 하더라도, 대부분의 사회보험은 사회적 적절성의 가치를 반영한다. 이것이 가능한 것은 국가에 따라 정부의 일반 예산에서 보조가 있다 하더라도 사회보험의 재원은 기본적으로 가입자 자신들의 보험료이기 때문에 정부의 일반 예산에 완전히 의존하는 프로그램들과 달리, 저소득층들의 급여액 수준을 높일 수 있는 여지가 상대적으로 크고 또한 보험료를 많이 낸 사람에게 급여를 많이 하는 것은 대상효율성이 낮아서 발생하는 사회적 자원의 낭비의 성격이 약하다고 볼 수 있다.

주어진 예산으로, 사회복지의 욕구가 높은 사람들에게 집중적으로 비교적 높은 급여를 할 수 있는 것은 소득/자산 조사나 전문적/행정적 조사에 의한 자격조건으로 급여를 하는 방법이다. 이 경우에는, 사회복지급여 자격이 되는 소득수준, 기본급여액, 급여감소율, 그리고 프로그램에 소요되는 총비용 등에 따라 사회적 적절성과 대상효율성의 목표를 이룰 수 있는 정도가 다르다.

〈표 13-2〉에서처럼 일곱 가지의 공적 부조 유형을 예를 들어 설명하면 다음과 같다.

먼저 유형 I과 같은 프로그램을 가정하자. 이것은 누구에게나 월 20만 원의 소득을 보장하되 다른 소득(여기서는 분석의 편의상 근로소득만을 고려한다)이 있을 경우 50%의 급여감소율을 적용하여 급여액을 줄이는 프로그램이다. 따라서 월 20만 원의 근로소득이 있는 사람은 급여액에서 10만 원을 공제하여 총소득(급여액+근로소득)은 30만 원이 되고, 이 프로그램은 40만 원 소득자까지 대상이 된다(프로그램의 자격이 되는 소득수준은 기본급여액을 급여감소율로 나눈 값에서 결정된다).

〈표 13-2〉 공적 부조 유형

유형 Ⅰ
기본급여액 20만원
급여감소율 50%
자격 소득수준 40만원

근로소득	급여액	총소득
0	20만원	20만원
10만원	15만원	25만원
20만원	10만원	30만원
30만원	5만원	35만원
40만원	0만원	40만원

유형 Ⅱ
기본급여액 20만원
급여감소율 25%
자격 소득수준 80만원

근로소득	급여액	총소득
0	20만원	20만원
10만원	17만5천	27만5천
20만원	15만원	35만원
40만원	10만원	50만원
60만원	5만원	65만원
80만원	0	80만원

유형 Ⅲ
기본급여액 20만원
급여감소율 100%
자격 소득수준 20만원

근로소득	급여액	총소득
0	20만원	20만원
10만원	10만원	20만원
15만원	5만원	20만원
20만원	0만원	20만원

유형 Ⅳ
기본급여액 40만원
급여감소율 50%
자격 소득수준 80만원

근로소득	급여액	총소득
0	40만원	40만원
10만원	35만원	45만원
40만원	20만원	60만원
60만원	10만원	70만원
80만원	0만원	80만원

유형 Ⅴ
기본급여액 40만원
급여감소율 25%
자격 소득수준 160만원

근로소득	급여액	총소득
0	40만원	40만원
40만원	30만원	70만원
80만원	20만원	100만원
120만원	10만원	130만원
160만원	0만원	160만원

유형 Ⅵ
기본급여액 40만원
급여감소율 100%
자격 소득수준 40만원

근로소득	급여액	총소득
0	40만원	40만원
10만원	30만원	40만원
20만원	20만원	40만원
30만원	10만원	40만원
40만원	0만원	40만원

유형 Ⅶ
기본급여액 10만원
급여감소율 25%
자격 소득수준 40만원

근로소득	급여액	총소득
0	10만원	10만원
10만원	7만5천	17만5천
20만원	5만원	25만원
30만원	2만5천	32만5천
40만원	0만원	40만원

유형 Ⅰ의 기본급여액이 적다고 판단하여 사회적 적절성을 높이기 위해 급여감소율에는 변화 없이 기본급여액을 두 배로 올리면(유형 Ⅳ) 어떻게 될 것인가? 이 경우는 전체 비용이 두배로 증가하고 대상효율성도 떨어져 이제는 80만 원의 소득자까지 프로그램의 대상이 된다. 따라서 대상효율성도 유지하고 전체 비용도 크게 늘지 않고도 사회적 적절성을 높이기 위해서는 급여감소율을 유형 Ⅰ에 비하여 두 배로 늘려야 한다(유형 Ⅵ). 그러나 유형 Ⅵ은 근로소득에 대하여 100%의 급여감소율을 적용하기 때문에 근로동기를 크게 약화시키는 또 다른 문제가 발생한다.

한편 유형 Ⅰ의 근로동기가 문제가 되어 근로동기를 높이고자 하면 유형 Ⅱ처럼 기본급여액은 유지한 채 급여감소율을 유형 Ⅰ에 비하여 반으로 낮추면 된다. 이렇게 되면 대상효율성은 떨어지고 전체 비용은 크게 증가한다. 따라서 전체 비용의 증가가 어렵고, 대상효율성을 유지하기 위해서는 유형 Ⅶ처럼 기본급여액을 반으로 줄여 사회적 적절성의 가치가 희생될 수밖에 없다(즉 근로능력이 없는 사람들이 희생을 당하게 된다).

한편, 프로그램에 사용할 수 있는 총비용이 풍부하고 대상효율성의 문제가 심각하지 않으면, 유형 Ⅴ가 이상적이라 할 수 있다. 이것은 사회적 적절성도 높이고 근로동기도 강화할 수 있기 때문이다. 그 반대로 비용이 극히 제한되어 있고, 대상효율성의 문제를 심각하게 생각하면 유형 Ⅲ과 같은 프로그램을 택할 수밖에 없다. 이것은 근로동기의 문제가 심각하지 않고(예를 들면, 노인, 장애인 등) 욕구(*need*)가 많은 사람들을 극히 제한적으로 선택하여 급여액도 적게 주는 형태이다(한국의 생활보호 프로그램이 이 유형에 가깝다). 이것은 사회적 적절성과 근로동기의 문제는 고려하지 않고 제한된 비용으로 대상효율성의 가치를 극대화하는 것이다.

이상에서 보듯이, 사회적 적절성, 대상효율성, 근로동기, 총비용은 서로간에 대체적인 관계를 갖고 있다. 사회적 적절성을 강조하면 대상효율성은 떨어지고 총비용은 늘어난다. 총비용이 고정되어 있으면, 사회적 적절성을 높이기 위해서는 근로동기가 약화되는 것을 감수해야 한다. 한편 근로동기도 강화하고 사회적 적절성도 높이기 위해서는 총비용이 크게 늘어나고 대상효율성은 떨어진다.

따라서 이러한 딜레마를 해결하기 위한 하나의 방법으로, 근로능력이 있는 사람과 없는 사람을 엄격히 구분하여 근로능력이 없는 사람(즉 근로동기의 문제가 중요하지 않는 사람)들에게는 기본급여액과 급여감소율을 높게 하여 사회적 적절성과 대상효율성을 높이고, 반면에 근로능력이 있는 사람들에게는 기본급여액과 급여감소율을 낮게 하여 근로동기를 강화하는 방법이 있을 수 있다. 그러나 현실적으로 이러한 방법은 근로능력 여부를 엄격히 가리는 것이 어렵고,[9] 무엇보다도 수평적 공평성의 문제(근로능력이 있는 사람들이 열심히 일을 해서 얻는 총소득이 근로능력이 없는 사람들이 일을 하지 않아도 받는 급여액보다 적거나 비슷한 경우의 문제)를 발생시키는 한계점을 갖고 있다. 결국 이러한 문제는 특정 사회의 사회복지에 대한 지배적 가치관에 따른 선택의 문제로 귀결된다. 즉 사회복지의 확대가 받아들여지는 사회에서는 전체 비용은 많이 들고 대상효율성은 떨어지더라도 사회적 적절성의 목표를 이루기 위하여 기본급여액을 높이려고 하겠지만, 반면에 사회복지의 확대를 꺼리는 사회에서는 기본급여액은 낮추고 급여감소율은 높여 전체 비용을 가능한 한 줄여 대상효율성의 목표를 극대화하는 방향으로 선택을 하려고 할 것이다.

6) 운영 효율성

다양한 사회복지정책들은 그것을 운영하는 데 드는 비용에서도 차이가 있는데, 이러한 차이는 특히 자격조건의 차이에서 주로 기인한다. 거주와 인구학적 속성만을 자격조건으로 급여를 하는 프로그램들은 일반적으로 운영하기가 쉽고 따라서 운영비용이 적게 든다. 왜냐하면, 이것들은 거주 여부와 특정 인구학적 속성에의 소속 여부만 판단하면 기계적 혹은 자동적으로 급여 여부가 결정되기 때문이다. 예를 들면, 가족수당의 경우 대상

9) 어떤 조사에 의하면 실업률이 높으면 장애연금이나 장애인을 위한 공적 부조에 대한 신청률도 높아진다는 것을 보여준다. 즉 많은 수의 근로능력이 없는 사람들이 경기가 좋아지면 일을 할 수 있다는 것이다(Lando et al., 1979).

가구가 장기 거주자 여부와 일정한 연령 이하의 아동의 숫자만 파악하게 되면 되고, 또한 성격상 남용과 오용의 가능성이 적기 때문에 급여 전달방법도 간단하게 할 수 있다(예를 들면, 우편을 통한 방법).

기여가 있어야 자격이 되는 사회보험은 상기의 보편적 프로그램에 비하여 운영이 복잡하고 따라서 운영비용도 많이 소요된다. 노령연금, 질병수당, 실업보험과 같은 사회보험의 급여액을 결정하기 위해서는 먼저 기여기간 혹은 기여액수에 대한 조사가 필요하고, 또한 위험(*risk*)이 발생했다 하더라도 자동적으로 급여가 되는 것이 아니라 일정한 심사가 필요하다. 예를 들면, 산재보험의 경우 '작업상' 재해 인지를 가려야 하고, 실업보험의 경우 '비자발적' 실업인지 아닌지를 밝혀야 한다. 또한 급여액을 산출할 때에도 어떤 경우에는 많은 전문적 혹은 기술적인 조사가 필요하다. 예를들면, 의료보험의 경우 보험료 지불액을 결정하기 위해서는 많은 전문적 혹은 기술적인 조사가 필요하다.

운영이 가장 복잡하고 비용도 가장 많이 드는 것은 소득/자산 조사나 전문적/행정적 조사의 조건으로 급여하는 프로그램이다. 이것들은 성격상 개별 사람들의 사회복지에 대한 욕구를 면접과 가정방문조사 등을 통해 직접적으로 조사해야 되고, 또한 이러한 프로그램의 남용과 오용의 정도가 다른 것들에 비하여 크기 때문에 많은 운영비용이 소요된다. 예를 들면, 미국의 대표적인 소득/자산 조사 프로그램인 AFDC의 경우 운영비용이 전체 비용의 약 13%를 차지한다(Dolgoff and Feldstein, 1984). 반면에 기여에 의한 프로그램인 국민연금은 약 1.6%에 불과하다(Schobel, 1981). 즉 소득/자산 조사 프로그램들은 성격상 보편적 프로그램이나 사회보험과 달리 기계적, 자동적, 집단적으로 급여가 결정되는 것이 아니라, 개별적이고 전문적 혹은 행정적 판단에 의해 자의적으로 이루어지기 때문에 이 프로그램에 소요되는 인력과 시간이 많이 필요한 것이다.

제 14 장

재원

사회복지정책에는 재원이 필요하며, 아무리 정책의 내용—급여자격, 급여방법 등—이 좋아도 재원이 불충분하면 그 정책은 성공하기가 어렵다. 사회복지정책에 사용되는 재원의 형태는 다양하고, 서로 다른 사회복지정책은 서로 다른 형태의 재원을 갖는다. 예를 들면, 소득보장정책에 속하는 정책들에 사용되는 재원은 주로 강제적인 조세에 의존하는 반면에 개별적 사회적 서비스 정책들은 상대적으로 민간부문의 재원에 의존하는 경향이 있다.

사회복지정책을 분석하는 데 있어 재원의 분석이 중요한 이유는 사회복지정책이 어떤 재원에 의존하느냐에 따라 그 정책의 내용이나 목표가 달라질 수 있기 때문이다. 사회복지정책이 공공부문의 재원으로 이루어지느냐, 민간부문의 재원으로 이루어지느냐, 혹은 공공부문의 재원 가운데서도 정부의 일반 예산이냐, 아니면 사회보장성 조세이냐에 따라 자격조건, 급여액, 급여방법 등 사회복지정책의 내용이나 목표—소득재분배, 효율 등—가 달라지기 때문이다.

이 장에서는 사회복지정책에 사용되는 다양한 재원의 형태를 분석하여 그러한 형태가 사회복지정책에 미치는 영향을 논의하겠다. 사회복지정책에 사용되는 재원은 크게 공공부문의 재원과 민간부문의 재원으로 나눌 수 있다. 공공부문의 재원은 다시 정부의 일반예산(*general revenue*), 사회보장을 위한 조세,[1] 그리고 조세비용(*tax expenditures*)의 세 가지로 나눌 수 있으며, 민간부문의 재원은 크게 사용자부담금(*user fee*), 자발적 기여금(개인, 재단, 기업), 기업복지, 그리고 가족 내 혹은 가족간 이전(*intra* 혹은 *interfamily transfer*)으로 나눌 수 있다.

1. 공공부문 재원

1) 정부의 일반예산

일반적으로 사회복지가 발달할수록 사회복지정책에 사용되는 재원 가운데 공공부문의 비중이 커진다. 20세기에 들어와서는 점차로 공공부문의 비중이 높아져 오늘날 복지선진국들의 사회복지정책 재원은 거의 대부분 공공부문에서 나온다(김태성·성경륭, 1993).

〈표 14-1〉에서 보듯이, 모든 국가에서 사회복지정책 재원은 민간부문보다 공공부문에서 압도적으로 많이 조달된다. 예를 들면, 독일이나 프랑스 등은 사회복지 총지출이 GNP의 33.7%와 32.3%인데, 공공부문의 지출은 각기 31.1%와 31%여서, 민간부문의 재원은 극히 미약하다. 반면에 선진 산업국가들 가운데 복지후진국으로 알려진 미국의 경우는 총지출이 26.

---

1) 사회보험 프로그램을 위하여 사용자와 피고용자에게 강제로 부과하는 보험료인데, 그 강제성으로 인하여 많은 국가에서 이를 일종의 조세—목적세—로 간주한다. 따라서 미국과 같은 나라에서는 이름도 social security tax 혹은 pay roll tax로 부를 뿐만 아니라, 조세부담률과 같은 각종 통계에서도 조세수입으로 포함시킨다(Glennerster, 1985). 미국의 경우는 사회보장세(*social security tax*)는 더 좁게 사용하여 국민연금(OASHDI) 프로그램을 위한 조세만을 말한다. 이 글에서는 모든 사회보험 프로그램을 위한 조세를 사회보장세로 칭하기로 한다.

2%인데 공공부문의 지출은 17.7%이고, 민간부문의 재원이 약 8.5%로 다른 국가들에 비하여 민간부문의 재원이 상대적으로 중요하다.

한편 공공부문의 재원 가운데 정부의 일반예산과 사회보장성 조세에 대한 상대적 의존도는 국가에 따라 차이가 있다. 어떤 국가들은 사회복지정책에 사용되는 재원을 대부분 정부의 일반예산에 의존하는 반면, 어떤 국가들은 사회보장성 조세의 비중이 커 정부의 일반예산으로부터의 재원이 상대적으로 적다.

〈표 14-2〉에서 보듯이, 뉴질랜드나 덴마크는 사회복지정책에 사용되는 재원의 거의 대부분을 정부의 일반예산에서 충당하는 반면, 독일, 프랑스 등의 국가는 주로 사회보장성 조세에 의존하며 정부의 일반예산의 비중이 각각 23%와 24%로 상대적으로 적다. 이 통계에서는 교육에 대한 지출이 빠져 있는데(대부분의 복지선진국의 교육에 지출은 GNP의 5%를 넘는다),

〈표 14-1〉 사회복지에 대한 정부지출과 총지출의 국가별 비교(1980)

국 가	(국내 총생산의 %로서)											
	교 육		건 강		연 금		실 업		기 타		합 계	
	정부 지출	총 지출	정부 지출	총 지출	정부 지출	총 지출	정부 지출	총 지출	정부 지출	총 지출	정부 지출	총 지출
캐 나 다	7.5	8.1	5.6	7.5	3.5	4.8	1.5	1.5	2.2	2.2	20.3	24.2
프 랑 스	4.9	4.9	6.7	8.0	10.0	10.0	1.7	1.7	7.7	7.7	31.0	32.3
독 일	4.4	4.4	6.1	8.7	13.3	13.3	1.5	1.5	5.8	5.8	31.1	33.7
이탈리아	4.0	4.0	5.9	6.8	12.1	12.1	0.5	0.5	2.5	2.5	25.0	25.9
일 본	5.1	6.3	4.8	5.0	4.2	4.2	0.3	0.3	1.0	1.0	15.4	16.8
영 국	5.6	5.6	5.8	5.8	5.8	9.0	0.5	0.5	5.2	5.2	22.9	26.1
미 국	4.9	6.6	4.5	9.5	6.3	8.1	0.6	0.6	1.4	1.4	17.7	26.2

* 여기서 총지출이라 함은 사회복지에 대한 정부지출과 민간부문의 지출을 합한 것을 말한다.

출처 : 김태성(1990). p. 75.
IMF(1986). p. 59.

〈표 14-2〉 OECD 국가들의 사회보장 프로그램 재원의 원천 (1979~80)

국 가	정부예산	사회보장성 조세		기 타 (이익금포함)
		피보험자	사용자	
뉴질랜드	96.8%	–	3.2%	–
덴마크	93.7	1.9	2.1	2.3
오스트레일리아	81.2	12.1	6.3	0.5
캐나다	74.8	7.2	13.0	5.0
아일랜드	68.5	11.0	19.6	1.1
영 국	60.4	15.1	22.7	1.8
핀란드	45.0	9.2	39.1	6.7
노르웨이	43.5	21.6	34.2	0.6
벨기에	36.3	19.3	39.9	4.4
스웨덴	35.7	1.4	52.2	10.8
이탈리아	35.0	11.2	51.1	2.7
미 국	32.3	27.9	38.0	1.9
일 본	31.5	28.1	25.3	15.1
네덜란드	28.5	37.4	29.3	4.7
스위스	27.0	45.0	23.5	4.5
프랑스	24.2	21.9	50.3	3.7
독 일	23.3	40.4	34.9	1.4
오스트리아	17.9	36.6	41.3	4.2
에스파냐	17.0	12.4	69.1	1.6
그리스	8.7	36.8	37.0	18.1

*공공부문 종사자와 퇴역군인(*veterans*)의 급여 프로그램의 재원의 원천은 제외되고, 행정비용도 제외된 것임.

출처 : ILO(1985)

대부분의 복지선진국들의 교육비 지출은 대개 정부의 일반예산에 의존하기 때문에 교육까지를 포함하면 사회복지정책에 사용되는 일반예산의 재원은 더욱 커진다. 어찌되었든, 정부의 일반예산은 사회보장성 조세와 더불어 오늘날 복지선진국의 사회복지정책에서 가장 중요한 재원임에는 틀림없다. 따라서 일반적으로 정부의 일반예산이나 사회보장성 조세의 규모가 크면 클수록 사회복지정책에 사용할 수 있는 재원은 커져 사회복지정책은 발달하는 경향을 보인다.

〈표 14-3〉에서 보듯이 스웨덴, 노르웨이, 덴마크 등 사회복지정책이 발달한 스칸디나비아 국가들의 총조세부담률—사회보장성 조세 포함—은

〈표 14-3〉 GNP에 대한 조세와 사회보장 기여금 비율(1971～81)

국 가	1971	1981	순 위
스웨덴	50	58	1
노르웨이	52	56	2
덴마크	51	55	3
네덜란드	47	51	4
오스트리아	44	50	5
벨기에	40	49	6
프랑스	40	48	7
서 독	41	46	8
영 국	40	44	9
핀란드	38	41	10
이탈리아	31	39	11
캐나다	37	38	12
오스트레일리아	29	36	13
미 국	32	34	14
스위스	25	30	15
그리스	28	30	16
일 본	22	24	17

출처 : Glennerster(1985), p. 89.

그나라 GNP의 50%를 넘는 반면, 상대적으로 사회복지정책이 발달하지 않은 미국, 일본 등은 30% 수준에 있다. 즉 조세부담률과 사회복지정책 발전은 밀접한 관계를 갖고 있다고 볼 수 있다. 따라서 일반예산을 논의하는 데 있어 먼저 조세부담률과 사회복지정책에 필요한 재원과의 관계를 분석하는 것이 필요하다.

(1) 조세부담률과 사회복지재원

조세부담률이 높으면 일반적으로 사회복지정책에 사용될 재원이 증가한다. 그러나 조세부담률이 계속 높아진다고 해서 반드시 조세수입이 커져 사회복지정책에 쓰일 재원이 증가되는 것은 아니다. 이른바 공급측 경제학(*supply-side economics*)의 'Laffer 곡선'이 말해주듯이, 일정한 조세부담률까지는 조세수입이 증가하나, 그 이상부터는 줄어들 수 있는 것이다. 따라서 조세수입을 극대화할 수 있는 조세부담률이 어느 정도이냐를 규명하는 작업은 사회복지정책 재원의 분석에서 전제조건이 된다.

〈그림 14-1〉

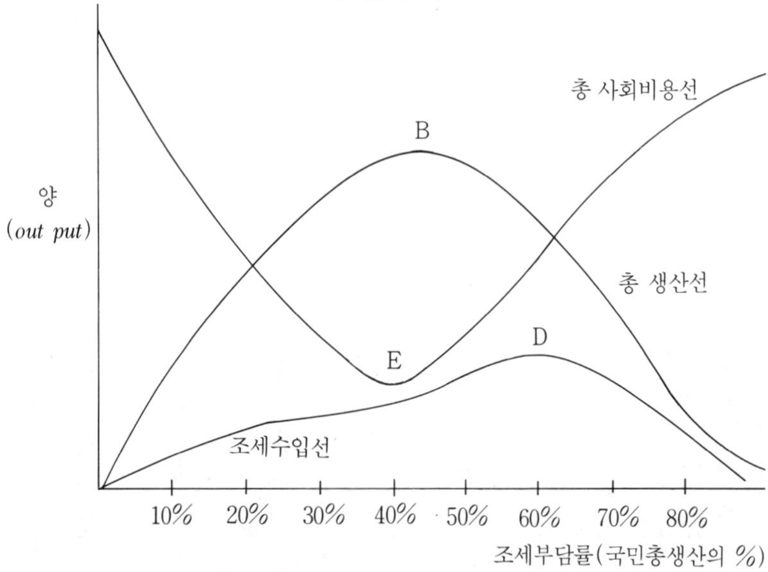

출처 : Geiger(1978), p. 129.

일반적으로 조세부담률과 조세수입—사회복지정책 재원—의 관계는 〈그림 14-1〉과 같이 설명될 수 있다. 그림에서 보듯이, B점까지는 조세부담률을 높여도 계속 국민총생산의 양은 증가한다. 이것의 이유는 이 정도의 조세부담률에서는 조세수입으로 국민총생산을 증가시킬 수 있는 사회복지정책의 확대가 이루어지고, 반면에 국민총생산을 줄이는 부정적인 효과가 아직 나타나지 않기 때문이다(이른바 *positive-sum*현상). 그러나 B점을 넘어서면, 조세부담률이 높아지면 높은 조세부담률로 인한 사람들의 근로, 저축동기의 약화 등 국민총생산에 미치는 부정적인 효과로 인해 총생산량은 줄어들기 시작한다(이른바 *negative-sum*현상).

한편 조세수입은, 국민총생산이 극대화하는 B점을 지나 D점에 이르기까지 조세부담률이 증가해도 커진다. 이것은 조세수입은 '총생산양×조세부담률'로 결정되는 절대액이기 때문에 B점을 지나서 총생산량이 어느 정도 줄어도, 그대신 조세부담률이 높기 때문에 일반적으로 나타나는 현상이다. 그러나 D점을 지나서는 조세수입액이 줄어든다. 이것은 지나친 조세부담률로 인한 총생산의 감소와 다양한 방법으로(절세와 탈세) 조세를 기피하려는 노력이 커지기 때문이다.

조세로 인한 총사회비용은 총생산에서 조세 그 자체로 줄어드는 부분과 조세로 인한 비효율로 생기는 총생산의 감소부분 둘 다를 포함하는데, 조세부담률이 매우 낮은 수준에서는 조세 자체로 인해 잃은 총생산의 양은 적으나, 적은 조세수입으로 인하여 사회적 이득(*social benefit*)을 발생시킬 수 있는 투자(예를 들면, 사회간접자본이나 교육처럼 경제성장을 높일 수 있는 부문의 투자)를 못해 발생하는 사회비용(*social cost*)은 크게 나타난다. 따라서 조세와 관련된 사회비용은 E점까지는 세율이 높을수록 줄어들다가, E점부터는 증가된다. 왜냐하면, 이 점부터는 조세부담은 커지는 반면에 국민총생산의 양은 줄어들기 때문이다.

그렇다면, 어떠한 조세부담률에서 국민총생산과 조세수입—사회복지정책 재원—이 극대화하여 사회복지정책의 확대가 이루어질 수 있는가? 이것은 국가들이 갖는 경제적, 사회적, 정치적, 시간적 요인 등 여러 가지 측면의 요인들에 달려 있다.

첫째, 국민총생산의 규모가 크면, 다른 조건이 같을 경우 비교적 낮은 조세부담률에서도 조세수입이 커지기 때문에 사회복지정책에 사용할 수 있는 재원이 커진다. 둘째, 조세수입이 쓰이는 형태에 따라서도 다르다. 조세수입이 국민총생산을 증가시킬 수 있는 사회복지정책에 많이 사용되면 조세부담률은 커질 수 있으나, 총생산을 감소시킬 수 있는 정책에 많이 사용되면 조세부담률을 높이는 데 한계가 있다. 셋째, 정치적 혹은 이념적인 측면에서 보면, 평등과 분배의 가치 혹은 국민연대감을 강조하는 국가에서는, 국민총생산이 어느 정도 줄더라도 조세부담률은 높아질 수 있다. 넷째, 사회적 혹은 문화적인 측면에서, 국민들의 근로동기나 저축동기가 강하게 나타나는 국가들에서는 비교적 높은 조세부담률에도 불구하고 국민총생산의 양은 줄지 않을 수 있다(예, 일본). 다섯째, 시간적인 측면에서 보면, 조세부담률이 높아도 단기적으로 볼 때에는 국민총생산 양이 크게 줄지 않을 수 있다. 왜냐하면, 단기적인 시간에서는 조세부담률의 변화로 인한 사람들의 근로나 저축동기의 변화가 크지 않을 수 있기 때문이다.

적정의 조세부담률은 상기처럼 국가에 따라 차이가 있을 뿐만 아니라, 다른 한편으로는 국가 내의 사회구성원들 사이에서도 차이가 있다. 조세수입의 증대로 인한 사회복지정책의 확대로 이득을 볼 수 있는 사람들은 비록 국민총생산의 양은 다소 줄더라도 사회복지정책에 사용될 수 있는 재원, 즉 조세수입은 극대화할 수 있는 D점의 조세부담률을 선호할 것이다.

반면에 조세제도와 사회복지정책에 의하여 손해를 볼 수 있는 사람들은 조세로 인한 사회적 총비용이 가장 낮은 E점의 조세부담률을 택할 것이다. 따라서 합리적인 측면에서 이 사회의 적정한 조세부담률은 E와 D점 사이의 어떤 점이 될 것이고, 이 점은 두 집단간의 합의나 정치적 권력(*political power*)의 차이에 의하여 결정될 것이다.

한편 E점 이하의 조세부담률을 주장하는 것은 적어도 경제적으로는 비합리적이다. 왜냐하면, 이렇게 낮은 조세부담률에서는 사회적 비용은 큰 것에 비하여, 국민총생산량은 극대화하지 못하기 때문이다. 이러한 낮은 조세부담률을 주장하는 것은 비경제적, 비합리적, 비효율적인 이유, 즉 이념적인 이유—조세확대 그 자체를 반대하는 것—때문일 가능성이 높다.

유사하게, D점 이상의 조세부담률도 경제적인 측면에서는 비효율적이다. 왜냐하면 이 이상의 조세부담률부터는 국민총생산의 양이 줄어들 뿐만 아니라 조세수입도 줄어 사회복지정책의 재원이 줄어들기 때문이다. 이 경우도 결과의 완전한 평등의 가치를 강조하는 이념적인 측면으로, 배분할 사회적 자원이 줄어들어 분배할 수 있는 자원이 적더라도 모두가 똑같이 가지는 것이 바람직하다는 관점을 반영하는 것이다.

(2) 정부의 일반예산의 필요성

위에서는 사회복지정책에 사용될 수 있는 재원을 극대화할 수 있는 적정의 조세부담률에 관한 일반적인 논의를 하였다. 지금부터는 초점을 정부의 일반예산에 맞추어, 왜 정부의 일반예산이 사회복지정책의 재원으로 중요한가라는 문제에 관하여 논의하고자 한다.

일반적으로 사회복지정책의 확대를 지지하는 사람들은 사회복지정책의 재원이 주로 정부의 일반예산에서 충당되어야 된다고 주장한다. 그 이유는 다음의 몇 가지로 설명될 수 있다. 첫째, 정부의 일반예산을 통한 재원이 다른 재원에 비하여 사회복지정책이 추구하는 가장 중요한 목표인 평등—소득재분배—이나 사회적 적절성을 이루기가 쉽다는 것이다. 이것은 다시 두 가지로 설명할 수 있는데, 하나는 정부의 일반예산을 구성하는 조세들이 사회보장성 조세나 자발적 기여와 같은 다른 재원들에 비하여 더 소득재분배적(누진적)이어서 소득이 높은 사람들의 조세부담률이 낮은 사람들에 비하여 높다는 데 있다(이것은 뒤에서 자세히 논의한다). 다른 하나는 일반예산의 재원으로 사회복지의 급여를 하는 것이 다른 재원들에 비하여 소득재분배적 급여를 하는 데 제한이 적다는 것이다. 예를 들면, 사회보장성 조세는 일종의 보험료의 성격을 갖기 때문에 급여를 할 때 보험수리원칙(*acturial principle*)을 완전히 무시할 수 없기 때문에, 이 조세를 많이 납부한 사람들에게 절대액에서 많은 급여를 해야 하는 제약이 따른다(이것은 뒤에 사회보장성 조세의 논의에서 자세히 다룬다).

둘째, 정부의 일반예산 재원은 다른 재원들에 비하여 사회복지정책의 대상을 넓힐 수 있고, 급여내용의 보편성을 이룰 수 있다. 사회보장성 조세를 통한 사회복지정책은 기본적으로 보험료를 낸 사람들에게만 급여가 이루어지기 때문에, 사회보장성 조세를 납부하지 못하는 사람들—근로능력이 없는 사람, 실업자 등—에 대한 사회복지정책은 정부의 일반예산에서 이루어질 수밖에 없다. 또한 민간부문의 자발적 기여를 통한 사회복지정책들도 대개 그 대상이 제한적이어서 특수한 지역이나 집단에 속한 사람들에게만 급여가 이루어지는 경향이 있다. 즉 정부의 일반예산의 재원을 통해서만이 '대다수'의 모든 국민을 대상으로 하는 사회복지정책이 가능한 것이다. 또한 일반예산을 통한 재원으로 사회복지의 재화나 서비스가 제공될 때는 이러한 재화나 서비스의 양과 질에서 차별이 적어진다. 즉 욕구(*need*)가 같다면 공공교육과 같이 누구에게나 똑같은 양과 질의 재화나 서비스가 제공된다.

셋째, 재원의 안정성과 지속성의 측면에서도 정부의 일반예산이 다른 재원에 비하여 유리하다. 정부의 일반예산은 경기침체 등의 이유로 조세수입의 양은 다소 변동이 있다 하더라도, 국가가 망하지 않는 한 국가의 공권력에 의해 조세부과가 이루어지기 때문에 재원이 안정적이고 지속적으로 공급된다. 따라서 정부의 일반예산을 재원으로 하는 사회복지정책은 일반적으로 안정적이고 지속적으로 집행이 이루어진다. 반면에 민간부문의 자발적 기여의 재원은 일반적으로 덜 안정적이고, 재원의 변동이 심해 이러한 재원을 바탕으로 하는 사회복지정책은 불안정하여 지속적인 정책을 수립하기 어렵다. 또한 복지국가위기의 시대에 나타난 사회보장성 조세를 재원으로 한 정책들의 적자운영을 통해 알 수 있듯이, 사회보장성 조세의 재원도 인구구조의 변화나 경기침체 등의 영향으로 불안정할 수 있어, 결국 이러한 조세를 재원으로 하는 사회복지정책을 유지하기 위해서는 정부의 일반예산으로부터 보조가 필요하다. 실제로 대부분의 복지선진국의 사회보험정책들은 대개 정부의 일반예산으로부터 보조를 받고 있다(DHHS, 1987). 즉 정부의 일반예산이 모든 사회복지정책의 재정불안정을 해결하는 최후의 보루인 것이다.

지금까지 사회복지정책의 재원으로서 정부의 일반예산이 다른 재원에 비하여 바람직하다는 점들을 논의하였다. 이 가운데 특히 정부의 일반예산이 다른 재원에 비하여 더 소득재분배적이라는 측면이 중요한데, 지금부터는 이 문제에 관하여 다음의 세 가지 부문으로 나누어 자세히 논의하고자 한다. 즉 누진성의 개념, 조세의 실질적 부담, 그리고 일반예산을 구성하는 조세.

(3) 누진성의 개념

일반적으로 어떤 조세가 누진적이라 함은 소득이 올라갈수록 소득에 부과하는 세율(*tax rate*)이 높아지는 것을 말하고, 반면에 역진적(*regressive*)이라 함은 소득이 올라갈수록 세율이 낮아지는 것을 말한다. 한편 비례적(*proportional*) 조세는 세율이 소득의 변화에 상관없이 일정한 것을 말한다(Rosen, 1988).

그러나 이러한 정의는 모호하여, 어떠한 세율의 개념을 사용하느냐에 따라 조세의 누진성(*progressiveness*) 여부가 달라질 수 있다. 통상 많이 사용하는 것은 평균세율(*average tax rate*)의 개념으로서 소득에 부과된 세액의 비율을 말하는 것인데, 소득이 증가할 때 평균세율이 증가하면 누진적이고, 감소하면 역진적인 것으로 본다.

그러나 사람에 따라서 조세의 누진성 여부를 논할 때 한계세율(*marginal tax rate*)의 개념—즉 소득의 변화에 따른 세액의 변화비율—을 사용하여, 소득이 증가할수록 한계세율이 높아지면 누진적이고, 낮아지면 역진적인 것으로 보기도 한다. 따라서 어떠한 세율의 개념을 사용하느냐에 따라 조세의 누진성 여부는 달라지는 것이다. 예를 들어 설명하면, 〈표 14-4〉에서 보듯이, 평균세율의 개념을 사용하면 이 조세는 누진적이라 할 수 있으나, 한계세율의 개념을 사용하면 세율은 20%로 고정되어 있어 누진적이 아닌 것이다. 따라서, 어떤 조세의 누진성 혹은 역진성 여부를 가리기 위해서는 어떤 세율의 개념을 사용하는가를 명확히 구분하는 것이 필요한데, 통상적으로는 평균세율의 개념이 선호된다.

지금까지는 단순히 조세의 누진성 여부에만(즉 누진적이냐 아니냐) 초점을 맞추었는데, 중요한 것은 어떤 조세가 얼마나 누진적이냐의 문제이다.

누진성의 정도를 비교하는 방법은 여러 가지가 있을 수 있으나, 여기서는 두 가지만을 소개한다. 하나는 소득이 올라갈수록 평균세율이 더 큰 폭으로 증가할때 더 누진적이라고 판단하는 방법이다. 공식으로 나타내면,

$$P_1=\frac{\frac{T_1}{I_1}-\frac{T_0}{I_0}}{I_1-I_0}$$

인데(여기서 I_1과 I_0는 소득수준이고, T_1과 T_0는 세액이며, P_1이 누진성의 정도이다) P_1이 큰 조세체계가 더 누진적인 것이다. 〈표 14-4〉의 예에서, 200만원의 소득자에게 40만 원을, 300만 원의 소득자에게 100만 원의 세액을 부과하면 각기 평균세율이 20%, 33%가 되어 〈표 14-4〉의 조세체계보다 더 누진적인 것이다.

다른 하나는 소득의 변화율에 비하여 세액의 변화율이 크면 클수록 더 누진적이라고 판단하는 방법이다. 이것은 수식으로는

$$P_2=\frac{T_1-T_0}{T_0}/\frac{I_1-I_0}{I_0}$$

로 나타낼 수 있는데 이 경우 P_2의 값이 크면 더 누진적이라고 보는 것이다. 이러한 두 가지 방법 가운데 어떤 것을 사용하느냐에 따라 조세의 누진성의 정도는 다르게 판단될 수 있다. 〈표 14-4〉의 예에서, 모든 사람의

〈표 14-4〉

소 득	세 액	평 균 세 율	한 계 세 율
100만	10만	10 %	
200만	30만	15 %	20%
300만	50만	16.7%	20%
400만	70만	17.5%	20%
500만	90만	18 %	20%

세액을 20% 증가시켰을 때 이전보다 더 누진적인 조세체계가 되겠는가? 이 경우에 누진성의 정도를 P_1으로 판단하면 더 누진적이 되고, P_2로 계산하면 누진성에서는 변화가 없다. 예를 들면 P_1의 경우 100만 원 소득자의 평균세율은 12%가 되고 200만 원 소득자는 18%가 되어 양자간의 차이는 이전의 5%보다 커진 6%가 되는 반면, P_2의 경우 세액의 변화율에는 변화가 없는 것이다.[2)] 이상에서 보듯이 조세체계의 누진성 정도는 사용된 누진성의 개념과 측정방법에 따라 다르기 때문에, 어떤 조세의 누진성의 정도를 이야기할 때에는 주의해야 한다. 그럼에도 불구하고 일반적으로 가장 많이 사용되는 방법은 소득의 증대에 따라 평균세율이 더 큰 폭으로 증가하는 조세체계가 평균세율이 낮은 폭으로 증가하는 것보다 더 누진적인 조세체계라고 보는 것이다.

(4) 조세의 실질부담률

누진적인 조세는 역진적인 조세에 비하여 적어도 이론적으로는 소득재분배적이다. 그러나 현실적으로 어떤 조세가 과연 얼마나 누진적 혹은 역진적인가를 판단하는 것은 쉽지 않다. 이것의 이유는 여러 가지가 있으나 가장 중요한 이유 중의 하나는 조세의 명목적인 부담과 실질적인 부담에서의 차이이다. 이것은 크게 세 가지로 나누어 설명할 수 있다.

첫째, 조세의 부과는 사람들의 소득원(*income sources*)과 소득의 사용형태(*uses of income*)에 영향을 미치는데, 이때 이 두 가지 측면의 변화형태에 따라 그 조세의 소득재분배 효과는 달라진다. 예를 들면, 1,000원짜리 소주 한 병에 대한 세액(부가가치세)이 100원에서 200원으로 올랐을 때 소득재분배 효과는 어떻게 될까? 우선 소득의 사용형태의 측면에서 보면, 소주를 많이 소비하는 사람들이 불리해지므로 이 사람들이 어떤 소득계층이냐에 따라 소득재분배효과는 달라질 수 있다. 다른 조건이 같다고 할 때, 소주소비계층이 주로 가난한 사람들이라면 소득재분배는 더 악화되고,

---

2) 공식에 대입하면(100만 원과 200만 원의 경우) 이전의 P_1=0.0005이고 20% 증가시의 P_2=0.0006인 반면, P_2는 이전이나 이후 모두 0.02로 같다.

반면에 부자들이 주로 소비한다면 소득불평등은 줄어든다. 반면에 소득원의 측면에서 보면 이야기는 달라질 수 있다. 소주에 대한 조세의 상승으로 소주값이 올라서 소주에 대한 수요가 줄게 되면 소주를 만드는 데 사용되는 요소소득(*factor income*)이 줄 수 있다. 이 경우에는 요소소득의 손해가 어떤 계층에게 주로 돌아가느냐가 문제가 된다. 만일 소주를 만드는 데 가난한 사람들의 노동력에 주로 의존한다면 이러한 조세율의 증가로 빈자가 손해를 보고, 반면에 자본집중적이라면 부자의 소득이 줄어든다. 즉 조세의 실질적인 부담은 조세소득원과 소득의 사용형태에 어떻게 영향을 주느냐에 따라 달라지는 것이다.

둘째, 조세전가(*tax shifting*)의 문제이다. 어떤 사람에게 명목적으로 세금이 부과되어도 실질적으로는 다른 사람이 그 세금을 부담하게 되는 경우이다. 예를 들면, 사용자의 조세부담이 실질적으로는 피고용자 혹은 소비자의 부담이 될 수 있는 것이다. 대표적인 예가 사회보장성 조세이다. 오늘날 대부분의 국가에서 사회보험은 피고용자를 위하여 사용자가 일정한 비율의 사회보장성 조세를 부담하도록 하고 있다(대개의 경우는 피고용자와 동률인 반면, 선진복지국가에서는 사용자의 부담률이 높다). 이때 사회보장을 위한 조세를 명목적으로는 사용자가 부담하는 것처럼 보이지만 실질적으로는 피고용자에게 줄 임금의 일부일 가능성이 높거나, 아니면 이러한 부담이 상품가격으로 이전되어 실질적인 부담자는 소비자가 될 수도 있다[3](Lampman, 1984 ; Musgrave, 1981 ; Kuttner, 1984). 이것에 관해서는 뒤의 사회보장성 조세를 논의할 때 자세히 다룬다.

셋째, 명목세율이 높다고 해서 사람들이 실제로 납부하는 실질세율이 높은 것은 아니다. 명목세율이 높으면 사람들은 여러 가지의 방법을 통하여—합법적인 절세(*tax avoidance*) 혹은 비합법적인 탈세(*tax evasion*)등—

3) 최근 우리나라에서 집을 두 채 이상 소유한 사람에게 높은 세금부담을 시키는 안이 논란이 되고 있다. 중과세를 반대하는 논리 중의 하나는 소유자에게 중과세를 시키면 조세전가에 의하여 실질적으로 세입자가 세금부담을 하게 된다는 것이다.

실질세율을 낮추고자 한다. 예를 들어 미국의 한 조사에 의하면, 누진적인 개인소득세의 경우 명목세율이 50%를 상회하면, 실질세율은 평균적으로 약 25%에 불과하고, 전체적인 조세체계로 볼 때 명목적인 세율에서의 커다란 차이와 달리 고소득층과 저소득층의 조세부담률은 크게 차이가 나지 않은 것으로 밝혀졌다(Pechman, 1986).

(5) 일반예산을 구성하는 조세

일반예산을 재원으로 하는 사회복지정책이 다른 재원보다 더 소득재분배적이라는 것을 밝히기 위해서는 일반예산을 구성하는 조세들의 특성을 이해할 필요가 있다. 조세의 형태는 크게 보면 세 가지로 나눌 수 있다. 즉 소득에 부과하는 소득세(개인소득세와 법인소득세)와 소비에 부과하는 소비세(부가가치세 등), 그리고 부(富)에 부과하는 세(예를 들면, 재산세, 상속세 등)이다.

① 소득세

일반예산을 구성하는 조세들 가운데 일반예산의 누진성을 높이는 데 가장 크게 기여하는 것은 소득세—특히 개인소득세—이다. 개인소득세의 소득분배효과가 높은 이유는 크게 세 가지로 설명할 수 있다. 첫째, 개인소득세는 기본적으로 부담능력의 원칙(*ability to pay*)에 따라 세율이 부과되므로 고소득층의 세율이 저소득층보다 높다. 특히 사회복지가 발달한 국가에서는 고소득층에 대한 개인소득세율이 매우 높아 스웨덴이나 영국의 세율은 70%에 이른다(Pechman, 1986).

둘째, 개인소득세는 다른 조세에 비하여 각종의 조세감면으로 저소득층의 조세부담을 면제, 감면시키거나(예를 들면, 가족수에 비례한 일정한 액수를 과세소득에서 제외하는 것 등), 혹은 근로소득과 자산소득을 구분하여 전자의 경우는 감세의 혜택을 주나 후자의 경우는 주지 않음으로써 소득재분배효과를 높인다(일반적으로 자산소득은 고소득층에 주로 발생한다).

위의 두 가지 이유로 개인소득세가 다른 조세에 비하여 소득재분배적이라는 것은, 소득계층별 각종 조세의 실질 부담률에 관한 실증적인 조사에 의해서 뒷받침된다. 어떤 조사에 의하면, 조세의 실질부담에 관한 여러 가지의 가정하에, 가장 잘 사는 10%의 사람들은 가장 못사는 10%의 사람들보다 평균적으로 10배 이상의 개인소득세를 부담한다고 한다(Lampman, 1984).

셋째, 개인소득세가 일반예산을 구성하는 조세 가운데 가장 크다는 점이다. 아무리 조세가 누진성이 높아도 이 조세가 일반예산에서 차지하는 크기가 적다면 소득재분배 효과는 적을 수밖에 없다(예를 들면, 상속세). 오늘날 선진 산업국가들에서 단일조세 형태로는 대부분 개인소득세가 일반예산 가운데 가장 큰 부분을 차지하기 때문에(예를 들면, 미국의 경우 연방정부 조세수입의 45%가 개인소득세에 의존한다) 이 조세의 소득재분배효과가 더욱 크게 나타나는 것이다.

② 소비세

선진 산업국들의 일반예산을 구성하는 조세 가운데 두번째로 큰 것은 소비에 대한 조세이다. 소비에 대한 조세는 상기의 개인소득세와 달리 부담능력을 고려하지 않고 상품을 소비할 때 부과하기 때문에 개인소득세에 비해 고소득층의 조세부담률이 저소득층보다 상대적으로 적다. 이러한 소비에 대한 조세는 다양한 형태를 취하고 있기 때문에 소비세의 소득재분배효과는 서로 다르다.

소비에 대한 조세는 크게 두 가지로 나눌 수 있는데 하나는 어떤 상품의 최종 소비자가 부담하는 조세이고 다른 하나는 상품의 생산에서 최종 소비에 이르기까지 여러 단계에서 부과되는 세금(부가가치세)이다. 전자의 경우는 다시 두 가지로 나눌 수 있는데 하나는 모든 상품의 소비에 단일 세율을 부과하는 일반소비세이고 다른 하나는 상품마다 부과세율이 다른 특별소비세이다.

이러한 세 가지의 소비에 대한 조세 가운데 일반소비세가 가장 역진적이라고 할 수 있다. 왜냐하면, 소득에 상관없이 소비에 대하여 동일 세율을 부담하기 때문이다. 반면에 특별소비세는 어떠한 상품에 세율을 높이 부과하느냐에 따라 소득재분배효과가 다를 수 있다. 예를 들면, 저소득층이 상대적으로 많이 소비하는 음식물에 대한 세율은 낮추고(미국에서 많은 음식물에 대한 세금은 아주 낮거나 없다), 고소득층이 많이 사용하는 상품(예를 들면, 귀금속 등)에 높은 세율을 부과하게 되면 소득재분배효과는 커진다.

한편 부가가치세는 생산에서 소비에 이르는 단계별로 세금을 부과하기 때문에 단계별 세율의 조정에 의하여 일반소비세에 비하여 소득재분배효과를 높일 수 있다. 즉 생산과 소비단계에서 발생한 요소소득에 따라 세율을 달리 하게 되면 소득이 높은 계층의 조세부담률을 저소득계층보다 높일 수 있다(실제로 유럽의 복지국가들은 부가가치세를 이러한 형태로 운영하여 이 조세의 소득재분배효과를 높인다. 반면에 미국은 부가가치세를 실시하는 대신 일반소비세에 크게 의존하기 때문에 상대적으로 소비에 대한 조세의 역진성 정도가 크다고 할 수 있다).

소비에 대한 조세는 위에서 보듯이 다양한 형태에 의하여 소득재분배효과가 다르고 또한 전술했듯이 이러한 조세를 실질적으로 누가 부담하느냐가 불확실하지만, 많은 실증적인 연구에 의하면(여러 가지의 가정하에) 이러한 조세는 상기의 개인소득세에 비하여 역진적인 것은 사실이다. 전술한 조사에 의하면, 가장 못사는 10%의 사람들은 가장 잘 사는 10%의 사람들에 비하여 이러한 조세의 부담률이 약 3배에 이른다(Lampman, 1984).

③ 부(富)세

정부의 일반예산 가운데 가장 적은 비중을 차지하는 것은 부에 관한 조세이다. 부에 관한 조세도 여러 형태가 있는데 이 가운데 가장 중요한 조세는 재산세(*property tax*)이다. 이것은 선진 산업국가에서는 주로 지방정부의 일반예산의 주 세원이다. 재산세는 대개 단일세율을 부과하고, 세금부과대상이 되는 재산의 가치평가액이 시장가격의 변화에 따라 빨리 변화하지 못하며, 또 많은 재산들을 포괄적으로 세금부과대상에 포함시키는 것이 어렵기 때문에, 일반적으로 재산이 많은 사람들이 없는 사람들에 비하여 재산세에 대한 실질 조세부담률이 적다고 볼 수 있다.

반면에 상속세나 증여세와 같은 세들은 비록 누진적인 세율이 적용되나 실질적으로 이러한 세를 내는 사람은 매우 소수이고 또한 액수도 적기 때문에 전체 일반예산에서 차지하는 비중은 미미하여 무시할 만한 정도이다.

2) 사회보장성 조세 : 목적세

정부의 조세수입은 크게 보면 두 가지이다. 하나는 전술한 일반예산으로 정부의 다양한 지출을 위해 필요한 조세수입이고, 다른 하나는 사회보장과 같은 특별한 목적을 위해 거둬들이는 조세(*earmarked tax*)이다. 앞의 〈표 14-2〉에서 보듯이, 오늘날 선진 산업국가에서 사회보장성 조세는 일반예산과 더불어 사회복지정책을 위한 지출의 재원 가운데 가장 중요하다. 지금부터는 이러한 사회보장성 조세의 성격에 관하여 논의를 하고자 한다.

(1) 왜 사회보장성 조세인가

사회보장성 조세는 국민연금, 산재보험, 실업보험, 의료보험의 네 가지 사회보험을 위한 보험료(기여금)를 사용자나 피고용자에게 강제로 부과하여 일종의 세금과 같은 기능을 한다. 그렇다면 이러한 사회보험들을 위한 재원을 왜 정부의 일반예산에서 마련하지 않는가? 이에 관해서는 다음의 네 가지로 설명할 수 있다.

첫째, 가장 중요하고 본질적인 이유로서 사회보험의 가장 중요한 목표는 자본주의 사회의 시장에서 결정된 사회계층상의 위치를 변화시키지 않으면서 사람들이 어떤 위험(노령, 실업, 장애 등)에 당면하여 소득이 상실될 때 각자의 이전의 시장소득 수준을 유지하고자 하는 데 있다(Esping-Anderson, 1990). 이러한 목표를 이루기 위해서는 조세를 적게 낸 저소득층에 비하여 조세를 많이 낸 고소득층이 받는 사회보험급여의 절대액이 높아야 한다. 일반예산을 통해서는 그것의 성격상 이러한 목표를 이루기 어렵다. 즉 일반예산을 재원으로 하는 어떤 정책으로 이전 시장소득에서의 고소득층에게 저소득층에 비하여 높은 급여액을 주는 것은 정치적으로 어려움이 많다. 전술했듯이 사회보험도 소득재분배(정확히는 사회적 적절성)의 목표를 추구한다. 따라서 대부분의 국가에서 사회보험은 급여액 계산방식이나 기여금 각출방법 등에서 저소득층에게 유리하게 되어 있고 실제로 사회보험의 소득재분배효과는 크다고 할 수 있다. 그러나 사회보험도 본질적으로 볼 때 하나의 보험상품이기 때문에 보험료를 많이 낸 사람에게 급여액을 많이 줄 수밖에 없다(개별적 공평성, *individual equity*). 모든 국민을 강제로 가입시켜 보험료를 납부하게 하는 것은 보험기술상 역의선택(*adverse selection*)의 문제를 줄일 수 있고, 또한 위험분산이나 규모의 경제 등의 이점을 통하여 보험의 재정안정의 목표를 이루기 위함이지, 강제부과라 해서 보험의 성격을 완전히 벗어나는 것은 아니다.

둘째, 많은 사람들은 사회보장세를 납부함으로써, 일반조세와 달리 미래에 받을 수 있는 급여액에 대한 '권리'를 갖는다고 생각하는 경향이 있기 때문에, 일반조세의 방식으로 하는 것보다 사회보장세의 형식으로 하는 것이 정치적으로 유리하다. 오늘날 선진 산업국가들의 사회보험(특히 국민연금)은 부과방식(*pay-as-you-go system*)으로 운영되기 때문에 적립방식(*fund system*)과 달리 사회보장세가 적립되지 않으며, 인구구조의 변동이나 경제성장의 둔화 등의 이유로 사회보험의 재정이 불안정할 수 있기 때문에(Rosa, 1982), 엄밀히 말해서 이러한 '권리'는 허구일 수도 있으나, 대부분의 국민들은 이러한 '권리'를 의식하는 것이 사실이다(Ozawa, 1983).

셋째, 사회복지 발달의 역사를 통해 볼 때 정부의 일반예산을 통한 사회복지정책은 대개 가난한 사람들을 대상으로 하여 일종의 적선(*dole*)으로 급여를 해 온 경향이 있다. 따라서 많은 사람들은 정부의 일반예산을 통하여 사회보장의 급여를 받는 것에 대해서 거부감을 갖는 경향이 있다. 즉 사회보장세를 통해 급여를 받는 것은 자조(*self-help*)의 이념이라고 생각하고, 일반예산을 통한 급여는 적선이라고 생각하기 때문에 많은 사람들이 이 둘을 분리하는 것을 원한다.

넷째, 일반적으로 사람들은 자기들이 낸 세금이 어떻게 사용되는가에 관심이 있는데, 일반예산처럼 다양한 정부지출에 사용되는 것과 달리 특정한 목적을 위하여 사용되는 조세에 대한 거부감이 적다. 이로 인하여 특히 오늘날과 같이 선진 산업국가들이 재정적자에 시달리고 있는 상황에서, 정부의 일반예산에 의존하는 사회복지정책은 축소의 위협이 있는 반면에, 사회보장성 조세를 통한 사회복지 프로그램은 유지가 될 수 있는 것이다. 이것은 오늘날 선진 산업국가들에서 나타나는 이른바 '복지국가의 위기'의 시대에서도 사회보장성 조세에 의존하는 사회복지정책들은 일반예산에 의존하는 정책들에 비하여 상대적으로 덜 영향을 받는 데서도 볼 수 있다(김태성·성경륭, 1993). 사회보험을 위한 사회보장성 조세 이외에도, 어떤 국가에서는 특정한 사회복지정책을 위하여 특정한 조세를 부과한다. 예를들면, 미국의 여러 주에서는 교육에 필요한 재원을 마련하기 위하여 술이나 복권 등에 일정한 세금을 부과한다. 이렇게 사회적으로 바람직한 목적을 위해 부과하는 특정의 조세(특히 이 경우처럼 사회적으로 바람직하지 않은(?) 재화의 구입에 부과하는 조세)에는 국민들의 거부감이 적게 된다.

지금까지 사회보장세 혹은 목적세의 현실적 필요성에 관하여 논의하였는데, 그렇다고 사회보장세가 사회복지정책의 재원으로서 이상적인 것은 아니다. 사회복지정책은 기본적으로 평등(소득재분배)을 추구하는 데, 사회보장세는 일반예산에 비하여 이러한 평등의 목표를 추구하는데 한계를 갖고 있다. 지금부터는 이 점에 관하여 논의하겠다.

(2) 사회보장세의 역진성

사회보장세를 통한 사회복지정책의 재원이 일반예산에 비하여 소득재분배효과가 크지 않은 이유는 다음의 다섯 가지로 설명할 수 있다. 첫째, 대부분의 국가에서 사회보장세는 모든 소득계층의 근로소득(*earning*)에 동일한 비율로 부과되는데 이렇게 되면 고소득층은 저소득층에 비하여 일반적으로 자산소득이 많기 때문에 명목적으로는 동률이라도 실질적으로는 (총소득에 비하여) 저소득층의 부담률이 높게 된다. 사회복지가 발달한 국가에서는 이 문제를 해결하기 위해서 소득계층별로 조세율의 차등을 두거나(예를 들면, 영국의 경우 소득계층별로 5~9% 사이의 차등률을 적용한다), 혹은 소득이 매우 적은 계층에 대하여는 조세부담을 면제시키고 있으나 (예를들면, 독일) 전체적으로 역진성을 줄이는 효과는 크지 않다(5~9%의 차등률은 개인소득세의 0~70% 사이의 차등률보다 크게 적은 것이다).

둘째, 대부분의 국가에서 사회보장세는 또한 조세부과대상 소득의 일정한 상한액(*ceiling*) 내에서만 부과되는데, 이것도 상한액 이상의 고소득층의 조세부담을 저소득층에 비하여 상대적으로 낮추는 효과가 있어 소득재분배에 역진적으로 작용한다. 복지선진국들 가운데 몇 나라는 이 문제를 해결하기 위하여 상한액을 크게 높이거나, 상한액 제도를 없앰으로써 조세부과대상 소득을 넓힌다(예를 들면, 스웨덴, 벨기에). 그러나 상한액 제도를 없애는 것은 고소득층의 개인 저축량의 감소, 혹은 고소득층이 크게 의존하고 있는 기업연금(*occupational pension*)의 위축을 가져오며, 또한 고소득층의 정치적 저항이라는 측면에서도 한계가 있다(Munnell, 1977).

셋째, 대부분의 국가에서 사회보장세는 사용자와 피고용자가 동률로 부담하든지 아니면 사용자가 대부분 부담하는데 (예를 들면, 스웨덴의 국민연금), 이때 사용자부담이 실질적으로 대부분 피고용자의 부담이라면 사회보장세의 역진성은 더욱 커질 수 있다. 원론적으로 볼 때, 사용자는 생산요소의 한 단위를 사용할 때 드는 비용이 그 단위를 사용하여 얻는 가치와 최소한 같아야 그 단위를 고용한다. 따라서 총 노동비용의 개념이 중요해지는데, 이러한 상황에서 국가에 의하여 강제적으로 사용자에게 사회보장세를 부과하게 되면, 피고용자를 고용하여 드는 총노동비용이 그만큼 늘기 때문에 피고용자의 임금은 그만큼 줄어들 가능성이 높다(Munnell, 1977). 한편 노동조합과 단체계약 등의 이유로 피고용자의 임금을 줄이기가 어려운 상황에서는 사용자들이 그들의 이윤을 줄이지 않는 한 강제로 사용자에게 부과된 사회보장세를 상품 가격의 상승이라는 형태로 소비자에게 전가시킬 수 있다. 일반적으로 물가의 상승은 저소득층이 고소득층에 비하여 상대적으로 더 큰 부담을 갖고 있기 때문에 결국 소득재분배는 악화될 수 있다(Skidmore, 1981).

넷째, 정부의 일반예산에서 가장 중요한 개인소득세는 전술했듯이 가족수나 욕구(*needs*)에 따라 여러 가지의 조세감면제도를 갖고 있어 저소득층(특히 근로소득자)의 조세부담을 줄인다. 반면에 사회보장세는 대부분의 국가에서 가족수나 욕구를 고려하지 않고 모든 근로소득에 부과하기 때문에 저소득층의 부담률이 상대적으로 높다. 이 문제를 해결하기 위하여 미국과 같은 나라는 EITC(Earned Income Tax Credit) 프로그램을 통하여, 아이가 있고 근로소득이 있는 저소득가구(즉 사회보장세를 납부하는 가구)에게 사회보장세의 부담을 상쇄하기 위하여 일정한 액수의 급여를 하여 사회보장세의 역진성을 다소 줄이기도 한다.

다섯째, 사회보장세는 주로 근로소득에 부과되므로 일반적으로 노동집중적인(*labor intensive*)이 자본집중적인(*capital intensive*) 산업에 비하여 총노동비용의 측면에서 볼 때 불리하다. 또한 저소득층의 사람들이 고소득층의 사람들에 비해 노동집중적인 산업에서 일할 가능성이 크기 때문에, 노동집중적인 산업의 쇠퇴로 야기된 임금하락이나 실업 등은 주로 이들이 부담할 가능성이 있어 소득재분배에 역진적인 영향을 줄 수 있다(Stein, 1980).

3) 조세비용

사회복지정책에 사용할 수 있는 공공부문의 재원 가운데는 이른바 조세비용(*tax expenditure*)이 있다. 사회복지정책의 재원을 논의할 때는 일반적으로 사회복지급여에 필요한 재원의 측면만을 강조하는 경향이 있는데, 조세비용은 조세를 거둬들여 직접적인 사회복지급여를 하지 않는 대신 사람들이 내야할 조세를 감면시켜 사회복지의 목표를 이룰 수 있는 방법이다. 예를 들면, 세금을 거두어 아동이 있는 가족에게 아동수당을 주는 대신, 아동이 있는 가족이 부담하는 조세에서 그만큼을 면제시켜 주는 것이다. 이것을 조세비용으로 부르는 이유는 정부의 입장에서 보면 조세비용만큼 세수가 감소되기 때문에 그만큼 정부지출이 줄어들기 때문이다. 즉 조세비용도 정부지출에 쓰일 잠재적 예산인 것이다.

(1) 조세비용의 형태와 규모

조세비용제도에 의하여 조세감면의 혜택을 받는 대상은 매우 많은데, 이러한 조세감면은 크게 보면 두 가지의 형태로 나눌 수 있다. 하나는 공평의 가치를 강조하는 것으로서 경제적 욕구를 고려한 조세감면인데 여기에는 노인, 장애인, 아동들에 대한 공제나 의료비, 교육비, 주택비 등에 관한 공제가 포함된다. 이것은 사회복지정책과 직접적인 관련이 있는데 이러한 제도로 많은 수의 사람들이 혜택을 받고 있다. 예를 들면, 미국의 경우 1978년에 아동을 위한 조세비용으로 약 120억 달러가 사용되어 약 3,400만 명의 아동이 혜택을 받았고, 주택비에 대한 조세비용으로는 약 160억 달러가 사용되어 약 1,700만 명이 혜택을 받았다(Lampman, 1984).

다른 하나는 경제적 효율의 목표를 이루기 위한 것으로 각종의 경제활동 활성화(예를 들면, 투자나 근로동기 강화)에 필요한 비용들을 공제하는 것이다. 예를 들면, 기술개발이나 일정한 산업에 대한 투자는 세금부과 대상에서 면제하거나 혹은 근로동기의 강화를 위하여 어떤 사람들의 근로소득의 일부를 세금대상에서 면제시켜 주는 것이다. 이러한 경제활동 활성화를 위한 공제 가운데 어떤 것들은 사회복지정책과 밀접한 관련을 갖고 있는 반면, 어떤 것들은 직접적인 관련이 없다. 그러나 직접적인 관련이 없다하더라도, 조세비용을 통하여 사회복지에 사용할 수 있는 잠재적 정부의 일반예산이 줄기 때문에 이러한 것들에 대한 이해가 필요하다.

오늘날 선진 산업국가에서 조세비용의 규모는 매우 크다. 예를 들면, 미국의 경우 조세비용이 총 정부지출의 약 35%에 이르고, 소득세 수입의 비율로만 보면 조세비용은 약 72%에 이른다. 즉 조세비용을 모두 거둬들였다면 정부예산은 35%가 증가되는 것이다(Witte, 1988).

한편 조세비용의 유형별 규모를 보면, 1982년의 경우 경제적 효율을 위한 조세비용이 전체의 64%를 차지하는 반면, 경제적 욕구를 위한 조세비용은 약 13%에 불과하였다. 즉 조세비용의 대부분은 사회복지와 직접적인 관계가 없는 부문에 쓰였던 것이다. 이것은 다시 말해 사회복지정책에 사용될 수 있는 정부예산(잠재적)이 상당부분 다른 용도로 사용되는 것을 의미한다. 따라서 이렇게 규모가 큰 조세비용의 소득재분배효과를 분석하는 것은 중요하다.

(2) 조세비용의 소득재분배효과

조세비용의 가장 큰 장점은 조세를 부과하고 이것을 다시 대상자를 선별해 급여하는 데 드는 많은 시간적, 물질적, 인적 비용을 줄임으로써 운영의 효율성을 높이는 데 있다. 반면에 조세비용은 사회복지정책이 추구하는 목표(평등)를 이루는 데는 커다란 한계를 갖고 있다. 지금부터는 조세비용의 소득재분배효과에 대하여 논의한다.

조세비용의 소득재분배효과를 분석하는 방법은 크게 세 가지로 나눌 수 있다. 첫째로, 통상의 소득불평등을 측정하는 방법으로 사람들 사이의 조세비용 혜택의 불평등을 조사하는 것이고, 둘째는 소득계층별 소득액을 기준으로 조세비용의 분포를 보는 것이고, 셋째는 실제로 부과된 조세액을 기준으로 조세비용의 차이를 보는 것이다. 어떤 방법을 사용하는 것이 바람직한가는 평등에 대한 개념의 차이에 따라 달라서, 이른바 '결과의 평등'의 가치를 강조하면 첫번째의 방법을 선호하고, 노력과 기여에 따른 평등(공평)의 가치를 강조하면 두번째나 세번째의 방법을 택할 것이다.

이러한 세 가지 방법에 의하여 조세비용의 소득재분배효과를 실증적으로 분석한 연구에 의하면, 소득계층으로 보아 하위 50%의 사람들은 전체 조세비용의 약 12%를 차지하는 반면, 상위 7%의 사람들은 조세비용의 약 49%를 차지하여 매우 역진적인 소득분배를 보인다. 즉 조세비용 혜택의 대부분은 고소득층에게 돌아가는데, 그 이유는 경제효율성을 위한 조세비용이 크고, 또한 이것의 대부분이 고소득층을 위한 것이기 때문이다. 반면에 경제적 욕구를 위한 조세비용은 비교적 역진성이 적으나, 그 크기가 작기 때문에 효과가 적다(Witte, 1986).

한편, 실제로 낸 조세액을 기준으로 조세비용의 분배를 보면, 저소득층과 고소득층은 각기 자기들이 낸 조세액에 비해서 상대적으로 많은 조세비용의 혜택을 보는 반면, 중간층은 조세액에 비하여 적은 조세비용을 점유한다.

전체적으로 볼 때 고소득층은 어떤 분석방법을 기준으로 하더라도 조세비용제도를 통하여 가장 큰 혜택을 받고, 중간층은 조세비용제도를 통하여 불이익을 받는 반면, 저소득층은 낸 세금을 기준으로 하면 상대적으로 많은 조세비용의 혜택을 받으나, 이러한 계층에 속하는 사람들의 숫자를 고려하면 이들이 차지하는 조세비용의 절대액수는 중간층이나 고소득층에 비하여 매우 적다.

조세비용제도의 소득재분배에서 역진성 문제는 이러한 제도와 적극적인 사회복지정책과의 비교를 통하여 명백히 드러난다. 예를 들면, 아동이 있는 가족에 대한 소득세 감면제도와 적극적인 사회복지정책인 아동수당을 비교한 연구에 의하면 전자가 후자에 비하여 소득재분배에서 뚜렷한 역진성을 보인다.

개인소득세는 일반적으로 고소득층이 될수록 누진세율이 높기 때문에 조세감면제도를 통하여 고소득층이 얻을 수 있는 실질적인 조세감면액수는 저소득층에 비하여 크며, 특히 세금을 내지 않는 저소득층은 이러한 조세비용제도를 통하여 아무런 혜택도 받지 못한다. 예를 들면, 미국의 경우 1984년에 연소득이 5,000달러 이하의 사람들은 아동을 위한 조세비용제도를 통하여 아무런 혜택을 받지 못한 반면, 연소득 30,000달러 이상의 사람들은 이 제도의 전체 조세비용인 160억 달러 가운데 90억 달러 이상을 차지하였다(Pressman, 1992).

아동을 위한 조세비용제도를 없애고, 대신 160억 달러를 세수로 거둬들여 아동수당제도를 실시하게 되면 저소득층의 소득을 고소득층에 비하여 크게 높일 수 있어 소득재분배효과를 크게 할 수 있다. 예를 들면, 주어진 160억 달러의 한도 내에서 누진적인 아동수당제도(아동수당 급여액을 과세소득으로 포함시켜 고소득층으로부터 급여액을 다시 환수하는 제도)를 실시하게 되면, 1984년 연소득이 5,000달러 이하의 가족들은 평균적으로 매년 2,009달러의 급여를 받는 반면, 연소득 75,000달러 이상의 가족들은 26달러만을 받게 되어 조세비용제도와 비교해 보면 481달러의 손해를 본다. 이렇게 되면 저소득층의 가족이 집중적으로 혜택을 볼 수 있기 때문에, 이러한 제도를 통하여 1984년의 아동이 있는 빈곤가족 가운데 약 10%를 빈곤에서 벗어나게 할 수 있다(Pressman, 1992).

조세비용제도는 그 자체로도 저소득층이 고소득층에 비하여 소득재분배의 측면에서 불리하며, 특히 적극적인 사회복지정책과 비교할 때는 더욱 그러하다. 따라서 사회복지정책을 확대하자는 입장에서는 이러한 소득재분배의 역진성을 야기시키는 조세비용을 대폭 줄이거나 없애고 과세대상(*tax base*)을 넓히게 되면, 정부의 일반예산이 증가되고 이러한 증가된 예산으로 적극적인 사회복지정책의 확대를 이룰 수 있어 소득재분배효과를 크게 할 수 있는 것이다.

2. 민간부문 재원

지금까지 사회복지정책에서 사용되는 공공부문의 재원을 논의하였다. 전술했듯이 오늘날 사회복지가 발전한 선진 산업국가에서는 사회복지정책의 재원 가운데 공공부문의 재원이 압도적으로 많다. 그럼에도 불구하고, 아직도 민간부문의 재원이 사회복지정책에서 많이 사용되고, 또한 여러 가지의 이유로 민간부문의 재원을 통한 사회복지정책들이 필요하다. 특히 최근의 '복지국가 위기의 시대'에 정부재정의 압박으로 이른바 '민영화'(*privatization*)를 강조하는 상황에서, 민간부문의 재정은 이전보다 더 중요한 역할을 할 수 있다. 여기서는 민간부문의 재원을 크게 네 가지로 분류하여 논의하고자 한다. 즉 사용자 부담, 자발적 기여, 기업복지, 그리고 가족 내 혹은 가족간 이전이다.

1) 사용자 부담

오늘날 사회복지가 발달한 국가들에서도 어떤 사회복지정책이 제공하는 재화나 서비스를 받을 때는 수급자의 일정한 액수의 본인 부담을 필요로 한다. 예를 들면, 영국의 경우 모든 사람에게 무료(?)로 의료서비스를 제공해주는 것으로 알려진 NHS의 경우도 전체 비용의 3.4%는 사용자 부담

(*user fee*)이다. 사용자 부담은 대부분의 국가에서 주택의 영역에서 크다. 예를 들면, 영국의 경우 주택서비스 총지출의 약 55%는 사용자 부담이 차지한다. 그 다음으로 사용자 부담의 비중이 높은 것은 개별사회적 서비스(*personal social service*) 분야로 전체 지출의 17.2%에 이른다(Glennerster, 1985). 우리나라 의료보험의 경우 사용자 부담은 악명 높아 약 40% 이상으로 알려졌다(이두호 외, 1993).

(1) 사용자 부담의 필요성

사회복지가 발달되지 않은 한국의 경우는 그렇다고 하더라도 왜 복지 선진국에서도 사용자 부담이 비교적 큰 규모로 필요한가? 이것은 다음의 다섯 가지로 설명할 수 있다. 첫째, 사용자 부담을 통하여 사회복지서비스의 남용을 막고자 하는 데 있다. 이것은 특히 의료서비스에서 중요한데, 사용자 부담으로 불필요한 혹은 지나치게 많은 서비스 이용을 억제할 수 있어, 필요한 그리고 시급한 서비스를 많이 제공할 수 있고 또한 전체 비용(특히 운영비, 즉 대수롭지 않은 질병을 치료하기 위하여 많은 운영상의 경비가 소요되는 것을 막을 수 있다)을 줄일 수 있다. 사용자 부담은 이른바 '도덕적 훼손'(*moral hazard*)의 문제를 해결할 수 있어, 사람들이 질병에 걸리지 않도록 조심할 동기를 제공할 수 있다(즉 완전히 무료로 제공하면 사람들의 이러한 동기를 약하게 할 수 있다)(Judge, 1980).

둘째, 사용자 부담은 단순히 과대한 정부부담의 한계를 극복하는 방법으로도 필요하다. 대표적인 예가 주택서비스다. 많은 사람들에게 공공주택을 완전 무료로 제공하기 위하여는 엄청난 비용이 드는데 이 문제를 해결하기 위해서는 사용자 부담이 필요한 것이다(실제로 거의 모든 자본주의 국가에서 주택서비스가 완전히 무료로 제공되지 않고, 대개 시장가격과의 일정한 차이를 본인이 부담하게 하거나, 주택수당을 주어 주택비의 일부를 보조한다).

셋째, 사회복지서비스의 질을 높일 수 있다. 일반적으로 서비스를 완전 무료로 제공하면 수급자나 서비스 제공자 모두, 제공되는 서비스의 질에 대하여 관심이 줄어든다. 반면에 일부라도 사용자 부담을 하면 수급자는 제공되는 서비스에 대한 관심이 높아져 서비스의 형태와 질에 관한 선호를 보이거나, 불만족을 표시하게 되고 이것은 다시 서비스 제공자의 대응을 유발시켜 보다 높은 질의 서비스를 제공하게 된다. 이것은 서비스 제공자의 역할이 상대적으로 중요한 개별 사회적 서비스 분야에서 특히 중요하다.

넷째, 서비스를 이용할 때 본인이 일부라도 비용을 부담하게 되면 치욕을 줄이고 자기존중(*self-respect*)을 높일 수 있다. 따라서 상담서비스와 같은 개별적 사회서비스의 경우 수급자가 서비스를 적극적으로 이용하게 하여 결과적으로 문제해결을 쉽게 이룰 수 있다.

(2) 사용자 부담의 문제점

이상에서 사용자 부담의 긍정적인 면을 보았으나, 사용자 부담은 또한 부정적인 측면도 갖고 있다. 첫째, 사용자 부담은 기본적으로 역진적이어서 저소득층의 부담이 고소득층에 비하여 상대적으로 커 소득재분배를 악화시킬 수 있다. 사용자 부담을 크게 보면 두 가지 형태로 나눌 수 있는데, 하나는 사용자의 소득계층에 상관없이 단일률 혹은 일정액을 부과하는 형태이고(대부분 국가의 의료서비스가 이에 속한다), 다른 하나는 서비스 사용자들 가운데 소득계층에 따라 차등을 두어 소득이 낮은 계층은 적게 부담시키고, 상대적으로 높은 계층에게는 많이 부담시키는 형태이다(이른바 *sliding scale* 제도로 개별적 사회서비스에서 많이 이용한다). 전자의 경우는 서비스 부담의 역진성이 매우 크며 후자의 경우도 저소득층이 부담하는 한 일반예산에서의 재원에 비하여 소득재분배상 역진적이 될 수밖에 없다.

둘째, 사용자 부담 액수가 크지 않더라도 저소득층에게 부담이 되어 필요한 서비스의 이용이 억제될 수 있다. 따라서 사회복지서비스의 이용에 있어 저소득층과 고소득층의 차이가 발생할 수 있다. 교육서비스의 경우 중산층이 가장 많은 혜택을 보는 경향이 있는데 그 이유 중의 하나가 저소득층이 교육서비스의 사용자부담을 할 능력이 없기 때문이다.

셋째, 사용자 부담의 장점은 수급자의 선택의 폭을 넓히는 데 있는데, 사회복지 서비스 수급자 가운데 많은 사람들은 선택할 능력이 없는데 이 경우의 사용자 부담은 불필요하다.

2) 자발적 기여

사회복지정책에 사용되는 민간부문의 재원으로 두번째는 자발적 기여(*voluntary contribution*)가 있다. 이것은 국가에 의한 사회복지정책이 발전하기 이전에는 중요한 역할을 했으나, 사회복지정책이 국가에 의하여 주도되기 시작한 이후로 점차 그 중요성이 감소되었다. 그러나 국가에 따라 혹은 사회복지정책의 영역에 따라 자발적 기여는 여전히 중요한 역할을 한다. 예를 들면, 민간부문의 역할을 다른 복지선진국에 비하여 상대적으로 강조하는 미국의 경우, 1987년 현재 사회복지정책에 사용되는 재원 가운데 약 480억 달러는 자발적 기여에 의한 것이다(반면에 그 해에 공공부문의 사회복지지출은 약 8,300억 달러이다)(Salamon, 1992). 한편 자발적 기여는 사회복지정책의 영역들 가운데 개별적 사회서비스에서 상대적으로 중요한데, 이러한 서비스를 제공하는 비영리기관 재원의 약 31%는 자발적 기여에 의한 것이다(반면에 정부재원은 38%, 사용자 부담은 23%이다).

자발적 기여의 형태는 크게 개인, 재단(*foundation*), 기업, 그리고 유산으로 이루어지는데, 이 가운데 개인에 의한 기여금이 제일 크고, 다음으로 재단, 기업, 유산의 순서이다. 이 순서는 총 자발적 기여(사회복지정책 이외의 용도로 사용되는 기여까지 포함한 것. 일반적으로 자발적 기여의 대부분은－약 60～70%－종교적인 용도에 사용된다)에서뿐만 아니라 사회복지정책에 사용되는 기여에서도 마찬가지이다. 예를 들면, 빈곤한 사람들을 대상으로 하는 개별적 사회적 서비스의 재원 가운데 개인의 기여에 의한 재원이 5.9%를 차지하는 반면, 재단은 2.9%, 기업은 1.7%이다(Salamon, 1992).

(1) 자발적 기여의 필요성

위에서 보듯이 국가에 의한 사회복지정책이 발달한 국가들에서도 여전히 자발적 기여에 의한 사회복지정책도 무시하지 못할 정도로 존재한다.

왜 그런가? 이것은 크게 다음의 세 가지 이유로 설명할 수 있다.

첫째, 10장에서 논의했듯이 사회복지의 재화나 서비스가 국가에 의하여 강제적으로 부과하는 조세를 재원으로 하여 제공되어야 하는 이유는, 이러한 재화나 서비스는 공공재적인 성격을 갖거나 긍정적인 외부효과가 크기 때문에, 이러한 재화가 시장에서 제공되면 '무임승차 현상' 때문에(즉 내가 지불하지 않아도 남이 지불하면 나도 이득을 볼 수 있기 때문에) 사회적으로 적정한(*optimal*) 수준만큼 재화가 공급되기 어렵기 때문이다.

그러나 국가에 의하여 강제로 조세를 부과하여 일정한 양의 사회복지재화를 제공하는 것도 문제가 있다. 왜냐하면, 국가에 의한 강제적인 재원마련과 집합적인 급여는, 어떤 사람들은 자신들이 원하는 양 이상으로 받고 불필요하게 많이 지불한다고 생각하는 반면, 어떤 사람들은 자신들이 원하는 것보다 적게 받는다고 생각하고 조세가 증가하더라도 많이 제공되기를 원한다. 즉 국가의 재원과 급여방법이 모든 사람을 만족시키기가 어렵다.

따라서 이러한 시장의 실패(*market failure*)와 국가의 실패(*government failure*)를 모두 해결하기 위해서는 사회복지의 재화가 국가도, 시장도 아닌 제 3의 방법으로 제공될 필요가 있는데, 자발적 기여에 의한 방법이 여기에 속한다. 자발적 기여를 재원으로 하는 사회복지급여는, 국가처럼 모든 국민을 대상으로 하는 것과 비교하면 대개 소규모로 이루어지기 때문에 수요자들의 이질성에서 오는 수요의 다양성의 문제가 비교적 심각하지 않다(국민의 동질성이 강한 스웨덴이 국가복지가 크게 발전되고, 반면에 국민의 이질성이 강한 미국과 같은 나라에서 비교적 자발적 기여에 의한 프로그램들이 발전한 것이 이를 말해 준다).

그러나 자발적 기여에 의한 방법도 비록 소규모라도 '무임승차 현상'이 발생할 수 있어 적정한 양의 재원 마련이 어려울 수 있다. 이 문제는 두 가지로 해결할 수 있다. 하나는, 자발적 기여에 의한 사회복지정책이 대개 특정의 지역이나 집단별로 소규모 단위로 이루어지기 때문에, 국가에 의한 강제가 아니더라도, '사회적 압력'에 의하여 준 강제적으로 기여가 이루어질 수 있다. 다른 하나는, 기여도 시장에서의 교환처럼 기여에 대한 대가를 받을 수가 있기 때문에 기여를 한 사람들의 효용이 증가될 수 있기 때문이다(예를 들면, 이웃 사람들로부터의 존경, 감사 등)(Weisbrod, 1986).

둘째, 자발적 기여를 통한 사회복지정책은 다원화한 사회 속에서 특정한 지역이나 집단의 특수한 욕구(*needs*)를 해결할 수 있다(예를 들면, 종교적, 인종적, 문화적인 측면에서의 다양한 집단의 다양한 욕구). 조세를 통한 국가의 사회복지정책은 이러한 욕구를 해결하기가 어렵다. 따라서 자발적 기여를 통한 사회복지정책은 다양한 집단간의 갈등을 해결할 수 있다.

셋째, 자발적 기여를 통한 사회복지정책은 새롭고 창의적인 서비스의 개발이 용이하다. 조세에 의한 국가 사회복지정책은 책임성(*accountability*)과 관료성(*bureaucracy*) 때문에 이러한 것은 하기가 어렵다. 예를 들면, 미국의 경우 자발적 기여를 재원으로 하는 유태인 사회복지기관에서 제공되는 서비스의 질은 최신의 것이자 우수한 것으로 알려진 반면, 공공 사회복지기관의 그것들은 시대에 뒤떨어졌거나 질이 낮은 것으로 평가된다.

(2) 자발적 기여의 문제점

자발적 기여로 재원을 마련하는 것은 한편으로 몇 가지 문제점을 갖고 있는데, 그 가운데 가장 큰 문제점은 소득재분배의 역진성 문제이다. 이것은 여러 가지로 볼 수 있는데, 우선 기여를 어떤 사람이 하는가라는 측면에서 보면 고소득층과 저소득층의 차이가 없다는 것이다. 미국의 예를 들면, 연소득 10만 달러 이상의 사람들이 자신들의 소득의 약 2.4%를 기여금으로 내는 반면, 연소득 1만 달러 이하의 사람들도 약 2.5%를 기여한다(Clotfelter, 1992). 문제는 이러한 기여는 대개 세제감면의 혜택을 받는데, 이때 고소득층의 한계세율이 높기 때문에 세금감면을 통한 실질적인 이득은 고소득층이 크다는 점에 있다. 즉 기여를 하는 측면에서 소득분배의 역진성이 나타난다. 다른 말로 표현하면, 자발적 기여 대신에 혹은 자발적 기여에 대한 조세감면이 없이 조세(개인소득세)로 재원을 마련하는 것이 소득재분배의 누진성을 높일 수 있는 것이다.

한편 자발적 기여를 통한 재원으로 마련한 사회복지정책의 급여가 소득계층별로 어떻게 배분되는가를 보면, 정부재원 사회복지서비스는 빈곤계층에 집중적으로 가는 반면, 자발적 기여에 의한 서비스는 소득계층별 차이가 별로 없이 급여가 이루어진다. 예를 들면, 가장 빈곤한 계층에게 정부재원을 통한 서비스급여의 57%가 가는 반면, 자발적 기여에 의한 서비스의 급여는 28%만이 이들에게 간다(Salaman, 1992).

둘째, 자발적 기여에 의한 집단적 혹은 지역적인 특수한 욕구(*needs*)를 해결하려는 정책이 발전하다 보면, 국가 전체적인 포괄적이고 통합적인 정책 발전에 장애가 될 수 있다. 즉 국가 전체를 위한 정책의 필요성에 대한 동기가 약화되고, 따라서 국가정책에 대한 정치적 저항세력이 커지게 된다(예를 들면, 국가 사회복지 확대를 위한 조세의 증가에 대한 조세저항). 미국이 다른 선진 산업국가들에 비해 국가 사회복지가 발전되지 못한 이유 중의 하나가 바로 이것이다(김태성, 1990).

셋째, 자발적 기여에 의한 재원은 불안정하여 지속적이고 체계적인 정책의 수립과 집행이 어렵다. 자발적 기여는 문자 그대로 자발적이기 때문에 개인, 재단, 기업이 처한 상황의 변화에 따라 기여의 규모가 크게 바뀔 수 있다. 예를 들면, 경제가 나빠 소득이 줄거나 언론매체의 보도에 의하여 인기 있는 기여항목이 변한다거나 하는 것들이다(예를 들면, 한때 미국에서 'homeless'에 대한 대대적인 언론보도가 나간 직후 이러한 프로그램에 대한 기여가 급증하였으나, 요즈음에는 크게 줄었다).

3) 기업복지의 재원

사회복지에 사용되는 재원 중에는 기업의 사용자들이 그들의 피고용자들의 복지향상을 위하여 지출하는 것들이 있다. 기업복지(*occupational welfare*)에 속할 수 있는 프로그램들은 매우 다양하며, 국가복지에서 시행하는 주요 사회복지정책 영역에 속하는 프로그램들을 모두 갖고 있다. 예를 들면, 소득보장의 영역에서는 기업연금(*occupational pension*)이 있고, 의료서비스의 영역에는 기업의료보험, 교육에서는 피고용자 자녀들의 학비보조, 주택에서는 사원주택, 개별 사회적 서비스에서는 탁아 프로그램을 포함한 다양한 프로그램들이 있다.

오늘날 기업복지는 기본적으로 공공부문의 사회복지를 보충하는 기능을 하기 때문에 공공부문의 사회복지가 발전하게 되면, 기업복지의 역할은 상대적으로 적어진다고 할 수 있다. 예를 들면, 국가복지가 발전된 스웨덴은 국가복지인 국민연금에 그 나라 GDP의 9.7%를 사용한 반면, 기업연금에는 0.5%가 지출되었다. 반면에 국가복지가 상대적으로 발전되지 않은 미국이나 일본 같은 나라들에서는 기업연금의 비중이 커, 미국의 경우 국민연금에는 5%, 기업연금에는 1.4%, 일본의 경우 국민연금에는 2.15%, 기업연금에는 0.45%를 지출한다(Esping-Andersen, 1990).

비록 국가복지가 발달하면 기업복지가 축소된다 하더라도, 선진 산업국가들에서는 여러 측면에서 여전히 기업복지를 중요하게 간주하고 있음을 알 수 있다(특히 최근의 이른바 '복지국가 위기의 시대'에 민간부문의 역할을 중시하는 분위기에서 더욱 그러하다). 예를 들면, 선진 산업국가들에서는 기업복지 가운데 가장 규모가 큰 기업연금의 경우 대부분의 국가에서 민간부문 근로자들의 50% 이상을 대상으로 하고, 핀란드나 스웨덴의 경우는 90% 이상, 프랑스는 80%, 독일은 70%의 근로자들을 대상으로 하고 있다(Gordon, 1988). 또한 기업의료보험의 경우, 가장 발달한 복지국가로 알려진 스칸디나비아 국가들에서도 중요하여, 스웨덴의 경우 국가복지의 질병수당을 보충하기 위하여 약 250만 명의 사람들이 기업에서 제공하는 집단의료보험에 가입되어 있고, 덴마크, 노르웨이, 핀란드 등의 국가들은 전체 질병수당 급여액 가운데 기업복지 차원에서 제공되는 질병수당이 약 50%를 차지한다(Bislev and Lindqvist, 1992).

(1) 기업복지 재원의 필요성

그렇다면 국가복지가 발전되었는데도 왜 기업복지가 왜 이렇게 무시할 수 없을 정도로 중요한가? 이것은 여러 가지의 관점에서 논의할 수 있다.

첫째, 사용자의 입장에서 보면, 피고용자들에게 직접적인 임금 대신 기업복지 형태의 지급이 우선 세제상 유리하다. 선진 산업국가들에서 사용자들은 피고용자들을 위하여 각종의 사회보장성 조세(국민연금, 산재보험, 의료보험, 실업보험)를 부담하게 되는데, 이때 피고용자의 임금이 높아지면 그만큼 사회보장성 조세가 커진다. 반면에 임금 대신 기업복지의 형태로 지급하게 되면 이러한 조세부담이 줄어드는 것이다. 또한 기업복지에 사용할 재원의 축적에서 발생하는 이자소득에 대한 세금감면으로도 이득을 볼 수 있다(기업연금이 대표적인 예이다)(Munnell, 1982).

둘째, 사용자는 양질의 근로자들을 고용, 유지하기 위한 동기강화를 위해서도 기업복지가 필요하다. 아무리 자본주의 국가에서 이윤이 많은 기업이라 하더라도 피고용자들의 임금을 다른 기업들에 비해 크게 높이기는 어렵다. 특히 국가에 의한 이윤이나 임금통제가 있는 상황에서는 더욱 그렇다. 따라서 이러한 상황에서 사용자는 양질의 근로자들을 고용, 유지하기 위해서는 겉으로 쉽게 드러나는 임금을 올리기보다는 기업복지를 향상시키는 방법을 택한다. 또한 기업복지에 자격이 되기 위해서는 일정기간의 근무기간을 필요로 하기 때문에(예를 들면, 기업연금에서의 자격이 되기 위해 필요한 근무기간을 정하는 vesting 제도), 근로자들이 기업을 떠나는 동기를 약화시킨다(Gordon, 1988).

셋째, 국민들의 총 사회복지(국가복지+민간복지)를 책임지고 있는 국가의 입장에서는 기업복지의 확대로 국가복지에 사용될 재원을 줄일 수 있다. 전술했듯이 국가복지는 보편적으로 전 국민을 대상으로 하고 또한 사회적 적절성의 가치를 반영해야 하기 때문에 고소득층과 저소득층의 급여액의 차이를 어느 정도 줄여야 한다. 따라서 고소득층의 경우에는 국가복지의 급여만으로 이전의 생활수준을 유지하기에는 크게 부족하다. 따라서 자본주의 사회의 국가는 자본주의 활성화에 필요한 동기강화가 필요한데 기업복지는 이러한 수단으로 적절하다. 이것은 기업복지의 혜택이 고소득층일수록 크게 나타나는 것에서 볼 수 있다.

넷째, 피고용자의 입장에서도 임금 대신 기업복지의 형태로 보상받는 것이 유리하다. 일반적으로 기업복지 형태의 급여는 과세대상에서 제외되기 때문에 특히 선진 산업사회와 같이 개인소득세의 높은 누진적인 조세율에서는 기업복지 형태의 급여가 임금보다 순이득의 측면에서 유리할 수 있다.

(2) 기업복지 재원의 문제점

이상에서처럼 기업복지는 필요한 것이지만, 다른 한편으로 기업복지는 사회복지의 재원의 측면에서 문제점을 갖고 있다. 가장 큰 문제는 기업복지를 통하여 소득재분배가 악화될 수 있다는 점이다. 이것은 크게 두 가지로 이야기할 수 있다. 하나는, 기업복지에 사용되는 재원은 대부분 조세감면을 받는데 이때 고소득층일수록 조세감면 혜택이 더 크다. 따라서 이 재원을 정부의 조세수입으로 해서 국가복지에서 사용할 경우 소득재분배효과를 높일 수 있다는 점이다.

다른 하나는, 기업복지의 급여가 대부분 고소득층에게로 집중된다는 점이다. 이것은 우선 기업복지의 대상이 주로 고소득층에게 집중되고(예를 들면, 대기업 white-color 근로자), 또한 급여도 고소득층에게 집중적으로 돌아간다. 일반적으로 기업복지의 혜택을 보기 위해서는 일정기간 같은 기업에서 일을 해야 하는데(예를 들면, 기업연금), 저소득층 근로자들은 이직률이 높기 때문에 기업복지에 대한 급여자격이 안 되는 경우가 많이 있다. 또한 국가복지와 달리 급여 계산방식도 보험수리원칙에 가깝기 때문에 고소득층과 저소득층의 급여액에서 차이가 크다.

자본주의 사회에서 기업복지는 본질적으로 국가복지에서 상대적으로 손해를 본 고소득층에 대한 보상적 성격을 갖고 있다. 따라서 이것은 사회복지의 본질적인 목표인 평등의 추구와는 거리가 있는 것이다.

4) 비공식부문 재원 : 가족, 친척, 이웃

지금까지는 공공부문이든 민간부문이든 공식적인 사회복지제도에 사용되는 재원을 논의하였다. 그러나 사람들의 복지는 공식적인 부문에서뿐만 아니라 비공식부문에서도 많이 해결된다. 예를 들면, 노인들의 복지는 상당 부문 자식들의 재원으로부터 해결된다. 이러한 가족, 친척, 이웃에 의한 사회복지는 국가복지가 발전되기 이전에는 가장 중요한 역할을 했으나, 국가복지가 발전하기 시작하면서 점차 그 역할이 줄어들었다. 예를 들면, 미국의 경우 1930년대까지만 해도 소득보장, 음식, 그리고 주택을 위한 사회복지정책의 정부재원은 이러한 부문에서의 사회복지욕구를 해결하기 위한 총재원의 30%이고 나머지는 비공식부문(주로 가족간 이전)에서 해결된 반면, 1979년에 이르러서는 이 비율이 역전되어 정부재원이 70%이고 나머지가 가족이전이다(Lampman and Smeeding, 1983).

비록 비공식부문의 재원이 국가복지가 발달하기 이전보다 상대적으로 덜 중요하더라도, 오늘날 많은 국가들에서 많은 사람들의 복지욕구가 비공식부문에서 해결되고 있다. 따라서 비공식부문의 재원이 사회복지정책에 주는 의미를 분석하는 것이 필요하다.

(1) 비공식부문 재원의 필요성

비공식부문의 재원은 여러 가지의 이유에서 필요하게 되는데, 우선 어떤 국가들에서는 국가복지가 발전해도 그 사회의 사회적, 문화적인 관습과 규범에 의해 비공식부문이 계속 중요한 역할을 할 수 있다. 예를 들면, 유교 문화권의 사회에서는 비공식부문의 사회복지가 국가복지의 발전에도 불구하고 여전히 중요하다. 국가복지가 어느 정도 발달한 일본의 경우, 노인들의 약 70%는 아직도 자식들과 생활하고 이들로부터 그들의 복지가 상당 부문 해결된다. 반면에 영국과 미국의 경우는 약 3%만이 결혼한 자식들과 생활하고 그들의 복지는 대부분 국가복지에 의하여 해결된다(김태성, 1990).

둘째, 비공식부문의 재원을 통하여 복지욕구를 해결하는 것은 국가복지에 비해 수급자나 기여자의 자유로운 선택의 폭을 넓힐 수 있고, 또한 국가복지에서 발생하는 많은 절차상의 비용(*transaction costs* : 거두고 주는 과정에서 발생하는 비용)을 줄이거나, 관료제도에서 오는 여러 가지의 문제점들을 피할 수 있다.

셋째, 비공식부문은 또한 시간적, 공간적인 측면에서 복지욕구를 빨리 해결하는 데 장점이 있다. 즉 국가복지에 의한 방법은 많은 시간이 걸리는 것이다.

넷째, 비공식부문(특히 가족)에서의 복지해결은 국가복지보다 비물질적인 측면에서는 더 질이 높은 서비스가 이루어질 수 있다. 병든 노인을 돌볼 필요가 있을 때 국가복지에 의한 낯선 사람보다는 자식이 하는 것이, 그 노인의 비물질적인 복지를 높일 것이다.

(2) 비공식재원의 문제점

반면에 비공식재원은 국가복지와 비교해 보면 몇 가지 점에서 다음과 같은 한계를 갖고 있다. 첫째, 가장 단순하면서도 가장 중요한 비공식재원의 문제점은 많은 사람들의 복지욕구가 비공식부문만으로 해결이 되지 않는다는 점이다. 간단히 말하여 가난한 자식들은 그들의 노인부모들을 도울 능력이 없다는 점이다. 따라서 비공식재원에 주로 의존하게 되면 국가복지에 비하여 소득계층간에 많은 복지의 불평등이 발생한다.

둘째, 그렇다면 비공식재원에 의한 복지정책이 국가복지로 전환되면 소득분배의 형태는 어떻게 변할 것인가? 이것은 수급자와 기여자(납세자)로 나누어 설명할 필요가 있다. 먼저, 수급자 측면에서는, 비공식복지 체계에서 소득계층별로 수급액이 차이가 없고 국가복지에서도 수급액의 차이가 없다면, 이러한 전환으로 인한 소득분배의 변화는 없다. 한편 비공식복지 체계 위에서 소득계층별 수급자의 숫자는 일정한 반면 저소득층의 수급액이 고소득층에 비해 적다면 국가복지로의 전환에 의하여 (수급액의 차이가 없는) 저소득층이 고소득층에 비하여 이득을 볼 수 있다(특히 고소득층에 비하여 비공식복지 체제에서 저소득층의 수급자의 숫자가 많다면 이러한 이득은 더욱 커질 수 있다).

반면에 기여자(납세자)의 측면에서는 다른 형태가 나타날 수 있다. 기여자 측면을 이해하기 위해서는 먼저 '2차적 수혜자'(*secondary beneficiary*)의 개념에 대한 이해가 필요하다. 2차적 수혜자란 비공식복지의 기여자가 국가복지로의 전환으로 인하여 이득을 볼 수 있는 사람을 말한다(Lampman and Smeeding, 1983). 예를 들면, 비공식복지 체계에서 노인부모에게 월 20만 원을 기여하는 사람은 국가복지가 그것을 대신 주게 되면 더 이상 줄 필요가 없어 이득을 보는 것이다. 이 경우 정확한 이득액은 국가복지로 인한 조세부담액을 뺀 액수가 될 것이다.

비공식복지가 국가복지로 전환되면, 누구나 조세를 부담하기 때문에 2차적 수혜자(비공식복지에서의 기여자)는 다른 사람들(비공식복지에서 부담하지 않는 사람들)의 희생(조세부담)의 대가로 이득을 볼 수 있다. 따라서 소득분배의 변화를 알기 위하여는 비공식복지 체계에서 소득계층별 복지 욕구분포(수급자 분포)와 기여의 정도가 중요해진다. 만일 비공식복지에서 고소득층의 기여 정도가 저소득층에 비하여 컸다면, 국가복지의 전환으로 고소득층이 저소득층에 비하여 상대적으로 이득을 볼 수 있다. 이것은 정확히는 국가복지의 재원조달 방법에 따라 다를 수 있다. 만일 고소득층에 대해 매우 높은 누진율을 적용하여 세금을 부과하게 되면 고소득층의 이득은 크지 않을 것이다. 그러나, 비공식복지 체계에서 기여하지 않은 많은 저소득층이 국가복지로 인하여 조세를 부담해야 되기 때문에 고소득층의 상대적 이득은 존재한다.

반면에 비공식복지 체계에서 고소득층의 기여와 저소득층의 기여가 별 차이가 없었다면, 국가복지로의 전환은 소득분배에 별 영향을 미치지 않는다(이것은 앞에서 논의한 소득계층별 조세부담에 달려 있다). 한편 비공식복지 체계에서 고소득층에 비하여 저소득층의 기여 정도가 크다면, 국가복지로의 전환으로 저소득층이 상대적으로 유리할 것이다(특히 국가복지재원이 높은 누진율의 개인소득세에 주로 의존한다면 저소득층은 더욱 유리할 것이다).

지금까지 비공식복지가 국가복지로 전환되면 수급자와 기여자의 측면에서 소득분배 형태가 어떻게 변할 것인가에 관하여 논의하였다. 이것은 여러 가지의 가정에 따라 달라질 수 있다. 그러나 확실한 것은 사회에는 비공식복지의 재원으로 해결하지 못하는 많은 사람들이 있고 이 사람들을 위해서는 국가복지가 절대적으로 필요하다는 사실이다.

제 15 장
사회복지 전달체계

사회복지정책을 통하여 제공되는 재화나 서비스는 여러 영역에 걸쳐 다양하다. 따라서 이러한 다양한 재화나 서비스를 수급자에게 전달하는 방법(체계)도 다양할 수밖에 없다. 어떤 재화나 서비스들은 중앙정부에서 급여의 자격, 급여형태, 재원 등에 관한 모든 결정을 하여 전 국민들을 대상으로 포괄적으로 제공하는 반면, 어떤 재화나 서비스들은 민간부문에서 모든 것을 결정하여 일부의 사람들에게만 제공하는 것도 있다. 또 다른 한편으로 어떤 재화나 서비스들은 중앙정부와 지방정부 혹은 정부와 민간부문 사이의 다양한 형태의 혼합체계로 제공되기도 한다.

사회복지 전달체계에 대한 분석이 중요한 이유는, 사회복지정책이 추구하는 가치나 목표의 성취가 바로 이 전달체계에 따라 달라질 수 있기 때문이다. 즉 아무리 정책의 내용이 바람직하다 하더라도 전달체계가 적절하지 못하면 그 정책이 추구하는 목표를 이루기가 어려운 것이다. 예를 들면, 정책의 주요 목표가 소득재분배에 있다면 민간부문의 소득보장정책의 전달체계로는 그 목표를 이루기가 어려운 것이다.

그렇다면 다양한 형태의 사회복지재화나 서비스들을 어떠한 방식으로 수급자들에게 전달하는 것이 바람직한가? 이것을 해결하기 위해서는 먼저 전달체계의 바람직성 여부를 판단할 평가기준에 관한 논의가 필요하고,

이어서 다양한 사회복지 전달체계의 유형들을 분류한 후 마지막으로 이러한 유형들을 평가기준에 따라 분석해야 한다.

1. 전달체계의 평가기준

어떠한 사회복지 전달체계가 바람직한가를 판단할 수 있는 기준들은 다양한데, 여기서는 크게 둘로 나누어 논의하고자 한다. 하나는 전달하는 재화나 서비스들이 갖고 있는 속성의 측면이고, 다른 하나는 전달방법의 측면이다.

1) 재화나 서비스의 속성

사회복지정책에서 제공되는 재화나 서비스는 다양하고, 또한 이러한 재화나 서비스는 서로 다른 속성들을 갖고 있기 때문에 속성의 차이에 따라 전달체계의 차이가 필요하다. 여기서는 이러한 속성을 네 가지 측면에서 논의한다. 첫째, 사회복지재화나 서비스들은 그것들의 공공재적인 성격의 정도와 외부효과의 크기에 있어 차이가 있다. 즉 어떤 재화나 서비스들은 공공재적 성격이 강하고 또한 외부효과가 커서 그것들이 제공되면 사회전체의 이득(*social benefit*)은 큰 반면, 그러한 재화의 제공에 내가 부담을 하지 않고 남이 부담함으로써 나도 이득을 볼 수 있기 때문에 사회적으로 적정한 양의 재화가 제공되기 어렵다. 따라서 이러한 재화의 제공을 위해서는 세금의 형태로 모든 사람에게 강제로 부담시켜야 한다. 따라서 공공재적인 성격이 강한 재화나 서비스는 민간부문의 전달체계에서는 적절하게 제공되기 어렵기 때문에, 정부(그것도 중앙정부)에서 제공하는 것이 바람직하다. 이러한 속성을 갖는 대표적인 재화나 서비스는 의료서비스, 교육, 그리고 아동복지를 위한 재화나 서비스들이다.

둘째, 사회복지의 재화나 서비스들은 또한 소비자들이 합리적으로 선택할 수 있는 가능성에서도 차이가 있다. 어떤 재화들은 소비자들이 그 재화를 선택하는 데 많은 정보가 필요하거나 그 정보를 구하는 데 많은 비용이 드는 반면, 어떤 재화들은 그렇지 않다. 소비자들의 합리적 선택이 어려운 속성을 갖고 있는 재화나 서비스를 민간부문에서 제공하게 되면, 그러한 재화의 형태, 가격, 질 등에서 비효율적인 배분이 일어난다(자세한 것은 김태성·성경륭, 1993 : 7장 참조). 예를 들면, 적절한 의료서비스의 형태, 가격, 질에 관한 정보를 일반 소비자들은 많이 갖고 있지 않고 또한 이러한 정보를 구하기 위해서는 많은 비용이 들기 때문에, 의료서비스를 민간부문에서 제공하게 되면 소비자들의 효용을 극대화하는 수준에서의 공급이 어렵다. 따라서 이 경우는 정부(의료서비스 관련 전문관료)에 의하여 서비스의 형태, 가격, 질 등이 결정되는 것이 바람직할 수 있다.

셋째, 어떤 사회복지 재화나 서비스는 속성상 대규모로 혹은 강제적으로 제공하는 것이 기술적인 측면에서 바람직할 수 있다. 대표적인 예가 사회보험이다. 일반적으로 보험 프로그램은 가입자가 많을수록 보험의 대상위험에 대한 분산효과가 커져 재정안정이 되기 때문에, 보험료는 적어지고 보험금은 커질 수 있다. 또한 어떤 보험 프로그램의 경우, 가입을 자발적으로 하게 되면 '역의 선택'(*adverse selection*) 의 문제가 심각해 위험발생의 가능성이 높은 사람들만 가입하게 되어 보험 프로그램이 존재하기 어렵게 된다(자세한 것은 김태성·성경륭, 1993 : 7장 참조). 따라서 '역의 선택'의 문제가 심각한 프로그램은 민간부문에서의 자발적 가입의 형태로는 유지하기 어렵다. 즉 사회보험은 민간보험과 달리 많은 사람들을 강제적으로 가입시킴으로써 많은 유리한 점을 갖고 있는데, 바로 이러한 속성 때문에 이런 성격의 보험은 정부에서 제공하는 것이 바람직하다.

넷째, 어떤 재화나 서비스는 그 속성상 여러 전달체계에서 보완적으로 제공되는 것이 바람직할 수 있다. 즉 이러한 재화는 하나의 전달체계에서 제공되면 다른 전달체계를 통한 제공이 불필요한 대체적인 성격을 갖고 있는 것이 아니라, 다른 전달체계에서도 보완적으로 제공하는 것이 바람직한 성격을 갖고 있다.

2) 전달체계의 측면

전달체계의 형태에 따라 사회복지정책이 추구하는 가치나 목표가 달라진다. 따라서 어떤 전달체계가 바람직한가를 판단하기 위해서는 판단의 기준이 필요한데, 여기서는 아홉 가지의 판단기준을 논의하겠다. 첫째, 전달체계가 얼마나 평등(소득재분배) 혹은 사회적 적절성의 목표를 이룰 수 있는가? 모든 사회복지정책들이 추구하는 가장 기본적인 목표는 평등 혹은 사회적 적절성을 가능하면 많이 이루는 것이다. 따라서 평등의 기준은 다양한 전달체계들을 비교할 때 가장 우선적으로 고려되어야 한다. 즉 어떤 전달체계가 평등의 가치를 구현하는 데 커다란 장점을 갖고 있다면, 다른 기준에서 다소 문제가 있더라도 바람직한 것으로 판단될 수 있는 것이다.

둘째, 얼마나 통합적(*integration*)인가? 사회복지의 재화, 서비스나 그 전달방법은 매우 다양하기 때문에, 누구에게나 인간다운 생활을 할 수 있는 기본적 욕구를 모두 만족시키기 위해서는 제공되는 재화나 서비스에 대한 조정(*coordination*)과 체계화가 필요하다. 즉 바람직한 전달체계가 이루어지기 위해서는, 특정한 재화나 서비스들이 특정한 사람들에게 단편적으로 이루어져 특정 사람들이 어떤 재화나 서비스를 불필요하게 많이 받거나(중복), 또는 특정 사람들이 필요한 것들을 받지 못하는 현상(누락)을 방지하여야 한다.

셋째, 얼마나 지속적(*continuity*)인가? 사람들이 사회복지의 재화나 서비스에 대한 욕구가 있을 때, 이를 지속적 혹은 안정적으로 제공할 수 있어야 한다. 또한 하나의 욕구가 해결되어 다른 욕구로 이전이 필요할 때, 전달체계간의 연계가 필요하며 중단 없이 제공되어야 한다. 상기에서처럼 다양한 재화나 서비스들이 조정이나 체계화가 없이 따로따로 제공되면 지속적인 서비스 제공이 어렵다. 지속적이고 안정적인 서비스를 제공하기 위해서는 안정적인 재원을 뒷받침으로 한 전달체계의 안정성이 중요한데, 이러한 측면에서는 재정이 불안정한 민간부문의 소규모 전달체계보다는 정부예산에 의존하는 대규모의 정부 전달체계가 유리하다.

넷째, 얼마나 효율적(*efficiency*)인가? 일반적으로 재화의 공급자나 수급자 모두 충분한 정보를 바탕으로 합리적인 선택을 하게 되면 모두의 효용(*utility*)을 극대화하기 때문에 그 재화의 효율적인 배분이 이루어진다. 따라서 재화의 전달체계는 공급자와 수급자간에 가능하면 직접적인 거래가 이루어지도록 만들 필요가 있다. 즉 수급자로 하여금 재화나 서비스에 대한 지불을 공급자에게 직접적으로 하게 하여, 중간과정의 전달체계를 없애는 것이다.

다섯째, 얼마나 경쟁적(*competition*)인가? 일반적으로 재화나 서비스가 단일 제공자에 의하여 독점적으로 제공되면 그 재화의 질은 낮아지고 가격은 높아질 수 있다. 따라서 재화나 서비스를 여러 제공자가 경쟁적으로 제공할 때, 그 가격과 질에 있어 소비자에게 유리하다. 일반적으로 사회복지재화나 서비스는 다른 재화들과 성격이 다르다 하더라도, 어떤 재화들은 경쟁체계에서 제공되는 것이 바람직할 경우가 있다. 정부의 전달체계는 대개 독점적인 성격을 갖고 있기 때문에 이 경우에는 민간부문의 전달체계가 바람직할 수 있다.

여섯째, 얼마나 재화나 서비스에 쉽게 접근(*accessibility*)할 수 있는가? 사회복지정책을 통하여 제공되는 재화나 서비스가 아무리 좋더라도, 수급자들이 실제로 그것을 사용하는 것이 어려우면 그 정책의 실효성은 크게 떨어진다. 따라서 전달체계는 공간적, 시간적인 측면에서 수급자가 서비스를 쉽게 이용할 수 있도록 만들어져야 한다.

일반적으로 서비스의 접근이 용이한 전달체계가 되기 위해서는, 전달기구가 수급자에게 공간적으로 근접해 있어야 하고, 시간적으로 자격심사, 급여제공의 기간이 짧아야 한다. 이러한 측면에서는, 일반적으로 멀리 떨어져 있고 관료적 처리에 의해 급여의 결정이 이루어지는 대규모의 정부 전달체계보다, 수급자가 사는 지역사회에 위치하고 단기간에 급여가 이루어질 수 있는 소규모의 민간부문 전달체계가 더 바람직하다.

일곱째, 얼마나 수급자의 욕구에 대응적이고 책임적(*accountability*)인가? 일반적으로 사람들의 사회복지재화나 서비스에 대한 욕구형태(양, 질, 형태 등에서)는 시간이 지남에 따라 변한다. 특히 오늘날과 같은 복잡한 산업사회에서는 더욱 그러하다. 이때 변화된 욕구에 대하여 얼마나 신속하고 융통성 있게 대응할 수 있느냐 하는 점도 전달체계에서 중요하게 고려해야 할 점이다. 일반적으로 변화를 싫어하고 새로운 것을 받아들이기를 꺼리는 관료제적 속성을 갖고 있는 정부의 전달체계가 민간 전달체계보다 이러한 점에서는 불리하다. 또한 수급자의 욕구에 대응적이지 못할 경우 민간 전달체계의 경쟁적인 상황에는 도태될 수 있으나, 독점적인 전달체계에서는 이러한 책임성이 약하다.

여덟째, 얼마나 수급자의 선택의 자유를 넓힐 수 있는가? 일반적으로 시장에서의 거래에 의한 것보다 사회복지의 재화나 서비스는 수급자의 선택의 자유를 제한한다. 그럼에도 불구하고, 사회복지의 영역에서도 전달체계에 따라 수급자에게 선택의 자유 정도는 다르다. 이 경우에도 다양한 서비스를 경쟁적으로 제공하는 민간 전달체계가 획일적인 정부 전달체계보다 장점이 있다.

아홉째, 얼마나 수급자들의 서비스에 대한 남용과 오용을 막을 수 있는가? 일반적으로 사회복지재화나 서비스는 시장기제에서의 쌍방적인 교환과 달리 일방적으로 지급되기 때문에 오용과 남용의 문제가 발생할 수 있다. 따라서 문제는 어떠한 전달체계가 이러한 오용과 남용을 잘 막을 수 있는가에 있는데, 수급자에게 선택의 자유 폭이 넓은 민간 전달체계보다 조정과 통제능력이 높은 정부 전달체계가 이 점에서는 유리하다고 할 수 있다.

2. 전달체계의 유형과 평가

지금까지 전달체계를 평가할 여러 가지의 기준들을 논의하였는데, 지금부터는 이러한 기준들을 바탕으로 전달체계를 평가하겠다. 이를 위해서는 먼저 전달체계의 유형에 관한 논의가 필요하다. 사회복지재화나 서비스를 수급자에게 전달하는 행정체계는 다양하여 사회복지 영역별(예를 들면, 소득보장, 건강, 교육 등), 또는 동일영역 내에서도 개별 프로그램별(예를 들면, 소득보장의 영역 내에서 국민연금, 실업보험, 공적 부조 등)로 다르다.

이러한 전달체계의 다양성에도 불구하고, 대개 전달체계 형태에 관한 논의는 두 가지 차원에서 이루어진다. 하나는, 전달체계를 조직과 인력의 측면에서 분류하는 것이다. 즉 이것은 조직들간에 정책결정의 권한을 어떻게 배분할 것인가, 누구에게 어떤 임무를 줄 것인가, 전달체계 조직의 형태와 단위는 어떻게 할 것인가 등의 차원에서 전달체계를 분류하는 것이다. 예를 들면, 전달체계의 형태를 조직의 측면에서는 권한의 집중(*centralization*)과 분산(*decentralization*)의 차원에 따라, 인력의 측면에서는 전문가와 비전문가의 차원에 따라 다양하게 분류할 수 있을 것이다(Gilbert et al., 1993 ; 최성재·남기민, 1993).

이상의 분류방법이 미시적인 측면을 강조하는 것이라고 한다면, 좀더 거시적인 분류방법은 사회복지재화나 서비스를 전달하는 두 개의 커다란 축인 정부와 민간 사이의 다양한 역할 분담형태에 따라 분류하는 것이다. 이러한 차원에서의 전달체계의 분류는 첫째, 재원을 누가 부담하는가, 둘째, 재화나 서비스는 누가 제공하는가, 셋째, 누가 조정하는가에 따라 여러 가지로 분류될 수 있다(Savas, 1982).

여기서는 이러한 차원에서의 전달체계를 다음의 다섯 가지로 분류하여 논의하겠다. 즉 (1) 완전 중앙정부 (2) 완전 지방정부, (3) 중앙정부와 지방정부의 혼합체계, (4) 정부와 민간부문과의 혼합형태, (5) 완전 민간부문이다.

1) 중앙정부

사회복지 발전의 역사는 어떻게 보면 중앙정부, 지방정부, 민간부문의 역할간의 변화의 역사라 할 수 있다. 즉 사회복지 발전의 초기 단계에서는 민간부문이, 다음 단계에서는 지방정부가 가장 중요한 역할을 하였고, 그리고 마지막 단계에서는 중앙정부가 가장 중요한 역할을 해왔다. 따라서 오늘날 서구 복지국가에서는 중앙정부의 역할이 가장 커, 이러한 국가들에서 제공되는 재화나 서비스의 대부분은(수급자의 숫자나 지출액에서) 중앙정부에서 급여자격, 급여액, 재원, 세부적인 전달체계 등에 관한 모든 사항을 결정하여 이들을 제공한다. 예를 들면, 오늘날 서구 복지국가에서 가장 비중이 큰 국민연금을 비롯한 사회보험, 의료서비스는 거의 대부분의 국가에서 중앙정부에 의하여 독점적으로 제공된다.

왜 중앙정부의 역할이 큰가? 이것은 다음과 같은 몇 가지 이유로 설명할 수 있다. 첫째, 사회복지재화나 서비스 가운데 의료나 교육서비스와 같은 것은 그 속성상 공공재적인 성격이 강하여, 모든 국민들을 대상으로 하는 것이 (재원의 마련과 급여의 측면에서) 전체 사회의 이득의 관점에서 유리한데, 현실적으로 이것은 중앙정부만이 할 수 있기 때문이다.

둘째, 어떤 재화는 대상이 되는 사람이 많을수록 기술적인 측면에서 유리하다. 예를 들면, 사회보험의 경우는 가입대상이 많으면 많을수록 여러 가지 측면에서 유리하다. 따라서 가장 큰 단위인 중앙정부에서 모든 국민을 대상으로 포괄적으로 관리하는 것이, 작은 단위인 지방정부에서 하는 것보다 바람직하기 때문이다.

셋째, 사회복지정책이 추구하는 가장 중요한 목표인 평등(소득재분배)과 사회적 적절성의 두 가치를 구현하는 데 중앙정부가 유리하다. 이것은 두 가지 측면에서 이야기할 수 있는데, 하나는 중앙정부의 정책에 의해서만 조세의 징수와 급여의 양면에서 모든 국민들의 소득분배 형태에 영향을 줄 수 있다는 것이다. 예를 들면, 모든 고소득층에 대한 높은 누진율을 적용하는 조세를 재원으로 모든 저소득층에 대한 높은 급여를 하게 되면 그 국가 전체의 소득재분배 효과는 커질 수 있다. 반면에 지방정부의 독립적인 사회복지정책은 재원이나 급여의 측면에서 지역간 소득불평등을 높일 수 있다. 예를 들면, 미국의 주정부에서 급여액이 결정되는 AFDC의 경우, 가장 급여가 많은 알라스카 주는 1985년 현재 4인 가족의 경우 월 800달러인 반면, 가장 급여가 적은 미시시피주는 120달러이다(이두호 외, 1991).

다른 하나는 중앙정부의 소득재분배 정책에 대한 정치적 저항이 적을 수 있다는 것이다(Wilensky, 1975). 중앙정부의 어떤 결정에 대한 국민 전체의 저항은 조직과 인력의 측면에서 쉽지 않기 때문이다. 반면에 주정부의 사회복지정책에 대한 정치적 저항은 크게 나타날 수 있다. 예를 들면, 미국의 캘리포니아 주의 경우 주정부 사회복지정책의 주요 재원인 재산세(지방세)의 세율을 올리는 것에 대하여 제한을 두자는 조항을 주민 전체의 투표에 의하여 통과시켰다(Rosen, 1988).

넷째, 중앙정부에 의한 사회복지정책은 또한 다양한 사회복지에 대한 욕구를 체계화하여 다양한 프로그램을 통합, 조정하거나, 이러한 정책들을 지속적이고 안정적으로 유지하는 데 유리하다. 예를 들면, 선진 산업국가들 가운데 복지후진국으로 알려진 미국은 다른 유럽의 복지국가들에 비하여 지방정부에 의한 사회복지정책이 상대적으로 발전되었다.[1] 따라서 이러한 상황에서 미국민 전체의 산재, 실업, 교육에 대한 욕구를 해결하는 포괄적이고 안정적인 정책의 실시가 어려워, 지역주민들 사이의 욕구는 단편적으로 해결이 되는 경향이 있어, 주들 사이의 혹은 시, 군 사이의 욕구해결 정도에 차이가 크다.

반면에 중앙정부가 사회복지의 재화나 서비스를 독점적으로 제공하는 전달체계는 몇 가지 문제점이 있다. 첫째, 중앙정부에서 제공하는 재화들은 일반적으로 그것들의 공급량이나 형태에 관한 수급자의 선택이 반영되기 어렵기 때문에 수급자들의 효용을 극대화하는 데 한계가 있다. 즉 자원의 비효율적인 배분의 문제가 발생할 수 있다.

둘째, 중앙정부의 재화는 공급자가 독점적이기 때문에 공급자가 다수인 경쟁적인 체계에 비하여 재화의 가격과 질에 있어 수급자에게 불리할 수 있다. 즉 불필요하게 재화의 가격이 비싸거나 혹은 재화의 가격이 통제된 상황에서는 재화의 질이 낮아질 수 있다. 예를 들면, 중앙정부에 의해서 모든 국민에게 똑같은 가격과 질의 의료서비스를 제공하는 영국(NHS)과 민간부문에서 경쟁적 체계로 의료서비스의 대부분이 제공되는 미국을 비

---

1) 미국에서는 산재보험, 실업보험 등은 완전히 주정부 단위로 독립적으로 시행되고, 교육서비스는 시, 군 단위에서 운영되는 등 지방정부의 역할이 중요하다. 1988년 현재 중앙정부 대 지방정부의 총 사회복지 지출의 비율은 약 6 : 4 정도이다(Bixby, 1991).

교한 연구에 의하면, 주어진 비용에서 서비스의 질이 미국에서 더 높은 것으로 나타났다(물론 NHS를 통한 총 의료비용은 정부의 가격 통제로 미국보다 낮다)(Hollingsworth, 1991).

셋째, 중앙정부를 통하여 제공되는 재화나 서비스는 정부조직의 관료성으로 인하여 수급자의 욕구에 대한 대응이 빠르지 못하고 지역특수적인 욕구에 대한 대응이 융통적이지 못하다. 즉 새로운 욕구나 변화된 욕구에 대한 재화나 서비스의 형태, 양의 변화가 늦다. 일반적으로 창의적이고 새로운 재화나 서비스는 대개 민간부문에서 개발이 된 후 중앙정부에서 채택하는 경향이 있다.

또한 비록 중앙정부는 전국에 걸쳐 많은 하부단위(지방사무소)를 두고 있지만, 중앙정부의 전달체계는 지방정부 혹은 민간부문의 전달체계에 비하여 수급자가 쉽게 접근하기 어려운 경향이 있다.

이상과 같이 중앙정부의 전달체계는 장점과 단점을 모두 갖고 있기 때문에 어떤 재화나 서비스를 중앙정부의 전달체계로 제공하는 것이 바람직한가의 문제는, 결국 재화의 속성과 그 나라의 지배적인 사회적 가치의 상호작용에 의해 결정된다고 볼 수 있다. 따라서 다소 문제가 있더라도 평등의 가치가 상대적으로 중시되는 사회에서는 공공재적 성격이 강하거나, 재화의 선택에서 정보의 문제가 중요하거나, 기술적으로 대량으로 제공하는 것이 속성상 유리한 재화나 서비스들은 중앙정부에서 제공하는 경향이 있다. 반면에 상기의 속성을 갖는 재화나 서비스들도 평등의 가치가 중시되지 않는 사회에서는 중앙정부의 역할이 상대적으로 적어진다(예를 들면, 미국의 의료서비스, 실업보험, 산재보험 등). 한편 재화의 속성이 공공재적 성격이 약하거나, 재화의 선택에서 정보의 문제가 심각하지 않거나, 기술적인 측면에서 규모의 경제의 효과가 크지 않은 재화 등은 사회의 지배적 가치에 상관없이 중앙정부의 전달체계로 독점적으로 제공하는 것이 바람직하지 않다고 볼 수 있다.

2) 지방정부

오늘날 선진 산업국가들에서 제공되는 사회복지의 재화나 서비스들 가운데 완전히 지방정부 단독으로(재원까지 포함하여) 제공하는 것들은 적다. 그럼에도 불구하고 국가에 따라 혹은 재화나 서비스에 따라 지방정부의 전달체계가 상대적으로 중요할 수 있다. 예를 들면, 미국이나 영국은 다른 유럽의 복지국가들에 비하여 지방정부의 역할이 크다. 미국의 경우 교육서비스는 거의 대부분 지방정부(주정부 혹은 군이나 시정부)의 주도하에 제공된다. 따라서 1988년 현재, 재원의 90% 이상을(중앙정부의 보조는 전체 비용의 7.7%) 지방정부 자체에서 마련하여 급여의 내용, 대상자 선정, 세부적인 전달체계 등에 관한 모든 사항에 대해 결정을 하여 제공한다. 또한 산재보험과 실업보험도 주로 지방정부(이 경우는 주로 주정부)에서 재원을 마련하여(실업보험의 경우 80% 이상, 산재보험의 경우 90% 이상), 모든 것을 결정하여 제공된다. 이 밖에도 공적 부조나 개별적 사회서비스의 경우도 비교적 지방정부의 역할이 커, 공적 부조는 재원의 약 40%를, 개별적 사회서비스는 약 48%를 지방정부에서 마련할 뿐만 아니라 다른 전달체계의 방법들에 관한 결정은 대부분 지방정부에서 이루어진다(Bixby, 1991).

한편 영국의 경우도 미국과 비슷하여(다만 정도는 약해도) 교육서비스는 재원의 80% 이상, 개별적 사회서비스는 90% 이상이 지방정부에서 마련하여 모든 것을 주도하여 제공한다. 반면에 공적 부조의 경우는 미국과 달리 중앙정부가 주도적으로 제공한다.

유럽의 복지국가들도 재화나 서비스의 종류에 따라 지방정부의 역할이 중앙정부에 비하여 큰 경우가 있다. 대표적인 예가 공적 부조인데 대개의 국가들에서 공적 부조는 지방정부의 역할이 크다. 또한 교육서비스나 주택서비스도 비교적 지방정부의 역할이 크다고 할 수 있다(Heidenheimer et al., 1983).

전술했듯이 사회복지가 발전할수록 지방정부의 역할은 중앙정부에 비하여 축소되는 경향이 있다. 그러나 70년대 중반 이후 이른바 '복지국가의 위기'의 시대를 맞아 중앙정부의 재정위기 상황에서, 이른바 '신연방주의'(*new federalism*)의 기치하에 지방정부의 역할을 강조하여 요즈음에는 지방정부의 역할이 다시 커지는 경향이다. 예를 들면, 미국의 경우 사회복지 총지출 가운데 중앙정부의 재원이 1950년에는 44.8%이던 것이 계속 커져 1980년에는 61.5%까지 올라갔으나, 이후 내려가기 시작하여 1988년에는 59.1%가 되었다(Bixby, 1991).

그렇다면 지방정부의 전달체계가 왜 중요한가? 가장 중요한 이유는 지방정부가 제공하는 것이 지역주민들의 욕구를 더 효율적으로 해결할 수 있다는 점이다. 오늘날 복지국가들에서 제공되는 사회복지재화나 서비스는 종류도 많을 뿐만 아니라 운영에 필요한 세부적인 절차들이 복잡하여 중앙정부에서 모든 것들에 관한 정보를 구하기 어렵기 때문에, 이러한 측면에서 지방정부 단위로 제공하는 것이 유리한 것이다.

둘째, 지방정부 단위로 제공하게 되면 지방정부들간의 경쟁을 유발시켜, 경쟁논리에 의하여 재화의 가격과 질의 측면에서 수급자에게 유리해질 수 있다. 셋째, 지방정부 전달체계는 중앙정부에 비하여 비교적 창의적이고 실험적인 서비스 개발이 용이하여 수급자들의 변화되는 욕구에 적극적으로 대처해 나갈 수 있다. 넷째, 지방정부의 전달체계에서는 수급자들이 정책결정에 참여할 기회가 높아져, 수급자의 입장이 반영될 가능성이 높아진다(Heald, 1983).

반면에 지방정부 단독의 전달체계는 여러 가지 문제점을 갖고 있는데, 우선 지역간의 커다란 불평등을 야기시켜 사회통합을 저해하는 점이다. 대표적인 예가 미국의 교육서비스다. 미국의 교육서비스는 작은 정부단위(정확히는 교육지역, *education district*)에서 거의 완전 독립적으로 제공되기 때문에 (재원을 비롯하여) 교육지역에 따른 서비스의 질은 크게 차이가 난다. 이로 인해 많은 사회문제가 발생하여(집값의 상승, 인종차별 등) 사회통합을 크게 저해한다.

둘째, 전술했듯이 지방정부 단위는 중앙정부에 비해서 규모의 경제 효과가 적어, 사회보험의 경우 기술적인 측면에서 불리하다. 셋째, 지방정부 단위의 프로그램 발전은 단편화할 가능성이 크고, 넷째, 프로그램의 안정성과 지속성의 측면에서도 불리하다(이것이 중앙정부로부터 재정지원을 받는 가장 큰 이유이기도 하다).

3) 중앙정부와 지방정부의 혼합체계

지금까지 중앙정부와 지방정부가 독자적으로 사회복지재화를 제공할 때의 장점과 단점을 논의하였다. 여기서 보듯이 각 전달체계의 장점과 단점을 서로 보완하게 되면 이상적인 전달체계가 될 수 있다. 따라서 오늘날 복지국가들에서 제공되는 사회복지재화들 가운데 많은 것들은 중앙정부와 지방정부의 혼합체계로 이루어진다.

중앙정부와 지방정부의 혼합체계는 다양한 형태가 있으나 주된 유형은 중앙정부가 지방정부에 재원을 일부 보조하여, 지방정부가 재화나 서비스를 제공하는 방법에 일정한 규제를 하는 것인데, 이것은 크게 네 가지의 유형으로 분류할 수 있다(Gilbert et al., 1993).

(1) 재정적 규제

중앙정부가 지방정부에 재정지원을 하는 방법은 크게 세 가지다. 첫째는 조건적 지원(*conditional grants*)—흔히 범주적 지원(*categorial grants*)이라 부른다—으로, 이 방법은 재원이 사용될 세부적인 항목(예를 들면, 대상 인구집단, 프로그램의 목표 등에 따른)을 지정하여 제공한다. 조건적 지원도 재정적 규제방법에 따라 다시 세 가지로 나눌 수 있다. 하나는 무제한 'matching'의 방법으로, 중앙정부가 지원하는 액수의 일정한 비율을 지방정부에 부담시키는 것이다(대개의 경우 50%인데 중앙정부가 어떤 프로그램에 100억 원을 보조하면 지방정부도 100억 원을 부담해야 한다. 그러나 어떤 경우에는 지방정부의 소득수준의 차이에 따라 차등률을 적용하여 소득이 낮은 지방정부의 부담을 줄여주기도 한다). 다른 하나는 제한적 matching의 방법으로, 상기한 것과 달리 중앙정부의 지원 상한액이 있어 그 안에서 matching이 이루어진다. 마지막 방법은 주어진 항목에 사용하도록, 즉 단순히 일정한 액수를 주는 것이다(*non-matching*).

제한적이든 무제한적이든 matching이 필요한 것은 다음의 두 가지 이유이다. 한편으로는 중앙정부의 재정부담을 줄이는 효과도 있고, 다른 한편으로는 중앙정부가 바라는 목표를 이루는 데 지방정부의 좀더 적극적인 협조를 유발시킬 수 있다는 점이다. 즉 지방정부도 일정한 부담은 하기 때문에 그 프로그램의 운영을 더 책임감 있게 할 수 있는 것이다. 또한 유사하게 중앙정부의 matching을 통해 지방정부가 다양한 사회복지 프로그램들을 과감하게 개발할 동기도 줄 수 있다.

두번째 중앙정부의 재정적 규제방법은 이른바 'block grant'이다. 이것은 상기의 범주적 지원처럼 세부적인 프로그램 항목별로 지원하는 것이 아니라 프로그램의 기능별로 크게 묶어 지원하는 것이다. 예를 들면, 미국의 레이건 행정부 때 77개의 범주적 항목을 9개의 block으로 묶었다. 전술한 것처럼 이것은 지방정부의 독립성을 다소 높여, 지방정부의 특수한 욕구들에 대해 보다 융통성 있게 대처할 수 있는 장점이 있다. 또한 block grant는 범주적 지원에 비하여 중앙정부의 재정부담을 줄이는 방법으로도 이용할 수 있다.

세번째는 중앙정부의 예산 가운데 일정 부분을 지방정부에 넘겨주는 것이다. 이것은 지방정부의 독립성을 가장 높여 재원만 중앙정부에 일부 의존하고, 전달체계에 관한 모든 것들은 지방정부가 독립적으로 결정하기 때문에 전술한 지방정부 전달체계의 장점을 크게 살릴 수 있다.

(2) 프로그램 규제

상기의 범주적 지원의 형태는 대개 프로그램 규제도 동반한다. 따라서 중앙정부가 지방정부에게 재정보조를 할 때 프로그램의 세부적인 내용 즉 대상자 자격, 급여의 형태와 액수, 세부적인 전달방법에 관하여 규제한다. 이러한 중앙정부의 규제하에서는 지방정부의 독립성이 크게 줄 수 있어 혼합체계의 의미가 적으며, 이것은 실질적으로 중앙정부 단독의 전달체계에 속한다고 할 수 있다. 따라서 이러한 규제에서는 전술한 지방정부 전달체계의 장점들이 나타나기 어려운 반면, 중앙정부 전달체계가 갖고 있는 단점들만 부각될 수 있다. 다시 말해 프로그램 규제를 통해 지방정부와 혼합체계를 갖는 것보다는, 중앙정부의 단독 전달체계가 바람직하다는 것이다. 한마디로 프로그램 규제의 방법은 중앙정부와 지방정부의 혼합체계 가운데 가장 바람직하지 않은 형태라고 볼 수 있다.

(3) 수급자 숫자나 욕구에 따른 규제

중앙정부가 지방정부에 재정지원을 할 때 어떤 프로그램들은 지방정부의 수급자(잠재적 수급자-단순히 인구수)의 숫자나 혹은 욕구(*need*)를 가진 사람들의 숫자에 따라 차등 지원한다. 즉 다른 지역에 비하여 지방정부의 인구 숫자나 욕구가 많다고 판단되는 경우에, 중앙정부가 이러한 지방정부에 더 많은 재정지원을 하는 것이다. 예를 들면, 교육서비스의 경우 저소득층이 많이 거주하는 지역에 더 많은 재정지원을 한다. 이 방법은 지방정부 단독 전달체계의 가장 큰 단점인 지역간 불평등의 문제를 극복할 수 있는 반면, 중앙정부의 재정부담은 상대적으로 커질 수 있는 단점을 갖고 있다.

(4) 절차적 규제

중앙정부가 지방정부에 재정지원을 할 때 어떤 프로그램에 대해서는 운영에서 일정한 절차를 요구한다. 예를 들면, 정책결정과정에 수급자를 참여시킬 것, 급여자격 심사나 급여할 때 어떤 차별을 금지할 것, 또는 프로그램의 진행에 대한 보고와 감사 등이다. 중앙정부가 절차의 규제를 필요로 하는 기본적인 이유는, 프로그램을 운영할 때 지방정부의 남용과 오용을 막고, 또한 중앙정부가 바라는 가장 기본적인 목표—인권의 존중, 시민참여 등—를 이루고 있는가를 조사하기 위해서이다. 절차적 규제는 프로그램규제에 비해 지방정부 프로그램의 독립성을 높일 수 있는 반면, 어떤 경우에는 절차적 규제로 인한 불필요한 행정업무(*red tape*)가 필요하여 프로그램의 목표를 이루기 위해 필요한 인력과 자원이 낭비될 수 있다.

지금까지 중앙정부와 지방정부의 혼합체계의 다양한 형태에 관하여 논의하였다. 그렇다면 어떤 유형의 혼합체계가 바람직한가? 이것은 결국 전달하는 재화나 서비스의 속성에 달려 있다. 따라서 재화나 서비스의 속성이 공공재적 성격이 강하거나, 합리적인 선택을 하기 위해 많은 정보가 필요하거나, 평등의 가치를 반영하는 것이 중요하거나, 규모의 경제의 효과가 큰 재화나 서비스들은, 가능하면 중앙정부의 규제가 많은 형태의 혼합체계가 바람직하다 할 수 있겠다(예를 들면, 프로그램 규제).

반면에 재화나 서비스들이 상기와 같은 성격들은 비교적 적게 갖는 반면, 지역주민들의 다양한 욕구에 신속하고 융통성 있게 대응하기 위해 혹은 지방정부들 사이의 경쟁을 높이기 위해서는 가능하면 지방정부의 독립성을 높이는 전달체계가 바람직할 것이다. 예를 들면, 개별적 사회서비스에 속하는 재화나 서비스들은 비교적 이런 성격을 갖고 있다고 하겠는데, 이러한 것들은 중앙정부가 지방정부에 무조건적 재정보조를 통하여 지방정부가 독립적으로 제공하게 하는 것이 바람직하다.

4) 정부(중앙정부 혹은 지방정부)와 민간부문의 혼합체계

사회복지재화나 서비스들 가운데 어떤 것들은 정부와 민간부문의 혼합체계를 통하여 제공되기도 한다. 이러한 전달체계는, 특히 오늘날의 '복지국가의 위기'의 시대에서 이른바 '민영화'(*privatization*)의 이름하에 강조되고 있는 경향이 있다(Savas, 1982 ; Kamerman and Kahn, 1989).

정부와 민간부문과의 혼합체계로 제공되는 재화들은 국가에 따라 다양하다. 예를 들면, 영국과 일본의 국민연금 프로그램 가운데 일부는 정부의 일정한 규제하에 민간 보험회사와의 계약을 통하여 운영된다.[2] 또한 미국의 산재보험은 전통적으로 지방정부와 민간 보험회사와의 계약을 통하여 운영된다.

그러나 대부분의 국가에서 정부와 민간부문의 혼합체계를 통하여 제공되는 대부분의 사회복지재화나 서비스는 개별적 사회서비스들이다. 그런

---

2) 대부분의 선진 산업국가들의 국민연금은 정액연금과 소득비례연금의 이층구조(*two-tiered system*)로 되어 있는데, 영국과 일본은 이 가운데 소득비례연금 부분은 민간보험회사와 계약을 통하여 운영한다.

데 대부분의 국가에서 개별적 사회서비스는 전체 사회복지 지출에서 차지하는 비중이 극히 적기 때문에, 전체적으로 볼 때 정부와 민간부문의 혼합체계는 상기의 다른 전달체계에 비하여 그 역할이 상대적으로 적다고 하겠다.[3]

정부와 민간부문 혼합체계의 세부적 형태들은 다양한데, 기본적으로 전술한 중앙정부와 지방정부 혼합체계의 형태들과 유사하다. 즉 사회복지 프로그램의 운영은 민간부문이 하도록 하되, 정부가 민간부문에 재정지원을 하면서 일정한 조건들을 붙여 여러 가지의 규제를 한다는 점에서 유사한 것이다. 예를 들면, 정부가 재정지원을 할 때 민간부문으로 하여금 matching을 요구하거나, 프로그램의 내용(대상자의 자격, 서비스의 형태, 세부적인 전달방법 등)을 규제하거나, 수급자의 숫자에 따라 재정 지원액의 차등을 두거나, 프로그램 운영에서 절차상의 규제 등을 하는 것이다.

그렇다면 왜 정부와 민간부문의 혼합체계가 필요한가? 가장 중요한 기본적인 이유는 이러한 혼합체계를 통하여 민간부문의 시장원리에서의 장점들—효율성, 경쟁성, 선택의 자유, 접근성, 대응성, 융통성 등—을 중앙정부와 지방정부의 혼합체계에 비하여 더 크게 살릴 수 있기 때문이다. 그러나 다른 한편으로는 정부와 민간부문의 혼합체계는 민간부문의 단점들—공공재적 성격을 갖는 재화 제공의 어려움, 평등추구의 어려움, 규모의 경제에서의 단점 등—도 상대적으로 크게 나타날 수 있다. 따라서 정부와 민간부문 혼합체계가 중앙정부와 지방정부 혼합체계에 비해 이러한 측면의 장, 단점이 극단적으로 나타날 수 있기 때문에, 전자의 혼합체계를 통하여 제공되는 재화나 서비스가 후자에 비하여 제한적인 경향이 있는 것이다. 다시 말하여, 국민들의 복지를 국가가 책임진다는 오늘날의 복지국가들의 기본 목표 아래에서는, 비록 민간부문의 장점이 있다 하더라도, 그것의 단점을 고려하면 정부와 민간부문의 혼합체계를 통하여 제공될 수 있는 재화나 서비스는 자연히 제한적일 수밖에 없는 것이다.

---

3) 대부분의 선진산업국가들에서 전체 사회복지 지출은 GNP의 20% 이상인데, 개별적 사회서비스는 대략 1% 정도에 그친다.

정부와 민간부문의 혼합체계는 정부의 규제 정도에 따라 크게 계약과 재정보조라는 두 가지로 나눌 수 있다.

(1) 정부와 민간부문과의 계약

정부와 민간부문의 혼합체계 가운데 대표적인 형태는 정부가 제공할 재화나 서비스를 민간부문이 제공하도록 하는 대신, 그것에 소요되는 비용을 정부가 부담하는 형태이다. 이러한 형태도 계약에 따라 크게 두 가지로 나눌 수 있는데, 하나는 정부는 일정한 재원 내에서 특정의 서비스를 지정만 할 뿐, 그 서비스를 받기 위한 자격, 서비스의 형태, 세부적인 전달방법 등에 관한 규제가 없이 민간부문이 독자적으로 운영하는 유형이고, 다른 하나는 정부가 민간부문의 프로그램에 대해 많은 규제를 하는 유형이다.

전술했듯이 어떤 것이 바람직하냐는 것은 재화의 속성에 달려 있는데, 민간부문의 단점이 비교적 크게 나타날 수 있는 재화는 가능한 한 정부의 규제가 많은 혼합체계가 필요하고, 반대의 경우는 민간부문의 독립성을 높이는 것이 필요하다.

(2) 정부의 민간부문 재정보조

정부와 민간부문의 혼합체계는 또한 정부가 민간부문 사회복지기관에 단순히 재정보조만 해주고 어떠한 규제도 하지 않는 형태이다. 상기의 계약은 최소한 특정 서비스를 지정하는 반면에, 이 형태는 무조건적이다. 따라서 민간부문의 독립성을 크게 높여, 민간부문의 장점들은 크게 부각시킬 수 있다. 따라서 재화의 속성상, 국가에 의하여 제공될 필요가 약하다면, 이 형태가 정부와 민간부문의 혼합체계 가운데 바람직한 형태라 할 수 있다.

5) 순수민간부문

오늘날 복지국가들에서 제공되는 사회복지재화나 서비스들 가운데 재원과 운영 모두를 민간부문에서 책임을 지고(정부의 어떠한 규제도 없이) 제공하는 것들은 극히 드물다. 예를 들면, 민간부문의 역할이 비교적 큰 미국의 의료서비스도 세제혜택을 통해 정부의 실질적인 재정부담이(조세비용) 상당한 정도에 이르고 있다. 또한 가족간의 사회복지 이전 등과 같은 비공식부문에서 제공되는 재화나 서비스도 세제혜택을 통한 정부의 재정부담이 있는 것이다.

순수민간부문 전달체계의 역할이 오늘날 이렇게 축소된 가장 중요하고 단순한 이유는, 모든 국민의 복지를 책임져야 하는 복지국가의 목표상 재원과 운영 모두를 민간부문에 맡길 경우 전술한 민간부문의 단점들이 너무 크게 나타날 수 있기 때문에 국가가 어떤 형태로든 민간부문에 개입해야 하기 때문이다.

제 16 장

급여의 형태 : 무엇을 급여할 것인가

오늘날 사회복지정책을 통하여 제공되는 재화나 서비스의 형태들은 다양한데, 이들을 크게 다음의 여섯 가지의 형태로 나눌 수 있다. 즉 현금, 물질적 재화, 서비스, 증서, 기회, 그리고 권력이다. 이 가운데 현금, 물질적 재화, 그리고 서비스의 세 가지 형태가 실질적으로 거의 모든 사회복지 재화나 서비스를 차지한다.

급여의 형태에 관한 논의는 크게 보면 두 가지 쟁점에 초점을 맞춘다. 하나는 어떤 형태로 급여하는 것이 바람직한가, 구체적으로 현금으로 급여하는 것이 바람직한가, 아니면 현물(물질적 재화, 증서, 서비스)로 급여하는 것이 바람직한가이고, 다른 하나는 사회복지정책의 효과(소득재분배 효과, 빈곤제거 효과)를 분석할 때 현물로 급여한 것을 어떻게 현금화할 것인가이다. 이 장에서는 이러한 두 가지 쟁점에 초점을 맞추어 논의하고자 한다.

1. 급여의 형태와 각 형태들의 장점과 단점들

여기서는 앞장에서처럼 사회복지정책 분석에 사용하는 여러 가치들과 관련된 기준으로 여러 가지 급여형태의 장점과 단점을 분석하고자 한다.

1) 현 금

오늘날 서구 복지국가들에서 제공되는 사회복지재화나 서비스 가운데 가장 큰 것은 현금의 형태이다. 즉 국민연금(노령연금, 장애연금, 유족연금), 질병보험의 질병수당, 산재보험의 장애수당, 실업급여, 공적 부조, 아동수당, 주택수당 등이 모두 현금으로 급여를 한다.

왜 현금으로 급여를 하는가? 현금급여의 장점은 여러 가지가 있는데, 첫째 수급자의 효용을 극대화할 수 있어, 현금으로 급여할 때 사회적 자원의 효율적 배분이 이루어질 수 있다는 점이다. 예를 들어 설명하면, 어떤 월 30만원의 저소득자가 이 돈으로 쌀과 다른 재화들을 구입할 때, 자신의 효용을 극대화하는 구입형태는 〈그림 16-1〉에서 보듯이 OR_1의 쌀과 OG_1의 다른 재화에서 결정된다. 사회복지정책에 의하여 이 사람에게 쌀 다섯 말을 급여하게 되면 어떻게 될까? 이 경우에는 30만 원을 전부 다른 재화에 사용할 수 있고 또한 쌀의 소비량도 커져(OA의 다른 재화와 OR_2의 쌀), 이 사람의 효용은 증가된다[그림에서 보듯이 효용무차별곡선(*indifference curve*)은 쌀 급여 이전의 그것보다 위에 있다].

한편 쌀 다섯 말 대신에 쌀 다섯 말에 해당하는 현금 10만 원을 급여하면 이 사람의 효용은 어떻게 될 것인가? 이제는 이 사람의 예산이 40만 원으로 증대한 가운데 효용을 극대화하는 쌀과 다른 재화의 구입이 가능해져서 OR_3의 쌀과 OG_3의 다른 재화를 구입하여 이 사람의 효용을 극대화할 수 있다(이 경우의 무차별곡선은 그림에서 보듯이 현물급여시의 그것보다 위에 있다). 즉 현금으로 급여할 때가 현물로 급여할 때보다, 적어도 이론적으로는 수급자의 효용을 높이는 것이다. 더 구체적으로 말하면, 현물로 급여함으로써 R_3R_2 만큼의 쌀을 불필요하게(효용의 증대 없이) 많이

〈그림 16-1〉

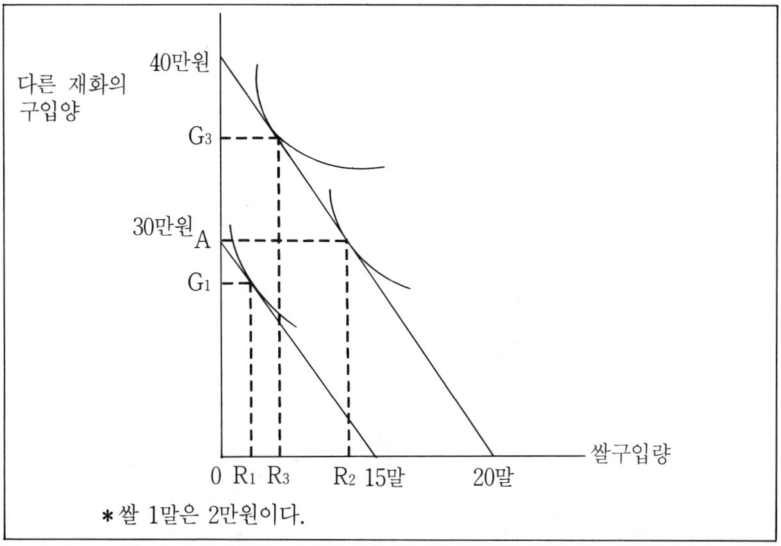

소비하게 한 것이다. 사회적 자원의 효율적 배분이라는 측면에서 보면 이 양만큼 낭비(비효율)인 것이다(Lampman, 1984).

그렇다면 상기의 이론대로 모든 형태의 현물급여가 현금급여보다 모든 사람에게 낮은 효용(만족감)을 주는가? 이것은 반드시 그렇지는 않아, 현물의 형태에 대한 사람들 취향에 따라 다를 수 있다. 즉 사람들이 갖고 있는 무차별곡선의 형태에 따라 다르다. 상기의 예에서, 쌀에 대한 소비를 매우 선호하는 사람의 경우는 현금으로 주나 현물인 쌀을 주나 그 사람의 효용의 크기는 같다. 〈그림 16-2〉에서 보듯이, 사회복지정책을 통하여 쌀을 받으나 그에 상응하는 현금을 받으나, 이 사람은 OR_5의 쌀과 OG_5의 다른 재화를 구입하는 것에서 이 사람의 효용이 극대화 된다. 즉 10만원의 급여를 받아도 이 사람은 여전히 이 돈으로 더 많은 쌀을 구입하는 것이 이 사람의 효용을 극대화하는 것이기 때문에 쌀로 주나 현금으로 주나 차이가 없게 되는 것이다.

따라서 현물급여가 현금급여보다 사람들의 효용을 낮추느냐는 경험적인 조사에 의하여 알 수 있는데, 많은 연구들에 의하면 일반적으로 현금급여가 현물급여보다 효용을 높이는데, 이것은 현물급여의 형태에 따라 차이

〈그림 16-2〉

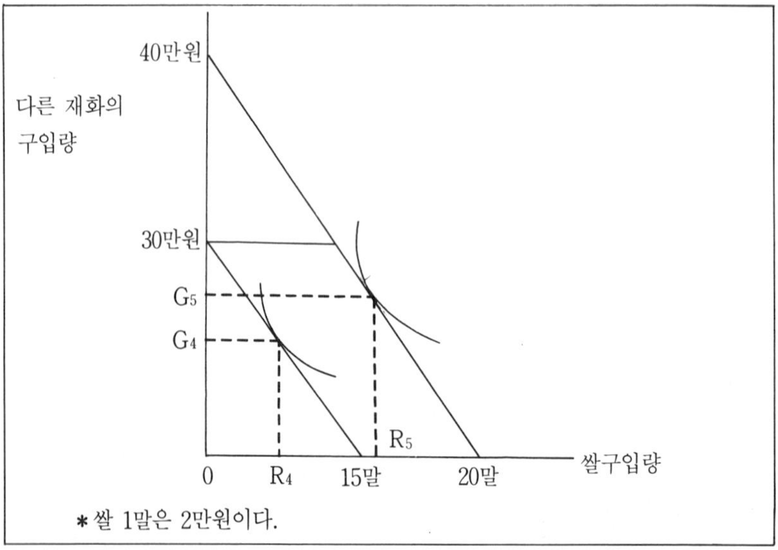

가 있다. 예를 들면, 음식은 주택이나 의료서비스보다 비교적 덜 효용을 낮추는데, 그것은 음식이 다른 것들에 비하여 육체적 생존에 더 필요로 하므로 효용을 극대화하는 측면에서 선택의 여지가 비교적 적기 때문이다 (Smeeding, 1982).

그러나 현금급여가 현물급여보다 수급자의 효용을 높인다는 주장은 몇 가지 점에서 한계가 있다. 우선 어떤 사람들은 현금급여로서 '합리적 선택'을 하여 자신들의 효용을 극대화할 능력이 없을 수 있다. 특히 오늘날과 같은 복잡한 사회에서 어떤 서비스(대표적으로 의료서비스)의 양과 질을 자신들의 효용을 극대화하는 '합리적 선택'으로 결정하기에 많은 어려움이 있다. 상기의 예에서, 10만 원의 사회복지정책의 급여로 쌀을 전혀 구입하지 않고, 도박으로 사용한다면, 쌀로 줄 때보다 효용이 낮아질 수 있다(특히 다른 가족구성원들의 효용까지 계산하면 더욱 그러하다).

또한 '개인'의 효용의 극대화는 경우에 따라서는 '사회 전체'의 효용의 극대화에 의하여 제한받을 수 있는데, 이 경우에 현물급여가 현금급여 보다 바람직할 수 있다. 상기의 예에서 쌀로 급여하는 것은 수급자들의 영양상태를 높일 수 있어 결과적으로 그들의 생산성이 높아지게 되면 사회 전체가 이득을 볼 수 있는 반면, 현금으로 줄 경우 도박과 같은 사회적 일탈 행위에 사용된다면 사회 전체의 효용은 낮아질 가능성이 있다. 즉 사회적으로 필요하다고 판단되는 재화들은(흔히 '*merit goods*'라 한다), 비록 '개인'의 효용 차원에서는 효용이 낮더라도 '사회' 효용의 차원에서는 효용이 높기 때문에 이러한 재화들은 현물형태로 제공할 필요가 생기는 것이다.

현금급여를 합리화하는 두번째의 관점은 수급자 선택의 자유와 소비자 주권(*consumer sovereignty*)의 측면이다. 현금급여는 수급자 선택의 폭을 넓혀 다양한 취향을 반영할 수 있을 뿐만 아니라, 민주사회에서 그 자체로 매우 중요시되는 가치인 자유나 자기결정(*self-determination*)의 권리를 보호할 수 있다. 반면에 현물급여는 소비의 '강제화'를 통하여 개인의 자유나 자기결정을 훼손시킬 수 있다.

그러나 한편으로는 소비자 선택의 자유는 생산자들에 의하여 광고 등의 방법으로 왜곡될 수 있다. 즉 소비자의 자유로운 선택도 진정한 독립적인 선택이 아니라, 생산자들에 의하여 '만들어진 선택', 즉 소비자의 선택은 생산자에 의존할 가능성이 있기 때문에(이른바 '의존효과')(Galbraith, 1958), 이렇게 되면 소비자 선택의 자유가 갖는 의미는 크게 줄어들 수 있다.

따라서 이 문제도 결국 소비자의 합리적 선택의 문제로 귀결되는데, 전술했듯이 산업사회가 될수록 합리적 선택에 필요한 정보가 복잡해지거나 비싸져서, 일반적으로 합리적 선택의 어려움은 커진다고 볼 수 있다. 특히 사회복지정책 대상자의 경우는 더욱 그러하다.

셋째, 현금급여는 인간의 존엄성을 유지시키는 데 현물급여보다 우월하다. 일반적으로 사회복지 프로그램 가운데 어떤 것들은(대표적으로 공적부조) 수급자에게 치욕을 주는 경향이 있다. 이러한 치욕은 급여를 신청할 때, 급여를 받을 때, 급여를 소비할 때의 세 가지 단계에서 나타나는데, 특히 소비단계의 치욕이 클 수 있다. 현금급여는 적어도 소비단계에서는 수급자와 비수급자의 구분이 불가능하기 때문에 치욕이 발생하지 않는다. 반면에 현물급여의 경우 소비단계에서 치욕의 문제는 심각하다. 예를 들면, 미국에서 1960년대 이후 저소득층을 위한 대규모의 공공주택을 건설하여 살게 하였으나, 오늘날 대부분 슬럼가로 변해 실패한 것으로 평가받는데, 그 가장 큰 이유 중의 하나가 공공주택에서 사는 것이 치욕을 불러일으키기 때문이다(Friedman, 1977). 따라서 공공주택과 같은 현물급여보다는 주택부조(*housing assistance*)와 같은 현금급여의 방법이 치욕의 문제를 해결할 수 있다(실제로 70년대 중반 이후 미국의 저소득층을 위한 주택정책은 공공주택보다는 주택부조 혹은 주택융자와 같은 현금급여를 강조한다).

현물급여가 치욕을 발생시키기 때문에 많은 수의 사람들이 현물로 급여하는 사회복지 프로그램에 자격이 되는 데도 불구하고(즉 욕구가 있다), 신청을 하지 않아 급여를 받지 못한다. 예를 들면, 미국의 현물급여(정확히는 음식만을 살 수 있는 증서의 제공) 프로그램인 'Food Stamp'에 자격이 되는 사람들 가운데 약 40%만이 실제로 신청하여 수급을 받은 것으로 조사되었다(Moffit, 1983). 사회복지정책은 욕구의 해결을 가장 중요한 목표로 삼기 때문에, 현물급여의 치욕 때문에 사회의 많은 욕구가 해결되지 않는 것은 매우 심각한 문제라 할 수 있다.

넷째, 현금급여는 또한 현물급여에 비하여 프로그램의 운영비용이 적게 든다. 현물급여를 하기 위해서는 현물을 보관, 관리, 전달하는 데 많은 비용이 든다. 특히 오늘날과 같이 상품의 유통비용이 비싼 복잡한 사회 상황에서는 더욱 그러하다.

2) 현물급여(물질적 재화와 서비스)

현물급여는 사회복지의 역사적 발전단계에서 보면 복지국가가 발전되기 이전(20세기 이전)에 중요하였으나, 이후 국가에 의한 본격적인 소득보장정책이 발전되면서 현금급여보다 상대적으로 비중이 약해졌다. 또한 현물급여는 오늘날에도 상대적으로 사회복지가 발전되지 않은 국가들에서 강조되는 경향이 있다. 예를 들면, 선진 산업국가들 가운데 복지후진국으로 알려진 미국의 경우, 저소득층만을 위한 사회복지 프로그램의 80%(총지출에 대한 비율)는 현물급여의 형태이고, 전체 사회복지 프로그램 가운데서도 현물급여가 현금급여보다 지출액에서 약간 크다(Bixby, 1991).

현물급여 가운데 가장 큰 것은 의료서비스와 교육서비스인데 대부분의 복지국가들에서 GNP의 10% 이상을 이 두 가지 서비스에 사용한다. 이 밖의 현물급여의 형태는 음식, 주택, 에너지, 각종 직업훈련, 상담 등으로 종류가 다양하다.

그렇다면 왜 현물급여가 필요한가? 첫째, 현물급여를 선호하는 가장 중요한 이유 중의 하나는 정책의 목표효율성(*target efficiency*)을 높일 수 있는 데 있다. 모든 정책은 세부적인 목표들을 갖고 있는데 이러한 목표를 이루는 데 현물급여가 현금급여보다 더 효율적일 수 있다. 예를 들면, 정책의 목표가 수급자의 영양상태의 개선이라면, 직접 음식을 줌으로써 현금으로 줄 경우 발생할 수 있는 다른 용도로의 사용가능성을 막을 수 있어, 정책목표를 더 효율적으로 달성할 수 있는 것이다. 현금보다 소비단계에서의 통제력이 높아 정책목표에 맞는 쪽으로 집중적으로 소비가 되는 것이다.

현물급여는 또한 현금급여보다 욕구를 가진 자(*needy*)를 더 확실히 선별할 수 있어 급여가 필요한 대상자에게 집중적으로 급여를 제공할 수 있다. 일반적으로, 현물급여는 현금급여보다 효용이 낮고 치욕이 발생하기 때문에, 현금급여에는 급여신청을 하던 사람들이 현물급여에는 신청할 동기가 약해져 급여를 받을 필요성이 강하지 않은 사람들은 신청을 하지 않는다. 이러한 이유로 현물급여에는 현금급여에 비하여 남용이나 오용의 문제가 크지 않다. 따라서 사회복지에 사용될 자원이 적은 경우, 따라서 대상자 선정을 매우 선별적으로 할 필요가 있을 경우에는 현물급여가 현금급여보다 대상효율성을 높이기 때문에 선호될 수 있다.

둘째, 현물급여는 현금급여에 비하여 정치적인 측면에서 선호된다. 일반적으로 납세자들은 자기가 낸 세금이 어떤 용도로 사용되고, 어떤 목표를 이루었는가에 관심이 있는데, 현물급여는 현금급여에 비하여 효과가 비교적 명확히 나타나기 때문에 납세자들이 선호하게 된다. 특히 이러한 현상은 사회복지정책 확대에 반대하는 세력이 강한 국가에서 상대적으로 크게 나타난다.

현물급여는 또한 현물을 생산하거나 제공하는 집단들 혹은 현물급여 프로그램을 관리하는 관료들에 의해서도 선호되기 때문에, 정치적으로 채택될 가능성이 높다. 예를 들면, 음식을 제공하는 프로그램(예, *Food Stamp*)이나 공공주택 프로그램은 농산물 생산업자들과 주택 건설업자들에게도 수요의 증대로 인한 이득이 가기 때문에 이러한 프로그램들에 대한 정치적인 지지세력이 많아진다.

또한 현물급여 프로그램을 관리하는 관료들도 현금급여 프로그램 보다 현물 프로그램을 선호하는데, 그 이유는 현물의 경우에 그들의 조직이 커질 수 있어 권력이나 기타 여러 가지 측면에서 유리하기 때문이다. 예를 들면, 공공주택 프로그램을 관리하는 것이 현금 프로그램인 주택수당을 관리하는 것보다, 그들의 조직규모가 커지는 것이다(주택의 건설, 유지, 배분 등에서 권력행사)(Weicher, 1980).

또한 사회의 많은 사람들은 소득의 평등보다는 어떤 필요한 물품의 평등—흔히 물품 평등주의(*commodity egalitarianism*)라고 불린다(Tobin, 1970)—에 더 많은 관심을 갖고 있다는 점이다. 예를 들면, 막연히 소득을 평등하게 하자는 주장보다 모든 사람들이 인간다운 생활을 할 수 있는 주택을 갖게 하자는 주장이 더 받아들여지는 것이다. 따라서 이러한 측면에서도 현물급여가 현금급여보다 정치적으로 설득력이 있는 것이다.

셋째, 현물급여가 현금급여보다 대량생산과 대량소비로 인한 규모의 경제 효과가 커 프로그램 비용을 줄일 수 있다는 점이다. 또한 현금급여시 발생할 수 있는 시장에서의 지나친 경쟁으로 인한 낭비를 줄일 수 있다. 예를 들면, 대규모의 공공주택을 건설하여 수급자에게 급여하는 것이, 주택수당을 주어 수급자가 시장에서 주택을 구입하는 것보다 비용이 적게 든다는 것이다.

그러나 이러한 주장은 두 가지 관점에서 비판이 있다. 하나는 사회복지 재화나 서비스들 가운데 많은 것들은 서비스의 속성상 규모의 경제 효과가 나타나기 어렵다는 사실이다. 규모의 경제 효과가 나타나기 위해서는 서비스가 질의 변화 없이 대량으로 그리고 획일적으로 제공될 수 있어야 되는데, 전문적이고 기술적인 서비스—예를 들면, 의료서비스나 상담 등—

들은 대량으로 획일적으로 제공되면 서비스의 질적인 측면에 영향을 주기 때문에 규모의 경제의 효과가 나타나기 어렵다.

다른 하나는 현금급여를 통하여 수급자가 원하는 재화나 서비스를 시장의 경쟁체계에서 구입하게 되면, 장기적으로 볼 때 경쟁논리에 의하여 현물급여보다 낮은 가격에서 구입할 수 있다는 측면이다. 이것은 특히 대규모의 현물급여 프로그램을 관리하는 데 필요한 관료제도(*bureaucracy*)에서 발생하는 불필요한 비용증대라는 측면까지 고려하면 더욱 그러하다.

지금까지 현금급여와 현물급여에 관하여 논의를 하였는데, 각 형태는 장점과 단점을 모두 갖고 있어 어느 형태가 우월하다고 말하기 어렵다. 따라서 어느 한쪽의 급여형태가 사회복지급여를 전면적으로 지배하는 것은 바람직하지 못하다. 이상적인 사회복지재화의 급여형태는, 한편으로는 개인 선택의 자유, 효용의 극대화, 인간의 존엄성 등의 가치를 반영하여 적절한 수준의 현금급여를 하고, 다른 한편으로는 의료나 교육서비스와 같은 특정 재화나 서비스들은 물품평등의 가치, 재화 선택의 어려움, 정치적인 측면 등을 고려하여 현물급여의 형태가 바람직하다. 구체적으로 어느 정도의 현금급여와 현물급여가 필요한가는 각 국가의 정치적, 사회적, 경제적인 상황과 지배가치에 달려 있다고 하겠다.

3) 증 서

상기에서 보듯이 현금급여와 현물급여는 각각 장점과 단점을 모두 갖고 있기 때문에 이러한 두 가지 급여형태의 장점과 단점들을 보완할 수 있는 제 3의 급여형태가 필요하다. 증서(*voucher*)가 바로 이러한 형태에 속한다. 증서의 형태는 일정한 용도 내에서 수급자로 하여금 원하는 재화나 서비스를 자유롭게 선택할 수 있게 하는 방법이다. 예를 들면, 미국의 Food Stamp 프로그램은 수급자에게 증서로 주는데, 이것을 이용하여 음식물이라는 용도 내에서는 다양하게 선택할 수 있다. 또한 교육증서를 가지고는 수급자가 다양한 학교선택을 할 수 있다.

증서는 속성상 현물급여와 현금급여 형태의 중간성격을 갖고 있기 때문에 각 형태의 장점을 살리면서 단점들은 줄일 수 있다. 증서는 현금급여의 장점인 소비자 선택의 자유를 비록 제한적이지만 살릴 수 있고, 현금급여의 무제한 선택의 자유에서 발생하는 '비합리적 선택'의 문제를 어느 정도 줄일 수 있다(예를 들면, 음식물 증서의 경우 음식물 이외의 용도—예, 술의 구입—로는 사용할 수 없기 때문이다). 또한 증서는 재화나 서비스 공급자들 사이의 경쟁을 유발시켜 재화나 서비스의 질을 높일 수 있다(이것은 특히 교육증서의 확대를 주장하는 사람들의 주요 논리이다).

증서는 현물급여의 장점인 정책의 목표효율성도 살릴 수 있고, 현물급여보다 수급자의 효용을 증가시킬 수 있으며, 또한 운영비용도 적게 든다. 증서는 정치적으로도 현물급여와 유사하게 유리하여, 납세자들이나 증서에서 사용될 재화나 서비스를 만드는 생산자들의 지지를 받을 수 있다. 다만 현물급여를 관리하는 관료의 입장에서 보면 증서는 현물급여보다 불리할 수 있다.

증서는 이렇게 이상적인 속성을 갖는데도 불구하고 대부분의 복지국가에서 주요한 급여형태로 사용되지 않는다. 서구복지국가들에서 급여형태는 현물 아니면 현금의 형태가 거의 대부분이고, 증서의 형태는 극히 드물다. 증서의 형태는 주로 미국에서 이용되는데, 대표적으로는 전술한 Food Stamp이고, 이 밖에 교육증서와 주택증서 등이 소규모 단위로 실험적으로 운영될 뿐이다.

왜 그럴까? 가장 중요한 이유는 역설적이지만, 바로 증서의 '중간적 성격'에 있다. 민주주의 사회의 정치기제에는 일반적으로 어느 하나의 프로그램이 채택되고 유지되기 위해서는 강한 정치적 지지세력이 있어야 되는데, 증서는 그것의 '중간적 성격'으로 인해 지지세력이 크지 않다. 예를 들면, 개인의 효용극대화나 선택 자유의 극대화를 지지하는 많은 사람들은 현금급여를 지지하지 중간적인 증서를 지지하지 않고, 반면에 목표효율성의 가치를 강조하는 많은 사람들도 현물급여를 증서에 비해 선호하는 것이다. 다시 말하면, 증서는 확실히 그리고 강하게 선호하는 사람들의 숫자가 크지 않기 때문에 정치적으로 현물급여나 현금급여에 비하여 불리하다.

둘째, 증서는 시행과정에서 많은 오용과 남용의 문제가 발생하여 현물급여보다 목표효율성이 크게 낮아질 수 있다. 예를 들면, 음식용도로 사용할 Food Stamp를 상당부분 불법적으로 비음식—예, 술, 심지어 매춘부구입 등—에 사용하는 것이다. 즉 현물로 급여하면 이러한 불법행위를 막을 수 있는 것이다.

4) 기 회

사회복지정책의 급여형태 가운데는 사회의 불이익집단들—소수인종, 여성, 노인, 장애인 등—에게 진학, 취업, 진급 등에서 유리한 기회(*opportunity*)를 주어 시장의 경쟁에서 평등한 기회를 주는 형태가 있다. 이것은 다른 말로 표현하면 이러한 집단들에 대한 과거의 부정적 차별(*negative discrimination*)을 보상하는 차원의 적극적 차별(*positive discrimination*)이다. 예를 들면, 소수인종이나 여성에게 대학 입학정원의 일정한 인원을 배정하거나 일자리의 일정 부분을 이들에게 할당하는 것들이다(*job quata system*).

기회를 제공하는 방법의 궁극적인 목표는 노동시장의 경쟁에서 불리한 것을 제거함으로써 불이익집단의 소득을 높이는 사회복지정책 목표를 달성하는 데 있다. 그러나 현실적인 여러 가지의 어려움 때문에 일반적으로 단순히 기회만 준다고 해서 그들의 소득이 높아지는 것은 아니다(자세한 것은 9장 '평등' 참조). 예를 들면, '기회'의 제공을 선호하는 '기회의 나라'인 미국에서—미국은 1964년 이른바 평등기회법(Equal Opportunity Act)을 제정하여, 이른바 Affirmative Action 프로그램에 의하여 적극적으로 이러한 기회제공 프로그램을 확대하였다—여자의 임금은 여전히 평균적으로 남자의 60%이고 흑인의 임금은 백인의 약 70%에 그쳐, 많은 '기회제공' 프로그램에도 불구하고 차이가 나고 있다(U. S. Bureau of the Census, 1990).

따라서 기회의 제공과 같은 간접적인 급여형태는 앞에서 논의한 직접적인 급여형태에 비하여 사회복지정책이 추구하는 목표인 평등을 이루기가 어렵다. 따라서 기회의 제공은 사회의 기득권자들이 자기들의 이득을 합리화하기 위한 수단으로 이용될 가능성이 높다.

5) 권 력

사회복지정책 가운데는 사회복지정책의 수급자로 하여금 정책결정에 대한 권력(*power*)을 주어 정책의 내용(급여자격, 급여액 등)이 그들에게 유리하게 결정되도록 하는 것들이 있다. 대표적인 예가, 미국의 1960년대 중반이후 활발했던 다양한 지역사회운동 프로그램(*community action program*)들이다. 이것들의 기본 목표는 지역사회의 다양한 사회복지 프로그램의 정책결정과정에 수급자들을 참여시켜 수급자들의 이익을 최대한 반영하고자 하는 데 있었다.

이상적으로 볼 때, 수급자가 정책결정에 참여하여, 정책의 내용에 영향을 주게 되면 수급자는 실질적으로 많은 이득을 받을 수 있을 것이다. 그러나 현실적으로 기회의 경우처럼, 정책의 결정에 시민참여(*citizen participation*)는 대부분 명목적(*norminal*)인 참여(이른바 *tokenism*)에 그쳐 실질적인 정책내용에 영향을 주지 못한다. 그 이유는 첫째, 수급자들의 참여율이 낮을 뿐만 아니라 참여한 사람들이 실질적으로 수급자의 이익을 대변하기보다는 기존의 정책결정자들에 의하여 선택된 사람들이라는 것이다 (Kramer, 1969). 둘째, 수급자들이 정책의 내용에 대한 이해가 적기 때문에 참여를 해도 실질적인 정책변화에 영향을 줄 수 없다는 것이다.

권력의 제공도 기회의 제공처럼 실질적으로 수급자들에게 이득이 가기가 어렵다. 이것도 참여민주주의(*participation democracy*)의 이름하에 대개의 경우 기득권자의 합리화를 위한 도구로 쓰일 가능성이 높다.

2. 현물급여의 현금화

급여형태에 관한 논의에서 두번째의 쟁점은 현물급여의 현금화에 관련된 것이다. 이것은 다시 두 가지로 나눌 수 있는데, 하나는 현물급여를 소득에 포함시킬 것인가이고, 다른 하나는 소득에 포함시킨다면 어떻게 현금화를 할 것인가이다.

1) 현물급여를 소득에 포함시킬 것인가

오늘날 복지국가들에서 제공하는 재화나 서비스 가운데 상당 부분은 현물급여이다. 그런데 대부분의 경우 현물급여는 수급자의 소득에 포함되지 않아 사회복지정책을 통한 수급액이나 사회복지정책의 소득재분배효과와 빈곤제거효과의 계산에서 제외된다. 따라서 사회복지의 확대를 반대하는 사람들은 현물급여를 현금화하여 소득에 포함시켜야 한다고 주장한다. 이러한 주장은 특히 사회복지 확대를 꺼리는 미국에서 많이 나오는데, 그 배경은 미국의 사회복지지출이 충분히 많은 데도 불구하고 여전히 소득불평등 정도와 빈곤율이 높은 것은, 현물급여를 소득으로 포함시키지 않았기 때문이라는 논리에 바탕을 두고 있다. 예를 들면, 어떤 조사에 의하면, 현물급여를 소득으로 포함시키면 미국의 빈곤율은 1975년의 경우 3.6%에 불과하여('공식적인 빈곤율'은 이 당시 12.3%), 미국의 사회복지정책은 성공하였기 때문에, 더 이상의 확대가 불필요하다고 주장한다(Paglin, 1980). 비록 아직까지 미국의 공식빈곤율(*official poverty rate*)의 계산에는 현물급여는 제외하고 있지만, 이러한 주장으로 인해 1980년 이후부터 인구통계국(The Bureau of the Census)에서 현물급여에 관한 통계를 내고 여러 가지의 현금화 방법으로 빈곤율을 계산한 보고서를 제출하고 있다(U. S. Bureau of the Census, 1983).

현물급여를 소득에 포함시켜야 한다는 주장은 두 가지의 논리에 근거한다. 하나는 현물급여를 소득에 포함시키는 것이 이상적인 소득의 개념에 부합한다는 것이다. 이상적인 소득의 개념은 일정한 기간 내에서 부의 훼손이 없이 소비할 수 있는 화폐의 양이므로, 현물급여를 받게 되면 그만큼 소비능력이 커지기 때문에 현물급여를 소득에 포함시켜야 된다는 것이다. 예를 들면, 음식을 무상으로 받게 되면 음식에 사용할 돈으로 음식 이외의 다른 용도에 사용할 능력이 커지는 것이다.

다른 하나는 현물급여를 위해서도 사회적 자원이 사용되기 때문에, 자원의 효율적 배분과 기회비용의 측면에서 보면 현금급여와 다를 것이 없다는 것이다. 즉 현물급여의 수급자와 달리 현물급여의 제공자 입장에서는 그것이 현물이든 현금이든 동일한 사회적 자원의 배분이라는 것이다(단지, 전술한 것처럼 정책목표에 따라 다른 형태로 줄 뿐인 것이다).

반면에 현물급여를 사회복지정책의 수급자의 소득에 포함시키지 말아야 된다는 주장도 강하다. 가장 중요한 논리는 왜 사회복지 현물급여만 소득으로 포함시키느냐 하는 점이다. 오늘날 선진 산업국가들에서 일반 국민 근로자들을 대상으로 하는 현물급여는 점차로 중요해져서, 사회복지정책의 현물급여액보다 사회복지 이외의 현물급여가 더 큰 경향이 있다. 예를 들면, 미국에서 1980년의 경우 사회복지의 현물급여액은 전체 현물급여액의 33%에 불과하다(Smeeding, 1982).

따라서 모든 사람들에게 주어진 현물급여를 모두 소득으로 포함시킬 경우에는 사회복지 반대론자들이 주장하는 것과 달리, 사회복지 수급자의 상대적인 경제적 위치는 거의 변하지 않을 것이다. 구체적으로 이야기하면, 소득불평등의 정도나 빈곤율(이 경우는 모든 현물급여는 소득으로 포함시켜 빈곤선 소득도 올라가기 때문에)에서 거의 변화가 없을 것이라는 것이다.

둘째, 현물급여는 대개 음식, 주택, 의료서비스, 교육서비스 등으로 이루어졌는데 이러한 것들은 누구에게나 최소한의 인간적인 생활수준을 유지하는 데 필수적인 것이기 때문에, 이것을 소득에 포함시켜 '소비능력'이 높아졌다고 주장하는 것은 무의미하다. 따라서 사회복지정책을 통하여 수급자들의 생활수준이 나아졌는지 여부를 판단하는 것에서(빈곤율 하락여부) 이러한 현물급여들은 제외되어야 한다는 것이다(Beeghley, 1984). 실제로 현물급여의 소득화의 논쟁은 고도로 발전된 복지국가들에서는 거의 없는데, 그 이유는 이러한 국가들에서는 이러한 현물급여는 인간다운 생활에 기본적이라고 보고 누구에게나 보편적으로 제공하기 때문이다. 다시 말하면, 미국처럼 이러한 현물급여들을 선별적으로 주기 때문에 상기와 같은 논쟁이 발생하는 것이다.

셋째, 현물급여의 현금화에서 가장 문제가 되는 것이 의료서비스이다. 의료서비스를 현금화하여 소득에 포함시키는 것은 질병이 많이 발생한 사람의 소득이 높아진다는 것을 의미하는데, 이것은 사회복지정책의 효과분석에서 무의미하다. 즉 많이 아프게 되면 빈곤에서 벗어나거나 혹은 아픈 사람이 많게 되면 소득불평등의 정도는 낮아진다는 결과가 나타나는 것이다. 다시말하면, 의료서비스와 같은 현물급여를 소득에 포함시켜 '통계적으로' 빈곤율이 낮아져도, 빈곤층의 실제 생활수준은 변화가 없다는 것이다.

이상의 현물급여의 소득화에 대한 두 가지의 상반된 관점은 어느 것이 옳다고 단정하기 어렵다. 이것은 결국 사회복지에 대한 가치적인 문제이다. 사회복지 확대를 지지하는 사람들은 현물급여의 소득화를 반대하고, 반면에 사회복지 확대를 반대하는 사람들은 그것을 지지하는 경향이 있다.

2) 현물급여의 현금화 방법들

현물급여를 현금화하여 소득에 포함시킬 것인가에 대해서도 많은 논쟁이 있지만, 현물급여를 어떻게 현금화하는 것이 바람직한가에 대해서도 많은 논란이 있다. 현물급여를 현금화하는 방법은 크게 세 가지로 나눌 수 있다. 즉 시장가치(*market value*), 수급자가치(*recipient value*), 그리고 빈곤선 예산점유가치(*poverty budget share value*)이다(Smeeding, 1982).

(1) 시장가치

어떤 현물급여의 시장가치는 그것을 시장에서 구입할 때 드는 비용과 같은 것이다. 예를 들면 쌀 한 말을 받았을 때 그것의 현금가격은 시장에서의 가격과 같은 것이다. 공공주택의 경우는 유사한 주택의 시장가격으로서의 임대료와 같은 것이다. 그러나 의료서비스의 경우는 비교적 단순한 시장가치의 방법으로도 현금화하는 데 논란이 있다. 이것은 의료서비스를 현금화할 때, 의료서비스의 대상이 된 그 자체를 현금화할 것인가(일종의 보험에 가입된 것으로부터의 이득), 아니면 실질적으로 의료서비스를 이용한 것만을 현금화할 것인가의 문제이다. 전자의 보험방식에 의하면, 의료서비스를 받을 자격이 있는 모든 사람들은 실제로 이용했던 것에 상관없이, 의료서비스 제도의 수급자로 보아 일정한 액수의 급여액이 결정된다(대개의 경우, 질병의 위험 정도에 따른 차등을 둔 민간 보험시장에서의 보험료). 반면 후자의 실질적 소비의 방식에 의하면, 의료서비스의 현금가격은 시장에서의 의료서비스에 드는 가격이다.

시장가치의 방법은 비교적 계산하기가 단순하기 때문에, 현물급여를 현금화하는 데 가장 많이 사용된다. 또한 이 방법은 현물급여를 가장 후하게 현금화하기 때문에 사회복지 반대론자들의 입장을 대변하기 위해서 많이 이용되는 경향이 있다. 즉 이 방법을 사용하여 현물소득을 수급자의 소득에 포함시키는 경우에는 빈곤제거효과나 소득불평등 감소 정도가 크게 나타난다.

예를 들면, 미국의 어떤 연구에 의하면, 1979년의 공식빈곤율(여기에는 현물급여가 소득으로 포함이 안 되었다)이 11.1%인데, 시장가치의 방법으로는 빈곤율을 6.4%로 낮추는 반면, 뒤에서 논의할 수급자가치의 방법은 8.2%, 빈곤선 점유가치의 방법은 8.9%로 낮춘다(Smeeding, 1982).

(2) 수급자 가치

현물급여는 현금급여에 비하여 일반적으로 수급자의 효용이 낮기 때문에 대개의 경우 현금급여보다 가치가 떨어진다. 따라서 수급자가치의 방법은 수급자들이 특정의 현물급여에 얼마나 현금가치를 매기느냐에 따라 현물급여의 현금가치를 결정하는 것이다. 따라서 대부분의 경제학자들은 수급자가치의 방법이 시장가치의 방법보다 현물급여를 현금화하여 수급자의 실질적 경제적 상태(*economic well-being*)를 파악하는 데 더 바람직하다고 본다.

수급자가치의 방법으로 현물급여를 현금화하는 것은 시장가치의 방법보다 훨씬 복잡하다. 수급자가치를 정확히 계산하기 위해서는 모든 수급자들의 다양한 현물급여형태들에 대한 소비형태와 효용함수(*utility function*)를 알아야 한다. 이것을 위한 정보는 현실적으로 구하기 어렵기 때문에, "어떤 현물급여의 수급자가치는 비수급자의 그것에 대한 정상적인(평균적인) 지출액수와 유사할 것이다"라는 가정하에, 수급자가치는 서로 다른 소득수준에서 그 현물급여에 대한 정상적인 지출액수에 대한 조사에 의하여 결정된다. 그래서 수급자와 유사한 소득계층에 있는 비수급자가 특정의 현물급여의 시장가치보다 적게 소비한다면, 그것의 수급자가치는 시장가치에 비하여 적은 반면, 소비가 시장가치에 비하여 많다면 수급자가치는 시장가치와 동일할 것으로 계산한다.

수급자가치는 시장가치보다 일반적으로 현물급여를 낮게 평가하는데, 이것은 세부적인 현물급여형태에 따라 차이가 크다. 예를 들면, 음식의 경우는 시장가치의 방법과 차이가 적어, 시장가치를 100으로 했을 때 수급자 가치는 조사방법에 따라 83~97로 비교적 시장가치에 근접하고 사람들의 차이도 별로 없는 반면, 의료서비스는 59~74의 수준, 주택은 48~82의 수준으로 시장가치와 큰 차이가 나고 사람들에 따라 이러한 현물급여에 대한 가치의 폭도 크다.

수급자가치의 방법은 시장가치의 방법보다 '통계적인' 빈곤율 감소효과(?)가 적다. 예를 들면, 1985년의 경우 미국의 공식빈곤율이 14%인데, 수급자가치로의 빈곤율은 11.8%이다(Danziger et al., 1988).

(3) 빈곤선 예산점유가치

이것은 현물급여의 가치를 직접적으로 빈곤선 소득과 연관시켜 계산하는 방법이다. 왜냐하면, 사회복지정책의 현물급여의 주 수급자는 빈곤선 소득이하이거나 약간 위에 있는 사람들이기 때문이다.

이 방법은 어떤 현물급여의 현금가치를 빈곤선 소득에 있는 사람들의 예산범위 내의 소비형태를 고려하여 결정한다. 따라서 이 방법에 의하면 빈곤선 소득에 위치한 사람들에게는 시장가치로 계산해서는 지나치게 많다고 생각되는 부분은 대폭 줄인다. 예를 들면, 노인의 경우 1979년의 경우 평균적인 의료서비스의 시장가치는 2,981달러인데, 빈곤선 예산점유가치로는 380달러로 줄게 된다(Smeeding, 1982).

빈곤선 예산점유가치의 방법도, 급여형태에 따라 차이가 나는데 시장가치를 100으로 했을 때, 음식의 경우는 94~98, 주택은 38~42, 의료서비스는 28~38이다. 이것은 현금화 방법들 가운데, 현물급여의 가치를 가장 낮게 평가하는 방법이다. 이것은 의료서비스와 같이, 시장가치로 계산했을 때 빈곤선 소비자들에게는 지나치게 과대평가 되는 것을 막기 때문이다. 따라서 빈곤선 예산점유가치로 현물급여를 현금화했을 때의 빈곤율 감소효과는 가장 적다고 할 수 있다.

이상에서 세 가지의 현물급여의 현금화 방법을 간략히 논의하였는데, 어떤 방법이 바람직한가는 단적으로 말하기 어렵다. 시장가치는 계산하기가 간단하나 수급자의 특정의 현물급여에 대한 진정한 '가치'를 알아내지 못하고, 수급자가치는 이론적으로는 수급자의 진정한 가치를 파악할 수 있어 바람직하나 현실적으로 계산하기 복잡하기 때문에 정확성이 떨어지고, 빈곤선 예산점유가치는 빈곤선 소득자들의 현물급여의 가치를 현실적으로 파악하나, 비빈곤자들에게 주어지는 현물급여의 가치는 알아내지 못하고, 또한 무엇보다 빈곤선 소득자들의 소비형태를 근거로 하는 논리가 설득력이 약하다.

따라서 어느 방법을 사용하느냐는 사회복지에 대한 가치에 크게 영향받을 수밖에 없다. 사회복지 확대를 반대하는 사람들은 시장가치의 방법으로 사회복지정책의 효과를 과장할 수 있고, 반대로 사회복지 확대를 지지하는 사람들은 사회복지정책의 효과를 축소하기 위하여 현물급여를 소득에 포함시키지 않든지, 포함시키더라도 그것의 효과를 최소화하는 방법—빈곤선 소득점유가치—을 선호하는 경향이 있다.

참 고 문 헌

국내 문헌

김명수(1987). 《공공정책평가론》. 서울 : 박영사.

김번웅·김만기·김동현(1991). 《현대한국행정론》. 서울 : 박영사.

김상균(1988). 《현대사회와 사회정책》. 서울 : 서울대학교 출판부.

김석준(1992). 《한국 산업화 국가론》. 서울 : 나남.

김운태(1982). 《한국 정치행정의 체계》. 서울 : 박영사.

김진목(1977). 《한국사회보장론》. 서울 : 박영사.

김태성·성경륭(1993). 《복지국가론》. 서울 : 나남.

김해동(1972). "관료부패에 관한 연구," 《행정논총》 제10권 제1호. 서울대학교 행정대학원.

______(1978). "관료행태와 가족주의," 《한국행정학보》 제 12호.

______(1983). "관료부패의 제조건," 《행정논총》 제21권 제1호. 서울대학교 행정대학원.

노화준(1983). 《정책평가론》. 서울 : 법문사.

______(1989). 《정책분석론》. 서울 : 박영사.

박성복·이종렬(1993). 《정책학원론》. 서울 : 대영문화사.

백완기(1982). 《한국의 행정문화》. 서울 : 고려대학교 출판부.

______(1990). "공직의 윤리," 한국사회과학협의회 편, 《사회변화의 윤리》, 9~13. 서울 : 법문사.

송근원(1978). "현대 사회문제의 성격 및 그 해결방법의 특성," 《한국행정학보》 제12호 (한국행정학회, 12월), 250~265.

______(1979). "복지행정학 수립을 위한 기초작업 : 연구의 필요성 및 연구 대상을 중심으로," 《논문집》 창간호 (부산산업대학), 185~197.

______(1981). "공공복지행정의 사상적 측면," 《논문집》 제 2집 (부산산업대학교), 239~252.

______(1988a). "잇슈구조 및 잇슈확장과정,"《한국행정학보》제22권 제1호 (한국행정학회, 6월), 173~187.

______(1988b). "아젠다 짜임과정의 역동적 구조,"《한국행정학보》제22권 제2호 (한국행정학회, 12월), 585~611.

______(1989a). "미국 공적 부조 예산의 결정에 영향을 미치는 요인들,"《한국행정학보》제23권 제1호 (한국행정학회, 6월), 331~341.

______(1989b). "미국 사회보험 예산의 결정에 영향을 미치는 요인들,"《한국정치학회보》제23집 제1호 (한국정치학회, 9월), 299~315.

______(1989c). "정책분석가의 역할, 윤리 및 지식,"《한국행정학보》제23권 제2호 (12월), 601~611.

______(1990a). "공적 부조 예산과 사회보험 예산의 비교분석 : 미국 연방 예산에 영향을 미친 요인들의 차이를 중심으로,"《사회복지학의 이론과 실제》, 인석 장인협 박사 정년퇴임기념논문집 발간위원회(오름시스템, 8월), 435~491.

______(1990b). "선거아젠다 분석을 위한 기본틀,"《논문집》제11집 3권(경성대학교), 333~350.

______(1991a). "정책분석 및 평가에 대한 접근방법의 변천 : 실증주의에 대한 대안의 탐색,"《정책분석평가학회보》1 (1), 1~18.

______(1991b). "아젠다 짜임이론과 사회복지,"《사회복지연구》제3호(한국사회복지연구회), 43~68.

______(1991c). "Kenneth E. Boulding의 조직혁명이론," 오석홍 편,《조직학의 주요이론》, 337~349.

______(1992a). "한국정책학자들의 자기 확인,"《한국정책학회보》창간호(한국정책학회), 18~41.

______(1992b). "Determinants of Social Policy Expenditures in the U. S. : Difference between Welfare Expenditure and Social Insurance Expenditure,"《사회복지와 고유문화》(부성래 박사 회갑기념논총 간행위원회), 363~384.

______(1992c). "복지행정 이론과 가치의 문제,"《복지행정연구》제8집(대신대학교 복지행정연구소), 3~34.

______(1994a). "실증주의와 그 대안의 방법론,"《한국의 관료론 : 방법과 실

제》, 김해동 교수 정년퇴임기념논문집 간행위원회 편, 서울대학교 행정대학원.

______(1994b). "제14대 정책공약의 비교 평가 : 보건, 사회, 여성 분야," 《논문집》 제15집 1권(경성대학교, 3월), 145~169.

______(1994c). 《사회복지와 정책과정》. 서울 : 대영문화사.

______(1994d). 《선거정치론》. 부산 : 경성대학교 출판부.

______ 외(1993). 《공공정책의 결정요인 분석》. 서울 : 법문사.

______ 외(1994). 《대통령과 국가정책》. 서울 : 대영문화사.

신수식(1978). 《사회보장론》. 서울, 박영사.

안해균(1986). 《정책학원론》 4판. 서울 : 다산 출판사.

오석홍(1980), 《조직이론》, 박영사.

장인협(1969). "사회복지와 사회사업의 개념에 관한 비교 연구," 《문리대학보》 제15권 합병호 (통권 24호), 서울대학교 문리과대학 학생회.

______(1979). "사회복지서비스의 장기 전망," 《사회사업학회지》 창간호.

정무권(1993). "국가자율성, 국가능력, 사회보장정책 : 유신체제의 연금제도와 의료보험정책을 중심으로," 《한국행정학보》 제27권 제2호(한국행정학회, 여름), 493~516.

정정길(1988). 《정책결정론》. 서울 : 대명출판사.

최성재·남기민(1993). 《사회복지행정론》. 서울 : 나남.

한국사회복지협의회(1972~1979). 《사회복지》 제4호~61호.

한배호(1980). "한국정치문화의 주요경향," 한국사회과학연구소 편, 《한국사회론》. 서울 : 민음사.

국외 문헌

Aaron, H. J., and C. M. Lougy, *The Comparable Worth Controversy.* Washington, D. C.: Brookings Institution, 1986.

Aaron, H. J., *Economic Effects of Social Security.* Washington, D. C.: Brookings Institution, 1982.

Almond, Gabriel A. and G. Bimgham Powell, Jr., *Comparative Politics.* 2nd ed. Boston: Little, Brown and Company, 1978.

Almond, Gabriel A. and Sidney Verva, *The Civic Culture*. Boston: Little, Brown and Company, 1965.

Archebald, K., "Three Views on the Expert's Role in Policy Making: Systems Analysis, Inclementalism, and the Clinical Approach," *Policy Sciences*, Vol. 1, No.76, 1970.

Atkinson, A. B., *Social Justice and Public Policy*. Brington, Sussex: Wheatshef Books, Ltd., 1983.

______, *The Economics of Inequality*. Oxford: Clarendon Press, 1983.

Bachrach, Peter and Morton Baratz, "Two Faces of Power," *American Political Science Review* 56, 1962.

______, "Decisions and Nondecisions: An analytical Framework," *American Political Science Review* 57, 1963.

______, *Power and Poverty*. New York: Oxford University Press, 1970.

Baker, Robert F., Richard M. Michaels and Everett S. Preston, *Public Policy Development*. N. Y.: John Wiley and Sons, 1975.

Ballard, Steven C. et al., "Social Science and Policy: Roles of the Applied Researcher," *Policy Studies Journal* 8, 1980 : 951~957.

Bane, M. J. and D. Ellwood, *Single Mothers and Their Living Arrangement*. Washington, D. C.: U. S. Department of Health and Human Services, 1984.

Bardach, Eugene, *The Implementation Game: What Happens After a Bill Becomes a Law*. Cambridge, MA: MIT Press, 1977 : 268~283.

Barr, N., "Economic Theory and the Welfare State: A Survey and Interpretation," *Journal of Economic Literature*, Vol. 30, 1982: 741~780.

Barro, R., "The Impact of Social Security on Private Savings: Theory and Historical Evidence," *Social Security Bulletin*, Vol. 48, 1985 : 14~30.

Beeghley, L., "Illusion and Reality in the Measurement of Poverty," *Social Problems*, Vol. 31, 1984.

Berelson, Bernard R., Paul F. Lazarsfeld, and William N. McPhee,

Voting. Chicago: University of Chicago Press, 1954.

Berlin, I., "Two Concepts of Liberty," I. Berlin(ed.), *Four Essays on Liberty*. N. Y: Oxford Univ. Press, 1969 : 118~172.

Bislev, S. and R. Lindqvist, "Sick-leave Regimes: The Private-Public Mix in Sickness Provision," J. E. Kolberg(ed.), *The Study of Welfare State Regimes*. Armonk, N. Y.: M. E. Sharpe, 1992 : 169~198.

Bixby, A. K., "Social Welfare Expenditure, 1988," *Social Security Bulletin*, Vol. 54, 1991: 18.

______., "Social Welfare Expenditure, Fiscal Year 1988," *Social Security Bulletin*, Vol. 54, 1991.

Blinder, A. S., "The Level and Distribution of Economic Well-being," in M. Feldstein(ed.), *The American Economy in Transition*. Chicago: University of Chicago Press, 1980.

Boulding, Kenneth E., "The Boundaries of Social Policy," *Social Work*, Vol. 12 (Jan.), 1967.

Bowles, S., "Schooling and Inequality from Generation to Generation," *Journal of Political Economy*, Vol. 80. 1972: 219~251.

Bozeman, Barry, "The Credibility of Policy Analysis: Between Methods and Use," *Policy Studies Journal*, Vol. 14, No. 4(June), 1986 : 519~539.

Braybrooke, David and Charles E. Lindblom, *A Strategy of Decision*. N. Y.: The Free Press, 1963.

Brazer, Harvey, *City Expenditure in the United States*. New York: National Bureau of Economic Research, 1959.

Brewer, Marilynn B., "Evaluation: Past and Present," in *Handbook of Evaluation Research*. ed. by Struening, Elmer L. and Marilynn B. Brewer. Beverly Hills : Sage Publications, 1983.

Browning and Johnson, "The Cost of Reducing Economic Inequality," *Cato Journal*, Vol. 6, No. 1, 1986: 85~109.

Bryant, Fred B., "Improving the Quality of Research Synthesis in

Program Evaluation," *Policy Studies Review*, Vol. 5, No. 4(May), 1986 : 709~721.

Bullock, Charles S. and Charles M. Lamb(eds). *Implementation of Civil Rights Policy*. Monterey, CA.: Brooks/Cole, 1984.

Burns, E. M., "Social Policy: The Stepchild of the urriculum," *Proceedings*. N. Y.: Council on Social Work Education, 1961.

Caldwell, Lynton, *Environment: A Challenge for Modern Society*. Gardencity, New York: The Natural History Press, 1970.

Callahan, Daniel and Bruce Jennings Ethics, *The Social Sciences, and Policy Analysis*. New York: Plenum Press, 1983.

Campbell, D. T., "Can We Be Scientific in Applied Social Science?" in R. F. Conner, D. B. Altman, and C. Jackson (eds.), *Evaluation Studies Review Annual* 9, 1984: 26~48.

Chalip, Laurence "Policy Research as Social Science: Outflanking the Value Dilemma," *Policy Studies Review*, Vol. 5, No. 2(November), 1986: 287~308.

Chambers, D. E., *Social Policy and Social Programs*. N. Y.: Macmillan, 1993.

Chitwood, Stephen R., "Social Equity and Social Service Productivity," *Public Administration Review*, Vol. 34(Mar/Apr), 1974.

Clarke, John J., *Social Welfare*. 1953.

Clausen, Aage and Carl Van Horn, "The Congressional Response to a Decade of Change," *Journal of Politics*, 624~666.

Clotfelter, C. T., "The Distributional Consequences of Nonprofit Activities," Clotfelter, *Who Benefits from the Non-profit Sector*. Chicago : Univ. of Chicago Press, 1992 : 1~23.

Cobb, Roger W. and Charles P. Elder, *Participation in American Politics: The Dynamics of Agenda-Building* (2nd ed.). Baltimore: The Johns Hopkins University Press, 1983.

Cobb, Rogger W., Jennie-Keith Ross, and Marc Howard Ross "Agenda

Setting as a Comparative Political Process," *American Political Science Review* 70 (Mar.), 1976: 126~138.

Cohen, M., I. March and J. Olson, "A Garbage Can Model of Organizational Choice," *Administrative Science Quarterly*, Vol. 17, No. 1 (Mar.), 1972 : 1~25.

Coleman, J. S., *Policy Research in the Social Sciences*. Morristown, NJ: General Learning Press, 1972.

Cook, Fay et al., "Media and Agenda Setting," *Public Opinion Quarterly*, 1983: 16~35.

Cook, T. D., "Post Positivist Critical Multiplism," in R. L. Shortland and M. M. Mark (eds.), *Social Science and Social Policy*. Beverly Hills, CA.: Sage, 1985 : 21~62.

Crenson, Matthew A., *The Un-Politics of Air Pollution: A Study of Non-Decisionmaking in the Cities*. Baltimore, Maryland: The Johns Hopkins Press, 1971.

Cronbach, L. J., "Prudent Aspirations for Social Inquiry," in W. Kruskal (ed.), *The Social Sciences: The Nature and Uses*. Chicago: The University of Chicago Press, 1982.

Cutright, Phillips, "Political Structure, Economic Development, and National Social Security Programs," *American Journal of Sociology*, Vol. 70 (Mar.), 1965: 537~550.

Dahl, Robert A., *Who Governs*? New Haven: Yale University Press, 1961.

Daneke, Gregory A., "On Paradigmatic Progress in Public Policy and Administration," *Policy Studies Journal*, Vol. 17, No. 2 (Winter), 1988~89: 277~296.

Danziger, S. et al., "How Income Transfer Programs Affect Work, Savings, and Income Distribution: A Critical Review," *Journal of Economic Literature*, Vol. 21, 1981: 975~1028.

Danziger, S. H and D. H. Weinberg, *Fighting Poverty*. Cambridge: Harvard Univ. Press, 1986.

Danziger, S. H., R. H. Haveman, and R. D. Plotnick, "Anti Poverty Policy: Effects on the Poor and the NonPoor," S. H. Danziger and D. H. Weinberg(eds.), *Fighting Poverty*. Cambridge: Harvard Univ. Press.

Davis, K. and W. E. Moore, "Some Principles of Stratification," *American Sociological Review*, Vol. 20, 1945: 242~249.

Dawson, Richard E. and James A. Robinson, "Inter-Party Competition, Economic Variables and Welfare Politics in the American States," *Journal of Politics* 25 (May), 1963: 265~289.

Denison, E. F., *Accounting for Slower Economic Growth*. Washington, D. C.: The Brookings Institution, 1979.

Dery, David, *Problem Definition in Policy Analysis*. Lawrence, Kansas: The University of Kansas Press, 1984.

Dolgoff, R. and D. Feldstein, *Understanding Social Welfare*. N. Y.: Longman, 1984.

Downs, Anthony, "Up and Down with Ecology: The Issue Attention Cycle," *The Public Interest*, No. 28 (Summer), 1972: 38~50.

______, *An Economic Theory of Democracy*. New York: Harper and Row, 1967.

Dror, Yehezkel "Muddling Through: Science or Inertia?" *Public Administration Review*, Vol. 24, No. 3 (Sept.), 1964.

______, *Public Policy Making Reexamined*. New Jersey: Transaction Inc., 1983.

Dryzek, John S., "Don't Toss Coin's in Garbage Cans: A Prologue to Policy Design," *Journal of Public Policy*, Vol, No. 4, 1983: 345~368.

Dubin, Robert, "Industrial Conflict and Social Welfare," *Journal of Conflict Resolution* 1, 1957.

Duncan, G. J. et al., *Years of Poverty and Years of Plenty*. Ann Arbor: University of Michigan Press, 1984.

Dunn, William N., *An Introduction to Public Policy Analysis*. Englewood

Cliffs. N. J.: Prentice-Hall, 1981.

Dye, Thomas R., *Politics, Economics, and the Public.* Chicago: Rand McNally, 1968.

______, "Political Science and Public Policy: A Challenge to a Discipline," in Spadaro et al., *The Policy Vacuum,* 1975: 31~60.

______, *Understanding Public Policy.* Englewood Cliffs: Prentice-Hall, 1981.

Easton, David, *The Political System.* New York: Knopf, 1953.

______, *A Analysis of Political Life.* New York: John Wiley and Sons, 1965a.

______, *A Framework for Political Analysis.* Englewood Cliffs, N. J.: Prentice Hall, 1965b.

______, "The New Revolution in Political Science," *APSR,* Vol. LXIII, No. 4 (Dec), 1969.

Edelman, Murray, *The Symbolic Uses of Politics.* Urbana: University of Illinois Press, 1964.

Edwards, George C. III and Ira Sharkansky, *The Policy Predicament.* San Francisco: W. H. Freeman and Company, 1978.

Ehrenberg, R. G. and R. S. Smith, *Modern Labor Economics.* Glenview, Illinois: Scott, Foreman and Company, 1982.

Elder, Charles and Roger W. Cobb, "Agenda Building and the Politics of Aging," *Policy Studies Journal,* Vol. 13, No. 1(Sept.), 1984: 115~130.

Ellwood, D. T., *Poor Support.* New York: Basic Books, 1988.

Erikson, K. T., *Everything in Its Path.* N. Y. : Simon and Schuster, 1976.

Esping-Andersen, G., *Politics Against Market.* Princeton: Princeton Univ. Press, 1985.

______, *The Three World of Welfare Capitalism,* Princeton: Princeton Univ. Press, 1990.

Etzioni, Amitai, "Mixed Scanning: A Third Approach to Decision Making," *Public Administration Review* 27 (Dec.), 1967: 385~392.

______, *The Active Society*. N. Y.: The Free Press, 1968.

Evans, Peter, Dietrich Rueschemeyer and Theda Scocpol (eds.), *Bringing the State Back In*. Cambridge University Press, 1985.

Ewing, David W., *Writing for Results in Business, Government, and the Professions*. New York: John Wiley and Sons, 1974.

Eyestone, Robert, *From Social Issues to Public Policy*. New York: John Wiley and Sons, 1978.

Fabricant, Solomon, *The Trend of Government Activity in the United States Since 1900*. New York: National Bureau of Economic Research, 1952.

Finsterbush, Kurt and Annabelle Bender Motz, "Policy Decision Making as a Context for Social Research," *Social Research for Policy Decisions*, Belmont, Cal.: Wadsworth Publishing Company, 1980: 23~29.

Fisher, Roger, "Fractionating Conflict," in Roger Fisher (ed), *International Conflict and Behavioral Science*. New York: Basic Books, 1964.

Flora, P. and A. J. Heidenheimer(eds.), *The Development of Welfare State in European and America*. New Brunswick: Transaction Books, 1981.

Foster, John L., "An Advocate Role Model for Policy Analysis," *Policy Studies Journal* 8, 1980: 958~964.

Fragonard, B., "Family Benefit Schemes and Contemporary Family Needs in France," ISSA, *Social Security and Family Policy*. Geneva: ISSA, 1983.

Friedlander, Walter A. and Robert Z. Apte, *Introduction to Social Welfare*. Englewood Cliffs, N. J.: Prentice Hall, 1974.

Friedman, L, "Public Housing and the Poor," D. M. Gordon(ed.), *Problems in Political Economy*. Lexington: D. C. Heath, 1977, 507~511.

Friedman, M., *Capitalism and Freedom.* Chicago: Univ. of Chicago, 1962.

Froman, Lewis A., "The Categorization of Policy Contents," in *Political Science and Public Policy,* ed. by Austin Ranney. Chicago: Markham, 1968.

Galbraith, J. K., *The Affluent Society.* N. Y.: Mentor Books, 1958.

______, "Models for Policy Analysis: Child and Family Policy," R. Haskin and J. Gallagher(eds.), *Models for Analysis of Social Policy.* Norwood, N. J: Ablex, 1981 : 37~74.

Gamson, William, *Power and Discontent.* Homewood, Ill.: Dorsey Press, 1968.

Gaus, John M., *Reflections of Public Administration.* University of Alabama Press, 1947.

Gaventa, John, *Power and Powerlessness: Quiescence and Rebellion in an Appalachian Valley.* Ill.: University of Illinois Press, 1980.

Geiger, T., *Welfare and Efficiency.* Washington, D. C.: National Planning Association, 1978.

Gergen, Kenneth, "Assessing the Leverage Points in the Process of Policy Formation," in Raymond Bauer and Kenneth Gergen (eds.), *The Study of Policy Formation.* New York: Free Press, 1968.

Gerston, Larry N., *Making Public Policy from Conflict to Resolution.* Glenview, Ill.: Scott Foresman and Company, 1983.

Gil, D., "Theoretical Perspectives on the Analysis and Development of Social Policies," *The Challenge of Social Equality.* Cambridge, Mass.: Schenkman Publishing Company, 1976: 13~29.

Gil, D. G., *Unravelling Social Policy*(5th. ed.). Rochester, Vermont Schenkman Books, 1992.

Gilbert, Neil, "Welfare for Profit: Moral, Empirical, and Theoretical Perspectives," *Journal of Social Policy,* 1984.

Gilbert, Neil and Harry Specht, *Dimensions of Social Welfare Policy.*

Englewood Cliffs, N. J.: Prentice Hall, 1974.

Gilbert, N., and P. Terrell, *Dimmensions of Social Welfare Policy* 3rd ed. Englewood Cliffs; Prentice Hall, 1993.

Glazer, N., "Education and Training Program and Poverty," in Danziger, S. H and D. H. Weinberg, *Fighting Poverty*. Cambridge: Harvard Univ. Press, 1988: 152~179.

Glennerster, H., *Paying for Welfare*. N. Y.: Basil Blackwell, 1985.

Golembiewski, Robert T., " A Taxonomic Approach to State Political Party Strength," *Western Political Quarterly*. 1958: 494~513.

Goodin, R. E, *Reasons for Welfare: The Political Theory of the Welfare State*. Princeton: Princeton Univ. Press, 1988.

Gordon, Magaret S., *The Economics of Welfare Policies*. New York: Columbia University Press, 1963.

______, *Social Security Policies in Industrial Countries*. Cambridge:Cambridge University Press, 1988.

Gorge, J., *Social Security: Beveridge and After*. London, 1968.

Guba, E. G., "Problems in Utilizing the Results of Evaluation," *Journal of Research and Development in Education*(Spring). 1975: 42~54.

______, "What Can Happen as a Result of a Policy?" *Policy Studies Review* (Aug.). 1985: 11~16.

Hanft, Ruth S., "Use of Social Science Data for Policy Analysis and Policymaking," in Daniel Callahan and Bruce Jennings(eds), *Ethics, the Social Sciences and Policy Analysis*. New York: Hastings Center, 1983.

Harmon, M. M. and R. T. Mayer, *Organization Theory for Public Administration*. Boston, Little Brown and Company, 1986.

Haveman, R., *Starting Even*. New York: Simon and Schuster, 1988.

Hayes, Michael T., *Lobbyists and Legislators: A Theory of Political Markets*. New Brunswick, N. J.: Rutgers University Press, 1981.

Hays R. Allen, "Perceptions of Success or Failure in Program Implementation: The 'Feedback Loop' in Public Policy Decisions,"

Policy Studies Review, Vol. 5, No. 1, August, 1985: 51~67.

Heald, D., *Public Expenditure*. Oxford: Martin Robertson, 1983.

Heidenheimer, A. J., H. Heclo, and C. T. Adams, *Comparative Public Policy*, N. Y. : St. Martin's Press, 1983.

Hill, M., *Understanding Social Policy*. Oxford: Basil Blackwell, 1980.

Hochman, H. M and J. D. Rodgers, "Pareto Optimal Redistribution," *American Economic Review* 59, 1969: 542~557.

Hochschild, J. L., *What's Fair*. Cambridge: Harvard Univ. Press, 1981.

Hofferbert, Richard, "Ecological Development and Policy Change," *Midwest Journal of Political Science* 10 (Nov.), 1968: 464~483.

Hofferbert, Richard I., "Policy Evaluation, Democratic Theory, and the Division of Scholarly Labour," *Policy Studies Review*, Vol. 5, No. 3(Feb.), 1986: 511~519.

Hogwood, B. and L. Gunn, *Policy Analysis for the Real World*. N. Y.: Oxford University Press, 1984.

Huitt, Ralph, "The Congressional Committee: A Case Study," *American Political Science Review* 48, 1954.

Hurley, Patrica "Electoral Change and Policy Consequences: Representation in the 97th Congress," 177~194.

ISSA, *Conjugating: Public and Private: The Case of Pensions*, Geneva: ISSA, 1987.

Ingram, Helen, "Policy Implementation through Bargaining: The Case of Federal Grants in Aid," *Public Policy* 25 (Fall), 1977: 449~526.

Iyengar, Shanto et al., "Experimental Demonstrations of the Not So Minimal Consequences of Television News Programs," *American Political Science Review*, 1982: 848~858.

Jenkins, Smith, C., Hank "Professional Roles for Policy Analysts," *Journal of Policy Analysis and Management* 2 (1), 1982: 88~100.

Jennings, B., "Interpretive Social Science and Policy Analysis," in Callahan, D. and B. Jennings (eds.), *Ethics, the Social Sciences, and*

Policy Analysis. N.Y.: Plenum Press, 1983 : 3~35.

Jensen, A., "How Much Can We Boost I. Q. and Scholastic Achievement," *Harvard Education Review*. 39, 1969: 1~123.

Johnson, N., *The Welfare State in Transition: The Theory and Practice of Welfare Pluralism*. Amherst: The Univ. of Massachusetts Press, 1987.

Jones, Charles O., *An Introduction to the Study of Public Policy*(3rd ed.). Monterey, California: Brooks/Cole Publishing Company, 1984.

Judge, K. (ed.), *Pricing the Social Services*. London: Macmillan, 1980.

Kahn, A. J., *Social Policy and Social Services*. N. Y.: Random House, 1979.

Kamerman, S., and A. Kahn, *Privatization and the Welfare State*. Princeton: Princeton Univ. Press, 1989.

Kamin, L. J., *The Science and Politics of I. Q*. New York: Halsted Press, 1974.

Katz, M. B., *The Undeserving Poor*. N. Y.: Pantheon, 1989.

Katzenstein, Peter J., *Between Power and Plenty: Foreign Economic Policies of Advanced Industrial States*. University of Wisconsin Press, 1978.

Kelly, R. M., "Trends in the Logic of Policy Inquiry : A Comparison of Approaches and A Commentary," *Policy Studies Review*(Feb.) 1986 : 520~528.

Key, V. O. Jr., *American State Politics*. N. Y : Knopf, 1956.

Kingdon, John W., *Agendas, Alternatives, and Public Policies*. New York: Harper and Row, 1984.

Klein, R et al., *Constrains and Choices*. London: Center for Studies in Social Policy, 1976.

Knapp, M., *The Economics of Social Care*. London: Macmillan, 1984.

Kramer, R. M., *Participation of the Poor*. Englewood Cliffs, N. J.: Prentice-Hall, 1969.

Kuttner, R., *The Economic Illusion: False Choices Between Prosperity and Social Justice*, Boston: Houghton Mifflin, 1984.

Lampman, R. J. and T. M. Smeeding, "Interfamily Transfers as Alternatives to Government Transfers to Pensions," *The Review of Income and Wealth*, Vol. 21, 1983: 45~66.

______, *Social Welfare Spending*. New York: Academic Press, 1984.

Lando, M. E., M. B. Coata, and R. Kraus, "Disability Benefit Application and the Economy," *Social Security Bulletin* 42, 1979: 3~17.

Lasswell, Harold D., "The Place of Policy Analysis in Political Science: Five Perspectives," *American Journal of Political Science* 21, 1977: 415~433.

______, and Abraham Kaplan, *Power and Society*. New Haven: Yale University Press, 1970.

Lawrence, W. J. and S. Leeds, *An Inventory of Federal Income Transfer Program: Fiscal Year 1977*(White Plains). N. Y.: The Institute for Socioeconomic Studies, 1980.

Le Grand, J., *The Strategy of Equality*. London: Allen and Unwin, 1982.

______, *Equity and Choice*. New York: Harper Collins, 1991.

Levin, H. M., "A Decade of Policy Developments in Improving Education and Training for Low Income Population," in R. H. Haveman(ed.), *A Decade of Federal Antipoverty Program*. New York: Academic Press, 1977: 123~188.

Light, Paul, *The President's Agenda: Domestic Policy Choice from Kennedy to Carter*(2nd ed.). Baltimore: The Johns Hopkins University Press, 1983.

Lincoln, Y. S. and E. G. Guba, *Naturalistic Inquiry*. Beverly Hills, CA: Sage, 1985.

______ "Research, Evaluation, and Policy Analysis: Heuristics for Disciplined Inquiry," *Policy Studies Review* (Feb.) Vol. No. 3 1986: 546~563.

Lindblom, Charles E., "The Science of Muddling Through," *Public Administration Review*(Spring), 1959: 79~88.

______, *The Policy-Making Process*. N. J.: Prentice-Hall, 1980.

______, and David K. Cohen, *Usable Knowledge: Social Science and Social Problem Solving*. Yale University Press, 1979.

Lowi, Theodore J., "Decision-Making vs. Policy Making: Toward and Antidote for Technocracy," *PAR*, Vol. 30 (May~June), 1970.

______, "Four Systems of Policy, Politics and Choice," *PAR*, Vol. 32 (July-August), 1972.

Lukes, Steven, *Power: A Radical View*. The Macmillan Press Ltd., 1974.

MacRae, Duncan, Jr. and James A. Wilde, *Policy Analysis for Public Decisions*. Belmont, C.A.: Duxbury Press, 1979.

Majchrzak, A., *Methods for Policy Research*. Beverly Hills, C.A.: Sage, 1984.

March, James G. and Simon Herbert A. *Organizations*. New York: John Wiley and Sons.

Mazmanihan and Sabatier, *Implementation and Public Policy*. Glenview, Ill.: Scort, Foresman and Company, 1983.

McAdams, John, "The Anti-Policy Analysts," *Policy Studies Journal*, Vol. 13, No. 1(Sept.) 1984: 91~101.

McCleary, Richard and Richard A. Hay, Jr. *Applied Time Series for the Social Sciences*. Beverly Hill, C.A.: Sage, 1980.

McLaughlin, Milbrey, "Implementation as Mutual Adaptation," in Walter Williams and Richard Elmore(eds.), *Social Program Implementation*. New York: Academic Press, 1976.

Mead, Lawrence M., "A Dialogue on Economics, Political Science, and Public Policy: A Meaning for Public Policy," *Policy Studies Journal* 12, 1983: 247~250.

______, "Policy Science Today," *Public Interest*(Fall), 1983.

______, "Policy Studies and Political Science," *Policy Studies Review*, Vol. 5, No. 2(Nov.), 1986: 319~336.

Meltsner, Arnold J., *Policy Analysis in the Bureaucracy*. Berkeley, C.A.:

University of California Press, 1976.

_____, "Creating A Policy Analysis Profession," in Stuart S. Nagel (ed.), *Improving Policy Analysis*. Beverly Hills, C.A.: Sage Publications, 1980: 231~251.

Migdal, Joels, *Strong Societies and Weak States: State Society Relations and State Capabilities in the Third World*. Princeton University Press, 1988.

Mill, J. S., *On Liverty*. Harmondsworth: Penguin, 1974.

Miller, T. C., "Conclusion: A Design Science Perspective," in T. Miller (ed.), *Public Sector Performance*. Baltimore, MD: Johns Hopkins University Press, 1984 : 261~279.

Mirelman, Richard, "On the Neo-elitist Critique of Community Power," *American Political Science Review* 62, 1968.

Mishan, E. J., *Cost-Benefit Analysis: An Informal Introduction*(3rd ed.). New York: Preager, 1976.

Mitchell, Jerry, "The Limits of Positivism: Case Studies of Values in Science," *Policy Studies Journal*, Vol. 17, No. 1 (Fall), 1988: 215~220.

Mitchell, William, *The American Polity*. New York: Free Press, 1962.

Moffitt, R., "An Economic Model of Welfare Stigma," *AER*, Vol. 73, 1983: 1023~35.

_____, "Incentive Effects of the U. S. Welfare System: A Review," *JER*, Vol. 30, 1992:1~61.

Mok, Jin-Whyu, "Defense Enigma: The South Korean Trade-off over Guns or Butter," in Korean Political Science Association(ed.), *The Korean Community and State Development*, 1989: 485~509.

_____, "Security Burden and Socio-Economic Progress in South Korea," in Korean Political Science Association(ed.), *Korean Politics in the Challenging Global Order*, 1991: 651~675.

Mood, A., *Introduction to Policy Analysis*. N. Y.: Elsevier, 1983.

Morris, Lynn Lyons and Carol Taylor Fitz-Gibbon, *How to Present an*

Evaluation Report. Beverly Hills, C.A. : Sage Publications, 1978.

Mosley, Hugh, *The Arms Race: Economic and Social Consequences*. Lexington, MA: D. C. Heath, 1985.

Munnell, A. H., *The Future of Social Security*, Washington, D. C.: The Brookings Institution, 1977.

______, *The Economics of Private Pensions*. Washington, D. C.: The Brooking Institution, 1982.

Murray, C. A., *Losing Ground: American Social Policy, 1950~1980*. N. Y. : Basic Books, 1984.

______, *Losing Ground*. New York : Basic Books, 1984.

Musgrave, R. A. and P. B. Musgrave, *Public Finance in Theory and Practice*(3rd ed), N. Y.: Macmillan, 1980.

Musheno, Michael C., "The Justice Motive in the Social Policy Process: Searching for Normative Rules of Distribution," *Policy Studies Review*, 1986: 697~704.

Nachmias Chava and Cecilia Ridgeway, "Attitude Measures in Evaluation Research : A Research Note," *Policy Studies Review*, Vol. 5, No. 4(May), 1986: 756~768.

Nachmias, Chava and David Nachmias, *Research Methods in the Social Sciences*(2nd ed.), 1991.

Nadal, Mark, *The Politics of Consumer Protection*. Indianapolis: Bobbs-Merrill, 1971.

Nagel, Stuart S., "Efficiency, Effectiveness, and Equity in Public Policy Evaluation," *Policy Studies Review*, Vol. 6, No. 1(Aug.), 1986: 99~120.

Nakamura, Robert T. and Frank Smallwood, *The Politics of Policy Implementation*. New York: St. Martin's Press, 1980.

Nelson, Barbara J., *Making an Issue of Child Abuse: Political Agenda Setting for Social Problems*. Chicago: University of Chicago Press, 1984.

Nieburg, H. L., "The Threat of Violence and Social Change," *Amer-*

ican Political Science Review 56, 1962.

Niskaner, W. A., *Bureaucracy and Representative Government.* Chicago: Aldine, 1971.

Nozick, R., *Anarchy, State and Utopia.* Oxford: Basil Blackwell, 1974.

OECD, *Social Expenditure 1960~1990.* Paris: OECD, 1985.

Okun, A., *Equality and Efficiency: The Big Trade Off.* Washington, D. C.:Brookings Institution, 1975.

Olson, M., *The Logic of Collective Action: Public Goods and the Theory of Groups.* Cambridge: Harvard Univ. Press, 1982.

Osigweh, Chimezie A., "Program Evaluation and Its 'Political' Context," *Policy Studies Review,* Vol. 6, No. 1(Aug.) 1986: 90~98.

Ozawa, M., *Income Maintenance and Work Incentives.* N. Y.: Praeger, 1983.

Page, Benjamin I., *Choices and Echos in Presidential Elections: Rational Man and Electoral Democracy.* University of Chicago Press, 1978.

______, *Who Gets What from Government.* Berkeley: University of California Press, 1983.

Paglin, M., "The Measurement and Trend of Inequality," *American Economic Review,* Vol. 65, 1975: 599~609.

______, *Poverty and Transfer In-Kind.* Stanford: Hoover Institution, 1980.

Parenti, *Power and the Powerless.* New York: St. Martin's Press, 1978.

Paris, D. C. and J. F. Reynolds, *The Logic of Policy Inquiry.* N. Y.: Longman, 1973.

Parsons T. and Edward Shils (eds.), *Toward a General Theory of Action.* New York: Harper, 1951.

Pechman, J. A., *The Rich, the Poor, and the Taxes They Pay.* Boulder, Colorado:Westview Press, 1986.

Peterson P. E. and J. D. Greenstone, "Radical Change and Citizen Participation: The Mobilization of Law-Income Communication Through Community Action," in R. H. Haveman(ed.), *A Decade of Federal Antipoverty program.* New York: Academic Press, 1977: 241~283.

Pitkin, Hanna F., "The Roots of Conservatism: Michael Oakeshott and the Denial of Politics," in *The New Conservatives: A Critique from the Left,* ed. by Lewis A. Coser and Irving Howe. New York: Meridian.

Piven, F. F. and R. A. Cloward, *Regulating the Poor,* N. Y: Vintage, 1991.

Polsby, Nelson W., *Political Innovation in America: The Politics of Policy Initiation.* Yale University Press, 1984.

Posavac, Emil J. and Raymond G. Carey, *Program Evaluation: Methods and Case Studies*(2nd ed.). Englewood Cliffs, New Jersey: Prentice-Hall, 1985.

Pressman, S., "Child Exemptions or Child Allowance," *The American Journal of Economics and Sociology.* Vol. 51, 1992: 257~272.

______, and Wildavsky, *Implementation*(3rd ed.). Berkeley: University of California Press, 1984.

Prest A. R. and R. Turvey, "Cost-Benefit Analysis: A Survey," *Economic Journal,* Vol. 75 (Dec.), 1965: 683~735.

Price, David, "Policy-making in Congressional Committees: The Impact of Environmental Factors," *American Political Science Review* 72 (June), 1978: 548~574.

Quade, E. S., *Analysis for Public Decisions.* N. Y.: Elsevier, 1982.

Rae, D. et al., *Equalities.* Cambridge: Harvard Univ. Press, 1981.

Ranney, Austin and Wilmoore Kendall, "The American Party System," *American Political Science Review* 48 (Mar.), 477~485.

Rawls, J. A., *Theory of Justice.* Oxford: Clarendon, 1972.

Rehn, Gosta, "Swedish Active Labor Market Policy: Retrospect and Prospect," *Industrial Relations,* Vol. 24, 1985 : 62~89.

Rein, Martin, "Value-Critical Policy Analysis," in Callahan, D. and B. Jennings (eds.), *Ethics, The Social Sciences, and Policy Analysis,* N.

Y.: Plenum Press, 1983 : 83~111.

______, and F. Ravinovitz, "Implementation: A Theoretical Perspective," in W. D. Burnham and M. W. Weinberg(eds.), *American Politics and Public Policy*. Cambridge, Mass.: MIT Press, 1978.

Resher, Nicholas, *Welfare: The Social Issues in Philosophical Perspective*. Pittsburgh: University of Pittsburgh Press, 1972.

Rhodads, S., *The Economist's View of the World*. Cambridge: Cambridge Univ. Press, 1985.

Riker, William H., *The Theory of Political Coalitions*. New Haven: Yale University Press, 1962.

______, "Events and Situations," *The Journal of Philosophy* 54 (Jan), 1957.

Ripley, Randall B. and Grace A. Franklin, *Bureaucracy and Policy Implementation*. Homewood, Ill.: The Dorsey Press, 1984.

Rivlin, A. M., *Systematic Thinking for Social Action*. Washington, D. C : The Brookings Institution, 1971.

Rosa, J. (ed.), *The World Crisis in Social Security*. San Francisco: The Institute for Contemporary Studies, 1982.

Rose, R., "Common Goals but Different Roles: The State's Contribution to the Welfare Mix," R. Rose and R. Shiratori(eds.), *The Welfare State: East and West*. N. Y.: Oxford Univ. Press, 1986: 13~39.

Rossi, Peter H. and Howard E. Freeman, *Evaluation: A Systematic Approach*(2nd ed). Beverly Hills, C.A.: Sage Publications, 1982.

Rowntree, B. S., *Poverty: A Study of Town Life*. London: Macmillan, 1901.

Ruttman, Leonard, *Planning Useful Evaluations: Evaluability Assessment*. Beverly Hills, C.A.: Sage Publications, 1980.

Salamon, L. M., "Social Services," C. T. Clotfelter(ed.), *Who Benefits from the Non-profit Sector*, Chicago: Univ. of Chicago Press, 1992: 134~173.

Savas, E., *Privatization the Public Sector*. Chatham, N. J.: Chatham House, 1982.

Sawhill, I. V., "Poverty in the U. S: Why Is It So Persistent," *Journal of Economic Literature*, Vol. 25, 1988: 1073~1119.

Schacter, Hindy Lauer, "Educating Policy Analysts," *News for Teachers of Political Science 44*(Winter). Washington, D. C. : American Political Science Association, 1985: 1~3.

Schattschneider, E. E., *The Semi-Sovereign People*. New York: Holt, Rinehart and Winston, 1960.

Schlesinger, Joseph A., "A Two Dimensional Scheme for Classifying States According to the Degree of Inter-Party, 1955 Competition," *American Political Science Review* 49, 1120~1128.

Schobel, B. D., "Administrative Expenses under OASDI," *Social Security Bulletin* 44, 1981: 21~29.

Scriven, Michael, *Evaluation Thesaurus*(3rd ed.). Inverness, C.A.: Edge Press, 1981.

_____, "Evaluation Ideologies," in R. F. Conner, D. B. Altman, and C. Jackson (eds.), *Evaluation Studies Review Annual* 9, 1984: 49~80.

Simon, H. A., *The Sciences of the Artificial*. Cambridge, MA: MIT Press, 1969.

_____, "Political Research: The Decision-Making Framework," in David Easton (ed.), *Varieties of Political Theory*. Englewood Cliffs. N. J.: Prentice-Hall, 1966.

_____, *Administrative Behavior* (3rd ed.). N. Y.: Free Press, 1976.

Skidmore, F.(ed.), *Social Security Financing*. Cambridge: The MIT Press, 1981.

Smeeding, T., *Alternative Methods for Valuing Selected In-Kind Transfer Benefits and Measuring the Effect of Poverty*. Washington, D. C., : U. C. Bureau of Census, 1982.

Smeeding, T. M. et al., *Poverty, Inequality, and Income Distribution in*

Comparative Perspective. Washington, D. C. : Urban Institute Press, 1990.

Song, Keun-Won, "Presidential-Congressional-Media Relations in the Social Welfare Policy Agenda Building Process"(Diss.), West Virginia University, 1987.

______, "Suggestions for Welfare Policy Study: Research Questions and Usable Policy Research," 《논문집》 (경성대학교), 1988a: 207~217.

______, *Agenda Dynamics in Social Policy Initiation*. American Studies Institute : Seoul National University Press, 1989b.

______, "Determinants of Social Policy Expenditures in the U. S. : Difference Between Welfare Expenditure and Social Insurance Expenditure," 《사회복지와 고유문화》 (부성래 박사 회갑기념논총 간행위원회), 1992: 363~384.

Spadaro, Robert N., "Public Policy and the Political Scientist: An Overview," in Sparado et al., *The Policy Vacuum*, 1975: 1~30.

Spiro, Herbert, "Comparative Politics: A Comprehensive Approach," *American Political Science Review* 56, 1962.

Stein, Herman D., "Social Work Administration," in Harry A. Schatz (ed.), *Social Work Administration: A Resource Book*. New York: Council on Social Work Education, 1970.

Stein, B., *Social Security and Pensions in Transition*. N. Y.: The Free Press, 1980.

Stigler, G., "Director's Law of Public Income Distribution," *Journal of Law and Economics* 13, 1970: 1~10.

Stokes, Donald E., "Spatial Models of Party Competition," *American Political Science Review* 57, 1963: 368~377.

Stokey, Edith and Richard Zeckhauser, *A Primer for Policy Analysis*. New York: W. W. Norton & Company, 1978.

Stone, D, A., *Policy Paradox and Political Reason*, Lenview: Sott, Foresman, and Company, 1988.

Taubman, P., "The Determinants of Earning: Genetics, Family, and Other Environments," *American Economic Review*, Vol. 610, 1976: 858~870.

Thirwal, A. P., "De-Industrialization in the United Kingdom," *Lloyd Bank Review*, No. 444, 1982.

Titmuss, Richard M., *Commitment to Welfare*. N. Y.: Pantheon Books, 1969.

_____, "Developing Social Policy in Conditions of Rapid Change: The Role of Social Welfare," Proceedings of 16th International Conference on Social Welfare. Hague, 1972.

_____, *Social Policy: An Introduction*. George Allen and Urwin, 1974.

_____, *Social Policy*. London: George Allen and Unwin, 1979.

Tobin, J., "On Limiting the Domain of Inequality," *Journal of Law and Economics*, Vol. 13, 1970: 263~277.

Townsend, Peter, *Sociology and Social Policy*. London: Allen Lame, 1975.

_____, et al., *The Fifth Social Service*, London: Fabian Society, 1970.

Truman, David, *The Governmental Process*. New York: Knoff, 1964.

Tuekel, S., *Working*. N. Y.: Pantheon, 1974.

Tullock, G., *Economics of Income Redistribution*. Boston: Kluwer-Nijhoff, 1983.

Tumin, M. M., "Some Principles of Stratification: A Critical Analysis," *American Sociological Review*, 1953: 387~394.

U. S. Bureau of Census, *Current Population Reports*. Washington, D. C. : U. S. Bureau of Census, 1990.

Van Meter, D. and Van Horn, "The Policy Implementation Process: A Conceptual Framework," *Administration and Society*(Feb.), 1975.

Wagner, Mary, "The Role of Policy Analyst in Implementing Performance Measurement Methods," *Policy Studies Review*, Vol. 6, No. 1(Aug.) 1986: 121~136.

Walzer, M., *Spheres of Justice.* N. Y.: Basic Books, 1983.

Webber, David J., "Analyzing Political Feasibility: Political Scientists' Unique Contribution to Policy Analysis," *Policy Studies Journal,* Vol. 14, No. 4(June), 1984: 545~553.

Weicher, J. C., *Housing-Federal Policies and Programs.* Washington, D. C.: American Enterprise Institute, 1980.

Weisbrod, B. A., "Toward a Theory of the Voluntary Nonprofit Sector in a Three-Sector Economy," S. Rose-Ackerman(ed.), *The Economics of Nonprofit Institution.* N. Y.: Oxford Univ. Press, 1986: 21~44.

Weiss, Carol H., "Ideology, Interests, and Information: The Basis of Policy Positions," in Callahan, D. and B. Jennings (eds.), *Ethics, the Social Sciences, and Policy Analysis.* N. Y. : Plenum Press, 1983 : 213~245.

Wholey, Joseph S., *Evaluation: Promise and Performance.* Washington D. C.: Urban Institute, 1979.

Wildavsky, Aaron, *The Politics of the Budgetary Process* (3rd ed.). Little, Brown and Company, 1979.

Wilensky, Harold, *The Welfare State and Equality.* Berkeley: University of California Press, 1975.

Wilensky, H. L. and C. N. Lebeaux, *Industrial Society and Social Welfare,* N. Y.: The Free Press, 1965.

Witte, J. F., "The Growth and Distribution of Tax Expenditure," S. H. Danziger and K. E. Portney, *The Distrbution Impacts of Public Policies.* N. Y.: St. Martin's Press, 1988: 171~201.

Wittrock, Bjorn and Peter de Leon (1986), "Policy as a Moving Target: A Call for Conceptual Realism," *Policy Studies Review,* Vol. 6, No. 1(Aug.), 1986: 44~60.

Wolf, C., "A Theory of Non-Market Failures," *The Public Interest,* 1979.

Wolman, Harold, "Determinants of Program: Sucess and Failure," *Jour-*

nal of Public Policy, Vol. 1, No. 4, 1981: 433~464.

Wynn, Mark Edward, "The Political Agenda: Public Policy Issues in the United States"(Diss), Northwestern University, 1977.

찾아보기

〈사 항〉

ㄹ·ㅁ

ㅂ

ㅅ

ㅇ

ㅈ

찾아보기

〈인 명〉

■ 필자 약력

송근원(宋根源)

서울대학교 문리과대학 사회사업학과(문학사)

서울대학교 행정대학원(행정학석사)

미국 웨스트버지니아 대학교(정책학박사)

경성대학교 법정대학장, 정책정보대학원장

前 경성대학교 행정학과 교수

저서로 《선거정치론》,

《사회복지와 정책과정》 및 논문 다수.

김태성(金泰星)

서울대학교 사회과학대학 사회복지학과(문학사)

서울대학교 대학원 사회복지학과(문학석사)

미국 오하이오 주립대학교(사회복지학석사)

미국 워싱턴 대학교(사회복지학박사)

현재 서울대학교 사회과학대학 사회복지학과 명예교수

저서로 《빈곤론》(공저),

《복지국가론》(공저) 및 논문 다수.

나남신서 368

사회복지 정책론

1995년 1월 25일 발행
2018년 9월 5일 27쇄

저 자: 송근원 · 김태성
발행자: 趙 相 浩

발 행 처 : (주) 나남

(10881) 경기도 파주시 회동길 193
전화 : (031) 955-4601 (代), FAX : (031) 955-4555
등록 : 제 1-71호 (1979. 5. 12)
http://www.nanam.net
post@nanam.net

ISBN 978-89-300-3368-8 책값은 뒤표지에 있습니다.